KV-371-961

30101090

Bernhard Zimmermann

Untersuchungen zur Form und dramatischen Technik der Aristophanischen Komödien
Band 1: Parodos und Amoibaion

BEITRÄGE ZUR
KLASSISCHEN PHILOLOGIE

Herausgegeben von Ernst Heitsch, Reinhold Merkelbach
und Clemens Zintzen

Heft 154

Bernhard Zimmermann

Untersuchungen zur Form und dramatischen Technik der Aristophanischen Komödien

Band 1: Parodos und Amoibaion

2., durchgesehene Auflage

Verlag Anton Hain

CIP-Kurztitelaufnahme der Deutschen Bibliothek

Zimmermann, Bernhard:
Untersuchungen zur Form und dramatischen Technik der Aristophanischen Komödien / Bernhard Zimmermann. – Königstein/Ts. : Hain

Bd. 1. Parodos und Amoibaion. - 2., durchges. Aufl. - 1985.
(Beiträge zur klassischen Philologie ; H. 154)
ISBN 3-445-02307-7

NE: GT

Reproduktion, Druck und Bindung: Hain-Druck GmbH, Meisenheim/Glan
Printed in West-Germany
ISBN 3-445-02307-7

FÜR BEATE

Vorwort

Der vorliegende Band der 'Beiträge zur Klassischen Philologie' wurde im Sommersemester 1983 der Philosophischen Fakultät der Universität Konstanz als Dissertation vorgelegt. Die Arbeit wurde seither unwesentlich geändert und um ein Register erweitert.

Die Untersuchung wurde von meinem hochverehrten Lehrer, Herrn Prof. Dr. Hans-Joachim Newiger, angeregt, dem mein besonderer Dank für seine intensive Betreuung während meines ganzen Studiums, seine kritischen und fördernden Bemerkungen zu meiner Dissertation und für manches Gespräch über Aristophanes gilt.

Herrn Prof. Dr. Reinhold Merkelbach, der meine Arbeit als Gutachter gelesen hat, habe ich für manche kritische Notiz zu danken.

An dieser Stelle sei auch dem DAAD gedankt, dessen großzügiges Stipendium mir einen viermonatigen Studienaufenthalt am Institute of Classical Studies in London ermöglichte.

Für seinen Einsatz beim Lesen der Korrekturen und manche kritische Randbemerkung habe ich Joachim Fugmann in besonderem Maße zu danken.

Konstanz, im Dezember 1983 B.Z.

Inhaltsverzeichnis

Einleitung 1

Metrische Zeichen und Abkürzungen 4

Erstes Kapitel: Die Parodoi der Aristophanischen Komödien . 6

1. Vorbemerkungen 6

2. Zum Begriff 'Parodos' - Abgrenzungsprobleme 7

3. Abgrenzung der Parodoi der einzelnen Komödien 9

4. Zusammenfassung: Typologie der Parodoi 29

5. Interpretationen zu den Parodoi der Aristophanischen Komödien 34

5.1. Untersuchungen zu den Parodoi der *Acharner* und *Lysistrate* (Typ 1) 34

Acharner 34

Lysistrate 42

Zusammenfassung 53

Chor und Chorführer 56

5.2. Untersuchungen zu den Parodoi der *Ritter*, des *Friedens* und des *Plutos* (Typ 2) 57

Zusammenfassung 63

Chor und Chorführer 63

5.3. Untersuchungen zu den Parodoi der *Wolken* und *Vögel* (Variationen zu Typ 2) 65

Wolken 65

Vögel 70

5.4. Untersuchungen zu den Parodoi der *Wespen*, *Thesmophoriazusen*, *Frösche* und *Ekklesiazusen* (Typ 3) 93

Wespen 93

Thesmophoriazusen 112

Frösche 123

Chor und Halbchor 135

Ekklesiazusen 136

5.5. Zusammenfassung 141

Zweites Kapitel: Die Chor-Schauspieler-Amoibaia der Aristophanischen Komödien 150

1. Vorbemerkungen - Zum Begriff Amoibaion 150

2. Streitamoibaia 153
2.1. *Acharner (284-302=335-346), Wespen (334-345≃365-378)*.153
Chor und Chorführer 154
2.2. *Frösche (209-268)*..................................155
2.3. *Plutos (290-321)*...................................167
3. Parainetische Amoibaia: *Wespen* (526-545≃631-647) 169
4. Enkomiastische Amoibaia 174
4.1. Preis des Helden 174
Acharner (1008-1017=1037-1046) 175
Wolken (457-477) 177
Frieden (856-869=910-921.939-955≃1023-1038) 179
Frieden (1305-1359) 185
Vögel (1706-1765) 189
Vergleich der Exodoi des 'Friedens' und der 'Vögel' 195
Frösche (534-548=590-604) 196
Ein Makarismos mit Vorbehalt: Ritter (1111-1150) ...200
4.2. Ein Enkomion auf eine Stadt: *Vögel* (1313-1323=1325-1334) 204
5. Arbeitslieder: *Frieden* (459-472≃486-499.512-519) 209
6. Spottlieder: *Acharner* (929-939=940-951) 214
7. Informationsamoibaia 218
8. Parodische Amoibaia 219
Wolken (707-722∼804-813) 219
Ein gescheitertes Amoibaion: Wespen (725-759) 224
Gebetsparodie: Wespen (860-890), *Vögel* (851-858=895-902) .228
Thesmophoriazusen (699-725) 230
Lysistrate (954-979) 234
9. Anhang: *Frieden* (346-360≃385-399≃582-600) 236
10. Zusammenfassung 242

Exkurs I: Der Chor des *Friedens* 262
Exkurs II: Melische und rezitative Anapäste 266

Register 269
1. Stellenregister 269
2. Metrisches Register 278
3. Schlagwortregister 280
4. Verzeichnis der textkritisch behandelten Verse 282
Literaturverzeichnis 283

Nichts ist seltner, als eine schöne Komödie.
(F. Schlegel)

EINLEITUNG

Es fehlt nicht an Einzel- und Gesamtdarstellungen, die die Rolle des tragischen Chores in der dramatischen Handlung,[1] die Stellung der Chorlieder im Stück[2] und die Komposition der Chorpartien[3] behandeln. Man vermißt jedoch eine Untersuchung, die sich umfassend[4] mit dem Chor der Komödie unter diesen Gesichtspunkten auseinandersetzt, was um so erstaunlicher ist, als die Bedeutung, die dem Chor in der Komödienhandlung zukommt, unumstritten ist.[5] Das Interesse der Forschung richtete sich seit Zielinskis[6] eingehender Behandlung der epirrhematischen Bauweise eher auf die für die Komödie typischen Kompositionsformen,[7] wobei die Aufgaben, die der Chor wahrnimmt, und die Frage, wie und mit welcher Absicht ihn der Dichter einsetzt, am Rand behandelt wurden.[8]

Die vorliegende Arbeit will diese Lücke schließen, indem sie versucht, die Funktion des Chores im Handlungsgefüge der Aristophanischen Komödien darzustellen. Für eine derartige Unter-

----

1) Vgl. etwa R.W.B. Burton: The chorus in Sophocles' tragedies. Oxford 1980; Müller, Chor und Handlung.
2) Vgl. etwa G. Müller: Überlegungen zum Chor der Antigone. Hermes 89,1961, 91-117; ders., Antigone. Heidelberg 1967,16-18; R.P. Winnington-Ingram: Sophocles. An interpretation. Cambridge 1980,91-117; H. Neitzel: Die dramatische Funktion der Chorlieder in den Tragödien des Euripides. Diss. Hamburg 1967; H.W. Nordheider: Chorlieder des Euripides in ihrer dramatischen Funktion. Frankfurt 1980.
3) Vgl. etwa Kranz, Stasimon; Kraus, Strophengestaltung; W. Jens (Hrsg.): Die Bauformen der griechischen Tragödie. München 1971; J. Rode: Untersuchungen zur Form des Aischyleischen Chorlieds. Diss. Tübingen 1965; H.A. Pohlsander: Metrical studies in the lyrics of Sophocles. Leiden 1964.
4) Händel setzt sich ausführlicher mit dem Chor auseinander. Sifakis, Parabasis, behandelt den Chor in der Parabase, also außerhalb der Handlung, und widmet nur wenige Seiten (23-29) der Funktion des Chores in der Handlung.
5) Vgl. Schmid 51; Gelzer, RE Sp.1525f; Newiger, Komödie 205f.
6) Siehe Literaturverzeichnis.
7) Gelzer, Agon; Sifakis, Parabasis.
8) Vgl. etwa Gelzer, Agon 126f; Sifakis, Parabasis 23-29.

suchung bieten sich die Parodoi, in denen der Chor in das Stück eingeführt wird, und die Amoibaia an, die den Chor im Dialog mit den Schauspielern in das Geschehen einbinden. Dabei soll besonders darauf geachtet werden, durch welche Kompositionsformen Aristophanes den Chor in die Handlung einbezieht: Durch strukturelle und sprachliche Erörterungen sowie durch metrische Analysen, die durch die Behandlung von Einzelproblemen metrischer, aber auch textkritischer Art ergänzt werden, soll im Detail Einblick in Aristophanes' Kunst gewonnen werden.
Die Untersuchung will sich jedoch nicht mit einer rein deskriptiven, systematisierenden Metrik begnügen, sondern den Schritt zu einer "ästhetisch-interpretativen Metrik" wagen, "die die metrischen Gebilde als poetische Gebilde sozusagen beim Metrum und beim Wort nimmt, um sie im einzelnen wie im ganzen als jeweils 'sinnvoll vertonte Texte' zu erweisen"[9]. Sie will die Frage nach dem Sinn und der Funktion der metrischen Form an der betreffenden Stelle, die Frage nach der künstlerischen Absicht, die der Dichter mit dem Einsatz bestimmter Metren verbindet, in den Vordergrund rücken und die Antwort auf diese Fragen aus einer Interpretation des Zusammenhanges, in dem die lyrische Partie steht, und der Rolle, die der Vortragende im Stück ausübt, zu gewinnen versuchen.
Durch die kontextbezogene Analyse der metrischen Formen sollen einerseits trivialästhetische Urteile, wie man sie zahlreich bei Korzeniewski findet,[10] andrerseits verallgemeinernde Interpretationen[11] vermieden werden. Ebenso sollen die Komposi-

----

9) Kannicht, Rez. Korzeniewski 114; vgl. auch Dale, Collected papers 253 bis 258.

10) Vgl. Kannicht, Rez. Korzeniewski 120f; Korzeniewski scheint seine Eindrücke oft aus der graphischen Darstellung metrischer Schemata erhalten zu haben.

11) Vgl. Asmuth 225; Asmuth setzt gegen W. Kaysers (Das sprachliche Kunstwerk. Bern [15]1971,82-99.241-270; ders.: Geschichte des deutschen Verses. Bern-München [2]1971) überzeitliche, allgemeinverbindliche Metrensymbolik eine relative "Funktionsbestimmung, wie sie sich bei Texten mit verschiedenen Versmaßen oder auch beim Vergleich verschiedener Gedichte eines Autors anbietet." Die Frage nach dem Ethos von Versarten, Rhythmen und Klangeffekten wird neuerdings auch in der Linguistik gestellt; vgl. Th.A. Sebeok (Hrsg.): Style in language. Cambridge/Mass. 1964 ([7]1978). Zur expressiven Wirkung von Vokalen und Konsonanten finden sich anregende Gedanken schon in

tionsformen nicht als starre Bauprinzipien[12] angesehen werden, sondern im Zusammenhang des jeweiligen Stücks und aus dem Vergleich mit anderen Komödien erklärt werden.
Da die vorliegende Arbeit sich in der Behandlung der Parodoi und Amoibaia vorwiegend mit den lyrischen Partien beschäftigt, an denen sowohl Chor als auch Schauspieler beteiligt sind, ist ein zweiter Teil geplant, der sich mit den reinen Chor- und Schauspielerliedern auseinandersetzt.

Noch einige Bemerkungen zur Benutzung der vorliegenden Arbeit seien vorangeschickt: Als Text wurde Victor Coulons Edition[13] zugrunde gelegt außer für die *Wolken*, *Wespen* und *Ekklesiazusen*, für die die kommentierten Ausgaben von Dover, MacDowell und Ussher[14] herangezogen wurden. Textkritik wird nur dann betrieben, wenn im Verlauf der Interpretation vom Text der angegebenen Ausgaben abgewichen wird. Um lästiges Nachschlagen in den metrischen Analysen von White, Schroeder, Prato und Spatz[15] zu ersparen, wird häufig der griechische Text mit metrischer Analyse geboten. Die metrischen Abkürzungen und Zeichen lassen sich anhand der anschließenden Liste entschlüsseln.[16] Bei den Anmerkungen wird so verfahren, daß, wenn von einem Autor nur eine Arbeit zitiert wird, Name und Seitenzahl angegeben werden; werden von einem Autor mehrere Titel herangezogen, werden Name, ein Kurztitel, der sich aus dem Literaturverzeichnis leicht entnehmen läßt, und Seitenzahl angegeben. Bücher und Artikel, die nicht mehrfach benutzt werden, werden in den Anmerkungen vollständig aufgeführt, ohne in das Literaturverzeichnis aufgenommen zu sein.

A.W. Schlegels 'Betrachtungen über Metrik'.
12) Vgl. dazu Newiger, Rez. Gelzer 36-38.
13) Siehe Literaturverzeichnis.
14) Siehe Literaturverzeichnis.
15) Siehe Literaturverzeichnis.
16) Vgl. auch Snell 2f; West, Metre XI-XII.

Metrische Zeichen und Abkürzungen

1. Zeichen:

—	longum
⏑	breve
×	anceps
⏓	in Strophe/Ode durch breve, in Gegenstrophe/Antode durch longum ausgefüllt.
⏒	in Strophe/Ode durch longum, in Gegenstrophe/Antode durch breve ausgefüllt.
⏖	aufgelöstes longum
⏔	zwei brevia durch longum ersetzt
∩	brevis in fine versus (brevis in longo)[1]
|	reguläres Wortende
|:	Pause innerhalb einer Periode
||	Periodenende
|||	Strophenende
o o	äolische Basis (zwei ancipitia, von denen wenigstens eines lang sein muß)[2]
∧	Fehlen eines Elements (Akephalie, Katalexe)
=	genaue Responsion
≃	approximative Responsion[3]
∼	stark gestörte Responsion
⁀‿	Synaphie

---

1) Vgl. MacDowell, *Wasps* 29; Dover, *Clouds* 89; auch Parker, *Catalexis* 27f.
2) Vgl. MacDowell, *Wasps* 29; West, *Metre* XI; Snell 2.
3) Vgl. dazu Dale, *Lyric metres* 207 n.1.

2. Metrische Abkürzungen:

an	anapästisches Metron	⏑⏑ – ⏑⏑ –
anacl	Anaklasis	
aristoph	Aristophaneus	– ⏑⏑ – ⏑ – –
ba	Baccheus	⏑ – –
ch	Choriambus	– ⏑⏑ –
cr	Creticus	– ⏑ –
dact	Dactylus	– ⏑⏑
do	Dochmius[4]	⏒ – – ⏒ –
gl	Glyconeus	oo – ⏑⏑ – ⏑ –
hypod	Hypodochmius	– ⏑ – ⏑ –
ia	iambisches Metron	× – ⏑ –
io	ionisches Metron	⏑⏑ – –
ith	Ithyphallicus	– ⏑ – ⏑ – –
lec	Lekythion	– ⏑ – ⏒ – ⏑ –
mol	Molossus	– – –
p	Päon	⏑⏑ ⏑ – bzw. – ⏑ ⏑⏑
P	Periode	
pher	Pherecrateus	oo – ⏑⏑ – –
reiz	Reizianum[5]	× – ⏑⏑ – –
sp	Spondeus	– –
sync	Synkopierung	
tel	Telesilleion	× – ⏑⏑ – ⏑ –
tr	trochäisches Metron	– ⏑ – ×

Daktyloepitriten:[6]

e	– ⏑ –
E	– ⏑ – × – ⏑ –
D	– ⏔ ⏔ –
d^1	– ⏑⏑ –
d^2	⏑⏑ –

---

4) *Zu möglichen Formen vgl. Conomis 23; West, Metre 109.*

5) *Reizianum verwende ich nur, um den akephalen Pherecrateus zu bezeichnen; vgl. Dale, Lyric metres 138 n.1; Snell 44; anders Wilamowitz, Verskunst 94.122.248.*

6) *Vgl. Maas § 55; Snell 3 ; West, Metre XI-XII.*

Erstes Kapitel

Die Parodoi der aristophanischen Komödien

1. Vorbemerkungen

Während mit dem epirrhematischen Agon und der Parabase zwei 'Bauformen' der Alten Komödie, die teilweise oder ganz dem Chor gehören, in Monographien[1] ausführliche Behandlung erfuhren, fehlt es an einer zusammenfassenden Untersuchung des Chorauftritts in den erhaltenen Komödien des Aristophanes,[2] obwohl sich doch an dem Teil, der in jeder Komödie auftaucht, am besten Aristophanes' Kompositionstechnik im Vergleich der einzelnen Stücke untersuchen ließe. Der zeitgenössische Zuschauer mußte bei jeder Komödienaufführung mit dem Erscheinen eines Chores rechnen: Die Bindung der Komödie an den Dionysoskult[3] bewahrte den Chor auch noch in der Zeit, als er seine Bedeutung im dramatischen Geschehen eingebüßt hatte. Im *Plutos*, in dem der Chor der Bauern eine nur locker mit der Handlung verknüpfte Rolle ausübt, ist die Parodos die einzige ausgeführte Partie, in der der Chor in das Geschehen eingebunden ist, und selbst in der Neuen Komödie findet man in manchen Stücken[4] ausdrückliche Hinweise auf den Einzug einer Schar bezechter junger Männer, die in keiner Beziehung zur Bühnenhandlung stehen.

Eine Untersuchung des Chorauftritts könnte demnach aufzeigen, wie der Dichter mit der auf den Einzug des Chores gerichteten Erwartung des Publikums, die durch den Titel der jeweiligen Komödie[5] noch Nahrung erhalten konnte, sein Spiel treibt, wie er sie enttäuscht und einlöst.[6]

---

1) Gelzer, Agon; Sifakis, Parabasis.

2) Händel, 15-43, widmet den Parodoi ein Kapitel seiner Abhandlung.

3) Vgl. W. Burkert: Greek tragedy and sacrificial ritual. GRBS 7,1966,87 bis 112; Pickard-Cambridge, Dramatic festivals 57-101; Blume 14-29; Newiger, Drama und Theater 436-443.

4) Men.Dysc.230-232, Aspis 246-248, Epitr.170f; Perik.261-266; vgl. dazu Gomme-Sandbach 12 n.1.172f.301.479; Maidment 17-19; Sifakis, Aristotle 424f.

5) Vgl. Schmid 50 Anm.1; Körte Sp.1241f; Pfister 70-72.

6) Vgl. Gelzer, RE Sp.1521f; ders., Dramatic art; ders., Aristophanes 301.

2. Zum Begriff 'Parodos' - Abgrenzungsprobleme

In seiner Aufzählung der allen Tragödien gemeinsamen μέρη[1] führt Aristoteles[2] in der Poetik (c.12) neben πρόλογος, ἐπεισόδιον und ἔξοδος (1452b16) als Chorpartien πάροδος und στάσιμον (52b17) an. Πάροδος definiert er als ἡ πρώτη λέξις ὅλη[3] χοροῦ (52b22f), als den ersten ganzen Teil der Tragödie, den der Chor vorträgt, wobei rezitierte Metren, die er für die Stasima ausschließt (52b23f: μέλος χοροῦ τὸ ἄνευ ἀναπαίστου καὶ τροχαίου), in den Parodoi auftauchen können.[4]
In der Nikomachischen Ethik (1123a23f) verwendet Aristoteles den Begriff πάροδος auch für die Komödie: Der Angeber stattet, wenn er mit der Choregie einer Komödie beauftragt ist, den Chor bei seinem Einzug mit Purpurmänteln[5] aus. Um seinen Reichtum zu zeigen, gibt er bei der verhältnismäßig billigen Komödienchoregie aus, was er für die Ausstattung eines Tragödienchores hätte aufbringen müssen. Der Begriff πάροδος ist in diesem Zusammenhang allgemeiner verwendet: Er bezeichnet den Auftritt des Chores, wobei die Bedeutung 'Einzugslied' bzw. 'Einzugsvortrag'[6] mitklingt.
Diese Vieldeutigkeit von Parodos taucht auch in der modernen Forschungsliteratur auf: Mit Parodos wird einerseits, der Aristotelischen Definition folgend, ein μέρος der Komödie von einer bestimmten Ausdehnung bezeichnet (Poetik 1452b15f.26f: κατὰ δὲ τὸ ποσὸν καὶ εἰς ἃ διαιρεῖται κεχωρισμένα),[7] andrerseits findet man den Begriff in der Bedeutung 'Choreinzug'[8] oder 'Einzugsvortrag' bzw. 'Einzugslied'[9] des Chores.

----

1) Vgl. dazu Dale, Collected papers 37.
2) wenn c.12 wirklich von Aristoteles stammt; vgl. Lucas 135f; Taplin, Stagecraft 470-476; Kassel (bei Taplin 475 n.1): "Ich halte die Verdachtsmomente gegen das Kapitel für sehr stark; auf jeden Fall ist es an seiner jetzigen Stelle, zwischen 11 und 13, ein Fremdkörper."
3) Zu Susemihls Konjektur ὅλη (ὅλου *codd.) vgl. Dale, Collected papers 35f.*
4) Vgl. dazu Kranz, Parodos Sp.1686; Dale, Collected papers 36; Lucas 137f; Taplin, Stagecraft 437f.
5) Vgl. dazu Sifakis, Aristotle 410-432; anders zuletzt wieder Dearden 32ff.
6) Vgl. Sifakis a.O.
7) Vgl. etwa Zielinski 126-162; Pickard-Cambridge, Dithyramb^1 312-328.
8) Vgl. etwa Dover, Clouds 133; Stoessl, Parodos.
9) Vgl. etwa Stoessl a.O.; Sifakis, Aristotle 411.431.

Um terminologischen Unklarheiten aus dem Weg zu gehen, wird in der vorliegenden Arbeit Parodos im Sinne der in der Poetik gegebenen Definition, als Teil der Komödie von einer bestimmten Ausdehnung, gebraucht.
Nun bereitet es allerdings Schwierigkeiten, wenn man nach der Aristotelischen Definition die Parodoi der Aristophanischen Komödien von den anschließenden, zum Teil auch von den vorangehenden Abschnitten abzugrenzen versucht. So wird in der Forschung auch häufig auf die Probleme hingewiesen, die sich aus einer allzu strikten Anwendung der Aristotelischen Definition auf die Komödie ergeben.[10)] Die Ursache dafür liegt einerseits darin, daß nicht immer Chorauftritt und erste λέξις des Chores zusammenfallen *(Wolken, Vögel, Thesmophoriazusen, Ekklesiazusen)*, vor allem aber darin, daß der Einzugsvortrag des Chores oft mit Passagen, die folgen, aber auch mit solchen, die vorangehen, so eng verbunden ist, daß eine schematische Abteilung einzelner μέρη dem Aufbau der Komödie und dem Ablauf der Handlung Gewalt antun würde.[11)] K. Matthiessen[12)] betont in seiner Untersuchung zum Euripideischen Spätwerk, daß es sich nicht so sehr empfehle, "auf die μέρη zu achten als vielmehr auf jene Gliederung, die sich durch die σύστασις πραγμάτων ergibt, also auf die einzelnen Stufen der Handlung." Dieser Auffassung entspricht Th. Gelzer[13)], wenn er den typischen Handlungsablauf der Aristophanischen Komödien in drei größere Abschnitte mit weitgehend festgelegten Funktionen untergliedert: in einen ersten Teil, "in dem durch eine Auseinandersetzung zwischen Chor und Schauspielern ein neuartiger, von der Realität in phantastischer Weise abweichender Zustand erreicht wird", in einen zweiten, "in dem die Folgen des erreichten Zustandes unter der Leitung eines Schauspielers, der aus dieser Auseinandersetzung als Sieger hervorgegangen ist, an einer oder mehreren anderen Personen in einer Reihe von typischen Szenen exemplifiziert werden",

---

10) Vgl. etwa Zielinski 127; Pickard-Cambridge, Dithyramb[1] 304 n.1; vgl. auch Taplin, Stagecraft 470-476.
11) Vgl. Pickard-Cambridge, Dithyramb[1] 304-306.
12) Elektra, Taurische Iphigenie und Helena. Untersuchungen zur Chronologie und zur dramatischen Form im Spätwerk des Euripides. Göttingen 1964,17; vgl.

und in einen Schlußteil, "in dem der Sieger allein oder mit anderen zusammen im Genuß seines Sieges mit typischen Personen und Vorstellungen des Wohllebens gezeigt wird."
Für die vorliegende Untersuchung ist der erste Handlungsteil von Bedeutung, in dem es zum Chorauftritt und zu den ersten Aktionen des Chores kommt. In den meisten Komödien[14] läßt sich dieser erste Teil in mehrere weitere Abschnitte untergliedern: Das den Ablauf der Komödie bestimmende 'Komische Thema'[15] wird im Prolog eingeführt und entwickelt. Außer in den *Thesmophoriazusen* und *Ekklesiazusen* ist in keinem der erhaltenen Stücke der Chor bei der Konzeption des 'Komischen Themas' beteiligt.[16]
Bei seinem Erscheinen in der Orchestra, das im Gegensatz zur Tragödie relativ spät, nie vor Vers 200 erfolgt,[17] findet er schon eine entwickelte Handlung vor. Mit dem Einzug des Chores beginnt demnach ein zweiter Handlungsabschnitt, der durch den Chor, seine Beziehung zum 'Komischen Thema' und sein Verhältnis zu den Schauspielern bestimmt ist. Dieser zweite Handlungsabschnitt soll in der folgenden Untersuchung mit 'Parodos' bezeichnet werden.[18]
Zunächst soll nun in einem Überblick über die erhaltenen Komödien versucht werden, diesen Handlungsabschnitt sinnvoll von den vorangehenden und folgenden Teilen der Komödien abzugrenzen.

3. Abgrenzung der Parodoi der einzelnen Komödien

Acharner: Das 'Komische Thema' der *Acharner*,[1] der Privatfrieden, den Dikaiopolis durch Amphitheos für sich allein (130f)[2]

---

auch W.Nestle, Struktur des Eingangs.
13) RE Sp.1512; vgl. auch Mazon 170-181; Dale, Collected papers 282f.
14) Ran. bilden eine Ausnahme; siehe unten S.23f.
15) Vgl. Koch 70-72.89f.94-97.
16) Vgl. Koch 96f; zu Thesm. vgl. Koch 69 Anm.129.
17) Ausnahme: Eccl; siehe dazu unten S.24f.
18) Vgl. Pickard-Cambridge, Dithyramb[1] 304 "[...]for convenience sake the term (sc. Parodos) may be used to cover these (sc. scenes)." Vgl. auch Zielinski 127.

---

1) Vgl. Koch 18-28.86.
2) Koch 86; vgl. auch mein 'Utopisches und Utopie'.

vermitteln ließ, ist am Ende des Prologs voll entwickelt: Amphitheos kommt von Sparta zurück (175f) mit drei Arten von σπονδαί, fünf-, zehn- und dreißigjährigen (188.191.194).[3] Er befindet sich auf der Flucht vor den Köhlern von Acharnai, die, verbittert über den Versuch, mit ihren Todfeinden, den Spartanern, die ihre Reben verwüstet haben (182f), Frieden zu schließen, seine Spur aufgenommen haben (179f). Damit ist sowohl der Chor des Stückes angekündigt als auch seine feindliche Haltung zum 'Komischen Thema' und zum komischen Helden gekennzeichnet. Nachdem Dikaiopolis in aller Eile die am längsten währenden σπονδαί ausgewählt hat (195-200), begibt er sich, ohne sich um die drohende Gefahr weiter zu scheren (200), zur Feier der Ländlichen Dionysien (201f). Amphitheos macht sich davon, da der Chor schon in der Nähe ist (203).

Kaum ist die Bühne leer, stürzt auch schon der Chor herein, aufgeregt fragend, wo der Schurke sich versteckt halte (204ff). Doch bevor er Dikaiopolis aufgespürt hat, erscheint dieser selbst mit dem Ruf εὐφημεῖτε (237) zur Feier der Ländlichen Dionysien.[4] Der Chor tritt in den Hintergrund, um Dikaiopolis aufzulauern (238-240),[5] der seinen Prozessionszug ordnet (242-262) und ein Phaleslied anstimmt (263-279). Kaum hat er seinen Gesang beendet, bricht der Chor aus seinem Hinterhalt, überfällt den Ahnungslosen und droht sogar, Kultgegenstände zu zerbrechen (284). In dem sich darauf entspinnenden erhitzten Dialog (284-346)[6] versucht Dikaiopolis, den Chor dazu zu bewegen, ihm Gehör zu schenken (294f.295.306.322). Da er sich gegen die Starrköpfigkeit der Acharner mit Worten nicht durchsetzen kann, greift er zu einem anderen Mittel: Er nimmt einen Kohlenkorb, der Acharner besten Freund (336), als Geisel[7] und erzwingt damit, vom Chor angehört zu werden (337-346).

----

3) Vgl. Newiger, Metapher 104-106; ders., Krieg und Frieden 176f (= War and peace 220f).

4) Vgl. Starkie, Acharnians XXXI-XXXII.

5) Zu Lauscherszenen vgl. Fraenkel, Beobachtungen 22-26.

6) Besonders deutlich durch die Antilabai in 323-325.

7) Zum Motiv der Geiselnahme vgl. Rau 19-41; auch Newiger, Metapher 123f.

An dieser Stelle (346) liegt ein klarer Einschnitt im Handlungsablauf vor: Der komische Held hat den Chor dazu gebracht, ihm zuzuhören. Die folgenden Szenen leiten einen neuen Handlungsabschnitt ein, sie dienen der Vorbereitung von Dikaiopolis' Rede und der Rede selbst. Die Handlungsinitiative verlagert sich vom Chor zu Dikaiopolis.
Auch innerhalb der geschilderten durchlaufenden Handlung (204 bis 346) lassen sich zwei Komplexe unterscheiden: Dem Chor gehört der erste Teil (204-233). Die VV.234-279 bilden ein Zwischenstück, in dem die feindlichen Parteien zunächst aus Distanz aufeinandertreffen (234-240).[8] Der Chor entdeckt Dikaiopolis, versteckt sich und beobachtet ihn (241-279). Das Zwischenstück retardiert demnach die vom Chor ausgehende Gegenhandlung. Mit der Feier der Ländlichen Dionysien setzt Dikaiopolis seine Ankündigung (201f) in die Tat um. Das Fest in der ländlichen Umgebung, an die sich Dikaiopolis in seinem Eröffnungsmonolog sehnsuchtsvoll erinnerte (32-36), ist das erste Ergebnis der σπονδαί.[9] Nachdem der Chor in den VV.280-283 aus seinem Versteck gestürzt ist, findet das direkte Aufeinandertreffen zwischen Chor und Held statt (284-346), das zu einem Waffenstillstand und der Redeerlaubnis für Dikaiopolis führt. Da beide handlungstragenden Szenen - sowohl der Einzug des Chores (204-233) als auch die Streitszene (284-346) - inhaltlich eng zusammengehören, empfiehlt es sich, sie als Einheit (Parodos) zu nehmen, die durch ein Zwischenstück unterbrochen wird.[10]

Ritter: In den *Rittern* haben sich bereits während des Prologs zwei gegnerische Gruppen formiert: die beiden Haussklaven des Herrn Demos, Nikias und Demosthenes[11], mit ihrem Favoriten, dem Wursthändler Agorakritos, auf der einen, der Paphlagonier, der Lieblingssklave von Demos, auf der anderen Seite. Um den

---

8) Vgl. das ähnliche Zusammentreffen aus Distanz in der Streitszene von Av. 327-399; siehe unten S.20f.
9) Anders Landfester 46.225.
10) Vgl. Zielinski 128-130; Pickard-Cambridge, Dithyramb[1] 304.312 (²213); Gelzer, RE Sp.1425.
11) Vgl. Newiger, Metapher 11-17; Gelzer, RE Sp.1427 mit weiterer Literatur; skeptisch zur Identifikation Dover, Comedy 28f.94f.

noch zaudernden Wursthändler, der nach dem Orakel, das der zweite Sklave (Nikias) seinem Herrn entwendet hat, den Gerber in der Herrschaft ablösen soll,[12] für ihren Plan[13] zu gewinnen, verspricht der erste Sklave (Demosthenes) ihm auf seine ängstliche Frage, wer ihm beistehen werde (222f), die Hilfe der Ritter (225f), aller rechtschaffener Bürger (227)[14], der Gescheiten unter den Zuschauern (228), schließlich seine eigene Unterstützung und die des Gottes Apoll (229). Schon droht Gefahr, da der Paphlagonier, Verschwörung witternd, auftritt (235-239) und Agorakritos die Flucht ergreifen will (240). Sofort ruft Demosthenes die Ritter, den Chor der Komödie, zu Hilfe (242f),[15] und spricht dem verzagten Wursthändler durch die Ankündigung der nahenden Verstärkung Mut zu (244-246).

Der zu Hilfe gerufene Chor erscheint unverzüglich mit vehementer Angriffslust (247-254). Der Paphlagonier wendet sich, so harter Bedrängnis ausgesetzt, um Uterstützung an die Heliasten, die er ernähre (255-257). Es entwickelt sich eine heftige Auseinandersetzung zwischen dem Chor und dem Paphlagonier (258 bis 277), in die schließlich auch der Wursthändler eingreift (280ff). Nachdem sich sein Favorit endlich in den Streit eingeschaltet hat, tritt der Chor in den Hintergrund; das hitzige Wortgefecht der beiden eigentlichen Kontrahenten gipfelt in einem Pnigos, in dem sie sich an Gemeinheiten gegenseitig zu überbieten versuchen (284-302). Das Pnigos stellt den formalen Abschluß der Parodos dar.[16] Es schließt der erste epirrhematische Agon an, der durch ein Chorlied (303-313) deutlich eingeleitet wird.[17] Der Chor singt nur noch die einleitenden Oden, wobei ihm die beiden Streithähne, die nicht mehr zu halten sind, ins Wort

----

12) Zu dem spielerischen Wechsel von 'Vorder- und Hintergrund', dem Haushalt und dem politischen Bereich, vgl. Newiger, Metapher 17-23.

13) Zum Komischen Thema vgl. Koch 28-34.86.

14) Vgl. dazu H. Wankel: Καλὸς κἀγαθός. *Diss. Würzburg 1961,35f.*

15) Zum Motiv des Hilferufs vgl. Steffen a.O.; Sutton 17f; Seidensticker 210-212; vgl. etwa Aesch.Dict.Fr.178,19-22 Mette; Soph.Ichn33ff; vgl. auch Taplin, Stagecraft 218-221.

16) Vgl. Zielinski 130f.213; Pickard-Cambridge, Dithyramb[1] 304.314.

17) Vgl. Gelzer, Agon 11f; Newiger, Metapher 23.

fallen und sich ein Vorgeplänkel liefern (314-321.391-396). Der Streit spielt sich nun allein zwischen dem Paphlagonier und Agorakritos ab.
Will man die Parodos jedoch als Handlungsabschnitt nach inhaltlichen Kriterien abteilen, muß man sie mit V.277 enden lassen. Sobald sich der Wursthändler in den Streit einmischt, verlagert sich die Initiative auf die Schauspielerebene.[18] Aristophanes verwischt somit den Übergang zwischen der Parodos und dem epirrhematischen Agon, indem er einen Proagon, der formal betrachtet zur Parodos gehört, inhaltlich jedoch die Auseiandersetzung im epirrhematischen Agon vorbereitet, dazwischenschaltet.

Wolken: Strepsiades, dem die Schulden seines Sohnes Pheidippides, der auf seines Vaters Kosten seiner kostspieligen Pferdeleidenschaft frönt (14-17), schlaflose Nächte bereiten, kommt, als er über einen Ausweg aus dieser Misere nachgrübelt, der glänzende Einfall (75-77), seinen Sohn zu den 'Grübelspekulanten' (101), die für Geld lehren, sowohl der gerechten wie der ungerechten Sache zum Sieg zu verhelfen, in die Lehre zu schicken (112-118).[19] Da Pheidippides jedoch mit den 'bleichgesichtigen Halunken' (102f) nichts im Sinn hat, muß notgedrungen der Alte selbst sich in die 'Denkerei' begeben (126-132). Nachdem er zunächst im Gespräch mit einem Schüler des Sokrates einen ersten Eindruck vom Betrieb im φροντιστήριον gewonnen hat, bringt er schließlich dem Meister selbst sein Anliegen vor, die Kunst, nichts bezahlen zu müssen, erlernen zu wollen (244f). Strepsiades' Eid bei Göttern, mit dem er bekräftigt, das Entgelt für den Unterricht zu entrichten (245f), nimmt Sokrates zum Anlaß (247f), dem Alten eine theologische Einführung anzubieten (250f) und ihm vorzuschlagen, mit seinen Gottheiten, den Wolken (252f), ins Gespräch zu kommen. Strepsiades stimmt zu, wobei ihm allerdings nicht so sehr an der Initiation in die neue Religion liegt[20] als vielmehr an dem Vorteil, den er aus ihr zu ziehen hofft (259-261). Als ihr Priester ruft Sokrates darauf

---

18) Vgl. Gelzer, Agon 12; ders., RE Sp.1432; Pickard-Cambridge² 205.
19) Vgl. Koch 36.87.
20) Vgl. Gelzer, RE Sp.1437.

die Wolkengöttinnen in einem typischen ὕμνος κλητικός[21] an (263-266.269-274). Schon hört man das Lied der feierlich nahenden Göttinnen, die beide Oden (275-290=298-313) noch unsichtbar im hinterszenischen Raum singen und erst in den VV.325ff in der Eisodos zu sehen sind. Die an die Lieder des Chores anschließende Szene (314-456), in der der Einzug des Chores erfolgt (326), enthält vorwiegend eine ausführliche Erklärung des Wesens des Wolkenchores, aufgelockert durch Strepsiades' dumme Späße: die Wolken werden als Spender[22] von γνώμη, νοῦς, τερατεία, περίλεξις, κροῦσις und κατάληψις (316-318) vorgestellt - Fähigkeiten, die auch die Sophisten zu lehren sich anheischig machten und die zur Zeit der Aufführung der *Wolken* schon zu termini technici geworden waren.[23] Die beeindruckende Stimme der Wolken, die huldvoll Strepsiades und Sokrates begrüßen (358-363), gibt Sokrates die Gelegenheit, dem erstaunten Alten (364) klar zu machen, daß die Wolken die einzigen Götter seien und daß es Zeus und die Olympier gar nicht gebe (365.367). Nachdem er Strepsiades vom alten Götterglauben abgebracht hat (425f), wenden sich die Wolken an den geplagten Vater mit der Frage nach seinem Wunsch (427f), den sie ihm bereitwillig gewähren wollen, wenn er sich nur ihren πρόπολοι (436) anvertraue. Im abschließenden Pnigos (439-456) malt sich Strepsiades alle Errungenschaften aus, die er sich aus dem Unterricht verspricht. Das folgende Amoibaion (457-477)[24] bildet die Überleitung zu Strepsiades' Unterweisung durch Sokrates.

Die Parodos der *Wolken* besteht, wie der Überblick zeigt, aus zwei Teilen: aus Sokrates' Anrufung und den Liedern des Chores (263-313), sodann aus einer langen Szene in katalektischen anapästischen Tetrametern mit abschließendem Pnigos (314-456), in der Sokrates Strepsiades über das Wesen, die δύναμεις und τέχναι der Wolken aufklärt. Die anapästische Szene nimmt somit die Stelle der Streitszene ein: In ihr kommt es zum ersten Aufein-

---

21) *Vgl. Kleinknecht, Gebetsparodie 21-26; Norden, Agnostos Theos 140ff.*

22) *Vgl. Ar.Fr.58 Austin, das wohl aus dem Parodoskomplex stammt; vgl. dazu Gelzer, Heroes.*

23) *Vgl. auch Eq.1377-1380, Av.430f.*

24) *Siehe unten S.177-179.*

andertreffen des Chores mit den Schauspielern, in ihr findet eine Auseinandersetzung der Bühnenpersonen mit dem Chor statt - in Form der Wesenserklärung allerdings auf intellektueller Ebene, so daß man sie berechtigterweise mit zur Parodos rechnen kann, zumal es in ihr erst zum Auftritt des Chores kommt.[25)]

Wespen: Der von der Gerichtswut befallene Philokleon wird von seinem Sohn, der ihn von dieser Krankheit heilen will,[26)] in dem mit einem Netz umspannten Haus eingesperrt gehalten. Zwei Sklaven stehen Wache, um Ausbruchsversuche Philokleons zu verhindern. Der Alte versucht auch tatsächlich, mit allen möglichen Schlichen aus dem Haus zu entkommen. Bdelykleon und seine beiden Sklaven vereiteln jedoch jeden Fluchtversuch (136ff). In dieser Notlage ruft Philokleon verzweifelt seine Richterkollegen und Kleon um Unterstützung an (197). Aristophanes treibt damit ein gekonntes Spiel mit der Erwartung der Zuschauer.[27)] Denn der Chor erscheint auf den Hilferuf des Alten noch nicht, sondern Bdelykleon nimmt den Ruf zum Anlaß, den Sklaven besondere Wachsamkeit aufzutragen. Da der Morgen dämmere, sei bald mit dem Nahen der Genossen seines Vaters zu rechnen (214-216). Offensichtlich seien sie heute sogar zu spät aufgestanden, da sie in der Regel den Alten schon kurz nach Mitternacht, ausgerüstet mit Fackeln und altmodische Lieder à la Phrynichos trällernd, aus dem Haus zu rufen pflegten (217-221). Es empfehle sich auch nicht, die Alten gering einzuschätzen; einmal in Wut gebracht, würden sie einem Wespenschwarm, ausgestattet mit einem spitzen Stachel an der Hüfte und munter wie Funken, gleichen (223 bis 227).
Bald nach dieser Ankündigung des Chores erscheinen auch schon die von Philokleon sehnlichst herbeigewünschten ξυνδικασταί (197), sich gegenseitig zur Eile anspornend (230ff). Erstaunt über die Saumseligkeit ihres sonst so eifrigen Kollegen, brinsie ihm ein Morgenständchen in Phrynicheischer Manier (273ff).

---

25) So auch Zielinski 131-134.213; vgl. auch Pickard-Cambridge, Dithyramb[1] 305 (²216f); Gelzer, RE Sp.1445.
26) Zum Komischen Thema, der Umerziehung des Alten, vgl. Koch 87.
27) Vgl. dazu Gelzer, Dramatic art; ders., Aristophanes 301. Schmid (51)

Nach einer Auseinandersetzung mit den Jungen (291-316), die, ohnehin nicht begeistert über die nächtlichen Eskapaden ihrer Väter, sich für die weitere Begleitung ein Geschenk ausbitten, das ihnen aber als zu kostspielig abgeschlagen wird (297f), zeigt ihr Lied den gewünschten Erfolg. Philokleon erscheint am Fenster[28] und gibt seinen Freunden in einer burlesken Arie den Hinderungsgrund bekannt (317-333). In der folgenden Szene (334-402) versucht der Chor zusammen mit Philokleon der verzwickten Lage Herr zu werden. Im ersten Teil (334-364) finden sie noch keine Lösung, erst im zweiten (365-402) kommt Philokleon die glänzende Idee, sich durch das Netz hindurchzubeißen, wobei allerdings sein Sohn erwacht und die nötigen Gegenmaßnahmen ergreift (395ff). Von Philokleon zum Eingreifen aufgefordert, legen die Richter, durch das tyrannische Gebaren Bdelykleons aufs äußerste gereizt, ihre Mäntel ab und fordern die Jungen auf, sie wegzuschaffen und Kleon zu holen (408f)[29]. Indem sich die Alten ihrer Mäntel entledigen, enthüllen sie ihren Stachel[30] und werden, wie Bdelykleon bereits ankündigte (223 bis 227), zu Wespen. Gegen diesen aufgebrachten Schwarm kann sich Bdelykleon zuerst mit seiner Bitte um Gehör für seine Darlegungen (415.417f.513f), mit denen er beweisen will, daß Philokleon durch seine φιλοδικία einen Fehler begehe, nicht durchsetzen. Unwirsch weist sein Vater das Ansinnen von sich, sei er doch Herrscher aller (518), gibt aber dann, schließlich doch verunsichert, nach und erklärt sich bereit, die Argumente seines Sohnes mit dem Chor als Schiedsrichter (521)[31] anzuhören und seine Vormachtstellung zu beweisen. Mit dem Festsetzen der Bedingungen ist die Ausgangssituation für einen epirrhematischen Agon in der Diallage[32] geschaffen.

übersieht dieses Spiel, wenn er annimmt, daß der Chor aufgrund von Philokleons Hilferuf erscheine. In diesem Fall müßten Langverse stehen; vgl. Eq. 242f, Pax 299f.

28) Vgl. MacDowell, Wasps 176.

29) Damit wird den Jungen die Gelegenheit zum Abgang verschafft.

30) Vgl. Newiger, Metapher 74-80. Ob der Wespenstachel der Phallos war, bleibe dahingestellt.

31) Anders MacDowell, Wasps 202, der τουτοισί γ' auf das Publikum bezieht.

32) Vgl. Gelzer, Agon 20f.

Wie in den *Rittern* bekommt auch in den *Wespen* eine von zwei Bühnenpersonen, die in antagonistischem Verhältnis zueinander stehen, Unterstützung durch den Chor. Allerdings erscheint der Chor nicht in feindlicher Absicht, sondern ohne Wissen, in welche Schwierigkeiten er bald verwickelt sein wird. Er will nur, wie gewohnt, seinen Kollegen Philokleon auf dem Weg ins Gericht abholen. Sein Auftritt, der einer zunächst geplanten, dann aber vereitelten Handlung entspricht, füllt die VV.230-316. Dadurch, daß der Chor nicht sofort in das Geschehen eingreifen muß, bietet sich Aristophanes die Gelegenheit, ein 'Genrebild aus Altathen'[33] entstehen zu lassen. Philokleons Monodie (317-333) informiert den Chor über Bdelykleons verwerfliche Intrige. Der anschließende Ausbruchsversuch des Alten (334-402) leitet, da sein Sohn rechtzeitig erwacht und eingreift, zur Streitszene über (403-525), die ihrerseits wie in den *Acharnern* (siehe oben S.10f) die Brücke zum epirrhematischen Agon bildet. Wie in den *Acharnern* wird auch in den *Wespen* der zunächst handgreifliche Streit durch ein Wortgefecht bzw. eine Rede ersetzt, wobei der Chor mehr in den Hintergrund tritt, da sich das Interesse auf die Diskussion von Vater und Sohn bzw. auf Dikaiopolis' Rede konzentriert. Es empfiehlt sich demnach, mit dem epirrhematischen Agon einen neuen Handlungsabschnitt beginnen zu lassen.[34]

Frieden: Trygaios hat seinen Himmelsritt bereits hinter sich, den er unternommen hat, um "den gerechten unter den Menschen zum Frieden zu verhelfen"[35], da die Götter ihn den Menschen offensichtlich vorenthalten (54-59.62-77). Im Himmel angelangt, trifft er auf Hermes, der ihm berichtet, daß die Götter 'tiefinnerst in des Himmels Bienenzellen'[36] umgezogen sind und ihn zurückließen, um das Hausgerät zu bewachen (201f). Die Friedensgöttin sei von Polemos in eine tiefe, mit Steinen verbarri-

----

33) Newiger, Metapher 74.

34) Vgl. Zielinski 134-140; Pickard-Cambridge, Dithyramb[1] 305.317f ([2]218f); Gelzer, RE Sp.1451.

35) Koch 87.

36) Übersetzung von Seeger; zum Komischen Thema vgl. Koch 52.87.

kadierte Höhle geworfen worden (223-226).[37] Polemos habe vor, wie Trygaios auf seine besorgte Frage erfährt (226f), die Städte Griechenlands in einem Mörser von ungeheurer Größe zu Brei zu stampfen (228f.231-233). Da Polemos aber, der zusammen mit seinem Gehilfen Kydoimos auf der Bühne erscheint (236.255), seines zerstörerischen Amtes mangels eines geeigneten Werkzeuges nicht walten kann (255-288), nutzt Trygaios die Zeitspanne, bis der Kriegsgott sich eine neue Mörserkeule verschafft hat, dazu, mehrere Personengruppen zu Hilfe zu rufen (296-298). Voller Tatendrang erscheinen die Gerufenen, die den Chor bilden, um Trygaios zu unterstützen (301-308). Die Handlungskonstellation entspricht also den *Rittern* (siehe oben S.11-13): Der Chor wird von einem Schauspieler zu Hilfe gerufen, jedoch nicht als Verstärkung gegen einen Gegner, sondern zur Bewältigung einer Arbeit, der Bergung Eirenes. Damit fällt der Streit weg, der den Einzug des Ritterchores bestimmte, da im *Frieden* der Chor auf einen Gleichgesinnten trifft. Allerdings kann man gewisse Spuren einer Streithandlung auch in der Parodos des *Friedens* entdecken: Trygaios' Tadel an dem überschwenglichen Gebaren des Chores enthält eine harmlose Auseinandersetzung zwischen Chor und Schauspieler, die, sobald der Chor sich beruhigt hat, auch schon beigelegt ist.
Wie in den *Rittern* findet die Parodos ihren Abschluß in einem Pnigos (339-345), in dem Trygaios dem Chor die Genüsse ausmalt, die ihn nach getaner Arbeit, wenn wieder Frieden herrscht, erwarten. Das Chorlied (346-360), das inhaltlich auf das Pnigos Bezug nimmt, leitet einen neuen Handlungsabschnitt, Eirenes Bergung, ein (361ff), die durch Hermes' Dazwischentreten zunächst vereitelt wird (362).[38]

Vögel: Euelpides und Peisetairos, zwei Athener, die der in ihrer Heimatstadt herrschenden Gerichtswut überdrüssig geworden sind,

---

37) Vgl. Newiger, Metapher 111-119; ders., Krieg und Frieden 182-185 (War and peace 226-228); Süß 138f.
38) Vgl. Pickard-Cambridge, Dithyramb[1] 305: "[..] it would be unnatural to include the next scene (sc.346ff)"; auch Gelzer, RE Sp.1459; anders Zielinski (137-140), der die Parodos bis V.656 reichen läßt; dazu siehe unten S.236-241.

befinden sich auf der Suche nach einem ruhigen Ort (τόπος ἀπράγμων) auf dem Weg ins Vogelreich, um von Tereus zu erfahren, ob er irgendwo bei seinen Flügen eine derartige Stadt erblickt habe (30-48). Kaum haben sie, bei Tereus angelangt, ihre Vorstellungen von einem τόπος ἀπράγμων vorgetragen (114-161), erkennt Peisetairos die hervorragende strategische Lage des Raums zwischen Himmel und Erde sowohl zur Beherrschung der Menschen als auch der Götter (162f) und legt sogleich, obwohl er doch nach ἀπραγμοσύνη verlangte, eine unglaubliche πολυπραγμοσύνη an den Tag,[39] indem er Tereus dazu bewegen will, eine Stadtgründung der Vögel vorzunehmen (164ff).[40] Der Wiedehopf, selbst von dem genialen Plan schon überzeugt (194-197), will das Vogelvolk zusammenrufen, um es um seine Meinung zu befragen (197). Diese erste Ankündigung des Chores wird noch weiter ausgeführt: Tereus will die Bühne verlassen (202), seine Gattin, die Nachtigall, wecken und mit ihr zusammen, im Gesang vereint, die Vögel einberufen (203-205). Die Überleitung von der Prologhandlung zur Parodos bildet das hinter der Bühne gesungene Wecklied des Wiedehopfs (209-222), auf das Flötenspiel, die Stimme der Nachtigall, antwortet (225).[41]

Die Parodos wird eröffnet durch eine Soloarie von Tereus, mit der er, von Flötenspiel begleitet, die Vogelschar ruft.[42] Doch der Gesang scheint zunächst erfolglos zu sein: Peisetairos und Euelpides bekommen keinen einzigen Vogel zu Gesicht (263-266). Erst einem erneuten Lockruf des Wiedehopfs (267)[43] ist Erfolg beschieden: Es erscheinen still vier exotisch anmutende Vogelgestalten, die ausführlich von Tereus vorgestellt werden und deren Äußeres den beiden Athenern Anlaß zu manchem Spott auf Zeitgenossen gibt (268-293). Doch dann zeigt sich plötzlich ein ganzer Schwarm von Vögeln in der Eisodos (294-296). Zunächst wer-

---

39) Vgl. ausführlicher mein 'Utopisches und Utopie'.
40) Zum Komischen Thema vgl. Koch 52f.87, zum 'Geburtsverfahren' des Komischen Themas vgl. Koch 70.
41) Dazu ausführlicher unten S.70f.
42) Vgl. Gelzer, RE Sp. 1465; Pickard-Cambridge, Dithyramb[1] 305; Fraenkel, Some notes 258-262.
43) Zur Zuweisung der VV.260-262 und 267 an Tereus siehe unten S.76.

den vier einzelne Vögel vorgestellt (297f), es folgen zwei weitere (299-301), schließlich stürzt sich der Rest von 18 Vögeln laut piepsend und kreischend (307) in die Orchestra (302-304).

Addiert man die Zahl der im zweiten Teil (294ff) hereinströmenden Vögel, erhält man genau 24, die Zahl der Choreuten des komischen Chores. Fraglich ist, ob man die vier, im ersten Teil (268ff) ausführlich vorgestellten absonderlichen Gestalten zum Chor dazurechnen soll. Schon das Scholion zu V. 298 schließt diese vier aus dem Chor aus, betrachtet sie also als Parachoregema. In der modernen Erklärung werden sie als Musikanten, Tänzer, Clowns, die eine Art Zirkusvorstellung boten, Leibwächter des Wiedehopfs u.a.m. angesehen. Sifakis[44] weist sie dem Chor zu, der aber deshalb nicht aus 28 Choreuten bestanden haben müsse. "No spectator, or reader for that matter will ever notice that the total number of the birds is twenty-eight (whereas the choreuts are twenty-four), unless he is equipped with a scholastic mind and counts the words of his text more than once." Man muß jedoch nicht unbedingt den schulmeisterlichen Verstand eines Altphilologen besitzen, um Sifakis' Erklärung zu widersprechen: Denn auf die vier exotischen Gestalten (268-293) und auf die ersten sechs Vögel, die sich in der Eisodos zeigen (297-301), wird ausführlicher eingegangen. Für den Zuschauer ist demnach eine genaue Identifikation möglich. Ebenso wird Tereus bei der Aufzählung der restlichen 18 Vögel (302-304) kurz auf sie hingewiesen haben. Man könnte sich vorstellen, daß sie bei der Nennung ihres Namens in den Vordergrund sprangen. So muß man entweder von einem Chor von 28 Choreuten oder von einem Normalchor von 24 Choreuten und einem Parachoregema von vier Personen ausgehen. Letztere Möglichkeit wird durch die klare Gliederung in zwei Abschnitte (268-293.294ff) empfohlen. Ebenso dürfte die Zahl 24 im zweiten Teil nicht bloßer Zufall sein. Dovers Erklärung[45] dieses Parachoregemas scheint mir szenisch am einleuchtendsten. Er verweist auf das Wortspiel zwischen λόφος als 'Kamm' und 'Hügel' (279.292f) und kommt zu dem Schluß: "It seems to me clear that these first four birds, certainly gorgeously costumed but not members of the chorus, arrive where one would expect birds to arrive, on the roof of the skene, from which they can withdraw once the chorus has assembled and our attention is engaged by what is happening in the orchestra."

Aufgeregt nach dem Grund des Zusammenrufens fragend, nimmt der Chor trotz Tereus' Vermittlungsversuchen eine feindliche Haltung gegen die beiden Fremden ein (305-326) und beginnt mit Kampfvorbereitungen gegen die beiden Eindringlinge, die ihrerseits angesichts der drohenden Gefahr auch nicht untätig bleiben (354ff). Schon will der Chor nach Abschluß der Rüstungen zum Angriff übergehen (364f), als Tereus ihn gerade noch zurückhalten und dazu bringen kann, den Fremden wenigstens zuzuhören, da sie Nützliches zu berichten hätten (371f.375.381f). Ihrem flatterhaften Wesen entsprechend lassen die Vögel sich

---

44) Parabasis 126 n.5 mit ausführlicher Doxographie.
45) Comedy 145; vgl. schon C. Robert, Hermes 33,1898,568f.

sofort umstimmen. So treffen - herrliches Spiel mit der Form - die beiden Gegner in der Streitszene (327-399) nicht aufeinander, sondern es kommt, nachdem Tereus die Vögel in einem Informationsamoibaion (406-433)[46] über die Absicht der Fremden unterrichtet hat, zur Abmachung (434-447), die dem epirrhematischen Agon in der Diallage[47] vorauszugehen pflegt. Nun tritt der Chor zurück, Peisetairos' Rede[48] beherrscht die Aufmerksamkeit des Publikums.
In der Parodos der *Vögel* liegt eine Spielart des Typs vor, bei dem der Chor von einer Person, die in gewisser Hinsicht zu ihm gehört, gerufen wird, ohne zu wissen, worum es eigentlich geht. Die Situation entspricht in etwa der in den *Rittern* und im *Frieden*. Allerdings fallen Einzug des Chores und Streitszene nicht wie in den *Rittern* zusammen, da der Vogelchor erst informiert werden muß. Auch in dieser Parodos zeichnet sich Aristophanes' Kunst durch ein souveränes Spiel mit der Form aus: der Chor wird zunächst durch eine Soloarie zusammengerufen und erscheint zunächst noch nicht. Sein Einzug vollzieht sich dann, ohne mit einer πρώτη λέξις verbunden zu sein, indem die Choreuten Vogelstimmen nachahmen (307) und erst allmählich zur menschlichen Sprache finden (310ff). In der Streitszene schließlich kommt es nicht zu einem direkten Zusammenstoß, sondern nach gegenseitigen Kampfesvorbereitungen werden die Feindseligkeiten im letzten Augenblick durch Tereus' Vermittlung verhindert.

Lysistrate: Das für die Handlung des Stücks Entscheidende ist bereits im Prolog geschehen: Lysistrate hat ihren Plan[49], die Männer durch Liebesentzug zu einem Friedensschluß zu bewegen, bekanntgegeben und die anderen jungen Frauen auf ihre Seite gebracht, zugleich ist die Akropolis von den älteren Frauen besetzt worden (175-179.241f). Kalonikes[50] Einwand (247f), ob

----

46) Siehe unten S.90f.218.
47) Vgl. Gelzer, Agon 47-72.
48) Vgl. Gelzer, Agon 22-24.
49) Vgl. Koch 53f.70.87.
50) Nicht Kleonike (Wilamowitz, bei Coulon im Text); vgl. Gelzer, RE Sp. 1480 mit weiterer Literatur.

Lysistrate nicht das Eingreifen der Männer befürchte, bereitet den Choreinzug vor, Lysistrates abschätzige Bemerkung über die Männer (248-251) stellt die erste, indirekte Charakterisierung des Chores dar.
Kaum sind Lysistrate und ihre Helferinnen in der Akropolis verschwunden, erscheint auch schon der Chor alter Männer (254ff) und bestätigt Lysistrates schlechte Meinung vom männlichen Geschlecht: Jammernd über die Last der Zweige und den Qualm des Feuers[51], das sie mitschleppen, um die Frauen auszuräuchern, flüchten sie sich angesichts ihrer physischen Unzulänglichkeit in nostalgische Erinnerungen[52]. Als die Alten, endlich unter Mühen vor dem verrammelten Tor der Akropolis angelangt, daran gehen wollen, die Frauen auszuräuchern (306-318), erscheint zu ihrer großen Überraschung (352) als unvorhergesehene Verstärkung für die eingeschlossenen Frauen ein zweiter Chor.[53] Alte Frauen, die den Qualm bemerkt haben, wollen ihren Geschlechtsgenossinnen mit dem Wasser, das sie mitbringen, um das Feuer zu löschen, zu Hilfe kommen (319-349). Die an den Einzug der Frauen anschließenden Langverse (350-386) enthalten eine regelrechte Streitszene, in der es nicht nur Schimpfworte hagelt, sondern die alten Männer auch noch einen gehörigen Guß Wasser abbekommen. Mit dem Auftritt des Probulen (387) beginnt ein neuer Handlungsabschnitt, in dem der Streit auf Schauspielerebene zwischen Lysistrate und dem Probulen stattfindet.[54]

Thesmophoriazusen: Als Euripides' Versuch, den effeminierten Dichter Agathon zu überreden, sich in die Volksversammlung der Frauen, die heute, am zweiten Tag des Thesmophorenfests (Νηστεία)[55], über ihn zu Gericht sitzen wollen (76-84), als Frau

51) Wenn man in Lysistrates abschätziger Bemerkung über die Männer πῦρ in der Verbindung mit ἀπειλάς (249) metaphorisch versteht, liegt ein gelungenes Spiel vor, wenn die Alten nun tatsächlich mit Feuer erscheinen. Ansonsten stellt Lysistrates Bemerkung eine deutliche Ankündigung des Choreinzugs dar.
52) Vgl. Kassies 48-62.
53) Allerdings wird der Zuschauer aufgrund der auf 12 verringerten Choreutenzahl des Männerchors etwas erwartet haben; vgl. Kaimio 111.
54) Vgl. Zielinski 140-143; Gelzer, RE Sp.1482.
55) Nicht Καλλιγένεια, wie Händel (233) annimmt; vgl. Deubner 50-60; Gelzer, RE Sp.1470.

verkleidet einzuschleichen (92) und für ihn zu reden (90f), gescheitert ist (195-199), erklärt sich sein Verwandter bereit, sich als Frau herrichten zu lassen und Euripides' Sache vor der Frauenekklesie zu vertreten (211ff). Kaum ist der Alte als Frau verkleidet, sieht man auch schon das Zeichen, das die Versammlung eröffnet (277f), und Euripides mahnt Mnesilochos zur Eile, der sich zusammen mit einer Sklavin (279), die er nach seinem Gebet wegschickt (293), auf den Weg macht. Überall sieht er Fakkeln nahen (280f), still versammeln sich die Frauen.
In den *Thesmophoriazusen* gestaltet Aristophanes die Parodos nach dem Eröffnungszeremoniell der athenischen Ekklesie:[56] Die Frauen finden sich ein, darauf erschallt der Ruf der Heroldin (295-311.331-351). Nach der rituellen Eröffnung folgt die Tagesordnung (372-379) mit der Aufforderung an die Frauen, sich zu dem Punkt 'Euripides' zu Wort zu melden (379). Die folgenden Reden (380ff) eröffnen einen neuen Handlungsabschnitt, so daß man die Eröffnungszeremonie der Frauenekklesie als Parodos der Komödie betrachten kann.

Frösche: Die Parodos der *Frösche* stellt eine großangelegte Chorpartie dar (316-459): Die Mysten, die den Chor bilden, werden von Herakles bereits in der Wegbeschreibung des Hadesabstieges (154-157.161-164) angekündigt: Zunächst werden Dionysos und Xanthias Flötenmusik hören (154; vgl. 313), dann auf einen Thiasos von Männern und Frauen treffen (156f), die, wie wir später hören, jede Altersgruppe umfassen (338.345.445).

Schwierigkeiten bei der Interpretation bereitet die Frage, ob man die Frauen als Parachoregema oder als Mitglieder des Chores betrachten soll. Nimmt man die Aufteilung in einen Chor von Männern als Normalchor von 24 Choreuten und in ein zahlenmäßig gleiches Parachoregema von Frauen an,[57] muß man von zwei Chorführern ausgehen: dem Koryphaios des Männerchors und dem Daduchen als Führer des Frauenparachoregems, der 445f zusammen mit den Frauen abgeht. Mazon (142) nimmt zudem an, daß das Parachoregema wirklich aus Frauen, und zwar aus Tänzerinnen, bestanden habe. Doch die Indizien, die für die Annahme von zwei Chorführern sprechen, sind äußerst schwach: Sowohl Mazon (144) als auch Radermacher (206f) leiten die Berechtigung zu ihrer Hypothese aus den VV.440-447 ab, wobei sie 440-444 dem Koryphaios, 445-447 dem Daduchen zuteilen. Mit ἐγὼ δέ (445) stelle sich der Daduche in betonten

---

56) *Vgl. Haldane a.O.; Gelzer, RE Sp.1468; Srebrny 48-51; Austin a.O.*
57) *Radermacher 182.*

Gegensatz zu dem Koryphaios.[58] Bei genauerem Hinsehen zeigt sich jedoch ganz klar, daß die VV.440-447 von derselben Person gesprochen sein müssen: Mit dem Imperativ χωρεῖτε (440) wendet sich diese an die Männer, von denen sie sich mit ἐγὼ δέ (445) abgrenzt. Man hat also eine Gliederung in ὑμεῖς μέν - ἐγὼ δέ, wobei das μέν natürlich - vor allem bei einem Imperativ - wegfallen kann.[59] Damit entfällt aber die einzige Stelle, die einige Berechtigung zu der Annahme von zwei Chorführern und somit von zwei Chören gab. Geht man aber nur von einem Chorführer aus, darf man notwendigerweise auch nur einen Chor, bestehend aus Männern und Frauen, annehmen.[60] Denn es wäre unerträglich, wenn der Chorführer mit dem Frauenparachoregem abginge und irgendwann wiederkäme.
Demnach sind die VV.440-447 nicht in dem Sinne zu verstehen, daß der Frauenchor die Orchestra verläßt, sondern man muß, wie Dover[61] es vorschlägt, davon ausgehen, daß der Chor in den VV.440-447 sich in einen männlichen und einen weiblichen Halbchor aufteilt, wobei der Chorführer sich dem weiblichen anschließt, die beiden Halbchöre sich zu den Seiten der Orchestra begeben und sich erst wieder zur Parabase vereinen (674ff).[62] Außerdem scheint mir die Annahme eines Parachoregems von 24 Personen, wie Radermacher (182) es vorschlägt, in der schlimmsten Kriegszeit und vor allem bei dem Prinzip gleicher Wettbewerbsbedingungen nicht annehmbar.

Die Parodos der *Frösche* ist als Bestandteil der Unterweltsreise eines der von Herakles angekündigten Abenteuer, steht also insofern innerhalb der Handlung des Prologs. Aus der Reisesituation ergibt sich eine Besonderheit: Die Schauspieler kommen zum Chor, nicht umgekehrt der Chor zu den Schauspielern.[63] Wie die anderen Abenteuer, die Dionysos und sein Sklave auf dem Weg zu Plutons Palast zu bestehen haben, bildet auch die Parodos der Mysten eine in sich geschlossene Episode. Der Chor steht in keiner Beziehung zu Dionysos und Xanthias und zu Dionysos' Vorhaben, ja, er nimmt kaum Notiz von den beiden und verbietet ihnen sogar, ihn weiter mit Fragen zu belästigen (434-436). So bietet die Parodos der *Frösche* als eine geschlossene Einlage keinerlei Probleme bei der Abgrenzung von den folgenden Szenen.

Ekklesiazusen: Grundverschieden von den anderen Stücken ist die Art und Weise, wie der Chor in den *Ekklesiazusen* in das

---

58) So auch Kaimio 176 n.1.
59) Vgl. Denniston, Particles 115.
60) Vgl. Arnoldt 153-159.
61) Comedy 179.
62) Gegen die Annahme von zwei Chorführern auch Webster, Chorus 190 n.2.
63) Vgl. Händel 37.

Stück eingeführt wird und in der Handlung eingesetzt ist. Die Komödie wird durch einen Monolog Praxagoras (1-29) eröffnet. Sie erwartet andere Frauen, die sich nach und nach einfinden und, wie sich später herausstellt, den Chor bilden.

Die sich versammelnden Choreuten werden einzeln, zum Teil auch namentlich eingeführt: In V.30 treten zusammen mit Γυνὴ A[64], die eine Fackel trägt, mehrere Frauen auf (31 ἡμῶν προσιόντων, 32 ὑμᾶς). Die nächste Frau wird von Praxagora aus dem Haus geklopft: es ist ihre Nachbarin, die Gattin des Salaminiers (33f). Praxagora, die Anführerin der ersten Frauenabteilung und die Gattin des Salaminiers kommentieren nun die Ankunft der übrigen Frauen, indem sie sie namentlich nennen.[65] Zunächst erscheint eine Dreiergruppe (41f), Kleinarete, Sostrate und Philainete. In V.43 wird eine gewisse Glyke erwähnt, von der nicht klar ist, ob sie zu den bereits Anwesenden zählt. Es folgen in aller Ruhe Melestiche, die Gattin des Smikythion (46-48), dann die Frau des Schankwirts, Geusistrate (49f), schließlich stoßen noch die Gattinnen des Philodoretos und Chairetades und viele andere dazu (51-53). Damit ist der Einzug des Chores abgeschlossen, die Frauen haben sich versammelt. Aristophanes hat das Auftreten der einzelnen Choreuten geschickt angeordnet: Zunächst erscheint eine Frau mit mehreren Choreuten (30), es folgen sechs namentlich genannte Chormitglieder (41f.43.46.49f), schließlich zwei nach ihrem Mann benannte Frauen mit dem Rest des Chores (51-53). Aus der Beschreibung des Chorauftritts scheint es mir sicher, daß man in diesem Stück noch mit 24 Choreuten rechnen muß.[66]

Erst allmählich wird dem Zuschauer klar, was Praxagoras Andeutungen (20f: Ekklesiebesuch der Frauen, 25f: Verkleidung als Männer) zu bedeuten haben: Die Frauen haben angesichts der ausweglosen Lage des Staates den Plan gefaßt, alle Macht im Staat zu übernehmen und der Männerherrschaft, unter der nichts mehr läuft (109), ein Ende zu machen.[67] Nach der Generalprobe des geplanten Versammlungsauftritts (121-265) zieht Praxagora mit den als Männer verkleideten Frauen in die Ekklesie (285-310). Der Auszug[68] der Frauen stellt einen klaren Handlungseinschnitt

---

64) Γυνὴ A und die Gattin des Salaminiers sind keine Chormitglieder, sondern Schauspieler; vgl. Dover, Comedy 197; schon Kaehler 43-50.
65) Vgl. Wilamowitz, Lysistrate 208-210; zu dem etappenartigen Einzug vgl. den Einzug des Vogelchores (oben S.19f); vgl. Wilson a.O.; Russo, Aristofane 344.
66) Zur späteren Reduzierung des Chores auf 15 vgl. Maidment 13; Arnoldts Hypothese (105), der Chor habe aus 12 'ordentlichen' Choreuten und ebensovielen Tänzern bestanden, läßt sich im Text nirgends nachweisen.
67) Zum 'Verkündigungs-Verfahren' vgl. Koch 70, auch Reinhardt 73.
68) Zum Ortswechsel des Chores (μετάστασις χοροῦ Pollux 4,108) und zur Rückkehr vgl. Aesch.Eum.231.244; Soph.Ai.814.866; Eur.Alc.746.861, Hel.385.515, Rhes.564.674; vgl. Kranz, Parodos Sp.1693; Taplin, Stagecraft 377-381; Gelzer, RE Sp.1496. Zum Handlungseinschnitt vgl. Wilamowitz, Lysistrate 207.

dar. Damit ist die Bühne frei für die Darstellung und Vorführung der Männer (311-477).[69] Aristophanes hat durch den Abzug des Chores effektvoll die Möglichkeit geschaffen, während die Frauen auf der Pnyx die Verfassung stürzen, das Verhalten der Männer in ihrer symbolhaften Bedrängnis und Lächerlichkeit vorzuführen. Er gestaltet damit gleichsam einen zweiten Prolog, eine zweite Exposition[70], in der er die Männer, deren Wesensart bisher nur indirekt, durch Praxagoras Worte beleuchtet wurde, ins Stück einführt.[71]

Nachdem die Männer die Bühne frei gemacht haben, kehren die verkleideten Frauen nach der erfolgreichen Machtübernahme von der Pnyx zurück (Epiparodos 478ff). Von Praxagora, die kurz nach ihnen auftritt (500f), erhalten sie den Befehl, sich schnell der männlichen Kleidung zu entledigen, um nicht ertappt zu werden (506-513), und als ihre Ratgeberinnen zu bleiben (517-519). Als Praxagora sich gerade ins Haus schleichen will (520, vgl.510 bis 513), trifft sie auf ihren Mann, der ihr, da sie sich stellt, als wisse sie nicht Bescheid, von den aufsehenerregenden Beschlüssen der Ekklesie berichtet. Da preist Praxagora die Stadt glücklich und erklärt sich bereit, ihrem verblüfften Ehemann und Chremes, der inzwischen hinzugetreten ist (wohl 557), die Vorteile der neuen Regierungsform darzulegen (569f).

Damit beginnt ein neuer Handlungsabschnitt, Praxagoras 'Darlegungsagon'[72], der durch ein Chorlied eingeleitet wird (571 bis 580).

Die besondere Anlage der *Ekklesiazusen*, die die kurze Skizzierung des Handlungsablaufes zu verdeutlichen versuchte, hat ihre Wurzeln in der Besonderheit des Chores, wie ein Vergleich mit der ähnlich verlaufenden Prologhandlung der *Lysistrate* zeigt.[73] Auch in der *Lysistrate* wird die Heldin eingeführt, indem sie

---

69) Vgl. Reinhardt 73f; auch mein 'Utopisches und Utopie'.
70) Vgl. Russo, Aristofane 341f.
71) Vgl. Gelzer, RE Sp.1496.
72) Vgl. Gelzer, Agon 32-34.
73) Vgl. Wilamowitz, Lysistrate 207; Koch 70.

auf ihre Gefährtinnen wartet (1-5), die allmählich eintreffen (6ff). Allerdings ist den anderen Frauen Lysistrates Plan noch nicht bekannt, so daß die Heldin ihn den Versammelten erst mundgerecht machen muß und ihnen den Eid auf die unbedingte Standhaftigkeit in der Durchführung abnimmt (93ff). Darauf tritt die Versammlung auseinander; die Bühne ist leer, es erfolgt der Einzug des Chores (siehe oben S.21f). Die Übereinstimmung mit der Prologhandlung der *Ekklesiazusen* ist auffallend - allerdings mit einem gravierenden Unterschied: Praxagoras Verbündete werden vom Chor dargestellt, die komische Heldin handelt stellvertretend für den Chor, während Lysistrates Gefährtinnen, die jungen Frauen, Schauspieler waren, den Chor dagegen zwei eigenständige Gruppen, die alten Männer und die alten Frauen, bildeten. Aristophanes setzt demnach in den *Ekklesiazusen* den Chor wie einen Schauspieler einer Nebenrolle ein - ein deutliches Anzeichen für die verminderte Bedeutung des komischen Chores in diesem späten Stück. Dies bringt mit sich, daß Aristophanes den Chor von Beginn des Stückes an in die dramatische Handlung einbeziehen kann. So verlassen die Frauen zusammen mit Praxagora die Orchestra an der Stelle, an der man die Parodos erwartet, um nach dem erfolgreichen Anschlag auf die Verfassung mit der Heldin zurückzukehren. Die 'Binnenparodos' (478ff) entspricht in etwa dem Handlungsablauf, wie wir ihn in den früheren Komödien in der Parodos aufgezeigt haben: Nach dem Wiedereinzug muß sich Praxagora mit ihrem Gatten 'auseinandersetzen', dem sie die Vorteile des neuen Systems darlegt. Die VV.520-570 haben demnach die Funktion, die in anderen Stücken *(Acharner, Wespen, Vögel, Lysistrate)* der Streitszene zukam: Sie leiten vom Einzug des Chores zu der Argumentation des Agons über, indem sich der komische Held die Erlaubnis zu reden erwirkt (vgl. 564). Im Unterschied zu den anderen Stücken jedoch, die eine Streitszene aufweisen, hat der Chor der *Ekklesiazusen* keinen Einfluß auf das Geschehen, das zum epirrhematischen Agon führt. Praxagora, als στρατηγός (500) der Frauen, vertritt den Chor, handelt und spricht in seinem Namen.[74)]

---

74) Überspitzt könnte man sagen, daß Praxagora gleichsam die Rolle der Chor-

Die *Ekklesiazusen* bieten ein besonders deutliches Beispiel, auf das sich die Aristotelische Parodos-Definition nur unter völliger Verkennung der Struktur des Stückes anwenden ließe (siehe oben S.7-9): Choreinzug und erste λέξις des Chores sind voneinander getrennt, an der Stelle, an der man die Parodos erwartet, erfolgt der Auszug des Chores aus der Orchestra, in die er in einer Binnenparodos, die Anklänge an die Parodoshandlung anderer Stücke aufweist, später zurückkehrt.

Plutos: Im letzten erhaltenen Stück des Aristophanes treffen wir auf eine Parodos-Situation, wie wir sie aus den *Rittern* (242ff, siehe oben S.11-13) und dem *Frieden* (296ff, siehe oben S.17f) kennen: Chremylos verspricht im Vertrauen auf Apolls Orakel (40-43.212f) dem blinden Plutos, ihn mit der Unterstützung (218f ξύμμαχοι) vieler rechtschaffener Armer wieder sehend zu machen,[75] damit der Reichtum künftig nicht mehr so ungerecht wie bisher verteilt werde.[76] Im Unterschied zu den beiden früheren Stücken wird der Chor nicht von einem Schauspieler zu Hilfe gerufen, sondern Chremylos trägt seinem Sklaven Karion auf, die armen ξυγγέωργοι von den Feldern zu holen, um auch ihnen Anteil am Reichtum zu geben (223-226). Denn wenn sie erst einmal reich sind, werden sie ganz respektable Bundesgenossen sein (220f). Nachdem Chremylos Plutos überredet hat, sein Haus zu betreten (249-251), erscheint Karion mit dem Chor, den er zur Eile antreibt, da seine Hilfe dringend benötigt werde (253-256). Nach und nach gibt er den Bauern auf ihre drängenden Fragen - darin in spaßhafter Form Reste einer Streitszene - bekannt, daß sein Herr den Plutos im Haus habe und sie bald alle reich machen werde (284f). Voller Freude können die Bauern sich nicht mehr zurückhalten und verspüren Lust, ihrer Begeisterung in einem Tanz Ausdruck zu verleihen (288f, vgl. *Frieden* 324ff).

----

führerin ausübt. Eine Vorstufe dazu findet man in den Thesm.,in denen einzelne Frauen, die von Schauspielern dargestellt werden, gleichsam zum Chor gehören. Allerdings gibt es in Thesm. keine herausragende Heldin, die die Planung in der Hand hat; vgl. Schmid 309; Austin a.O.

75) Vgl. dazu Newiger, Metapher 167-173.

76) Vgl. Koch 55.88.

Der Tanz findet jedoch nicht wie im *Frieden* während des Dialogs statt, sondern in einer besonderen Einlage, einer Parodie des Dithyrambos Κύκλωψ ἢ Γαλάτεια von Philoxenos (290-321).[77] Die Einlage nimmt also eine von der dramatischen Handlung unabhängige Thematik auf, wird allerdings noch motiviert (288f), ebenso wird das Verbleiben des Chores in der Orchestra nach seinem Tanz begründet (326f)[78].

4. Zusammenfassung: Typologie der Parodoi

Die Ausgangsfrage, unter der wir den Überblick über die Parodoi der Aristophanischen Komödien unternahmen, war eine sinnvolle Abgrenzung des Handlungsabschnittes 'Parodos' (siehe oben S.8f). Vergleicht man die einzelnen Stücke, zeigt sich deutlich, daß dieser Teil der Alten Komödie mehrere Aufgaben im Ablauf der dramatischen Handlung zu erfüllen hat: zunächst wird in ihm der Chor in das Stück eingeführt ('Choreinzug', 'Chorauftritt') und die erste Äußerung des Chores geboten (siehe oben S.7f), wobei πρώτη λέξις und Chorauftritt nicht immer gleichzeitig stattfinden müssen; dann kommt es in ihm zum ersten Zusammentreffen des Chores mit einem oder mehreren Schauspielern.[1] Der Chor kann auf einen Freund treffen, den er bei der Bewältigung einer Aufgabe oder gegen einen Gegner unterstützt, oder er erscheint mit feindlicher Absicht, ohne einen Verbündeten unter den Schauspielern zu haben. Dabei reagiert der Chor auf die Handlung des Prologs und bezieht Stellung zum 'Komischen Thema' der Komödie, indem er es unterstützt oder bekämpft.[2] Entscheidend für den Handlungsablauf der Parodos ist demnach der Chor: Durch seinen Auftritt verleiht er der Handlung neue Anstöße und treibt sie als Handelnder voran.
Deshalb empfiehlt es sich, den Einschnitt, der die Parodos von dem anschließenden Handlungsabschnitt trennt, an dem Punkt anzusetzen, an dem der Chor als Handelnder (zunächst) zurücktritt und die Initiative an die Bühnenpersonen übergeht. Dies ist be-

---

77) Vgl. Gelzer, RE Sp.1506; siehe unten S.58-60.
78) Vgl. Eccl.517-519; Wilamowitz, Lysistrate 212; Händel 132 Anm.19.

1) Außer in Thesm., siehe dazu unten S.120-123.
2) Vgl. Koch, passim.

sonders deutlich in den Komödien, in denen auf den Einzug des Chores eine Streitszene folgt (*Acharner, Wespen, Vögel*): Sobald sich der Chor in diesen Stücken dazu bereit erklärt hat, die Argumente des Schauspielers anzuhören, verliert er seinen Einfluß auf das Geschehen, das Interesse konzentriert sich auf die Rede der Bühnenperson.
Betrachtet man die Haltung des Chores zu den Schauspielern und zum 'Komischen Thema' des jeweiligen Stückes, ergeben sich verschiedene Typen von Parodoi:

1. *Acharner* (204-346), *Lysistrate* (254-386): In diesen beiden Komödien tritt der Chor bei leerer Bühne auf, um einen oder mehrere Schauspieler von einer Handlung abzubringen, die nicht in seinem Sinne ist. Dabei hat er keinen Verbündeten unter den Bühnenpersonen, sondern nur einen bzw. mehrere Gegner. Die feindliche Haltung des Chores findet ihren Ausdruck nach dem Einzug in die Orchestra (*Acharner* 204-233, *Lysistrate* 254-318.319-349) in der anschließenden Streitszene (*Acharner* 280-346, *Lysistrate* 350-386), sobald der Chor auf seinen Gegner getroffen ist. Dadurch, daß der Chor bei seinem Einzug nicht sofort mit seinem Kontrahenten zusammenstößt, findet er die Gelegenheit, sich über sich selbst und seinen Feind zu äußern.
In der *Lysistrate* trifft man auf eine gelungene Variante: Anstatt auf seine eigentlichen Gegner, Lysistrate und ihre Gefährtinnen, zu stoßen, werden die alten Männer zu ihrer Überraschung mit einem zweiten Chor konfrontiert, der sich ihnen in feindlicher Absicht nähert. Durch die Verdoppelung des Konfliktpotentials läßt Aristophanes einen Streit auf Chor-, einen anderen auf Schauspielerebene - zwischen Lysistrate und dem Probulen - stattfinden.

2. *Ritter* (242-277), *Frieden* (296-345), *Plutos* (253-321): Ein zweiter Typ liegt in diesen drei Parodoi vor: Der Chor erscheint zur Unterstützung eines Schauspielers. Bezeichnend für diese Art von Parodos ist der Hilferuf[3] des Schauspielers (*Ritter*

---

3) Vgl. Srebrny a.O.; eine Motivierung des Chorauftritts, die sich mit Plut. vergleichen ließe (Chor wird geholt), findet sich Soph.O.R.144f und O.C. 77-79. Auf einen Hilferuf erscheint der Chor Eur.Heracl.69f; zum Hilferuf

242-246, *Frieden* 296-300), der vom Prolog zur Parodos überleitet, metrisch ausgedrückt durch den Wechsel vom iambischen Trimeter, dem Sprechvers des Prologs, zum katalektischen trochäischen Tetrameter, dem Versmaß der Parodos der beiden Stücke. Der Übergang vom Prolog zur Parodos ist in den *Rittern* und im *Frieden* gleitend, da im Gegensatz zum *Plutos* der Einzug des Chores nicht bei leerer Bühne erfolgt.

Im *Plutos* liegt eine Variation dieses Typs vor: Der Chor wird vom Schauspieler nicht gerufen, sondern er wird durch einen Boten geholt; sein Einzug vollzieht sich in katalektischen iambischen Tetrametern.

Bei seinem Erscheinen greift der Chor sofort in die Handlung ein; er beginnt einen Streit (*Ritter*) oder Dialog (*Frieden, Plutos*) mit dem Schauspieler. Das Zusammentreffen des Chores mit einer Bühnenperson, das als eine der dramatischen Funktionen der Parodos herausgestellt wurde (siehe oben S.8f), findet bei diesem Typus während des Choreinzuges statt, Chorauftritt und Streitszene fallen also zusammen.[4] Dadurch hat der Chor keine Möglichkeit, sich bei seinem Einzug über sich selbst zu äußern. Er ist sofort zum Handeln gezwungen.

3. *Wespen* (230-525), *Thesmophoriazusen* (279-371), *Frösche* (316-459): In diesen drei Komödien versammelt sich der Chor aus Gewohnheit: In den *Fröschen* und *Thesmophoriazusen*, um ein Fest zu begehen, in den *Wespen*, um seinem täglichen Geschäft nachzugehen. In allen drei Fällen weiß der Chor weniger als die Zuschauer, die im Prolog schon über das jeweilige Geschehen ins Bild gesetzt worden sind und die Situation kennen, auf die der Chor trifft. Der Chor tritt also ohne eine mit dem 'Komischen

---

in Aesch.Dict. vgl. Sutton 18f; zur Motivierung des Chorauftritts vgl. Webster, Preparation; Taplin, Stagecraft 65-70.218-221; vgl. auch M. Davies, ZPE 48,1982,74.

4) Zu Relikten von Streitelementen in Pax und Plut. siehe oben S.18.28.

Thema' und der eigentlichen Handlung im Zusammenhang stehende Absicht auf,[5] sondern entdeckt erst allmählich, worum es geht. Dies ermöglicht Aristophanes die Gestaltung des 'Genrebildes aus Altathen'[6] in den *Wespen*, der Parodie der Ekklesieeröffnung in den *Thesmophoriazusen* und des Prozessionszuges der Mysten in den *Fröschen*.

Zu diesen drei Grundtypen finden sich Variationen und Kombinationen: Die Parodos der *Wolken* (263-456) kann man ohne weiteres der zweiten Gruppe zuordnen: Der Chor wird von einem Schauspieler in einem ὕμνος κλητικός angerufen. Entsprechend ihrem Wesen als Göttinnen nahen die Wolken mit feierlichen Weisen (275-290=298-313), die man hört, bevor der Chor in der Eisodos erscheint (323-326). Die Szene in katalektischen anapästischen Tetrametern (314-456) nimmt die Stelle der Streitszene ein: Sokrates und Strepsiades reagieren auf die Ankunft des Chores und setzen sich mit ihm - allerdings auf intellektueller Ebene - auseinander (siehe oben S.14f).
Die Parodos der *Vögel* (209-450) läßt sich ebenfalls Typ (2) zuordnen: Nach dem Wecklied des Wiedehopfs (209-222), das vom Prolog zur Parodos überleitet, wird der Chor durch Tereus' Soloarie (227-262) zusammengerufen; er erscheint (294ff) ohne Wissen, worum es geht. Darüber in Kenntnis gesetzt (310-326), erklärt er sich mit Tereus' Vorhaben nicht einverstanden, so daß es zu einem feindlichen Aufeinandertreffen in einer Streitszene (327-399) kommt. Nach Tereus' erfolgreicher Vermittlung (369 bis 385) leitet das Informations-Amoibaion (406-433) zu den Abmachungen über (434-447), die dem epirrhematischen Agon voranzugehen pflegen (siehe oben S.18-21). Auch in den *Wespen* kommt es erst, nachdem der Chor durch Philokleons Monodie (317-333) über Bdelykleons Machenschaften informiert worden ist, zur Verwicklung des Chores in die Handlung (334ff) und zu einer Streitsze-

---

5) Dies gilt auch für Thesm. insofern, als der Chor nichts von Euripides' Intrige weiß. Allerdings stellt die Intrige ihrerseits eine Reaktion auf die geplante Frauenversammlung dar. Koch (69 Anm.129) nimmt dieses Stück vom "Geltungsbereich des 'Komischen Themas'" aus. Man kann aber durchaus Euripides' Plan als 'Komisches Thema' bezeichnen.
6) Newiger, Metapher 74.

ne (403ff). Die Streitszene kann also, wie der Überblick zeigt, mit allen drei Grundtypen verbunden sein.
Die Parodos der *Ekklesiazusen* (1-310.478-570) schließlich könnte man in gewisser Hinsicht dem dritten Typus zuordnen: Der Chor der Frauen versammelt sich auf eine Verabredung hin.[7)]

Allein schon die aus inhaltlichen Kriterien gewonnene Zusammenfassung der einzelnen Parodoi in drei Gruppen[8)] sowie die Variationen und Kombinationen innerhalb dieser Grundstrukturen zeigen die Vielfalt, die in diesem Handlungsabschnitt vorherrscht. Der Dichter spielt mit den Möglichkeiten, die die Gestaltung des Choreinzuges in sich birgt. Das Publikum erwartet den Auftritt eines Chores, "und gerade mit diesen Erwartungen treibt Aristophanes sein verschmitztes Spiel. Er weckt sie und täuscht sie, verzögert und beschleunigt, wiederholt scheinbar oder wirklich und biegt bereits angebahnte Handlungen zu überraschenden Wendungen ab."[9)] Die Aufmerksamkeit der Zuschauer ist darauf gerichtet, wie Aristophanes den Chor in das Stück einführt, wie er ihn in Beziehung zum Helden und zur Handlung setzt, wie er ihn charakterisiert, wie er den Einzug des Chores und seine Verwicklung in die dramatische Handlung künstlerisch gestaltet und komisch würzt - Fragen, die auch im Vordergrund der folgenden Interpretationen der einzelnen Parodoi stehen sollen.

---

7) Newiger, Komödie 206, nimmt Eccl. zu der Gruppe, in der der Chor gerufen wird. Unser Typ (2) soll jedoch den Parodoi vorbehalten sein, in denen der Chor im Stück selbst gerufen wird; zur Besonderheit der Eccl. siehe oben S.26-28.

8) Zur Typologie der Parodoi vgl. auch Schmid 51; Sifakis, Parabasis 23 bis 25; Händel 11-19; Newiger, Komödie 205f.

9) Gelzer, Aristophanes 301. Vgl. auch Gelzer, Dramatic art, passim; zur Technik vgl. Warning 304: "Diese überraschende Erwartungsverletzung kann jedoch ihrerseits durchaus erwartet sein, und für diesen Sachverhalt scheint gerade die Komödie paradigmatisch zu sein." Vgl. auch den Auftritt des Frauenhalbchores in Lys.(siehe oben S.22 mit Anm.53).

5. Interpretationen zu den Parodoi der Aristophanischen Komödien

5.1. Untersuchungen zu den Parodoi der *Acharner* und der *Lysistrate* (Typ 1)

Acharner (204-346)

Die Ankündigung des Chores durch Amphitheos (179-183) enthält bereits eine treffende Charakterisierung: Die Acharner sind alte, knorrige Kerle - durch στιπτὸς und πρίνινος[1] wird auf ihr Köhlerhandwerk angespielt -, die schon bei Marathon[2] mitgekämpft haben. Der Zuschauer wird kaum nachgerechnet haben, daß die Acharner dann um die 85 Jahre alt sein müßten, sondern Μαραθωνομάχαι (181) dient als Epitheton, um hohes Alter, Verdienste um den Staat und Kriegserfahrung zu bezeichnen - Eigenschaften, die die 'gute alte Zeit'[3] versinnbildlichen. Der Haß gegen die Spartaner, die ihre Reben verwüstet haben (183), zeigt ihre starke Bindung an die Heimat, die sie aufgrund des Perikleischen Kriegsplans, das Land den Einfällen der Spartaner zu überlassen,[4] verlassen mußten, um zusammengepfercht in der Stadt zu leben.[5]

Kaum ist die Bühne leer, stürzt auch schon der angekündigte Chor voller Erregung herein. Der Einzug des Chores (204-233) ist in einer parallel gebauten Szene gestaltet: Auf je vier katalektische trochäische Tetrameter (204-207=219-222) folgt eine lyrische Partie (208-218≐223-233); es liegt also die Form der epirrhematischen Syzygie[6] vor. Die Abfolge Epirrhema-Ode-Antepirrhema-Antode ist durch den Charakter dieser Szene als Einzug des Chores zu erklären: Sich zur Eile antreibend stürzt der Chor im Epirrhema (204-207) in die Orchestra.[7] Als er seinen

---

1) Στιπτὸς ἄνθραξ = *Hartkohle; zu* πρίνινος *vgl. auch Ach.667.*
2) *Vgl. auch Ach.698; Kassies 65-67; Sommerstein, Acharnians 166.*
3) *Vgl. Kassies 48-62.*
4) *Thuc.I 143,3-5.*
5) *Thuc.II 14.19f; vgl. auch mein Utopisches und Utopie.*
6) *Vgl. Zielinski 128; Pickard-Cambridge, Dithyramb[1] 304. Wichtig zur Klärung des Begriffs 'epirrhematisch' Popp, Amoibaion 230-232 (= Diss.4-12): Epirrhematische Komposition soll danach als ein Formprinzip verstanden werden, in dem Sprechverse bzw. rezitierte Verse mit lyrischen wechseln.*
7) *Zu Chor und Chorführer siehe unten S.56.*

Gegner nicht auffinden kann, gerät er in höchste Erregung, die sich im Umschlagen zu lyrischen Maßen ausdrückt (208-218). Sein atemloser Zorn wird deutlich unterstrichen durch die Übereinstimmung Wort - Metrum in den Eröffnungsworten (208 ἐκπέφευγ' οἴχεται).[8] Er lamentiert darüber, daß Dikaiopolis ihm in seiner Jugend nicht entkommen wäre, jetzt aber - damit sind wir im Antepirrhema (219-222) - ist er alt und unbeweglich. Dennoch will er auf keinen Fall einen Friedensschluß mit seinen Erzfeinden zulassen (Antode 223-233). Der Inhalt ist demnach durchlaufend. Auffällig ist dabei, daß der Wechsel vom rezitierten zum lyrischen Teil deutlich einen höheren Grad von Aufgeregtheit zeigt: in der Ode die Klage über das Alter, in der Antode die Verwünschung von Dikaiopolis und die Erregung über den Friedensschluß mit den spartanischen Erzfeinden.

Stilistisch und sprachlich läßt sich kein Unterschied zwischen den Langverspartien und den lyrischen Teilen feststellen, abgesehen von einigen signifikanten Stellen mit paratragodischem Inhalt oder parodischem Ton.

208 οἴχεται φροῦδος vox tragica (statt ἐκποδών), vgl. etwa Ach.470, Nub. 718f, Pax 197, Thesm.691.

218 ἀπεπλίξατο schon homerisch (vgl. Od.6,318), "a humorous bathos"[9].

222 γέροντας ὄντας pathetische Assosanz (annominatio) mit Reimeffekt.

227 ἐχθοδοπός vox tragica, nur bei Soph.Ai.931 und Phil.1137 belegt. Vielleicht stellt die ganze Stelle (227f) ein Zitat dar.[10]

231 Asyndeton;[11] ἐπίκωπος wird im Scholion erklärt als: ἐπίκωπος οὖν ἤτοι ὅπερ ἔφην, ναυτικός, ἤτοι [ὁ] ξιφηρής. κώπη γὰρ ἡ τοῦ ξίφους λαβή (REΓ2). Ἐπίκωπος bedeutet also 'bis ans Heft' und ist als Attribut zu σχοῖνος (Binse als Waffe) gesetzt. Der Chor will damit einen besonders tiefen Stich ausdrücken.[12] Durch das Asyndeton wird die Erregung des Chores stilistisch deutlich ausgedrückt.

Die Situation, die in der Parodos der *Acharner* vorgeführt wird, ein Chor verfolgt ein flüchtiges Opfer durch seine Spur (179),

---

8) Vgl. White § 446.
9) Starkie, Acharnians 55.
10) So Starkie, Acharnians 56; Sommerstein, Acharnians 167f.
11) Zum Text vgl. unten S.37.
12) Vgl. dazu ausführlich Trachta 10.

hat starke Anklänge an die Handlung der *Eumeniden*: Die Acharner gehen dem Geruch des Weines nach, die Eumeniden folgen den Blutstropfen (245-247). Beide Chöre ergehen sich in lauten Klagen über das vermeintliche Entkommen ihres Opfers (*Acharner* 208-210, *Eumeniden* 143-148) und schließen die Drohung an, den Täter auf keinen Fall entkommen zu lassen, wohin er auch fliehen mag (*Acharner* 235, *Eumeniden* 175f). Auch Übereinstimmungen im Szenischen lassen sich aufweisen: Der Chor der Acharner tritt in den Hintergrund, um seinem Gegner aufzulauern, der Chor der Eumeniden verschwindet auf der Suche nach seinem Opfer aus der Orchestra.[13] Durch diese Aischyleischen Anklänge erhält der Chor eine weitere Charakterisierung: Er ist unerbittlich in der Überzeugung, im Recht zu sein. Es wäre jedoch verfehlt, in diesem Fall eine Parodie[14] der *Eumeniden* anzunehmen, eher scheint es angebracht, von der Imitation einer bestimmten Struktur der Tragödie und des Satyrspiels, des Suchmotivs, zu sprechen. Die wenigen Worte im sermo tragicus haben allerdings doppelte Funktion: Zum einen werden sie charakterisierend für den Chor eingesetzt. In höchster Erregung versteigen sich die Köhler gar zu tragischem Pathos. Zum andern entsteht durch die Spannung zwischen der Rolle des Chores als rauhe Köhler und der sprachlichen Äußerung auch ein komischer Effekt.

Metrisch betrachtet stellt die in Kretikern und Päonen gehaltene lyrische Partie (208-218≅223-233) eine Aufnahme des trochäischen 'Themas' dar, das im Epirrhema angeschlagen wurde.

Metrische Erklärung: Die lyrische Partie[15] ist in vier Perioden[16] zu untergliedern:

P1 (208-210=223-225): Die erste Periode wird metrisch abgeschlossen durch Creticus am Ende und Hiat in 225; sie besteht aus je sechs kretischen Metren.

P2 (211-213=226-228): Die zweite Periode wird metrisch abgeschlossen durch brevis in longo in 213. Die steigende Erregung der Köhler wird ausgedrückt durch die Auflösungen zu Päonen.

Die dritte Periode (214f=229f) wird in Ode und Antode durch fünf Kretiker

---

13) *Siehe oben S.25 Anm.68; vgl. auch die Kontrastierung alte - neue Götter (Eum.162f) mit dem Gegensatz alt - jung (Ach.210-218.676ff.713-716).*
14) *Zum Parodiebegriff und möglichen Fällen von Parodie vgl. Rau 10-17.*
15) *Vgl. die Analysen bei Prato (2-5) und Spatz, Strophic construction 20f.*
16) *Vgl. Dale, Lyric metres 97f.*

gebildet; Hiat in 230 ist deutliches Zeichen für Periodenende.[17)]

In der vierten Periode (216-218≃231-233) drückt sich in der Ode die steigende Erregung des Chores bei der Erinnerung an seine frühere Schnelligkeit in einem lyrischen Pnigos aus. Die Acharner gehen zu Päonen über, beschleunigen also ihr Tempo, was sich auch irgendwie in der Choreographie niedergeschlagen haben muß. In der Antode verleiht der Chor in der letzten Periode in einem lyrischen Pnigos seinem Haß gegen seine Erzfeinde, die auf seinen Weinstöcken herumtrampelten, den passenden, aufgebrachten Ausdruck, der durch die Asyndeta im Eröffnungsvers wirkungsvoll unterstrichen wird.

Die Antode ist um ein Metron verkürzt: Die Konjekturen Bergks ⟨ἐπίω θ᾽ ἅμ᾽⟩ , die Coulon in seine Edition aufnahm, oder Hermanns ⟨καὶ σκόλοψ⟩ ὀξύς in 231 sind überflüssig und stören den Gedankenfluß. Die Responsionsdurchbrechung (n Metren der Strophe entsprechen n-1 Metren der Gegenstrophe)[18)] ist typisch für die Aristophanische Komödie. Gerade das Asyndeton, unterstützt durch die Synaphie der letzten Verse, drückt die atemlose Wut der Alten aus, mit der sie die Worte ausstoßen.

Die metrische Gestaltung der beiden Oden zeigt deutlich, daß es Aristophanes darum ging, die lyrische Partie ganz dem Inhalt und der Handlung unterzuordnen. Denn die Unterschiede in der metrischen Form müssen sich irgendwie in der Choreographie des Einzugs der Acharner ausgewirkt haben.[19)]

Der antike Theoretiker Aristeides nennt den kretisch-päonischen Rhythmus lebendiger und schneller als den trochäischen.[20)] Der Trochäus selbst ist schon ein Versmaß, das dem Tanz angemessen ist, wie Aristoteles in der Poetik (1449a22f.1459b37-60a1)[21)] betont. So bemerkt auch der Scholiast zu V. 204 a, daß die Verwendung des trochäischen Metrums zur Eile der herannahenden Greise passe, und fügt hinzu, daß komische wie tragische Dichter einen eilenden Chor gerne mit Trochäen einführen.[22)] Der kretisch-päonische Rhythmus stellt gegenüber dem trochäischen der Epirrheme eine Steigerung dar: Zur eiligen Suche kommen die Aufgeregtheit und der Ärger über Dikaiopolis' vermeintliches Entkommen.[23)]

In der Tragödie finden sich Kretiker und Päone seltener. Meist sind sie Trochäen beigemischt. In Aesch.Suppl.418-437 drückt der kretisch-päonische Rhythmus das leidenschaftliche Flehen des Chores aus. Besonders an Stellen inhaltlicher Steigerung tauchen Auflösungen auf (420.421.424 (relativ seltene Auflösung des ersten longums).425.426).

Durch den trochäisch-kretischen Rhythmus wird in der Parodos der

---

17) Vgl. Dale, Lyric metres 98; Spatz, Strophic construction 38.
18) Vgl. Dale, Lyric metres 207 n.1; Dover, Comedy 71; Trachta 4-13.
19) Zur Choreographie der Parodoi vgl. Dale, Collectes papers 34-40.
20) Vgl. auch Arist.Pol.1342b32ff; Abert 150f.
21) Auch Rhet.1408b36-1409a1; vgl. Abert 137-140.
22) Vgl. Eur.Or.729f (Auftritt des Pylades), Rhes.675ff; zum trochäischen Tetrameter der Tragödie vgl. M. Imhof, MH 13,1956,125ff.
23) Vgl. White § 446; auch Dale, Lyric metres 97; West, Metre 106-108.

Acharner ein Chor charakterisiert, der aggressiv und lebhaft hereinstürzt. So bleibt das kretische Metrum bezeichnend für den Köhlerchor (284ff.335ff.971ff.988ff). Besonders deutlich wird der Zusammenhang der Chorrolle mit der metrischen Gestaltung in den Parabasenoden (665-675=692-702)[24], in denen der Chor seine Köhlermuse in kretisch-päonischem Rhythmus anruft.
Nachdem der Chor seinem Ärger deutlichen Ausdruck verliehen hat, reißt er sich von seinem Zorn los und geht weiter auf die Suche (234 ἀλλά). Nach drei katalektischen trochäischen Tetrametern des Chorführers[25] ertönt aus dem hinterszenischen Raum (238 ἠκούσατ') der εὐφημεῖτε-Ruf von Dikaiopolis (237). Nach der Aufforderung des Chorführers, sich zu verstecken (239f), tritt mit erneutem εὐφημεῖτε, εὐφημεῖτε Dikaiopolis heraus. Die durch das Schweigegebot von Dikaiopolis parallel gebaute Szene bildet den Übergang vom Einzug des Chores zur Streitszene. Zuvor beobachtet der Chor jedoch in einer Lauscherszene[26] Dikaiopolis' Prozessionsvorbereitungen, die zusammen mit dem Phales-Lied (263 bis 279) eine Einlage in die Parodoshandlung darstellen (241-279).[27] Nach dem Phales-Lied kann sich der Chor nicht mehr zurückhalten. Er stürzt zunächst mit zwei trochäischen Dimetern (280f), die mit steigender Angriffslust in kretischen Rhythmus übergehen (282: tr p, 283 2 cr), aus dem Hinterhalt. Durch das Zusammenfallen Wort - Einzelmetron wird der Kampfeseifer der Köhler unterstrichen, wobei das viermalige βάλλε des Chorführers ein militärisches Angriffskommando zu sein scheint.[28] Die Acharner zeigen, daß sie die Militärkommandos ihrer Jugendzeit noch nicht vergessen haben.
Die Tatsache, daß die aufgebrachten Köhler Dikaiopolis steinigen wollen, ist bezeichnend für den Vorwurf, den sie ihm machen: Durch seinen privaten Friedensschluß vergeht er sich gegen die Gemeinschaft. So ist die Steinigung "als spontane Entladung des

---

24) Vgl. Sifakis, Parabasis 33-52.
25) Vgl. Kaimio 173-176.
26) Vgl. Fraenkel, Beobachtungen 22-26.
27) Vgl. dazu Band 2 im Abschnitt 'Monodien'.
28) Vgl. Eq.247, Av.1720; Eur.Rhes.675f; Pratinas Fr.708,10 PMG; Xen.Anab. V 7,21.28. Zu verweisen wäre auch auf das viermalige λαβέ in Aesch.Eum. 130f; vgl. Kaimio 130f.

Zornes eines Kollektivs eine sehr verbreitete Form der Lynchjustiz [...] vor allem für Delikte gegen die Gemeinschaft und die Religion [...]"[29].

Die militärische Attacke (280-283) bildet die Einleitung zur Streitszene (284-346), die als epirrhematische Syzygie in der Form Ode (284-302) - Epirrhema (303-334) - Antode (335-346) gebaut ist. Zielinskis Vorschlag (129f), zwischen V.318 und 319 des Epirrhemas einen gedanklichen Einschnitt festzuhalten, ist verlockend. Denn bis V.318 versucht Dikaiopolis, den Chor durch Worte umzustimmen, und versteigt sich sogar zu dem Angebot, mit dem Kopf auf dem Hackklotz zu reden. In V.319 wenden sich die Acharner von Dikaiopolis ab, um sich zu besprechen, und gehen schon daran, ihn zu steinigen, als dem komischen Helden der rettende Gedanke kommt, den Kohlenkorb als Geisel zu nehmen. Auch Dikaiopolis schreitet also zur Tat und erzwingt sich durch die Geiselnahme Gehör. Setzt man nach V.318 einen Einschnitt, erhält man eine Gliederung in 2x16 Tetrameter - eine Zahl, die man aus den Epirrhemen der Parabase kennt.[30]

Die beiden halb-lyrischen Partien (284-302=335-346) enthalten eine emotionale Steigerung gegenüber den Langversen: in der Ode die gehäuften Anschuldigungen des Köhlerchores und Dikaiopolis' vergebliche Forderung um Gehör, in der Antode Dikaiopolis' Weigerung zuzuhören (335) und die Bitten des Chores. Ode und Antode sind demnach spiegelbildlich angelegt, wozu sich die Form der Syzygie (Ode-Epirrhema-Antode) besonders eignet.

<u>*Bemerkungen zum Text:*</u> In V.294 bietet der Ravennas οὐκ ἴσατ' ἀλλ', der Parisinus Regius 2712 (A) οὐκ ἴστε ἀλλ' (ebenfalls im Laurentianus (Γ), der oberhalb der Linie οὐκ ἴστε τ' als Variante gibt, wohl um den Hiat zu vermeiden). Der Parisinus Regius 2715 (B) und die Aldina schließlich haben οὐκ ἴστε γ' ἀλλ'.[31] Coulon und Sommerstein akzeptieren in ihren Ausgaben Kocks Konjektur ἠκούσατ'; ἀλλ' ἀκούσατε. Starkie und van Leeuwen nehmen Hamakers ἀκούσατ' - ἀλλ' ἀκούσατε (also eine Verdoppelung des Imperativs) in den Text. Gegen Kocks Konjektur spricht jedoch die Bedeutung, die ἀκούειν im Aorist und Futur in dieser Passage innehat. Als Vorbereitung der folgenden Rede

----

29) A. Völkl, in: Der Kleine Pauly, s.v. Steinigung.
30) Vgl. Russo, Wespen, der jedoch diese Stelle nicht behandelt.
31) Vgl. die app. crit. von Blaydes und Hall-Geldart.

von Dikaiopolis bedeutet es 'Gehör schenken' (295.296.322f.335.337). Deshalb scheint mir die Lesart von B und der Aldina, der auch Bothe folgt, am überzeugendsten: ἀντὶ δ᾽ ὧν ἐσπεισάμην, οὐκ ἴστε γ᾽, ἀλλ᾽ ἀκούσατε. "Aber weshalb ich Frieden schloß, wißt ihr doch gar nicht (ihr schreit nur, ohne meine Gründe zu kennen) - wohlan, schenkt mir Gehör!"[32] Diese Lesart paßt auch inhaltlich besser in den Kontext: Die Acharner haben Dikaiopolis' Spur aufgenommen nur aufgrund des Duftes der σπονδαί, nicht wegen einer Erklärung des Amphitheos, weshalb er die σπονδαί Dikaiopolis bringe. So kann Dikaiopolis den Acharnern zu Recht vorwerfen, daß sie noch gar nicht die Gründe für sein Verhalten kennen können, und sie um Gehör für seine Darlegungen bitten.

In den VV.300-302 bietet R ὃν ἐγὼ κατατεμῶ τοῖσιν ἱππεῦσίν ποτ᾽ ἐς (εἰς S) καττύματα - offensichtlich eine in die Überlieferung eingedrungene Prosaparaphrase. Die Versuche, den Text wiederherzustellen, sind zahlreich: Starkie und Coulon entscheiden sich für Dindorfs Text, der ἐγὼ (schon Bergk), ποτ᾽ und ἐς tilgt: ὃν/ κατατεμῶ τοῖσιν ἱππεῦσι καττύματα. |||

Durch die Tilgung von ἐγὼ erhält man jedoch einen Päon der Form ⏑⏑⏑– in Responsion zu – ⏑ ⏑⏑, was in der Komödie äußerst selten ist.[33]
Elsmley, dem sich Sommerstein anschließt, übernimmt Dindorfs Tilgungen und erhält durch die Streichung von κατα-:

ὃν ἐ-/γὼ τεμῶ τοῖσιν ἱππεῦσι καττύματα. |||

Hall und Geldart schließlich folgen Hermann in der Streichung des Artikels τοῖσι(ν) und Dindorf in der Streichung von ἐς:

ὃν ἐ-/γὼ κατατεμῶ ποθ᾽ ἱππεῦσι καττύματα. |||

Dindorfs Tilgung der Präposition ἐς scheint gesichert. Gerade 'Verben des Teilens und Zerlegens'[34] haben oft den doppelten Akkusativ bei sich. So bleibt die Frage zu klären, ob man auf ἐγὼ oder τοῖσι(ν) verzichten will. Gegen die Tilgung von ἐγὼ spricht neben metrischen Erwägungen (siehe oben) die Struktur der VV.298-302. Gerade nach dem nachdrücklichen Befehl an Dikaiopolis in 298 (μηδὲ λέγε μοι σὺ λόγον) paßt die betonte Absetzung des Chores mit ἐγώ.[35] In der erregten Auseinandersetzung streicht der Chor stark sein Kollektiv gegen Dikaiopolis heraus (vgl. auch 303.312) und setzt durch die Verwendung des Personalpronomens in der ersten Person Singular sich deutlich von seinem Gegner ab.[36] Der Artikel bei ἱππεῦσι ist wohl entbehrlich (vgl. Eq.225). Bei dieser Wiederherstellung des Textes erhält man genaue Responsion zwischen Ode und Antode:[37]

299/300 ὡς μεμίσηκά σε Κλέωνος ἔτι μᾶλλον, ὃν ἐ-
301/302 γὼ κατατεμῶ ποθ᾽ ἱππεῦσι καττύματα. |||

345 ἀλλὰ μή μοι πρόφασιν, ἀλλὰ κατάθου τὸ βέλος·
346 ὡς ὅδε γε σειστὸς ἅμα τῇ στροφῇ γίγνεται. |||

----

32) Zu δὲ ... γε *vgl. Denniston, Particles 152f: "In retorts and lively rejoinders [...] particularly frequent in Ar." Zur Trennung von* δὲ ... γε *vgl. Eq.713.1226, Nub.1277, Eccl.728.*

33) Vgl. Dale, Lyric metres 98.

34) Kühner-Gerth I 323.

35) Kühner-Gerth I 555f.

36) Vgl. Kaimio 75: "[...] in some cases of strong antagonism, the chorus use the first person singular, when, sure of success and full of pride, they utter threats against their enemies."

37) So auch Hall-Geldart.

Metrische Erklärung: Die Periodik[38] des halb-lyrischen Amoibaions erhält durch Dikaiopolis' Trochäen einen symmetrischen Aufbau: Auf je drei Verse in Stichomythie (284-286=335-337: 4 tr∧ /5 an (κατὰ πόδα)/4 tr∧ bzw. 294 bis 296=341-343: 4 tr∧/5 cr/4 tr∧) folgt jeweils ein kretisch-päonisches Pnigos des Chores von zwölf Metren (287-293=338-340 und 297-302=344-346). Der "berüchtigte Vers"[39] 285=336 bietet der metrischen Analyse einige Schwierigkeiten: Prato (10f) und Schroeder (Cantica 2) analysieren ihn als kretischen Pentameter der Form x⏑ -, Dale (Lyric metres 56)[40] als anapästische Pentapodie, wobei sie im Vergleich mit Lys.476-483=541-547 Konstruktion κατὰ πόδα annimmt. Mazon (20) sieht in diesem außergewöhnlichen Metrenwechsel ein "jeu de scène facile à imaginer ... d'un mouvement automatique, bien mesuré, comme des soldats rhythmant leur marche sur une embatérie guerrière." So scheint die Interpretation des Verses als anapästische Pentapodie auch aus inhaltlichen Gründen durchaus berechtigt.

Zu dem ausgefallenen Metrum der VV.285 und 336 paßt auch die Sprache: μιαρὰ κεφαλή und ὀμῆλιξ (wohl sichere Konjektur Reisigs) sind ἅπαξ λεγόμενα bei Aristophanes und sonst nur bei Homer und den Tragikern nachzuweisen; φιλανθρακέα (336) ist tragischer Diktion nachgebildet.[41] Dabei kommt es Aristophanes nicht so sehr auf sprachliche Paratragodie an, sondern "parodiert wird das effektvolle Motiv des Geiselraubs, dessen psychologisch, nämlich durch Elternliebe begründete Thematik in der Übertragung auf die Acharner und ihr komisch charakteristisches Requisit lächerlich wird"[42]. Im Gegensatz zur Suchszene wird hier also ein tragisches Motiv aus Euripides' *Telephos* bewußt parodisch der komischen Wirkung wegen eingesetzt. Gleichzeitig strukturiert die komische Geiselnahme die Streitszene und leitet zum anschließenden 'Pseudo-Agon'[43] über.[44]

---

38) Zur metrischen Analyse vgl. Prato (10f); Spatz, Strophic construction 22f.
39) Wilamowitz, Verskunst 428 Anm.1.
40) Vgl. auch West, Metre 123.
41) Vgl. Starkie, Acharnians 77.
42) Rau 28, ausführlich zur 'Telephos'-Parodie a.O.19-42.
43) Vgl. Gelzer, Agon 166-168.
44) Es ist demnach verfehlt, bei der 'Telephos'-Parodie von "heteronomen Handlungsschemata" zu sprechen (Landfester 224f), die im Gegensatz zur Tragödie in der Komödie nicht in das Handlungsganze integriert seien. Gerade an der 'Telephos'-Parodie der 'Acharner' läßt sich die doppelte Funktion der Übernahme von Tragödienmotiven aufzeigen: Einerseits erzielen sie einen komischen Effekt, andrerseits strukturieren sie den Handlungsverlauf, der besonders im Parodoskomplex zielgerichtet ist.

Lysistrate (254-386)

Vom Chorführer[1] in einem Katakeleusmos (254f) angetrieben, wobei einer der Choreuten namentlich angeredet wird,[2] zieht der Chor der alten Männer, jammernd über die Unbill des Schicksals, die sie in so hohem Alter noch treffen mußte, in die Orchestra ein und bestätigt durch sein Verhalten Lysistrates indirekte Ankündigung (248-251) und abschätziges Urteil ὀλίγον αὐτῶν μοι μέλει (248).

Sprache und Inhalt des ersten Teils der Parodos (254-318) sind bezeichnend für alte Männer: Sie ergehen sich in Redewendungen und Sprichwörtern[3] und einem nostalgischen Rückblick auf ihre glanzvolle Jugend, als sie den Spartaner Kleonymos zum Abzug von ihrer Akropolis brachten (273-280) und als sie bei Marathon[4] kämpften und siegten (285). Das emphatische Sprechen von ἀκρόπολιν ἐμάν (263) zeigt einerseits die starke Bindung, die die Alten zu ihrer Heimat ähnlich wie die Köhler von Acharnai besitzen, andrerseits betont es den maßlosen Zorn, der sie bei dem Gedanken befällt, daß Frauen ihre Akropolis besetzt halten.[5] Zu ihrem Auftreten paßt die zum Teil hohem Stil nachempfundene Diktion:

255 κορμοῦ vgl. Eur.Hec.575, H.F.242, Hel.1601.

262f Tmesis

263 Dorismus (ἐμάν, Meinekes ἐμήν, das Coulon übernimmt, ist nicht notwendig.)

264 Vgl. Eur.Andr.951 κλῄθροισι καὶ μοχλοῖσι δωμάτων πύλας.[6]

265 πακτοῦν vgl. Soph.Ai.579.

Durch seine Sprache wird der Chor als alte, mit ihren Jugendtaten renommierende Männer dargestellt. Sein Auftreten, sein Stöhnen über die Anstrengungen und sein Ärger stehen dabei in komischem Kontrast zur pathetischen Diktion. Doch wirkt der Chor durch die Art, mit der er von 'seiner Akropolis' redet, nicht

---

1) Vgl. Wilamowitz, Verskunst 481 Anm.1; Kaimio 175.
2) Vgl. Vesp.230.234; Kaimio 174.
3) Zu V.256 vgl. Archilochos Fr.122,1 W.; zu V.260f. vgl. Semonides Fr.7 W.
4) Zur zeitlichen Dimension siehen oben S.34.
5) Zum Possesivpronomen der ersten Person Singular vgl. Vesp.646f, Av.540; Kaimio 69.
6) Vgl. Rau 199.

lächerlich, sondern erweckt gerade dadurch eine gewisse Sympathie bei den Zuschauern.[7] Es sind alte, um den Staat hochverdiente Männer, die jedoch - dies eine humorvolle Ironisierung ihres Renommierens - nur noch in der 'guten alten Zeit'[8] leben. Als Form der Parodos verwendet Aristophanes die epirrhematische Bauweise: Auf den Katakeleusmos des Chorführers (254f) folgt die Ode (256-265) des Chores mit dem Gezeter über die Frauen als ἐμφανὲς κακόν, eine deutliche Semonidesanspielung. Das Epirrhema (266-270) nimmt den Katakeleusmos wieder auf.[9] Die Antode (271-280) ergeht sich in Erinnerungen an die Vergangenheit. Das Antepirrhema (281-285) schließlich führt den Inhalt der Antode weiter und zieht daraus die Folgerung für die jetzige Situation. Der Inhalt ist demnach nicht in dem Maße durchlaufend wie in den *Acharnern* (siehe oben S.34f). Ode und Antode sind inhaltlich abgeschlossen. Das Epirrhema ist von der Ode deutlich abgesetzt, während im Antepirrhema auf den Inhalt der Antode Bezug genommen wird (281 οὕτως). Die lyrischen Teile weisen in der Verwünschung der Frauen (Ode) und dem nostalgischen Rückblick (Antode) einen deutlich höheren Grad von Emotion auf.
Metrisch ist der erste Teil der Parodos in Iamben gehalten: der Katakeleusmos (254f) und die Epirrheme (266-270=281-285) in katalektischen iambischen Tetrametern, die Oden (256-265≃271-280) in lyrischen Iamben. Der Vergleich mit den Parodoi der *Wespen* und des *Plutos*, in denen ebenfalls alte Männer einmarschieren, und der *Ekklesiazusen*, in denen Frauen den Gang alter Männer nachahmen (vgl. VV.277f), zeigt, daß der katalektische iambische Tetrameter besonders dem schwerfälligen Gang alter Leute angemessen ist.[10]

---

7) Ähnlich wird auch der Chor in der Parodos der 'Wespen' eingeführt; vgl. MacDowell, Wasps 162: "The scene is not farcical /.../ It combines pathos and gentle amusement in a manner similar to some scenes in Chekhov; the audience should not just laugh, but sympathize too." Vgl. auch Jauß 282-286.
8) Vgl. Kassies 48-62.69-72.
9) Vgl. Vesp.240.244f; Kaimio 175.
10) Vgl. dazu ausführlich Perusino 41; siehe auch unten S.146.

Ode

256/7	Ἦ πόλλ᾽ ἄελπτ᾽ ἔνεστιν ἐν τῷ μακρῷ βίῳ, φεῦ, ‖ Hiat	2 ia ith
258/9	ἐπεὶ τίς ἄν ποτ᾽ ἤλπισ᾽, ὦ Στρυμόδωρ᾽, ἀκοῦσαι, ‖	2 ia ith
260	γυναῖκας ἃς ἐβόσκομεν	2 ia
261	κατ᾽ οἶκον ἐμφανὲς κακόν,	2 ia
262	κατὰ μὲν ἅγιον ἔχειν βρέτας	2 ia
263	κατά τ᾽ ἀκρόπολιν ἐμὰν λαβεῖν	2 ia
264	κλῄθροισι δ᾽ αὖ καὶ μοχλοῖσι	ia tr
265	τὰ προπύλαια πακτοῦν; ‖‖‖	ith

Antode

271/2	Οὐ γὰρ μὰ τὴν Δήμητρ᾽ ἐμοῦ ζῶντος ἐγχανοῦνται ‖ Hiat	2 ia ith
273/4	ἐπεὶ οὐδὲ Κλεομένης, ὃς αὐτὴν κατέσχε πρῶτος, ‖	2 ia ith
275	ἀπῆλθεν ἀψάλακτος, ἀλλ᾽	2 ia
276	ὅμως Λακωνικὸν πνέων	2 ia
277	ᾤχετο θὤπλα παραδοὺς ἐμοί,	2 dact ia
278	σμικρὸν ἔχων πάνυ τριβώνιον,	2 dact ia
279	πεινῶν, ῥυπῶν, ἀπαράτιλτος,	ia tr
280	ἓξ ἐτῶν ἄλουτος. ‖‖‖	ith

Abweichungen von Coulons Text:

263 ἐμὰν R: ἐμὴν Meineke

264 κλῄθροισι δ᾽ αὖ καὶ μοχλοῖσι Henderson praeeunte Wilamowitz

279 πεινῶν Γ: πινῶν R ‖ ῥυπῶν RΓ: ῥύπ᾽ Schroeder

Bemerkungen zum Text:

Zu V.263 siehe oben S.42.

Zu V.264 siehe unten S.45f.

Zu V.279 vgl. Plut.297; siehe unten S.59.

Metrische Erklärung: Auf die in katalektischen iambischen Tetrametern gehaltene Aufforderung des Chorführers an den Chor ('Katakeleusmos' 254f), trotz der drückenden Last unverdrossen weiterzumarschieren, antwortet der Chor mit zwei synkopierten iambischen Tetrametern ('Euripideen'), wobei durch die Synkopierung und das nachklappende φεῦ (256) das Außeratemkommen der Alten unterstrichen wird.[11] Die Periodik ist klar:

P1/2 (256-259=271-274): Die beiden Eröffnungsperioden bestehen aus je zwei Euripideen (2 ia ith). Die Perioden setzen sich deutlich durch das katalektische Ende und durch Hiat (257=272) bzw. brevis in longo (274) voneinander ab. Mit den Euripideen wird der katalektische iambische Tetrameter des Katakeleusmos in leicht veränderter Form aufgenommen. Die beiden Euripideen stellen einen 'gleitenden Übergang' von den rezitierten zu den gesungenen Versen dar, sie bilden den 'Kopf'[12] der lyrischen Partie.

P3 (260-265 ~ 275-280) wird durch zwei regelmäßige iambische Dimeter (275f in Synaphie) eröffnet. Die Form der Iamben ist 'tragisch', besonders breve im anceps ist Euripideische Manier.[13] "The form admirably expresses the sentiment, - indignant but unavailing complaint of querulous old men in the strophe, and exultant but buffoon reminiscence of past glory in the antistrophe" (White § 94).[14]
Es schließen in der Ode zwei iambische Dimeter in stark aufgelöster Form an (262f)[15], wobei die einzelnen Worte mit den Auflösungen zusammenfallen, so daß der Vers eine klare Binnengliederung erhält. Damit respondieren in der Antode (277f) zwei Verse der Form — ∪∪ — ∪∪ ∪— ∪ —, eine Versform, die man auch bei den Tragikern findet[16] und die durch ihre zweimalige Wiederholung eine Verderbnis ausschließt.[17] Die ungewöhnliche Responsion iambischer Verse mit solchen 'Daktyloiamben' findet sich z.B. auch in Eur.Ion 1077 ~ 1093 ἅψεται ἐννύχιος ἄυπνος ὤν ~ Κύπριδος ἀθέμιτας ἀνοσίους (2 dact ia ~ 2 ia) und Soph.Trach.825 ~ 835 δωδέκατος ἄροτος ἀναδοχᾶν τελεῖν πόνων ~ πῶς ὅδ' ἂν ἀέλιον ἕτερον ἢ τανῦν ἴδοι (3 ia ~ 2 dact 2 ia). In Fällen, in denen das anceps des an die Daktylen anschließenden iambischen Metrons durch ein longum ausgefüllt ist, wird der Übergang natürlich leichter (vgl. etwa Eur.El.459 ~ 471 — ∪∪ — ∪∪ ⏓ ⏕ ∪ —).[18] In Lys. respondieren die dakty-

-----

11) Vgl. auch Vesp.248-272; siehe unten S.93-95.
12) Vgl. Kraus § 45f (S.35).
13) Vgl. Dale, Lyric metres 85.
14) Vgl. auch Pucci 368.
15) Vgl. dazu Parker, Split resolution 252.
16) Vgl. dazu ausführlich Stinton, Two rare verse-forms 142-145.
17) Vgl. Dale, Lyric metres 78 n.1 (gegen Bothes und Meinekes Änderung); vgl. auch Wilamowitz, Verskunst 482, der die Umstellung übernimmt, allerdings sein Unbehagen ausdrückt.
18) Vgl. dazu auch Kannicht, Rez. Korzeniewski 118; Wilamowitz, Verskunst 358.430-433; ders., Timotheos 32; Dale, Lyric metres 36 n.1.78. Die außergewöhnliche Responsion und Versform führen demnach metrisch die 'tragischen' Anklänge des Einzugsliedes fort; siehe oben S.42; White § 94. Mit aller Vorsicht möchte ich inhaltliche Gründe für die metrische Gestalt annehmen - denn wie Meinekes und Bothes Umstellungen zeigen, hätte Ar. durchaus genaue Responsion herbeiführen können: Die Auflösungen in den iambischen Dimetern der Ode drücken die Erregung der Alten bei dem Gedanken aus, daß Frauen 'ihre' Akropolis besetzt halten, die daktylischen Anklänge in der Antode spiegeln die martialischen Gefühle wider, die die Greise bei dem Gedanken an ihre früheren Heldentaten überkommen. Dies kann noch durch eine dementsprechende Choreographie verstärkt worden sein; zur Choreographie der Parodoi vgl. Dale, Collected papers 34-40; siehe auch oben S.37.

lischen Elemente (– ⏑⏑ – ⏑⏑) mit einem aufgelösten iambischen Metron (⏑ ⏖ ⏑ ⏑⏖), so daß es scheint, daß "here the syllable-counting equation has produced ⏓ ⏑⏑ for ⏑ ⏖, an inversion of the usual ⏑⏑ –"[19]. Eine weitere Schwierigkeit stellen die VV.264=279 dar: Die handschriftliche Überlieferung bietet in 264 μοχλοῖσιν δὲ καὶ κλῄθροισιν, in 279 πεινῶν ῥυπῶν ἀπαράτιλτος.[20] In 279 erhält man nach der handschriftlichen Überlieferung ein iambisches, gefolgt von einem trochäischen Metron - eine im Euripideischen Spätwerk nicht ungewöhnliche Verbindung.[21] Der trochäische Bestandteil des Kolons bildet eine Überleitung zum Klauselvers (ith), durch den die Verse des 'Kopfes' (256-259=271-274 2 ia ith) wiederaufgenommen werden. Durch Hendersons[22] in Anlehnung an Wilamowitz[23] erfolgte Umstellung und Konjektur in 264 erhält man einen befriedigenden Sinn und Responsion.[24] MacDowells[25] Einwand gegen Hendersons metrische Interpretation als ia tr mit dem Hinweis, diese Verbindung sei für die Komödie ungewöhnlich, ist nicht zutreffend, da die Oden keineswegs in den einfachen lyrischen Iamben der Komödie abgefaßt sind, sondern gerade die metrischen Besonderheiten auf tragischen (Euripideischen) Einfluß verweisen. MacDowell schlägt eine Konjektur in 279 vor: "... normal Athenian men were just as much 'unplucked' as Spartan men". Statt ἀπαράτιλτος setzt er κομήτης in den Text; ἀπαράτιλτος sei aus einer Glosse zu V.827, wo κομήτης mit ἀπαράτιλτος erklärt werde, in den Text eingedrungen. Doch MacDowell übersieht, daß gerade durch den Metrenwechsel auch musikalisch-rhythmisch ein Aprosdoketon zustande kommt, das inhaltlich mit ἀπαράτιλτος gefüllt wird. Außerdem erscheint mir ἀπαράτιλτος in diesem Zusammenhang gar nicht abwegig, wird doch παρατίλλειν von Frauen und Weichlingen verwendet (vgl. Ran.424). So hat das Wort hier wohl die Konnotation 'nicht von der Art, wie Weichlinge sich herrichten, sondern rechte Männer'. Damit fällt die Ehre auf die Alten, solche Männer zum Abzug von der Akropolis gebracht zu haben - und da sollte es nicht möglich sein, die Frauen auszuräuchern?

Durch die sprachliche und metrische, d.h. musikalische und choreographische Gestaltung mit ihren Anklängen an die Euripideische Tragödie läßt Aristophanes den Einzug der Alten in einem ironischen Zwielicht, einem komischen Kontrast zwischen erhabenen Worten und der gar nicht erhabenen Erscheinung der Männer erscheinen. Durch das Abgleiten in Nebensächlichkeiten haben die Alten den Weg zur Akropolis noch nicht zurückgelegt. Mit

----

19) *Dale, Lyric metres 78 n.1; vgl. auch Stinton, Two rare verse-forms 145: "It may be that some kind of anaclasis is at work: instead of the repeated – ⏑⏑ ⏑ – – ⏑⏑ ⏑ –, a sequence which is avoided, – ⏑⏑ – ⏑⏑⏑ – ⏑ – is written, and the iambic licence* ⏒ ⏑⏑ ⏑ – *retained in the longer colon; but such speculations cannot be verified". Parkers Erklärung der beiden VV. (Split resolution 254) als ch und do scheitert an den Fällen, in denen das anceps des iambischen Metrons lang ist; vgl. Conomis 23; West, Metre 108f.*

20) *Vgl. Henderson, Coniecturarum repertorium 99.*

21) *Vgl. Denniston, Lyric iambics 133f; Dale, Lyric metres 93-96.*

22) *CQ n.s.29,1979,53-55.*

23) *Verskunst 481f.*

24) δ' αὖ *im Gegensatz zu* μέν *paßt inhaltlich besser als Wilamowitz'* δή.

25) *CQ n.s.30,1980,284f.*

ἀλλ' (286) machen sie sich daran, endlich ihr Ziel zu erreichen (286-295=296-305).[26] Die letzte Strecke des Weges ist durch ein antistrophisches Lied ausgefüllt, wobei die Gliederung in Strophe und Gegenstrophe keinen Einschnitt im Inhaltlichen bewirkt: Nach der Klage über den steilen Aufstieg und die drückende Last wird das Feuer wieder angefacht (Strophe), darauf befaßt der Chor sich mit den unangenehmen Folgen, die das Feuer zeigt (Gegenstrophe).

Der zweite Teil der Männer-Parodos ist in Iambo-Trochäen gehalten[27] - das einzige antistrophische Lied in diesem Metrum bei Aristophanes.[28] Im Gegensatz zur Tragödie, in der die Grenzen zwischen Iamben und Trochäen in solchen Liedern verwischt werden, ist hier eine klare Unterscheidung möglich. Der erste Teil (286-290=296-300) ist iambisch, der zweite (291-294=301-304) trochäisch.

Strophe

286	'Αλλ' αὐτὸ γάρ μοι τῆς ὁδοῦ	2 ia
287	λοιπόν ἐστι χωρίον ⁞	lec
288	τὸ πρὸς πόλιν τὸ σιμόν, οἷ σπουδὴν ἔχω. ‖	3 ia
289	Πῶς <δὴ> ποτ' ἐξαμπρεύσομεν	2 ia
290	τοῦτ' ἄνευ κανθηλίου; ‖ Hiat	lec
291	ὡς ἐμοῦ γε τὼ ξύλω τὸν ὦμον ἐξιπώκατον. ‖	4 tr∧
292	'Αλλ' ὅμως βαδιστέον, ⁞	lec
293	καὶ τὸ πῦρ φυσητέον, ‖	lec
294	μή μ' ἀποσβεσθὲν λάθῃ πρὸς τῇ τελευτῇ τῆς ὁδοῦ. ‖	4 tr∧
295	Φῦ φῦ.	
	'Ιοῦ ἰοῦ τοῦ καπνοῦ. ‖‖	2 ia sync (ia cr)

----

26) Vgl. Kaimio 116; man kann wohl annehmen, daß die Alten ihren Marsch während ihres Schimpfens und Räsonierens unterbrachen, in 266 mit ἀλλ' *erneut zum Weitergehen ansetzen und in 286ff endgültig den Rest des Weges zurücklegen.*

27) Vgl. Dale, Lyric metres 93-96.

28) Vgl. White § 370.

Gegenstrophe

296 Ὡς δεινόν, ὦναξ Ἡράκλεις, — 2 ia

297 προσπεσόν μ᾽ ἐκ τῆς χύτρας ⁞ — lec

298 ὥσπερ κύων λυττῶσα τὠφθαλμὼ δάκνει. || — 3 ia

299 Κἄστιν γε Λήμνιον τὸ πῦρ — 2 ia

300 τοῦτο πάσῃ μηχανῇ· || Hiat — lec

301 οὐ γὰρ ⟨ἄν⟩ ποθ᾽ ὧδ᾽ ὀδὰξ ἔβρυκε τὰς λήμας ἐμοῦ. || — 4 tr∧

302 Σπεῦδε πρόσθεν εἰς πόλιν ⁞ — lec

303 καὶ βοήθει τῇ θεῷ. || — lec

304 Ἦ πότ᾽ αὐτῇ μᾶλλον ἢ νῦν, ὦ Λάχης, ἀρήξομεν; || — 4 tr∧

305 Φῦ φῦ.

Ἰοῦ ἰοῦ τοῦ καπνοῦ. ||| — 2 ia sync (ia cr)

Abweichungen von Coulons Text:

289 πῶς Jackson: χὤπως R || δή ins. Fraenkel

Bemerkungen zum Text: In 289 ist Jacksons (75) und Fraenkels (Beobachtungen 104f) Konjektur der handschriftlichen Überlieferung vorzuziehen. Denn V. 291 (ὡς ἐμοῦ γε κτλ.) gibt die Begründung für die klagende Frage in 289. Zu πῶς vgl. auch Photios α 1289.

Metrische Erklärung: Die Periodik ist klar und mit der inhaltlichen Gliederung übereinstimmend: Der iambische Teil ist symmetrisch gebaut (a b a) und vom zweiten, trochäischen Teil deutlich durch Hiat in 290=300 abgesetzt, wobei das abschließende Lekythion einen gleitenden Übergang zu den Trochäen bildet.

P1 (286-288=296-298): Eröffnet wird die erste Periode durch einen iambischen Dimeter, gefolgt von einem Lekythion. Wegen des katalektischen Endes muß man nach 287=297 wohl eine kurze Pause ansetzen.[29] Der schleppende Gang der alten Männer wird dadurch auch metrisch unterstrichen. Nach 288=298 empfiehlt es sich, trotz des akatalektischen Endes wegen der inhaltlichen Abgeschlossenheit Periodenende anzusetzen.[30]

In der zweiten Periode des iambischen Teils (289f=299f) wird mit 2 ia lec die Eröffnung wiederaufgenommen.

Auch der zweite, trochäische Teil ist symmetrisch gebaut (a b b a):

P3 (291=301) 4 tr∧ ||

P4 (292f=302f) lec ⁞ lec ||

P5 (294=304) 4 tr∧ ||

P6 (295=305) 2 ia sync (ia cr) |||

29) Also eine 'minor period', vgl. Dale, Lyric metres 11f.

30) Vgl. Spatz, Strophic construction 272.

Die beiden Lekythia in P4 kann man durchaus als unabhängige Kurzperioden (siehe oben S.48 Anm.29) erklären, da sie auch rhetorisch in sich abgeschlossen sind. Durch die katalektische Form sind die Befehle deutlich voneinander abgesetzt. Das Lekythion als ambivalentes Glied[31] durchzieht beide Teile gleichsam als Leitthema und stellt die Verbindung zwischen dem iambischen und trochäischen Teil her. Die Ausrufe in P6 (295=305) sind, will man sie metrisch bestimmen, iambisch zu messen; ἰοῦ ἰοῦ τοῦ καπνοῦ ist ein synkopierter iambischer Dimeter der Form ia cr, wobei καπνοῦ hier nicht mit Doppellänge zu messen ist (so Prato 217) - trotz Nub.320 -, sondern ⏑ — (vgl. Lys.312.319). Φῦ φῦ allerdings ist reine Lautmalerei.

Endlich am Tor der Akropolis angelangt, fallen die Alten, vertreten durch ihren Chorführer[32], wieder in ihre katalektischen iambischen Tetrameter zurück. Im Gegensatz zum ersten Teil der Parodos (264-285) hat Aristophanes nun das Prinzip der epirrhematischen Syzygie aufgegeben. Statt dessen setzt er wohl aus Gründen der Variatio das antistrophische Lied (286-295=296-305), auf das Langverse des Chorführers folgen (306-318).

Als die Alten gerade dabei sind, unter lautem Räsonieren das Feuer zum Ausräuchern der Rebellinnen anzufachen, eilt, alarmiert durch den Rauch, der Chor der alten Frauen herbei, um ihren Geschlechtsgenossinnen zu Hilfe zu kommen. Wie der Einzug der Männer wird auch der der Frauen durch einen Katakeleusmos der Chorführerin[33] (319f) eröffnet. Die Frauen nehmen in dem anschließenden antistrophischen Lied (321-334≃335-349) die Aufforderung der Chorführerin auf und treiben sich gegenseitig zu höchster Eile an.[34] Dabei kommen sie von ihrem eigentlichen Vorhaben ab (328-334). Ihr Abgleiten in ihren Lebensbereich, den Haushalt mit seinen täglichen Obliegenheiten, dient genauso wie das Abschweifen der alten Männer in den *Acharnern* (211ff), *Wespen* (236ff) und der *Lysistrate* (274ff) der Charakterisierung des Chores.

Wichtig für die Gesamtkonzeption des Stückes sind die VV.341f, in denen die Frauen um Frieden für ganz Griechenland und die Bürger Athens bitten; πόλεμος ist dabei für den Krieg gegen die

---

31) Vgl. Dale, Lyric metres 94f. *32) Vgl. Kaimio 174f.*

33) Kaimio 175.

34) Vgl. Kaimio 129: "The vocatives of proper names do not focus the attention on a certain member of the chorus [...], but are used exempli gratia [...]". Zu dem vor allem im 19. Jahrhundert vorherrschenden Bestreben, aus dieser namtlichen Nennung auf Chorteilung bzw. Verteilung einzelner VV. auf einzelne Choreuten zu schließen vgl. Wilamowitz, Wespen 315f; auch Pickard-

äußeren Feinde, μανία für den unsinnigen Zwist im Innern verwendet. Von Anfang an ist also die Idee des Friedens im Innern wie in ganz Griechenland in dem Stück angelegt.[35]
Sprachlich bietet das Einzugslied der Frauen eine gekonnte Verflechtung von hohem, zum Teil tragischem Stil mit Umgangssprache und banalem Inhalt.[36]

319 λιγνύν vgl. Soph.Ant.1127.

326 ὑστερόπους "in trag. Manier gebildetes Kompositum" (Rau 199).

327 κνεφαῖος und 329 πάταγος sind poetisch (Rau 93f.134).

Zu 339 vgl. Eur.Suppl.542.

340 μυσαρός ist bei Eur. und Herodot gebräuchlich.

Besonders deutlich wird das Nebeneinander der Stilebenen in dem Gebet der Frauen an Pallas Athena (341-349): Der feierliche, in strengem Gebetsstil gehaltene Anruf mit dreimaligem Vokativ[37] und den üblichen Epiklesen (344f χρυσολόφα, πολιοῦχε; 347 Τριτογένει') sowie der Hervorhebung der Pronomina (345f) [38] steht in betont komischem Kontrast zu dem Umschlagen im letzten Vers (349) mit der naiven Bitte der Frauen an Athena, mit ihnen Wasser zu tragen. Zugleich zeugt die Bitte jedoch von dem vertraulichen Verhältnis des einfachen Volkes zu seinen Göttern,[39] so daß die Darstellung der Frauen wie die der Männer (siehe oben S.42f) nicht ein ausgrenzendes Verlachen, sondern eher ein sympathetisches Schmunzeln hervorruft.[40]
Das Metrum ist entsprechend dem Tempo der herbeieilenden Frauen (321 πέτου) von dem der Männer verschieden (iambisch-choriambisch), wobei durch das iambische Element dieser Versform der Einzugsrhythmus der Männer mitanklingt.
Katakeleusmos:

319 Λιγνὺν δοκῶ μοι καθορᾶν καὶ καπνόν, ὦ γυναῖκες,|| ia 2 ch ba
◡ — ◡ — — ◡ ◡ — — ◡ ◡ — ◡ — ∩

320 ὥσπερ πυρὸς καομένου· σπευστέον ἐστὶ θᾶττον.|| ia 2 ch ba
— — ◡ — — ◡ ◡ — — ◡ ◡ — ◡ — ∩

Cambridge, Dramatic festivals 245.
35) Vgl. dazu Newiger, Krieg und Frieden 190-192 (= War and peace 233-236).
36) Vgl. Wilamowitz, Lysistrate 142f; Silk 133ff.
37) Vgl. Kleinknecht, Gebetsparodie 69f, auch Pax 815f.
38) Kleinknecht a.O.
39) Vgl. Wilamowitz, Lysistrate 143.
40) Vgl. dazu Jauß 259-266.

Strophe

321	Πέτου πέτου, Νικοδίκη,	ia ch
322	πρὶν ἐμπεπρῆσθαι Καλύκην ⌒	ia ch
323	τε καὶ Κρίτυλλαν περιφυσήτω ‖ Hiat	ia ch sp
324	ὑπό τ' ἀνέμων ἀργαλέων	ia ch
325	ὑπό τε γερόντων ὀλέθρων.	ia ch
326	Ἀλλὰ φοβοῦμαι τόδε· μῶν ὑστερόπους βοηθῶ; ‖	3 ch ba
327	Νυνδὴ γὰρ ἐμπλησαμένη τὴν ὑδρίαν κνεφαία ‖	ia 2 ch ba
328/9	μόλις ἀπὸ κρήνης ὑπ' ὄχλου καὶ θορύβου καὶ πατάγου χυτρείου ‖	ia 3 ch ba
330	δούλαισιν ὠστιζομένη	ia ch
331	στιγματίαις θ', ἁρπαλέως	2 ch
332	ἀραμένη, ταῖσιν ἐμαῖς	2 ch
333	δημότισιν καομέναις	2 ch
334	φέρουσ' ὕδωρ βοηθῶ. |||	2 ia ∧

Gegenstrophe

335	Ἤκουσα γὰρ τυφογέρον- ⌒	ia ch
336	τας ἄνδρας ἔρρειν, στελέχη	ia ch
337	φέροντας ὥσπερ βαλανεύσοντας ‖	ia ch sp
338	εἰς πόλιν ὡς τριτάλαντον βάρος,	2 dact ia
339	δεινότατ' ἀπειλοῦντας ἐπῶν	ia ch
340	ὡς πυρὶ χρὴ τὰς μυσαρὰς γυναῖκας ἀνθρακεύειν ‖	2 ch ia ba
341	Ἅς, ὦ θεά, μή ποτ' ἐγὼ πιμπραμένας ἴδοιμι, ‖ Hiat	ia 2 ch ba
342/3	ἀλλὰ πολέμου καὶ μανιῶν ῥυσαμένας Ἑλλάδα καὶ πολίτας ‖	ia 3 ch ba
344	ἐφ' οἷσπερ, ὦ χρυσολόφα	ia ch
345	πολιοῦχε, σὰς ἔσχον ἕδρας.	ia ch
346	Καί σε καλῶ ξύμμαχον, ὦ	2 ch
347	Τριτογένει', ἥν τις ἐκεί- ⌒	ia ch

348 νας ὑποπιμπρῆσιν ἀνήρ, — ⏑ ⏑ — — ⏑ ⏑ — 2 ch

349 φέρειν ὕδωρ μεθ' ἡμῶν. ||| ⏑ — ⏑ — ⏑ — — 2 ia ∧

Abweichungen von Coulons Text:

338 τριτάλαντον RΓ: τριτάλαντα Coulon

Metrische Erklärung: Das Versmaß des Einzugslieds der Frauen ist durchgängig iambisch-choriambisch. Es empfiehlt sich, in diesem Fall den Terminus 'choriambischer Dimeter' (Wilamowitzianus) zu vermeiden, da man ihn dem von Wilamowitz[41] entdeckten Vers der Form oo — x — ⏑⏑ — vorbehalten sollte. Gerade bei Wilamowitziani sind die Sequenzen x — ⏑ — — ⏑⏑ — und — ⏑⏑ — — ⏑⏑ — ausgeschlossen. In iambisch-choriambischen Versen dagegen sind das iambische und choriambische Element völlig gleichberechtigt und in der Stellung beliebig (also x — ⏑ — — ⏑⏑ — oder — ⏑⏑ — x — ⏑ —).[42] Die Gleichberechtigung des iambischen und des choriambischen Elements mag daraus erklärt werden, daß man — ⏑⏑ — als anaklastisches iambisches Metron auffassen kann.[43] Auch bei ionischen Versen sind anaklastische und 'normale' Metren gleichberechtigt.

Der Katakeleusmos der Chorführerin (319f) besteht aus zwei katalektischen Tetrametern, die durch Mittelzäsur deutlich in einen Dimeter und einen katalektischen Dimeter zerfallen. Die Anordnung ist chiastisch ia ch / ch ia∧. Das im Katakeleusmos vorgegebene 'Thema'[44] wird vom Chor in seinem Einzugslied aufgenommen:

P1 (321-323=335-337): Der Periodenschluß ist durch Hiat (323) bzw. brevis in longo (337) angezeigt. Die einzelnen VV. stehen z.T. in Synaphie (322f. 335f). Der Klauselvers ist als hyperkatalektische Form[45] zu den vorangehenden Dimetern aufzufassen.

P2 (324-326~338-340): Auf je zwei Dimeter (ia ch) folgt ein Tetrameter mit Klauseleffekt. V.338 bietet metrische und textkritische Schwierigkeiten: In der handschriftlichen Überlieferung (εἰς πόλιν ὡς τριτάλαντον βάρος — ⏑⏑ — ⏑⏑ — — ⏑ —) respondiert in 325 ὑπό τε γερόντων ὀλέθρων ⏑⏑⏑⏑ — — ⏑⏑ —. Nach der Klärung von 277f (siehe oben S.45), wo in ähnlicher Weise 'Daktylen' mit Iamben respondieren, ist es auch hier nicht nötig, den Text zu ändern.[46] V.338 entspricht metrisch 277f (— ⏑⏑ — ⏑⏑ ⏓ — ⏑ —)[47], so daß man auch im Einzugslied der Frauen mit derselben ungewöhnlichen Responsion rechnen kann. Dabei ist in 338 der Übergang vom 'daktylischen' zum iambischen Element durch das longum im anceps gleitend gestaltet, außerdem klingt in der daktylischen Eröffnung von 339 der vorangehende Vers noch einmal an. Die Auflösungen der Iamben (324f) unterstreichen die Eile der Frauen, wobei durch das anaphorische ὑπό die Erregtheit deutlich wird, mit der sie die Worte ausstoßen.

P3 (327=341) und P4 (328/9=342/3) bestehen aus einem katalektischen Tetrameter (wie 319f) bzw. Pentameter.

---

41) *Vgl. Verskunst 210-244.*
42) *Vgl. Itsumi (59-61) mit der Korrektur von Snell (37); MacDowell, Wasps 319.*
43) *Vgl. Denniston, Lyric iambics 123f.*
44) *Vgl. Kraus § 45 (S.35).*
45) *Vgl. West, Three topics 285.*
46) *Vgl. Wilamowitz, Verskunst 482; Henderson, Coniecturarum repertorium 101.*
47) *Vgl. Dale, Lyric metres 78; Stinton, Two rare verse-forms 144f; auch*

Es folgt als fünfte Periode (330-334≈344-349) ein lyrisches Pnigos. Die Gegenstrophe ist um einen Dimeter länger.[48] Auf die Eröffnung in der Form ia ch folgen in der Strophe drei Dimeter der Form ch ch, in der Gegenstrophe erhalten die Dimeter in 345 und 347 die Form ia ch, in 346 und 348 ch ch. Der Klauselvers wird in Strophe und Gegenstrophe durch 2 ia∧ gebildet. Dadurch, daß die Wortenden oft mit den einzelnen Metra zusammenfallen, entsteht der Eindruck, daß die Frauen in ihrer Eile "die einzelnen Worte gleichsam vor Anstrengung keuchend hinausstoßen" (Trachta 76).

Das unterschiedliche Auftreten der Chöre spiegelt sich somit auch in einer verschiedenen metrischen Gestaltung wider: Der iambische Tetrameter paßt zur langsamen Gangart alter Männer, während das iambisch-choriambische Metrum der Frauen, das durch das choriambische Element mehr Kürzen besitzt, der Eile[49] der Frauen angemessen ist. So dient auch in der Parodos der *Lysistrate* das Metrum, das Aristophanes wählte, um den Einzug der beiden Halbchöre zu gestalten, wie Sprache und Stil der Charakterisierung.

Die Parodos endet mit dem Zusammentreffen der verfeindeten Chöre in der Streitszene (350-386) in katalektischen iambischen Tetrametern. Die Distichomythie des Beginns (350-363) geht mit steigender Erregung in Stichomythie (365-374 außer 368f) über, die schließlich in Antilabai gipfelt (375- 381 außer 376f). Abgeschlossen wird die Szene durch ein Pnigos, in dem es zu Handgreiflichkeiten kommt (382-386).[50]

Zusammenfassung

Sowohl in den *Acharnern* wie in der *Lysistrate* erscheint der Chor aus eigenem Antrieb, um die Absichten des komischen Helden, die im Prolog entwickelt und schon teilweise in die Tat umgesetzt wurden, zu durchkreuzen (siehe oben S.30). Die jeweilige Chorrolle findet neben der metrischen Gestaltung ihren Niederschlag auch im Strukturellen, in der unterschiedlichen Bauweise der epirrhematischen Form: In den *Acharnern* stürzt der Chor energisch auf der Suche nach Dikaiopolis in die Orchestra. Die Ak-

---

J. Diggle, PCPS n.s.20,1974,26f; (siehe oben S.45 Anm.18. *48) Trachta 78f.*
49) Vgl. MacDowell, Wasps 319: "The rhythm suggests a gaily-tripping [...] dance".
50) Gegen Hall-Geldart, Wilamowitz (Lysistrate) und Coulon würde ich 386 in zwei VV. als 2 ia 2 ia∧ abteilen, um einen sinnvollen Abschluß des Pnigos zu erhalten.

tion findet im Epirrhema statt (204-207). Als der Chor seinen Gegner nicht entdecken kann, fällt er in lyrische Maße (208 bis 218): Er klagt über die Last des Alters und den Verlust seiner jugendlichen Schnelligkeit. Im Antepirrhema (219-222) ruft er sich (219 νῦν δ') in die Gegenwart zurück und nimmt die Verfolgung wieder auf. In der Antode (223-233) ergeht er sich in Drohungen gegen Dikaiopolis, bevor er sich schließlich wieder zur Suche aufrafft (234-236). Die Langverse sind demnach der Aktion gewidmet. Entweder handelt der Chor, oder er wird zur Handlung aufgefordert. Die lyrischen Partien dagegen enthalten Reflexionen und emotionale Äußerungen.[1)]

Bezeichnenderweise unterscheidet sich die Bauweise des Einzugs der alten Männer in der *Lysistrate* vom Auftritt der Acharner. Vom Chorführer zur Eile aufgefordert (254f), ergeht sich der Chor zunächst in der Ode (256-265) in Klagen über die Unberechenbarkeit des Lebens im allgemeinen und über den besonderen Fall, die Unbotmäßigkeit der Frauen, bevor er sich im Epirrhema dazu aufrafft, weiterzugehen (266-270). In der Antode (271 bis 280) erinnert er sich seiner jugendlichen Heldentaten, im Antepirrhema geht er wieder auf die Gegenwart, die Freveltat der Frauen, ein (281-285). Der Chor reflektiert also in den lyrischen Teilen auf einer höheren emotionalen Ebene, in den Epirrhemen handelt er oder rafft sich jedenfalls zu Handlungen auf.

Die epirrhematische Bauweise der beiden Parodoi bietet die Möglichkeit, den Chor bei leerer Bühne als Handelnden und Reflektierenden einzuführen. Dadurch, daß der Chor nicht sogleich auf seinen Gegner trifft, hat er genug Zeit, sich zu entfalten, wozu vor allem die lyrischen Teile dienen, in denen der Chor seinen Empfindungen einen erregten Ausdruck verleiht. Dabei bestimmt der Inhalt die Form: In den *Acharnern* zeigt die Abfolge Epirrhema - Ode den Chor zunächst als Handelnden, in der *Lysistrate* zieht der Chor während des Katakeleusmos des Chorführers (254f) langsam ein, gerät außer Atem und ergeht sich zuerst in der Ode (256-265) in Klagen und Reflexionen.

Die Oden nehmen in beiden Parodoi das Versmaß der Epirrheme bzw.

---

1) Vgl. dazu vor allem Händel 20-26.

des Katakeleusmos in lyrischer Form auf: Die charakterisierende Wirkung des Einzugsmetrums bleibt demnach auch in den lyrischen Teilen erhalten. Die Kretiker und Päone stellen eine lyrische Umsetzung der Trochäen dar, mit denen die Acharner einmarschierten, die lyrischen Iamben der Oden der *Lysistrate* greifen die katalektischen iambischen Tetrameter auf.
Nach dem Einzug des Chores kommt es zum feindlichen Zusammentreffen, das in beiden Stücken zunächst noch hinausgeschoben wird: In den *Acharnern* beobachten die Köhler Dikaiopolis bei der Feier der Ländlichen Dionysien, bevor sie sich auf ihn stürzen; in der *Lysistrate* erwartet man nach der Ankunft der Alten am Tor der Akropolis die Auseinandersetzung mit den Frauen in der Burg - statt dessen erscheinen die alten Frauen als Gegner in der Orchestra. Man kann sich vorstellen, daß der Frauenchor bereits während des Katakeleusmos der Chorführerin (319f) beinahe am Ziel angelangt ist. Um nicht noch einmal einen Chor während des Einzugs vorzuführen, läßt Aristophanes die Frauen sofort zu Betrachtungen in lyrischen Maßen übergehen,[2] bis die Chorführerin die Männer entdeckt (350). Indem Aristophanes den Chor der alten Männer nicht auf seine eigentliche Gegnerin, sondern auf einen unerwarteten Feind stoßen läßt, schafft er die Möglichkeit, den Streit auf zwei Ebenen, zwischen den Halbchören sowie zwischen Lysistrate und dem Probulen, ablaufen zu lassen. Die beiden Halbchöre bleiben dadurch, daß sie nicht direkt mit der komischen Heldin sich auseinandersetzen und sich bereit erklären müssen, ihre Argumente im Agon anzuhören, länger als Handelnde in das Stück einbezogen. Erst als sie sich versöhnt haben (1014-1042), treten sie in den Hintergrund; auf diese innenpolitische Versöhnung erfolgt dann die außenpolitische Einigung.
In der Streitszene setzt Aristophanes verschiedene Gestaltungsweisen ein: In den *Acharnern* paßt er die Form der epirrhematischen Syzygie den Erfordernissen der Handlung an. Ode und Antode bilden zwei Höhepunkte: In der Ode wird der unerbittliche Haß der Köhler von Acharnai in der beharrlichen Weigerung, Di-

2) *Vgl. Händel 26.*

kaiopolis anzuhören, deutlich, in der Antode hat der komische Held die Oberhand und zwingt sie, ihre Steine wegzuwerfen und ihm zuzuhören. Die lyrischen Teile umrahmen das Epirrhema, in dem sich der entscheidende Handlungsumschwung ereignet.
In der *Lysistrate* läßt Aristophanes die feindlichen Gruppen in einer Langversszene aufeinanderprallen. Nach dem Einzugslied des Frauenhalbchores entdeckt die Chorführerin plötzlich die Männer (350f), und es kommt sofort zur Auseinandersetzung.
Der Vergleich der beiden Parodoi zeigt, wie Aristophanes in einer Grundstruktur (Typ 1, siehe oben S.30) den Einzug des Chores ohne jeden Schematismus gestaltet und ihn formal, wie besonders die unterschiedliche Verwendung der epirrhematischen Bauweise verdeutlicht, den Erfordernissen der dramatischen Handlung anpaßt.

Chor und Chorführer

In der *Lysistrate* kann man mit Sicherheit den Katakeleusmos (254f) dem Chorführer zuweisen, der einen der Choreuten namentlich anredet. "Dazwischen singt der Chor, und die Gedanken gehen in einem Zuge fort [...] Die ersten Worte der zweiten Strophe, 286, zeigen deutlich durch ἀλλὰ ... γάρ 'aber nichts weiter, denn das steile Stück Weges bleibt zu überwinden; da drückt der Kloben empfindlich,' daß derselbe *(sc. der Chor)* redet"[1], d.h., auch die Epirrheme des Männereinzugs müssen dem Gesamtchor gegeben werden. Erst in V.306 setzt nach dem antistrophischen Lied[2] der Chorführer wieder ein, indem er die Anweisungen zum Ausräuchern der Frauen gibt.[3]

In den *Acharnern* gehören nach der communis opinio[4] die Epirrheme des Einzugs dem Chorführer, die Oden dem Gesamtchor. Doch auch hier spricht nichts dagegen, die ganze epirrhematische Syzygie (204-233) dem Chor zu geben. Einerseits läßt der Inhalt keine Einschnitte erkennen, so daß man die Epirrheme dem Chorführer zuweisen könnte,[5] andrerseits ist es bühnenwirksamer, wenn der Gesamtchor laut schreiend hereinstürzt, als wenn ein einzelner den Chor antreibt. Es ist gerade bezeichnend, daß der Acharnerchor keiner Aufforderung durch den Chorführer bedarf, sondern voller Tatendrang aus eigenem Antrieb hereinstürmt. Erst die VV.234-236 und 238-240 kann man mit einiger Berechtigung dem Chorführer zuweisen.

---

1) Wilamowitz, Verskunst 481 Anm.1; vgl. auch ders., Lysistrate 138; Kaimio 174f.
2) Vgl. Wilamowitz, Verskunst 481 Anm.1; jedoch scheint mir nichts dagegen zu sprechen, die VV.292-295 und 302-305 dem Chor zu geben. Der Metrenwechsel von den Iamben zu den Trochäen stellt kein Indiz für Personenwechsel dar, sondern drückt die wechselnde Stimmung der Alten aus.
3) Zur Verwendung des adhortativen Konjunktivs vgl. Kaimio 174.
4) Vgl. etwa Mazon 17f; Sommerstein, Acharnians 59f; anders Händel 20.
5) Händel 32f.

5.2. Untersuchungen zu den Parodoi der *Ritter* (242-277), des *Friedens* (296-345) und des *Plutos* (253-321) (Typ 2)

Auf die inhaltliche Übereinstimmung der Parodoi der *Ritter*, des *Friedens* und in gewisser Hinsicht auch des *Plutos* wurde schon hingewiesen (oben S.30f). Nun soll die Struktur dieser Parodoi deutlich gemacht werden.

In den *Rittern* (240-246) und im *Frieden* (296-300) geht im Ruf des Schauspielers das Metrum vom Sprechvers (3 ia) zu den Langversen der Parodos (4 tr ∧) über. Das Metrum untermalt das ungestüme Hereinstürmen des Chores. Die Trochäen drücken Aggressivität, Tatendrang und Schnelligkeit aus (siehe oben S.37). Im ersten Teil der Parodos der *Ritter* (247-254) wird die Angriffslust des Chores durch die Dihäresen nach dem ersten und zweiten Metron (außer 254) unterstrichen. Durch das Zerfallen in zwei Monometra und einen katalektischen Dimeter wirken die Verse abgehackt und militärisch kurz (siehe auch oben S.38). Auch die sprachliche Gestaltung der ersten Verse betont den militärischen Charakter: Phonetisch herrscht das mit dem doppelten παῖε angestimmte p vor, unterstüzt durch das hämmernde καί zu Beginn der Einzelmetra.[1] Im ersten Vers (247) liegt eine von Aristophanes häufig angewandte Technik vor, einen Vers oder eine Periode wirkungsvoll durch eine mehrsilbige komische Wortprägung abzuschließen.[2] Es scheint so, als ob ein Kompositionsprinzip dieses Parodostyps die Eröffnung durch acht Langverse darstellt, in denen der Einzug des Chores erfolgt (*Ritter* 247-254, *Frieden* 301-308).[3] Auch die Gesamtparodoi lassen eine gewisse Einheitlichkeit in den Verszahlen erkennen: 37 Langverse in den *Rittern*, 38 im *Frieden*, 36 im *Plutos*.[4] Das Bauprinzip scheint demnach eine approximative Zahl von 2x18 Langversen zu sein.[5]

Zum Text der Parodos der 'Ritter': Gegen Coulons Ausgabe sollte man, der handschriftlichen Überlieferung folgend, den Text folgendermaßen wiederherstellen:

---

1) *Vgl. Francois 26-28; Spyropoulos 114.128.*

2) *Vgl. etwa Ran.249.*

3) *Vgl. Plut.253-260 (2x4 VV. Schauspieler - Chor), wobei der Katakeleusmos des Schauspielers, der miteinzieht, mitzählt.*

4) *Außerdem in Eq. ein Pnigos von 18 Dimetern + Klauselvers, in Pax ein Pnigos von 5 Dimetern, Monometron + Klauselvers.*

5) *Vgl. Russo, Wespen 218-222.*

1.) Bruncks und Vahlens Umstellung der VV.261-263 nach 265, der van Leeuwen, Coulon und neuerdings Sommerstein folgen, ist überflüssig und zerstört den Sinn und Zusammenhang. Denn die "Verse 264f. scheinen zunächst nichts anderes zu bringen als 261f. [...] Doch der Gedanke ist nun vom speziellen Fall ins Allgemeine gewandt" (Newiger, Metapher 25 Anm.4). Sprachlich wird dies durch καί ... γε ausgedrückt.[6)]

2.) Ebenso überzeugt Willems Umstellung der VV.271f nach 274 und Zuteilung an Agorakritos nicht. Gerade der Ausruf des Wursthändlers in 273 zeigt doch, daß der Chor in 271f ihm hart zusetzt. Die Bedeutung von ταύτῃ γε und ταυτηΐ (271) muß durch die Handlung klar geworden sein (vgl. Neil 43). Darum sollte man auch νικᾷ in 271 nicht ändern (μὲν ἔλθῃ Blaydes τρέπηται Zacher, vgl. Sommerstein, Knights 36; Blaydes und Sommerstein nehmen an, daß νικᾷ aus 276 eingedrungen ist; es dürfte aber eher unwahrscheinlich sein, daß νικᾷ aus dem späteren Vers in 271 eindrang). Der Chor betont, daß, wenn der Paphlagonier auch an einer Stelle (ταύτῃ γε) - momentan - die Oberhand behält, er genau an der Stelle (ταυτηΐ) Prügel beziehen wird.

3.) V.274 sollte man mit der handschriftlichen Überlieferung dem Chor lassen (Οἰ. A Coulon), der damit auf den Ausruf des Paphlagoniers reagiert. Bis jetzt läuft der Streit nur zwischen dem Chor(führer) und dem Paphlagonier ab. V.275 sollte man allerdings wie Coulon dem Paphlagonier (so Sauppe), nicht dem Wursthändler (so RVAΓ, vgl. Neil) zuweisen. Auf das Stichwort κέκραγας des Chores (274) antwortet der Paphlagonier, daß gerade im Schreien seine eigentliche Stärke liege. Da bietet sich dem Chor endlich die Gelegenheit, auch den Wursthändler, der bisher nur unbeteiligt dabeistand, in den Streit einzubeziehen. Sofort greift der Paphlagonier den neuen Rivalen an (278), der Chor kann zurücktreten und die beiden Kampfhähne ihrem Wettschreien überlassen (siehe auch oben S.13).

Wie in der *Lysistrate* (siehe oben S.43) wird in der Parodos des *Plutos* der katalektische iambische Tetrameter zur Charakterisierung der alten Bauern eingesetzt. Die Besonderheit dieses Choreinzuges findet ihren Ausdruck in fünf Strophen - einem Amoibaion zwischen dem Chor und dem Sklaven Karion, das an den Chorauftritt anschließt.

Metrische Erklärung: Das Amoibaion ist in einfachen Iamben gehalten. Es läßt sich in zwei respondierende Strophenpaare (290-295=296-301.302-308=309-315) und eine Epode (316-321) untergliedern. Die Responsion ist eng und stimmt zum Teil bis in die Auflösungen hinein überein, unterstützt durch dieselben Worte an derselben Stelle im Vers der Strophe und Gegenstrophe (290=296.293=299). Die Periodik ist einfach: Das erste Strophenpaar wird durch drei katalektische iambische Tetrameter eingeleitet (P1-P3: 290-292=296-298); es folgen zwei Dimeter, an die ein katalektischer Tetrameter als Klauselvers anschließt (P4: 293-295=299-301). Dabei muß man wohl nach 294 eine leichte Pause vor dem folgenden Imperativ ansetzen (Hiat) (vgl. Av.240f).

Das zweite Strophenpaar weist einen ähnlich einfachen Aufbau auf: Auf je zwei katalektische iambische Tetrameter (P1-P2: 302f=309f) folgen als drit-

---

6) Vgl. Denniston, Particles 157: "[...] yes, and more [...]".

te Periode (304f=311f) ein iambischer Dimeter und ein katalektischer iambischer Tetrameter als Klausel. P4 (306-308=313-315) besteht aus 2 ia 3 ia 2 ia ∧.

Die Epode wird durch einen katalektischen iambischen Tetrameter eröffnet (P1: 316); es folgt ein Pnigos von vier iambischen Dimetern,das durch einen katalektischen Tetrameter abgeschlossen wird (P2: 317-321).

In diesem Amoibaion treffen wir auf eine rudimentäre Form lyrischer Gebilde.[7] Das Versmaß unterscheidet sich kaum von den stichisch verwendeten Langversen des Choreinzugs. Der katalektische iambische Tetrameter bildet an sich schon eine Kurzstrophe, bestehend aus einem Dimeter und einem katalektischen Dimeter als Klausel. Die nächste Stufe besteht darin, mehrere Dimeter zu einem lyrischen Pnigos auszubauen und katalektisch enden zu lassen. Ähnlich einfache lyrische Gebilde finden sich auch Eccl.478-503, außerdem Ach.263ff.1008ff, Ran.384ff.416ff.

Bemerkungen zum Text: In V.297 muß das handschriftliche πεινῶντα gegen Bruncks πινῶντα (bei Coulon im Text) gehalten werden (siehe auch oben S.44f zu Lys.279). Denn πινάω ist nicht gesichert, und alle von Brunck angeführten Stellen sind als Itazismus zu erklären (so auch Lys.279, Av.1282).[8]

So stellt dieser Wechselgesang, von der Struktur und vom Metrum her betrachtet, durchaus "a vivid picture of the coarse pleasentry of Athenian rustics"[9] dar. Durch das Scholion zu V.292 wird jedoch überliefert, daß Aristophanes mit den ersten beiden Liedstrophen den Dithyrambos Κύκλωψ ἢ Γαλάτεια des Philoxenos parodiert habe.[10] Die mimetische Darstellung (291 μιμούμενος) des Dithyrambos in dieser Umgebung (arme Bauern) und dieser (Wechselgesang zwischen einem Sklaven und den Bauern) enthält eine komische Pointe: die Umgebung steht in gewolltem Kontrast zum dithyrambischen Substrat. Die Reduzierung der gewählten, polymetrischen Form[11] in einfache, volkstümliche iambische Strophen und die Ansiedelung im Milieu von Kleinbauern und Sklaven stellen deutlich heraus, was von der hohen Gattung 'Dithyrambos' noch übrigbleibt, wenn man ihm seine äußere Gestalt nimmt: Bauern, Sklaven und σκώμματα. Dies paßt durchaus mit der Aristotelischen Kritik (Poetik 1448a15) an Timotheos und Philoxenos zusammen: Sie führten ein, χείρους μιμεῖσθαι.[12] Durch

---

7) *Vgl. Dale, Lyric metres 75.*
8) *Zu den Argumenten im einzelnen vgl. Holzinger 113-116.*
9) *Rogers, Plutus 33f.*
10) *Vgl. dazu Pickard-Cambridge, Dithyramb[1] 63.*
11) *Man vgl. etwa Timotheos, Persae Fr.791 PMG.*
12) *Vgl. dazu Pickard-Cambridge, Dithyramb[1] 61.64-69; Schönewolf 26-36.*

das lautmalerische θρεττανελο[13] wird auf eine Besonderheit des Dithyrambos von Philoxenos hingewiesen: Wahrscheinlich ließ Philoxenos seinen Kyklopen mit einer Kithara auftreten.[14]
Im *Plutos* treffen wir auf eine besondere Art literarischer Parodie. In der Dithyrambenparodie der *Vögel* (904ff.1372ff) wirkt der hohe Stil lächerlich im Kontrast zu der alltäglichen Sprache, in der Peisetairos antwortet. Die Paratragodie der *Thesmophoriazusen* (776ff)[15] erzielt ihre komische Wirkung durch die banale, unpassende Situation, in der sie angesiedelt ist. In den *Fröschen* parodiert Aristophanes die Tragödie durch eine verzerrende Übersteigerung der Stil- und Gestaltungsmittel, deren sich Aischylos und Euripides mit Vorliebe bedienen (1264ff: Refrain, 1285ff: musikalische Begleitung, 1309ff Manierismus im Stil und in der Musik; Polymetrie).[16] Im *Plutos* entsteht der parodische Effekt durch eine formale und inhaltliche Reduzierung des Originals. Die enthüllende Komik liegt darin, daß der Zuschauer in der Parodie vorgeführt bekommt, was letztlich hinter der hohen dithyrambischen Form steckt.[17]

E. Wölfle (101ff) will in dem Amoibaion eine Bearbeitung der ersten Fassung des *Plutos* sehen, in dem ursprünglich Euripides' *Kyklops* und Aischylos' *Kirke* parodiert worden seien. Durch das Einfügen eines Zitats aus Philoxenos' Dithyrambos sei das Stück für die Neuaufführung aktualisiert worden. Wölfle (123) geht dabei jedoch von einer Mißinterpretation der Scholiennotiz aus: Φιλωνίδου · Ὀδυσσέως, aus dieser Notiz entnimmt Wölfle, "daß in Vers 303 anstelle Φιλωνίδου ursprünglich Ὀδυσσέως gestanden" habe. Die Scholienbemerkung jedoch als Indiz für eine erste und zweite Fassung des *Plutos* anzusehen, ist verfehlt. Denn der Scholiast will lediglich anmerken, daß der Spott gegen Philonides ein Aprosdoketon darstellt, das anstelle des erwarteten Odysseus im Text steht.

Gerade an der Art, wie Aristophanes den Chor im *Plutos* einsetzt, kann man die Stellung dieser Komödie an der Schwelle von der Alten zur Mittleren Komödie deutlich machen. Der Chor wird als Unterstützung für den Plan des komischen Helden gebraucht und

---

13) *Vgl. Ran.1285ff; dazu mehr in Band 2.*
14) *Vgl. Σ zu 290; Wölfle 108; Pickard-Cambridge, Dithyramb[1] 61: "Apparently the Cyclops sang a solo to the lyre [...] and this implies a great change in the ancient form of the dithyramb, as well as the introduction of an instrument hitherto strange to it." Vgl. auch Webster in Dithyramb[2] 45f.*
15) *Siehe unten S.230-233 zu Thesm.707-725.*
16) *Dazu mehr in Band 2.*
17) *Siehe unten S.167-168.*

dazu zu Hilfe gerufen (218f). Der Sklave Karion soll die Bauern suchen und mitbringen. Damit motiviert Aristophanes den Auftritt des Chores besser als in den *Rittern* und im *Frieden*, wo der Chor eigentlich gegen das εἰκός erscheint und mehr weiß, als man erwartet. Der Chor besteht aus armen (219), sparsamen (281f) und rechtschaffenen (221) Bauern (223), die sich für ihren kargen Lebensunterhalt auf den Feldern schinden (224.254).
Er ist durch Chremylos' Plan betroffen, das Vorhaben liegt in seinem Interesse, und auch Chremylos denkt an die Allgemeinheit, er will den Bauern am Reichtum Anteil geben und führt Plutos schließlich dorthin, wo er sonst gethront hat, in die Schatzkammmer Athenas (1192f). Am Ende der Komödie wird der Reichtum also der Allgemeinheit zur Verfügung gestellt. Die Glanzzeiten des fünften Jahrhunderts, als der Tempel Athenas auf der Akropolis außer dem eigentlichen Tempelschatz auch den Staats- und Bundesschatz beherbergte, sollen wiederhergestellt werden[18] - bei der Anlage des Stücks wohl eher ein ironisch-wehmütiger Rückblick[19] auf den einstigen Höhepunkt athenischer Macht.
So steht die Parodos durchaus noch in der Tradition der Alten Komödie. Nach der Ankündigung und Motivierung seines Auftritts sowie der Charakterisierung, die ihm zuteil wird, scheint dem Chor eine bedeutende Rolle in Chremylos' Plan und somit in der dramatischen Handlung zuzufallen (218 ξύμμαχοι, 256 ἀμύνειν). Diese Erwartung wird jedoch nicht eingelöst: Die Tatsache, daß dem Chor nach seinem Einzug eigentlich keine Aufgabe mehr bleibt, daß er sogar in der Parodos selbst zur weiteren Entwicklung der Handlung nichts beiträgt, nach dem Amoibaion mit Karion (290-321) in den Hintergrund tritt und nur noch spärlich an der Handlung Anteil nimmt, weist schon auf die Mittlere[20] und Neue Komödie. So scheint die Tanzeinlage, die auf das Amoibaion bei leerer Bühne folgt und wahrscheinlich von einem Lied begleitet war[21],typisch für die Mittlere Komödie, in der

---

18) *Vgl. Newiger, Komödie 205; Gelzer, RE Sp.1509, übersieht diesen Aspekt.*
19) *Vgl. dazu Newiger, Metapher 173-178; Flashar a.O.*
20) *Vgl. Gelzer, Aristophanes 296f; Körte Sp.1256-1266.*
21) *Zum χοροῦ-Vermerk nach 231, der in V überliefert und keine Konjektur Invernizzis oder Dindorfs ist, vgl. Holzinger 126f; Handley, XOPOY 59f; Pöhlmann, Überlieferungswert; Hunter 31. Holzingers Eintreten für einen*

auf den Chor, seinen Einzug und seine Anwesenheit in der Orchestra ausführlicher als in der Neuen Komödie eingegangen wird und in der es nach dem Erscheinen des Chores - und wohl nur an dieser Stelle im Drama - zu einem direkten Kontakt des Chores mit den Schauspielern kommen kann: Der Chor wird aufgefordert, einen Tanz darzubieten.[22] Ebenfalls scheint es für die Mittlere Komödie bezeichnend gewesen zu sein, daß die an sich unrealistische Anwesenheit des Chores, der kaum mehr etwas mit der Handlung zu tun hat, von den Dichtern motiviert wird. Der Chor in den *Ekklesiazusen* (517-519) und im *Plutos* (322-327) wird ausdrücklich dazu aufgefordert, dazubleiben und den komischen Helden mit Rat und Tat zu unterstützen; in den Fragmenten von Alexis (237 K.) und Eubulos (3 K.) wird der Chor gebeten, die ganze Nacht hindurch zu feiern und zu tanzen. Dies stellt nichts anderes dar als eine Ankündigung der folgenden akttrennenden Tanz- und Gesangseinlagen des Chores, dessen Anwesenheit mit dieser Bitte motiviert wird.[23] In der Neuen Komödie wird, falls überhaupt, auf den Chor nur bei seinem Einzug in die Orchestra eingegangen.[24] Aus dem Chor, der in der Mittleren Komödie noch eine gewisse Identität besaß und in einer, wenn auch geringen Beziehung zur Handlung stand, wird eine Standardgruppe bezechter Jünglinge, denen man besser aus dem Weg geht. Es ist fraglich, ob in der Neuen Komödie der Chor nach seinem ersten Intermezzo wieder abzog oder ob er während des ganzen Stücks in der Orchestra blieb[25]. Da im weiteren Verlauf der Handlung nicht mehr auf ihn hingewiesen wird, ist die zweite Möglichkeit wahrscheinlicher.

Im *Plutos* ist die erste Entwicklungsstufe auf dem Weg zu dieser bedeutungslosen Rolle des Chores in der Neuen Komödie greifbar:

Zwischenaktstanz anstelle eines getanzten und gesungenen Intermezzos ist durch Pöhlmanns und Hunters Arbeiten widerlegt; vgl. auch Sifakis, Aristotle 422f.

22) Vgl. Alexis Fr.237 K.; Eubulos Fr.3 und 8 K.; vgl. Körte Sp.1260; Sifakis, Aristotle 421-424. Man muß wohl davon ausgehen, daß diese Chornummern bei leerer Bühne gesungen wurden.

23) Vgl. Sifakis, Aristotle 424.

24) Vgl. Men.Aspis 245-248, Dysc.230-232, Epitr.168-171, Perik.261f.

25) So mit Vorsicht Gomme-Sandbach 199.

Die Parodos, in der der Chor in die Handlung eingebunden ist, und die Charakterisierung, die ihm zuteil wird, weisen zurück auf die Alte Komödie, das Amoibaion, das nichts mehr mit der Handlung zu tun hat, die anschließende Tanzeinlage sowie das Zurücktreten des Chores und seine Bedeutungslosigkeit für den weiteren Verlauf des Stückes kündigen die Mittlere und Neue Komödie an.

Zusammenfassung

Der Vergleich der drei Parodoi brachte mehrere Gemeinsamkeiten an den Tag: In den *Rittern* (242-246) und im *Frieden* (296-300) stellt der vom Schauspieler gesprochene und rezitierte Ruf die Einleitung der Parodos dar. Er ersetzt den Katakeleusmos des Chorführers (*Lysistrate* 254f.319f) bzw. die Anfeuerungsrufe, mit denen der Chor der Acharner (204-207) sich zur Eile antreibt, und leitet vom Prolog zur Parodos über. Da der Schauspieler in beiden Stücken auf der Bühne bleibt, wird der Übergang zwischen den beiden Abschnitten, Prolog und Parodos, gleitend gestaltet.
Wie in den *Acharnern* und der *Lysistrate* liefert das Einzugsmetrum eine Charakterisierung des Chores: Trochäen drücken Aggressivität, Lebhaftigkeit und Schnelligkeit aus, Iamben Alter und Langsamkeit (siehe oben S.38.43).
Dem Chor bleibt, wenn er auf einen Ruf hin erscheint und sofort mit einem oder mehreren Schauspielern zusammentrifft, keine Gelegenheit, sich in lyrischen Partien zu entfalten, da er von Anfang an in die Handlung verstrickt ist.[1)]

Chor und Chorführer

Auch in diesen drei Stücken bleibt wie bei den Epirrhemen der Parodos der *Acharner* und *Lysistrate* (siehe oben S.56) zu überlegen, ob die Langverse vom Gesamtchor oder nur vom Chorführer als dem Vertreter des Chores vorge-

---

1) So fällt in Eq. der Choreinzug mit einer Streitszene zusammen, und auch in Pax und Plut. konnten Spuren einer Streithandlung (siehe oben S.18.28f) entdeckt werden. Der Auftritt der Ritter beginnt ja auch mit ähnlichen Worten wie in Ach.280-283 (siehe oben S.38) die Streitszene.

tragen wurden:
Wie bei den *Acharnern* scheint es auch bei den *Rittern* und dem *Frieden* allein der Wirkung wegen, die der geballte Chorauftritt bringen sollte, angebracht, jedenfalls die Eröffnungsverse (Eq.247-254.258-265, Pax 301-308) dem Gesamtchor zu geben. Der Chor wird dadurch als einheitliche Gruppe mit *einem* Ziel, Kleon zu schlagen bzw. Trygaios zu helfen, in das Stück eingeführt.[1]
Diese Zuweisung läßt sich im *Frieden* durch inhaltliche Indizien stützen: Trygaios' Mahnung an den Chor, ruhig zu sein (309f.318), hat wohl nur dann Sinn, wenn man annimmt, daß der Chor sich so laut gebärdete, daß die Gefahr bestand, von Polemos gehört zu werden (vgl. auch Vesp.336f). Händel (34f) hat auf eine interessante Parallele zwischen der Eröffnung der Parodos der *Ritter* und des *Friedens* hingewiesen: In beiden Komödien wird der Einmarsch des Chores durch acht Tetrameter eröffnet (Eq.247-254, Pax 301 bis 308). In den *Rittern* folgen auf drei Verse Kleons (255-257) noch einmal acht Chortetrameter (258-265) und drei weitere Tetrameter Kleons (266-268). Die Ursache für diesen Parallelismus scheint choreographischer Natur zu sein. Dies läßt sich an der Parodos des *Friedens* nachweisen, in der Trygaios den lebhaften Einmarsch des Chores unterbindet (309f) und damit die Responsion zerstört. Die folgenden Worte des Chores zeigen, daß er sich darum bemüht, seinen Einzugstanz trotz Trygaios' Verbot zu Ende zu führen (324f.328.330-332.334-336). Man könnte annehmen, daß nach Trygaios' Ermahnung, leise einzuziehen, der Chorführer sozusagen als Unterhändler einen Dialog mit dem komischen Helden beginnt, um die Erlaubnis, zu Ende zu tanzen, zu erwirken. Man kann sich demnach in dem Dialog (311ff) die Chorverse vom Chorführer vorgetragen denken.[2]
Auch in den *Rittern* scheint es angebracht, nach dem Vortrag durch den Gesamtchor (247-254=258-265) die nächsten Chorverse dem Chorführer zuzuweisen. Einerseits spricht die Anrede εἴδες (269) dafür, den Chorführer als Redner anzunehmen, der den Chor auf Kleons Worte (266-268) hinweist,[3] andrerseits das rasche Ablaufen des Dialogs in den VV.273-277, was eher auf einen Einzelsprecher schließen läßt (zur Personenverteilung siehe oben S.57f).
Anders ist die Parodos des *Plutos* angelegt: In ihr wird Karion im Gespräch mit dem Chorführer[4] eingeführt. Der Dialogcharakter dieser Partie spricht dafür, den Chorführer als Vertreter des Chores als Sprecher anzusetzen. Nachdem Karion die gute Nachricht von Plutos Ankunft bekanntgegeben hat, fängt der ganze Chor zu tanzen an (288f). Seine Freude äußert sich in dem Amoibaion, in dem man den Gesamtchor, der in der Epode (316-321) zu einer weiteren Darbietung während Karions Abwesenheit aufgefordert wird, als Sänger annehmen muß (vgl.317).

---

1) Vgl. Händel 34f.
2) Vgl. Kaimio 159f; vielleicht wurde der Ausruf in 317 wieder vom Gesamtchor ausgestoßen, wie Trygaios' Reaktion anzudeuten scheint.
3) Vgl. Kaimio 174.
4) Vgl. Gelzer, RE Sp.1507.

5.3. Untersuchungen zu den Parodoi der *Wolken* und der *Vögel* (Variationen zu Typ 2)

Wolken (263-456)

Ihrem Wesen als Gottheiten entsprechend (252f) ruft Sokrates als ihr Priester die Wolken in einer feierlichen Epiklese (263-266.269-274.291f), die die Aufgabe des Hilferufs des Schauspielers in den *Rittern* und im *Frieden* erfüllt.[1] Der Anruf ist in katalektischen anapästischen Tetrametern gehalten - einem Metrum, das auch sonst in kultischer Umgebung erscheint.[2] Der Eröffnungsvers (263), der beinahe nur aus Längen besteht, betont die Würde des Anrufs und des εὐφημία-Gebots. In den nächsten Versen (264-266) fallen die inhaltlichen Einschnitte, die einzelnen Vokative, mit den metrischen Dihäresen zusammen, so daß die metrische Gliederung des Verses mit der inhaltlichen übereinstimmt.[3] Der Anruf der Göttinnen bereitet ihren Einzug vor und bietet eine erste Beschreibung ihres Wesens als erhabenene Gottheiten, die über Blitz und Donner verfügen (265). Eine komische Wirkung kommt durch Strepsiades' Kommentar zustande (267f), der, als er das erste Lied der noch unsichtbaren Wolken gehört hat, seiner Angst (294) einen den erhabenen Rahmen sprengenden Ausdruck verleiht (295). Die Komik von Strepsiades' Äußerung entsteht einerseits durch den Kontrast zu Sokrates' Epiklese, andrerseits durch das Metrum, da er für seine unpassenden Bemerkungen die feierlichen Anapäste beibehält.
Auf Sokrates' Anruf ertönt aus der Ferne ein Lied.[4] Da die Sänger noch nicht zu sehen sind, wird ihre Identität wirkungsvoll im Eröffnungsvers bekanntgegeben (275 ἀέναοι Νεφέλαι). In ihrer Ode nehmen die Wolken Sokrates' Ruf auf, sie haben ihn gehört und nahen.[5] Im Epirrhema wird die Wirkung der Ode auf Sokrates und Strepsiades ausgemalt (291-297): Sokrates ist vol-

---

1) 266 ἄρθητε, φάνητ', 269 ἔλθετε, 274 ὑπακούσατε; vgl. Kaimio 201; Kleinknecht, Gebetsparodie 21-27; Fraenkel, Some notes 258-262; Dover, Comedy 102. Die Epiklese stellt in gewisser Hinsicht einen Hilferuf dar. Sokrates braucht die Wolken τῷδ' εἰς ἐπίδειξιν (269).

2) Vgl. Abert 134; Dion. De comp.verb. c.17; vgl. Eq.763-766, Pax 974-1015.

3) Vgl. West, Metre 94f; ders., Three topics 292-297.

4) Vgl. Wilamowitz, Wolken.

5) 276→266; 278→271; 279f→270; 283→272.

ler Freude darüber, daß die Göttinnen ihn erhört haben (291f), Strepsiades ist durch die donnerartige Stimme der Wolken in Angst und Furcht versetzt (293-295) und muß von Sokrates zur εὐφημία zurückgerufen werden (296f). Während in der Ode (275 bis 290) die Wolken ihr Nahen in einem Hymnos auf sich selbst angekündigt, aber ihr Ziel noch nicht weiter verdeutlicht haben (vgl. 288-290), widmen sie die Antode (298-313) dem Ort, den sie besuchen wollen, Attika und Athen (299-301), und singen einen kurzen Lobpreis[6] der Stadt, ihrer Mysterien und Opfer, ihrer Tempel und Kunstwerke, ihrer feierlichen Prozessionen und Feste, wobei besonders die Großen Dionysien, der kultische Rahmen gerade dieser dramatischen Aufführung, herausgehoben werden. Eine vergleichbare Selbstvorstellung eines Chores göttlicher Wesen findet sich in einem Fragment aus den *Heroes* des Aristophanes (Fr.58 Austin), das man wohl dem Parodosgefüge zurechnen muß,[7] und den *Plutoi* des Kratinos (Fr.73,11ff Austin = Fr.171 PCG).[8]

Die epirrhematische Bauweise der Form Epirrhema - Ode, Antepirrhema - Antode ist auch in den *Wolken* dem Inhalt und Handlungsablauf angepaßt (siehe oben S.53-56). Die lyrischen Teile sind entsprechend dem Charakter der Wolken als Göttinnen in einem erhabenen Metrum, lyrischen Daktylen[9], abgefaßt, wobei zusätzlich zur genauen metrischen Responsion zum Teil auch klangliche Übereinstimmungen auffallen.[10]

Metrische Erklärung: Eröffnet werden Ode (275-290) und Antode (298-313) durch ein Hemiepes, das durch Hiat vom folgenden Vers abgesetzt ist (P1: 275=298). Der kurze, prägnante Vers enthält die entscheidende Charakterisierung des Chores, ἀέναοι Νεφέλαι (275) bzw. παρθένοι ὀμβροφόροι (298). In Hymnen wird die Epiklese oft in einem Hemiepes von den anschließenden Versen abgesetzt (vgl. etwa Vesp.323, Pax 774, Ran.674.1344).

Der anschließende daktylische Hexameter (P2: 276f=299f) erhält besondere Würde durch den spondeischen Auftakt bis zur Trithemimeres, der durch ein Wort ausgefüllt wird (vgl. Ran.814.818.822.826;[11] Aesch.Pers.906)[12]. Ne-

---

6) Vgl. auch Thuc.II 38 und Ps.-Xen.Resp.Ath.II 9f.III 2.8.
7) Vgl. Gelzer, Heroes.
8) Vgl. Gelzer, Heroes 130-132.
9) Vgl. Dover, Clouds 137f; West, Metre 131.
10) Dover a.O.; zur metrischen Analyse vgl. ebenfalls Dover a.O.
11) Vgl. Wilamowitz, Verskunst 352.
12) Vgl. Dale, Lyric metres 43f; Parker, Porson's law 20-24.

ben der Trithemimeres findet man die für lyrische Daktylen typische Penthemimeres und bukolische Dihärese.[13] Durch die Unterteilung der Verse kommen die einzelnen Sinnabschnitte, unterstrichen durch metrische und klangliche Responsion, deutlich zur Geltung:

276f ἀρθῶμεν φανεραὶ δροσερὰν φύσιν εὐάγητον

299f ἔλθωμεν λιπαρὰν χθόνα Παλλάδος εὔανδρον γᾶν

Der spondeische Beginn und das spondeische Ende verleihen dem Vers eine gewisse Abgeschlossenheit.[14]

Als dritte Periode (P3: 278-287=301-310) folgt ein daktylisches Pnigos von 31 Metren, wobei zwischen den einzelnen Gliedern Synaphie vorliegt, die auch correptio erlaubt (304.307)[15]. Abgeschlossen wird diese Periode durch einen katalektischen dakytlischen Pentameter (brevis in longo in 309). Es schließt als Klauselvers ein Aristophaneus an (287=310), der zusammen mit dem katalektischen Pentameter eine doppelte Klausel bildet (vgl. etwa Ran. 816f.820f.824f.828f: 5 dact∧ ith; Ran.882-884: 4 dact∧ ith), wobei der Übergang, wenn die daktylischen Kola mit einer Länge enden, gleitend ist. Die vorherrschende Zäsur der VV.276-281=299-304 ist die Penthemimeres. Damit klingt der Auftakt ἀέναοι Νεφέλαι (275), das isoliert stehende Hemiepes, durch das ganze Pnigos hindurch an.[16]

Der Schlußteil (P4: 288-290=311-313) besteht aus zwei dakytlischen Tetrametern (mit Penthemimeres) und einem Paroemiacus als Klauselvers, der durch seinen ambivalenten, daktylischen Beginn einen nahtlosen Übergang von den vorangehenden Daktylen ermöglicht (vgl. Thesm.320-322, Ran.1264-1277).[17]

Die Außergewöhnlichkeit des Wolkenchores findet gerade in der Parodos den passenden Ausdruck. Das hieratische Metrum des Einzugsliedes entspricht der feierlichen Epiklese von Sokrates. Durch die Sprache der Oden, besonders durch das lyrische Alpha (282.300), wird die Erhabenheit der Wolken herausgestrichen.[18] Die inhaltliche und formale Besonderheit dieser Parodos hängt vor allem mit der Rolle zusammen, die der Chor im Stück ausübt. Durch sein Wesen als Gottheit steht er über dem Geschehen und wird durch seine πρόπολοι (436) vertreten. Bei seinem Erscheinen in der Orchestra treibt er die Handlung nicht tatkräftig voran (siehe oben S.13-15), ist demnach nicht in dem Maße Handlungsträger wie die Chöre der anderen erhaltenen Aristopha-

---

13) Vgl. Dale, Lyric metres 26; Korzeniewski 76; Snell 29; vgl. auch Ran. 814-829.875-884.

14) Vgl. Dale, Lyric metres 26; Parker, Catalexis; West, Three topics 282f.

15) Vgl. Pax 115f; Eur.Suppl.279, Tro.595f. Vgl. Dale, Lyric metres 25f; West, Three topics 283 n.9.

16) Vgl. Spatz, Metrical motifs 65f.

17) Vgl. Snell 62f.

18) Vgl. Dover, Clouds 138.

nischen Komödien mit Ausnahme des Mystenchores der *Frösche* (siehe oben S.23f). Seine Hauptaufgabe liegt darin, "die für das Stück so wichtige Verbindung von Naturphilosophie, Leugnung der traditionellen Gottesvorstellungen und bedenkenloser Rhetorik zu symbolisieren"[19]. Doch daneben finden sich auch Elemente, die die Parodos der *Wolken* mit den Parodoi anderer Stücke verbinden: Strepsiades reagiert auf die Stimme der Göttinnen mit Angst, er sieht den nahenden Chor als eine Bedrohung[20] an (267f.293-295). Außerdem gibt der Chor zunächst durch seine Oden, dann durch seinen Einzug Sokrates und Strepsiades den Anstoß, sich mit ihm in der in katalektischen anapästischen Tetrametern gehaltenen Szene (314-456) zu beschäftigen und auseinanderzusetzen. Er steht im Mittelpunkt der Unterhaltung, bestimmt also insofern den Ablauf der Handlung. Ebenso wirkt er danach zwar nicht als Handelnder, wohl aber durch seine Worte auf Strepsiades' Entscheidungen ein[21] und treibt damit den Ablauf des Geschehens auf ein bestimmtes Ziel zu, wie er gegen Ende des Stücks (1458-1461) enthüllend darlegt.

Der Einzug des Wolkenchors, besonders die Oden, mit denen er sein Kommen ankündigt, haben in der Forschung immer schon Beachtung gefunden. In ihnen schwinge sich Aristophanes "zu echter hoher Poesie"[22] empor. "This chorus [...] is one of the most beautiful lyrical passages of Attic literature"[23]. "Beim Einzug in die Orchestra (275) haben sie ein wunderbares Lied in langen dakytlischen Perioden gesungen, eins der schönsten Gebilde griechischer Lyrik"[24]. Gegen diese Hochschätzung hat neuerdings M. Silk[25] eine auf einer stilistischen Untersuchung basierende Interpretation gestellt, in der er auf die Konventionalität der Aristophanischen Lyrik - vor allem im Vergleich mit der Chorlyrik Pindars oder der Tragödie - verweist.

----

19) Newiger, Komödie 206; ausführlich in: Metapher 50-74.
20) Vgl. etwa Vesp.223-227, Av.294ff, Ran.321f und die Chorauftritte in der Neuen Komödie. Vgl. Newiger, Metapher 59 Anm.1.
21) Dazu siehe auch unten S.177-179.
22) Rau 13.
23) Segal 182.
24) Fraenkel, Beobachtungen 198.
25) A.O.106-110.

Der Ozean hat das Epitheton πατήρ, die Berge sind ὑψηλά, die Gipfel δενδρόκομοι, "and everything is business as usual" (Silk 107). Daneben trete geradezu eine Inflation von Worthäufungen auf: κορυφάς (279), σκοπιάς (281); ἱεράν, ζαθέων (282f); τηλεφανεῖς (281), τηλεσκόπῳ (290); κελαδήματα (283), κελάδοντα (284); ὄμμα αἰθέρος (285), ὄμματι (290). Bei Pindar und in der Lyrik der Tragödie würden solche konventionellen Epitheta und Formulierungen nie "in such thick quantity, all at once, and so inertily" (Silk 107) auftauchen. In der Ode könne man zwar noch eine gewisse komische Wirkung durch den Kontrast der lyrischen Äußerungen zu Strepsiades' deftigen Kommentaren nachweisen, doch in der Antode mit dem Lobpreis Athens fehle jede komische Intention. "If παρθένοι ὀμβροφόροι is great poetry, so are a dozen of lesser 'Homeric' hymns, and Pindar and the tragedians might be pardoned for protesting from Elysium that their paths to immortality were needlessly hard" (Silk 110f).

Silks sprachliche Kritik mag berechtigt sein, vergleicht man die Parodos der *Wolken* etwa mit dem Preis Athens im Sophokleischen *Oidipus auf Kolonos* (668ff). Im Vergleich dazu verwendet Aristophanes in der Tat traditionelle Epitheta und Formulierungen:

299 λιπαράν, seit Pindars Hymnos auf Athen (Fr.76 Sn.-M.) stehendes Beiwort für Athen, von Aristophanes selbst (Ach.639f) verspottet. Ebenso sind die Adjektive εὔανδρος und πολυήρατος (300.301) aus der Athen-Panegyrik bekannt (vgl. Bacch.19,9f; 23 Sn.-M.).

Dies beeinträchtigt jedoch in keiner Weise die dramatische Funktion der Oden als Mittel zur Charakterisierung des Chores durch Sprache und Metrum.[26] Durch die hohe Stilisierung soll angedeutet werden, daß man nicht auf einen 'normalen' Komödienchor warten soll.[27] Der zeitgenössische Zuschauer, der aufgrund seiner Theatererfahrung nicht mit einem über der Handlung schwebenden Komödienchor rechnen konnte,[28] mußte durch deutliche Signale auf die Besonderheit hingewiesen werden.[29]

----

26) Vgl. Dover, Clouds LXIX.

27) Vgl. dazu unten zu Av. S. 71f.

28) Vgl. Newiger, Komödie 206; ders., Metapher 50-63; Dover, Clouds LXVI bis LXX; Köhnken.

29) Zu dieser 'Signalwirkung' von hoher Sprache vgl. unten S. 72f.

Vögel (209-450)

In der Parodos der *Vögel* präsentiert Aristophanes "ein geistreiches Spiel mit der Form"[1] und den Erwartungen[2] des Publikums. Der Einzug des Chores wird ausführlich vorbereitet. Zunächst will der Wiedehopf im Gebüsch seine Gattin, die Nachtigall, aufwecken. Mit ihr vereint im Gesang will er dann die Vögel einberufen, die, wie er ankündigt, auf seinen Ruf sofort zusammeneilen werden (201-205). Von den beiden Athenern gedrängt, begibt sich Tereus hinter die Bühne. Dadurch, daß er zunächst sein Wecklied (209-222), vor allem aber seine Soloarie (227-262) unsichtbar für die Zuschauer singt, kann das Publikum, ohne durch Tanz oder Gestik des Sängers abgelenkt zu werden, sich ganz auf den Gesang konzentrieren. Außerdem lenkt Aristophanes, indem er den Wiedehopf von der Bühne entfernt, die Spannung der Zuschauer auf das, was geschehen wird, er versetzt das Publikum in eine aufgeregte Erwartung, mit der er dann sein Spiel treiben kann.[3]

Nachdem der Wiedehopf sich in das Gebüsch begeben hat, hört man sein Wecklied (209-222), auf welches die Nachtigall, der Klang der Flöte (Parepigraphe αὐλεῖ nach 222), antwortet. Tereus hat demnach sein Wecklied noch ohne musikalische Begleitung als solo a capella gesungen. Gerade dadurch, daß Aristophanes die beiden Komponenten, Gesang und Flötenspiel, trennt und die Stimme der Nachtigall durch das Flötenspiel nachahmen läßt, integriert er den Auleten und die musikalische Gestaltung in die dramatische Handlung.[5]

---

1) Gelzer, RE Sp.1462.

2) Vgl. dazu Gelzer, Dramatic art. Zu den durch Konventionen geprägten Erwartungen des Publikums vgl. auch W.G. Arnott: Euripides and the unexpected. G & R 20,1973,49-64. Vgl. auch T.S. Eliot: The Theodore Spencer memorial lecture. London 1951,32: " [...] the audience should be kept in constant expectation that something is going to happen, and when it does happen, it should be different, but not too different, from what the audience had been led to expect." Siehe auch oben S.33 Anm.9.

3) Vgl. Taplin, Stagecraft 371f. Das Entfernen des Wiedehopfs dürfte aufführungstechnische Gründe gehabt haben. Wahrscheinlich war er kein singender Schauspieler, so daß sein Part von einem Solisten, vielleicht dem Chorführer, übernommen wurde. Vgl. Russo, Aristofane 236; Gelzer, RE Sp.1461f.

5) Vgl. Gelzer, Dramatic art 7f.

Das Wecklied des Wiedehopfs für seine Frau, das gleichsam die Überleitung vom Prolog zur Parodos bildet, bietet metrisch analysiert keinen Anhaltspunkt dafür, die Anapäste als melisch zu betrachten: Es herrscht durchgängig die für Marschanapäste übliche Mittelzäsur vor, Spondeen tauchen kaum in dem für lyrische Anapäste üblichen Ausmaß auf, ebenso fehlen Auflösungen.[6] V.226 (οὔποψ μελῳδεῖν αὖ παρασκευάζεται) läßt jedoch keinen Zweifel daran, daß sie gesungen waren.

Als melische Anapäste interpretieren das Wecklied White (§ 285) und Kakridis (58); anders van Leeuwen (Aves 42): "Post anapaestos assa voce recitatos verum nunc carmen parat Epops [...] Particulae αὖ idem est usus in simillimo versu Thesmophoriazusarum (99), Agathon nunc etiam cantum parat (postquam novi dramatis fundamenta posuit)." Im Kommentar zu Thesm.99 nimmt van Leeuwen jedoch Brubachs αὖ nicht mehr in den Text, sondern setzt Bergks γάρ für das überlieferte ἄν (R). (Zu Thesm.99 ist paläographisch und auch inhaltlich Austins (PCPS n.s.20,1974,1) δή am überzeugendsten.) Eine steigernde Bedeutung von αὖ als 'etiam nunc' ist in den Komödien des Aristophanes nicht nachweisbar.[7] Die Bedeutung 'seinerseits' (so Wartelle 443) anzunehmen, scheint mir gezwungen: Man müßte in diesem Fall einen Gegensatz zu dem Lied der Nachtigall konstruieren, das Euelpides in 223f bewundert. Wenn αὖ in dieser Bedeutung erscheint, findet man es zumeist in der Verbindung mit δέ. Zudem trifft die Übersetzung 'seinerseits' auch nicht die Pointe des folgenden Lieds: Denn der Wiedehopf ruft ja zusammen mit der Nachtigall die Vögel (vgl. 202-205). Die einzige sinnvolle Übersetzung des umstrittenen αὖ ist also 'wiederum', 'noch einmal' (vgl. etwa Eccl. 166).

Bei der Klärung der Frage der Vortragsart kann auch die Einbeziehung der folgenden polymetrischen Arie beitragen. In diesem musikalischen Glanzstück ruft Tereus die Vögel, nach Gruppen geordnet, zusammen, wobei bestimmte Gattungen durch bestimmte Metren charakterisiert werden. Für das Wecken der Nachtigall ist kein Versmaß geeigneter als Klageanapäste, stellt doch die Klage der Nachtigall um ihren Sohn Itys einen literarischen Topos dar (γόος ἀηδόνιος)[8], den man schon bei Homer findet. Die Tradition der Nachtigallenklage rufen die Anapäste auch durch inhaltliche Anspielungen ins Gedächtnis (211 θρηνεῖς, 212 πολύδακρυν Ἴτυν, 217 ἐλέγοις). So scheint es nach den von uns erarbeiteten Kriterien, daß man vom Kontext der jeweiligen Anapäste und dem Vorbild, das sie parodieren bzw. imitieren, ausgehen muß, wenn man zu einer Entscheidung über die Vortragsart

---

6) Vgl. Korzeniewski 95f; Dale, Lyric metres 47.51; West, Metre 121-124.

7) Siehe die Stellen bei Todd s.v. αὖ.

8) Vgl. Kannicht, Amoibaion 188f; ders., Helena II 276.

anapästischer Partien kommen will, angebracht, Tereus' Anapäste als gesungen zu betrachten.[9]
Auf Tereus' Lied ertönt aus dem Gebüsch "gleichsam als Illustration der Beschreibung der Klage und ihrer Wirkung auf die Götter"[10] der Gesang der Nachtigall als Soloeinlage des Auleten, die ihre Wirkung[11] auf die beiden Zuhörer nicht verfehlt (223f). Da auch bei dem Wecklied des Wiedehopfs wie bei den Oden der *Wolken*-Parodos keine Anzeichen direkter Parodie vorliegen, kann man es ebenfalls als ein Beispiel von 'hoher' Aristophanischer Lyrik (siehe oben S.68f) bezeichnen, wobei dieselben Kriterien wie bei der Interpretation der Parodos der *Wolken* angewendet werden können: Die Worte und der Stil haben oft nur hinweisenden Charakter darauf, daß man sich im Bereich 'hoher' Lyrik befindet. Wie der Wolkenchor wird auch Tereus durch seine Sprache charakterisiert, er wird als ehemaliger Thrakerkönig und Tragödienheld[12] aus dem umgangssprachlichen Niveau der beiden Athener herausgehoben.[13] Außerdem dient die traditionelle Sprache der Charakterisierung des Vogelreichs. Sie erweckt beim Zuschauer, dem die Epitheta und Vorstellungen aus der 'hohen' Lyrik des Dithyrambos und der Tragödie bekannt sind, gewisse Vorstellungen und Assoziationen. Da Stil und Wortwahl aus Gattungen stammen, die im Gegensatz zur Komödie eine gewisse ästhetische Distanz zum alltäglichen Leben aufweisen, rufen diese Stilmittel den Eindruck der Andersartigkeit des vorgeführten Bereichs hervor. Gerade diesem Zweck dient auch die Häufung von Synonyma, die die Göttlichkeit ausdrücken (210 ἱερῶν, 211 θείου, 220 ἀθανάτων, 222 θεία).

216 χρυσοκόμας mit dorischem Alpha ist ein Signalwort für 'hohe' Lyrik. Das Wort stellt ein Epitheton ornans für Apoll in der Chorlyrik und Tragödie dar; vgl. Thesm.315.[14]

----

9) *Vgl. dazu unten Exkurs II; Pretagostini 203-205.*
10) *Kannicht, Amoibaion 190; vgl. ders., Helena II 282.*
11) *Zur ἡδονή erzeugenden Wirkung des Aulos vgl. Arist.Pol.1341a21f.*
12) *Vgl. Hofmann 72-78.*
13) *Vgl. Dale, Lyric metres 52: "When a character sings (or recites) melic anapaests in contrast to the recitative systems of the chorus or of a minor character [...] the effect is to isolate the melic singer on a higher emotional level."*
14) *Vgl. F. Williams: Callimachus. Hymn to Apollo. Oxford 1978,39.*

209 σύννομε vox tragica, vgl. etwa Aesch.Pers.704; Soph.El.600, O.C.340.

212 πολύδακρυν Ἴτυν vgl. Soph.El.148.

213 vgl. Pind.P.1,6f Sn.-M. ὁπόταν προοιμίων/ ἀμβολὰς τεύχῃς ἐλελιζομένη.

215 vgl. Av.742, Nub.280.

216 ἕδρας vgl. Aesch.P.V.201.389.

217 ἔλεγος für Klagelied vgl. etwa Eur.I.T.146, Hel.185.[15]

218 ἀντιψάλλων vgl. Eur.I.T.179.
ἐλεφαντόδετον vgl. Eur.I.A.582.

Begriffshäufung für ein und dieselbe Sache liegt vor in νόμους .. ὕμνων (210), μέλεσιν (213), ἐλέγοις (217). Die pretiöse Formulierung in 213f dient wie das dorische Alpha als Signal für den Bereich hoher Lyrik.[16]

Die Übereinstimmung des Weckliedes mit Eur.Hel.1107-1121 fällt ins Auge: Entweder muß man annehmen, daß Euripides und Aristophanes auf dieselbe Vorlage wohl aus der Lyrik zurückgegriffen haben[17] oder daß Euripides durch Aristophanes inspiriert wurde[18]. Die Tradition des Nachtigallengesangs als schönklingender Klage, die den Zuhörer rührt, geht bis auf Homer zurück. Nach Od.19,518-522 wird der Gesang der Nachtigall als Gleichnis für Äußerungen weiblicher Trauer verwendet (so auch z.B. Aesch.Ag.1140-1145;[19] Soph. El.145-152.1075-1077; Eur.Phoen.1514-1518)[20]. Das oft zweimal wiederholte Ἴτυν stellt wohl eine Wiedergabe des Nachtigallengesangs dar.[21] Der Vergleich von Av.209-222 mit diesen Belegen macht deutlich, daß das Lied des Wiedehopfs von dieser Tradition lebt: Klage um Itys (vgl. auch Soph.Ai. 628-634), Wohnort im Gebüsch (vgl. Hom.Od.19,520; Soph.O.C.671-678), Süße des Gesangs, selbst das Epitheton ξουθή (vgl. auch Av.676) sind seit Homer vorgegeben. Neben den wörtlichen Übereinstimmungen von Av.213f (ἐλελιζομένη[22] διεροῖς μέλεσιν/ γένυος ξουθῆς) und Eur.Hel.1111 (ὦ διὰ ξουθᾶν γενύων ἐλελιζομένα ἐμοὶ ξυνεργός) deutet auch die Form des Wecklieds und des Stasimons der *Helena*, die des ὕμνος κλητικός, auf eine Abhängigkeit dieser Verse untereinander bzw. von einer gemeinsamen Vorlage hin. Bei Aristophanes wie bei Euripides tauchen drei Prädikationen auf:[23] In Analogie zur Angabe des Kultortes wird der Wohnort angegeben (Hel.1107f), bei Aristophanes ist diese Angabe aus dramatischen Gründen in den Dialog von Peisetairos mit Tereus eingeflochten (207, vgl. 224.737). Als zweite Prädikation folgt die δύναμις (Hel.1109f; Av.211-222), daran schließt die besondere τέχνη an, deretwegen die Nachtigall gerufen wird (Hel.1111f; Av.204f.213f). Da die Motivierung des Liedes bei Aristophanes bei weitem besser ausgearbeitet ist als bei Euripides - der Wiedehopf ruft mit größerer Wahrscheinlichkeit die Nachtigall als ein menschlicher Chor - könnte man mit aller gebotenen Vorsicht anneh-

---

15) Vgl. Alexiou 104-106; K.J. Dover: The poetry of Archilochos. Fondation Hardt. Entretiens X. Vandoeuvres-Genève 1963,187f; M.L. West: Studies in Greek elegy and iambus. Berlin-New York 1974,1-21.

16) Zum Text vgl. Fraenkel, Some notes 256-258.

17) So etwa van Leeuwen, Aves 39f, und Rau 195.

18) So Kannicht, Helena II 281 Anm.8.

19) Vgl. Fraenkel, Agamemnon III 519-523.

20) Vgl. Kannicht, Helena II 282.

21) Vgl. Fraenkel, Agamemnon III 522.

22) Vgl. dazu Kannicht, Helena 284 (auch zu ξουθός*).*

23) Vgl. Fraenkel, Some notes 256-258; Norden 143-176; Kannicht, Helena II 281f.

men, Euripides habe sich durch das Aristophanische Lied inspirieren lassen.[24] Die Nachtigallenklage bot sich für eine Gestaltung nach der 'Neuen Musik' gleichsam als Programmusik[25] an. Aristophanes seinerseits war wohl durch die Tradition der Lyrik und Tragödie angeregt, vielleicht auch durch einen Vertreter des Neuen Dithyrambos, mit dem er sich im weiteren Verlauf des Stückes noch parodisch auseinandersetzt. Stilistisch weisen in diese Richtung die häufigen Wiederholungen und Reimeffekte (siehe oben S.72). (210 ἱερῶν ὕμνων, 212 τὸν ἐμὸν καὶ σόν, 217-222 Endreim ἀκούων - ἀντιψάλλων - θεῶν - ἀθανάτων/ στομάτων - μακάρων), ebenso das anschließende Flötenspiel, das den Gesang der Nachtigall wiedergibt.

Die Anapäste des Wiedehopfs und das anschließende Aulossolo dienen gleichsam als Präludium zu der Monodie, mit der Tereus die Vögel zusammenruft. Sie leiten in den Bereich der phantastischen Vogelwelt über, die in der Parodos ein- und vorgeführt wird.[26] Die Arie, die die Funktion innehat, die der Ruf des Schauspielers in den *Rittern* (242-246) und im *Frieden* (296-300) ausübt (siehe oben S.57), bezaubert durch ihren Reichtum und durch ihre Vielfalt an gekonnt eingesetzten metrischen Formen, die einen ersten Eindruck der bunten, phantastischen Vogelwelt erwecken.[27]

227	᾽Εποποποῖ ποποῖ ποποποποῖ ποποῖ, ⁝ Hiat ⏑ ⏑ ⏑ — ⏑ — ⏑ ⏑ ⏑ — ⏑ —	2 do
228	ἰὼ ἰὼ ἴτω ἴτω ‖ Hiat ⏑ — ⏑ — ⏑ — ⏑ —	2 ia
229	ἴτω τις ὧδε τῶν ἐμῶν ὁμοπτέρων· ⏑ — ⏑ — ⏑ — ⏑ — ⏑ — ⏑ —	3 ia
230	ὅσοι τ᾽ εὐσπόρους ἀγροίκων γύας ⏑ — — ⏑ — ⏑ — — ⏑ —	2 do
231	νέμεσθε, φῦλα μυρία κριθοτράγων ⏑ — ⏑ — ⏑ — ⏑ ⏑ — ⏑ ⏑ —	iambelegus
232	σπερμολόγων τε γένη — ⏑ ⏑ — ⏑ ⏑ —	D
233	ταχὺ πετόμενα, μαλθακὴν ἱέντα γῆρυν· ⏑ ⏑ ⏑ ⏑ ⏑ ⏑ — ⏑ — ⏑ — ⏑ — ⏑	3 tr
234	ὅσα τ᾽ ἐν ἄλοκι θαμὰ ⏑ ⏑ ⏑ ⏑ ⏑ ⏑ ⏑ ⏑	do
235	βῶλον ἀμφιτιττυβίζεθ᾽ ὧδε λεπτὸν — ⏑ — ⏑ — ⏑ — ⏑ — ⏑ — ⏑	3 tr
236	ἡδομένᾳ φωνᾷ· ‖ — ⏑ ⏑ — — —	D
237	τιοτιοτιοτιοτιοτιοτιοτιο	

24) *So auch Dover, Comedy 149.*
25) *Vgl. Schönewolf 17-26.37-44; Kranz, Stasimon 235ff; Kannicht, Helena II 276; Pöhlmann, Musikfragmente 57f.*
26) *Vgl. Brown (59) zur Funktion der 'prelyric anapaests' der Tragödie.*
27) *Gelzer, Dramatic art 7, stellt zu sehr das Überraschungsmoment der Arie heraus; vgl. dagegen die detaillierte Ankündigung in den VV.203-205. Die Motivierung ist so genau, da das Publikum nichts davon zu sehen bekommt.*

238	ὅσα θ᾽ ὑμῶν κατὰ κήπους ἐπὶ κισσοῦ	3 io
239	κλάδεσι νομὸν ἔχει,	do
240	τά τε κατ᾽ ὄρεα τὰ κοτινότραγα τὰ κομαρόφαγα Hiat	3 ia
241/2	ἀνύσατε πετόμενα πρὸς ἐμὰν αὐδάν·	2 an
243	τριοτο τριοτο τοτοβριξ	
244	οἵ θ᾽ ἑλείας παρ᾽ αὐλῶνας ὀξυστόμους	3 cr
245	ἐμπίδας κάπτεθ᾽, ὅσα τ᾽ εὐδρόσους γῆς τόπους	3 cr
246/7	ἔχετε λειμῶνά τ᾽ ἐρόεντα Μαραθῶνος, ὄρ-	3 cr
248	νις ⟨τε⟩ πτεροποίκιλος,	tel
249	ἀτταγᾶς, ἀτταγᾶς·	2 cr
250	ὧν τ᾽ ἐπὶ πόντιον οἶδμα θαλάσσης	4 dact
251	φῦλα μετ᾽ ἀλκυόνεσσι ποτῆται,	4 dact
252	δεῦρ᾽ ἴτε πευσόμενοι τὰ νεώτερα·	4 dact
253	πάντα γὰρ ἐνθάδε φῦλ᾽ ἀθροΐζομεν	4 dact
254	οἰωνῶν ταναοδείρων.	2 an ∧
255	Ἥκει γάρ τις δριμὺς πρέσβυς	2 an
256	καινὸς γνώμην	an
257	καινῶν ἔργων τ᾽ ἐγχειρητής.	2 an
258	Ἀλλ᾽ ἴτ᾽ εἰς λόγους ἅπαντα,	2 tr
259	δεῦρο δεῦρο δεῦρο δεῦρο·	2 tr
260	τοροτοροτοροτοροτιξ	(? 2 cr)
261	κικκαβαυ κικκαβαυ	2 cr
262	τοροτοροτορολιλιλιξ.	(? 2 cr)

Abweichungen von Coulons Text:

240 τὰ κοτινότραγα τὰ κομαρόφαγα Dale praeeunte Fraenkel: τά τε κοτινότραγα τά τε κομαρόφαγα codd.

Bemerkungen zum Text: Zu V.240 vgl. die Argumentation von Dale, Collected papers 135f.

Zuweisung der VV.260-262 und 267: Die Reaktion der beiden Athener läßt eine eindeutige Zuweisung der VV.260-262 als abschließende Lockrufe an den Wiedehopf zu.[28] Denn sie reagieren auf Tereus' Gesang und nicht auf irgendwelche Vogellaute. So bleibt noch die Zuteilung des Vogellauts in 267 zu klären:[29] Fraenkel (Some notes 262-265), wohl auch Dover (Comedy 145), weisen den Vers in Übereinstimmung mit der Mehrzahl der Handschriften (VAMΓ Σ^{V1Ald1}) ebenfalls Tereus zu. Coulon, Hall-Geldart, neuerdings auch Kakridis (47) geben den Vers in der Nachfolge Bruncks einem Vogel (Ὄρνις τις). Ursache für diese Zuweisung dürfte wohl die Randnote ὄρνιθ(ες) ἦλθ(ον) des Ravennas darstellen, die statt der gewöhnlichen Paragraphos im Text steht. Diese Randnotiz stellt jedoch keine eigentliche Personenzuweisung dar, sondern eher eine Bemerkung zur Inszenierung, eine Parepigraphe wie αὐλεῖ nach 222. Die handschriftliche Autorität des Ravennas kann also nicht für die Zuweisung des Verses an einen Vogel in Anspruch genommen werden. So scheint es am besten, 267 ebenfalls dem Wiedehopf zu geben, der seinen Lockruf angesichts der Erfolglosigkeit seines Rufes noch einmal wiederholt.

Metrische Erklärung: Die einzelnen Perioden der Monodie fallen mit den einzelnen Vogelgruppen zusammen. Nach dem allgemeinen Anruf (P1: 227f), dem Vogelgezwitscher, der Ruf des Wiedehopfs, durch Hiat abgesetzt (227), vorausgeht, folgt der Anruf der ersten Gruppe, der Feldvögel (P2: 229-236), die ihrerseits in zwei Abteilungen gegliedert sind: die körnerfressenden Vögel (230-233) und die, die mit dem Schnabel die Erde nach Nahrung durchwühlen (234-236). Der inhaltlichen Gliederung entspricht die metrische Parallelität: Der Relativsatz, in dem die jeweiligen Gruppen bezeichnet werden, ist in Dochmien gehalten (230.234). Im ersten Teil folgt ein Iambelegus (= ia ⏑ D = ⏑ e ⏑ D), an den ein Hemiepes anschließt. So stimmen die beiden Gruppen μυρία κριθοτράγων/ σπερμολόγων τε γένη in chiastischer Stellung genau mit dem dakytlischen Element überein. In dem folgenden trochäischen Trimeter kennzeichnen die Auflösungen im ersten Metron die Eile, zu der die Vögel aufgefordert werden. Eine Binnengliederung des Verses wird dadurch erreicht, daß die Auflösungen mit einzelnen Wörtern zusammenfallen.[30] Im zweiten Teil findet man die seltene Verbindung eines Dochmius mit Trochäen (234f; vgl etwa Thesm.1040: do ith). Das abschließende Hemiepes bildet die Klausel vor dem folgenden Vogelgezwitscher.

In der dritten Periode (238-241) werden als neue Gattung die Gartenvögel eingeführt, dann in einem gänzlich aufgelösten iambischen Trimeter[31], der durch Hiat von dem folgenden Imperativ in aufgelösten Anapästen abgesetzt ist, die Gebirgsvögel. Dadurch, daß in 240-242 Wort- und Metronende zusammenfallen, erhalten die aufgelösten Verse eine gewisse Binnenstruktur (vgl. auch Lys.482).

Die nächste Gruppe umfaßt die Sumpfvögel (P4: 244-249), die nach ihrem Vorkommen beschrieben werden (ἑλείας παρ' αὐλῶνας - εὐδρόσους γῆς τόπους - λειμῶνά τ' ἐρόεντα Μαραθῶνος), und als Einzelgänger das Haselhuhn (ἀτταγᾶς). Die Sumpfbewohner sind durchgängig in Kretikern charakterisiert, beim Übergang zum Haselhuhn wechselt das Metrum (tel), dann der gelungene Abschluß mit dem doppelten ἀτταγᾶς als Klausel.

Schließlich (P5: 250-254) werden durchgängig in daktylischen Tetrametern

---

28) So RM; vgl. Fraenkel, Some notes 262-265; zum Überlieferungswert der Personenangaben vgl. Lowe; Pickard-Cambridge, Dramatic festivals 149 n.4.
29) Vgl. Sifakis, Parabasis 113f n.3, mit ausführlicher Diskussion.
30) Vgl. Dale, Collected papers 136.
31) Zum Text vgl. Fraenkel, Some notes 260f; Dale, Collected papers 135f.

mit Paroemiacus[32] als Klauselvers (vgl. Nub.289f=312f) die Meeresvögel gerufen.

In der nächsten Periode (P6: 255-257) in anapästischen Spondeiazontes gibt Tereus den Grund seines Rufes an.

Die letzte Periode (P7: 258f) enthält den eigentlichen Ruf nach den Vögeln (ἀλλ' ἴτ') in Trochäen - einem Metrum, das auch im Ruf nach dem Chor in den *Rittern* und im *Frieden* zu finden ist.

Den Abschluß der Arie bilden Vogellaute, mit denen der Wiedehopf seine Artgenossen anlockt (260-262).

Tereus' Monodie ist wie sein Wecklied einem ὕμνος κλητικός nachgebildet (siehe oben S.73). Das Polysyndeton (τε ... τε) ist typisch für Hymnen, in denen mehrere Gottheiten angerufen werden.[33] Die einzelnen Vogelarten sind jeweils nach ihrem Aufenthaltsort (= Kultort), durch ihre Nahrung (= τέχνη) und zum Teil durch bestimmte Fähigkeiten (= δύναμεις) gekennzeichnet. Besonders deutlich wird die Beziehung zu einem ὕμνος κλητικός durch das viermalige δεῦρο (259, auch 252), durch das die Epiphanie erfleht wird. Wie in den *Wolken* hat Aristophanes die Form des ὕμνος κλητικός, dessen Funktion der eines Rufes entspricht, dazu eingesetzt, das besondere Wesen des Chores durch die ausgefallene Art des Rufes vorzubereiten.[34]
Die Monodie des Wiedehopfs ist als Polymetrum komponiert.[35] Auffallend ist der häufige, unvermutete Übergang von einer Versart zur anderen (μεταβολαί)[36]. Der Wechsel vom Dochmius zum Iambelegus in der zweiten Periode ist durch den iambischen Beginn des Iambelegus gemildert (230f). Ungewöhnlich ist jedoch die Verbindung von Dochmien mit Trochäen (234f)[37] und Ionikern (238f), außerdem die Kombination Telesilleion mit Creticus in einem kretischen Pnigos (248f). "The music (and solo-dance)

---

32) Anders Wartelle 448; Webster, Chorus 186 n.3; Kannicht, Rez. Korzeniewski 118; der Paroemiacus nach Daktylen ist durch Nub.290=313, Thesm.320f gesichert; vgl. dazu Fraenkel, Lyrische Daktylen 185. Außerdem liegt derselbe Vers mit derselben Messung in der Kinesias-Parodie (Av.1394) vor.

33) Vgl. etwa Aesch.Sept.127-149; Soph.O.R.159-167.190-215; Nub.563-574. 595-606, Thesm.315-326. Vgl. Fraenkel, Some notes 260.

34) Zum 'Rufe-Motiv' als Mittel der Verknüpfung von Prolog und Parodos vgl. Eur.Tro.143ff, Hel.167ff; vgl. Barner 306f.

35) Vgl. West, Metre 136.

36) Vgl. Abert 159-165.

37) Vgl. Prato 163.

must have been punctuated by the oddest pauses and unexpected turns."[38] Die Manier, durch Rhythmenwechsel ein Astrophon zu untergliedern, ist typisch für die Neue Musik und den Neuen Dithyrambos,[39] eine Technik, die von Aristophanes oft als κάμπτειν von Melodien bezeichnet wird.[40] Wie der Unhold Pityokamptes tun die modernen Dichter à la Kinesias und Agathon der μουσική Gewalt an.[41]

Ein Blick in die *Perser* des Timotheos (Fr.791 PMG) zeigt, wie solche nach der Neuen Musik komponierten Stücke aussahen:[42] Meist sind Versgruppen desselben metrischen Geschlechts zusammengefaßt (z.B. 165-168 drei 2 tr lec; 171-175 zwei 3 ia, zwei 2 tr lec). Gewisse Versarten erscheinen immer wieder, bei Timotheos besonders Iamben (vgl. auch die Phryger-Arie in Eur. Or.1369ff). So bildet in der Wiedehopf-Arie in der zweiten Periode die zweimalige Wiederholung des Dochmius und Trochäus ein Gerüst der Periode, um das sich der Rest gruppiert.[43] Besonders auffällig sind die vor dem jeweiligen Rhythmenwechsel auf breve endenden akatalektischen Metren (233-236.240f.258f).[44] Typisch für den neuen Kompositionsstil ist auch das Einführen einzelner Ioniker (vgl. Timotheos Fr.791,83; Fr.796,3-5; Fr. 801)[45] - eines Maßes, das stark ins Ohr fällt[46].

Neben den metrischen Indizien lassen sich auch stilistische Einflüsse des Neuen Dithyrambos in der Tereus-Arie nachweisen, besonders das lautmalende Vogelgezwitscher (227f.237.243.260 bis 262.267).[47]

Die metrische Analyse der Laute ist umstritten. Nur V.261 (2 cr) und V.227 (2 do) sind klar. Die Analyse von V.237 hängt von der Messung des ι ab: Mißt man es kurz, erhält man 2 do, wenn man es lang mißt, 4 tr. V.243 wird von Spatz (208) als io∧io, von Dale (Lyric metres 65) als anapästische Tripodie, von Prato (163) als 2 ia ∧ gemessen.[49]

---

38) Dale, Collected papers 136; allerdings übersieht Dale, daß Tereus unsichtbar sang.

39) Vgl. Kannicht, Amoibaion 354-370; Schönewolf 20-22; Pöhlmann, Musikfragmente 57-59.

40) Vgl. Nub.333.971, Thesm.53.

41) Vgl. dazu vor allem Pher.Fr.145 K., vgl. Neudecker 45.47-50; Borthwick 62-73.

42) Vgl. jetzt M.L. West: Metrical analyses. Timotheos and others. ZPE 45, 1982,1-13; ders., Metre 138f.

43) Vgl. Wilamowitz, Verskunst 404 Anm.2, zum Dochmius: "[...] sehr lustig immer im Kontrast zu der Umgebung."

44) Nicht dazu gehört 253f: Der Übergang von den Daktylen zum Paroemiacus mit spondeischer Eröffnung ist gleitend (gegen Dale, Collected papers 136); vgl. auch West, Three topics 281-286.

45) Vgl. West, Metre 139; ders., Timotheos and others (siehe Anm.42); Schönewolf 39.

46) Wilamowitz, Verskunst 343.

47) Vgl. Dover, Comedy 147 n.4; Barner 299 Anm.105.

48) Zur Messung der vorletzten Silbe als longum vgl. White §§ 790-792.

In den VV.260 und 262 ist kretische (so Prato 165) oder anapästische (so Dale, Lyric metres 65) Messung möglich. Eine Entscheidung scheint mir nicht notwendig zu sein, da es sich m.E. erübrigt, die Vogellaute in ein metrisches Schema zu pressen, eher sollte man sie als lautmalenden Effekt extra metrum auffassen.

Mit diesem lautmalenden Gezwitscher ahmt Tereus, ὀξυτόνως τῇ φωνῇ (Σ), die Rufe verschiedener Vögel nach. In V.277 eröffnet er die Arie mit seinem charakteristischen Ruf, der ihm den Namen ἔποψ gab.[49] Fast unmerklich gehen im nächsten Vers die Vogellaute (ἰώ) in menschliche Sprache über (ἴτω, vgl. auch VV.310. 314f). In den VV.228.237.243.260-262 und 267 ahmt Tereus Vogelstimmen nach, um die einzelnen Gattungen anzulocken;[50] ἀτταγᾶς ἀτταγᾶς (249) wirkt bei der onomatopoietischen Bildung des Namens genauso wie κικκαβαυ κικκαβαυ (261), der Schrei des Käuzchens, als Lockruf.[51] Das Einsetzen solcher Klangmittel und Wortspielereien ist ein Charakteristikum des neuen Stils, wie er auch bei Euripides greifbar ist.[52] Der Dichter versucht, der Musik dankbare Motive zu unterlegen und eine Art Programmmusik zu komponieren.[53] Weitere Stilphänomene, die in diese Richtung weisen, lassen sich nachweisen: Auffällig ist der erhabene, teils sogar archaisierende Stil. Zusammengesetzte Wörter zählen zum Repertoire des Neuen Dithyrambos, in der Wiedehopf-Arie besonders deutlich in den zusammengesetzten, neologistischen Vogelepitheta (231.240, vgl. auch 620-622). "An der Stelle solcher schweren, kraftgeladenen und mühsam gebändigten Worte, wie z.B. bei Aischylos, stehen jetzt Kompositionen virtuoser Künstler [...] "[54]. Diese Epitheta sind bei Aristophanes jedoch keineswegs bloßes Wortgeklingel und bloßer Selbstzweck, sondern bilden die eigentliche Charakterisierung der Vögel. Die archaisierende Tendenz läßt sich vor allem in den VV.

---

49) Vgl. P.A. Marino: The cry of the hoopoe. CB 51,1974/5,30f.

50) Vgl. V.266 (χαραδριὸν μιμούμενος): einer der Laute könnte demnach dem Ruf des Regenpfeifers ähnlich gewesen sein.

51) Vgl. A. Pischinger: Der Vogellaut bei den griechischen Dichtern des klassischen Altertums. Programm des K. humanistischen Gymnasiums Eichstätt 1910,28-31.

52) Vgl. auch die Platonische Kritik an dieser Programmusik Resp.397a2-7 und Legg.669c3-d5.

53) Vgl. Schönewolf 41; Neudecker 45.48-50; Pöhlmann, Musikfragmente 58f.

54) Schönewolf 25.

250-254 zeigen, in denen Alkman als Vorbild gedient hat. Allein das Metrum, der daktylische Tetrameter, verweist auf den Lyriker.[55] V.250f ist ein klares Alkman-Zitat.[56] Jedoch auch V. 253f (φῦλ' [...] / οἰωνῶν ταναοδείρων) stellt eine Anspielung auf den Lyriker dar (Fr.89 PMG: εὕδουσι δ' οἰωνῶν φῦλα τανυπτερύγων). V.250 (πόντιον οἶδμα θαλάσσης) stammt aus lyrischer Sprache.[57] Alkman-Anspielungen finden sich auch in den Parabasenoden der *Vögel* (777f: Schlaf der Natur).[58] Alkman, der nach seinen eigenen Worten bei den Vögeln in die Schule ging (Fr.39 PMG), bildete für Aristophanes den geeigneten Bezugspunkt für seine Komposition.[59]

Ein weiteres Indiz für den Einfluß der modernen Strömung in der Musik stellt das Überwiegen des Sologesangs dar, obwohl doch die Parodos gerade für den Chor geschaffen war. In den Schauspielerarien konnte der Dichter seine musikalische Virtuosität besser zur Geltung bringen als in den Chorpartien, die außerdem noch schwieriger einzustudieren waren.[60] Die Soloeinlage des Auleten, die den Nachtigallengesang nachahmt und ihre Wirkung auf die Zuhörer nicht verfehlt (223f), weist ebenfalls auf den Einfluß der Neuen Musik.[61]

---

55) Vgl. Dale, Lyric metres 37; Fraenkel, Lyrische Daktylen 171.
56) Vgl. Kommentare zur Stelle (van Leeuwen, Schroeder, Kakridis).
57) Vgl. z.B. Hymn.Cer.14; Eur.Or.991, I.A.704.
58) Zum Motiv vgl. auch Thesm.39-48. Die erstaunten Ausrufe von Mnesilochos zeigen, daß solche Naturpoesie ihre Wirkung nicht verfehlte.
59) Zur Bekanntheit der Lyriker in Athen vgl. Nub.1354ff, Vesp.1224-1248; vgl. dazu R. Reitzenstein: Epigramm und Skolion. Gießen 1893,30-32; U. von Wilamowitz-Moellendorff: Die Textgeschichte der griechischen Lyriker. Abh. Königl. Gesellsch. d. Wiss. zu Göttingen, Philol.-histor. Kl., N.F. Bd.4 Nr.3. Berlin 1900; W. Rösler: Dichter und Gruppe. München 1980,94-96. Zur Alkman-Rezeption vgl. auch Lys.1247-1272 (Wilamowitz, Textgeschichte 84 Anm.2.94; dazu mehr in Band 2) und Anagyros Fr.56,Z.25f.52f Austin.
60) Schönewolf 23.
61) Zur Rolle der Auletik im Neuen Dithyrambos vgl. Schönewolf 23; Aristot. Poetik 1448a15.1461b31, Probl.918b13ff; vor allem Platon, Legg.669d5-670a3, besonders 669e1-2: [...] μέλος δ' αὖ καὶ ῥυθμὸν ἄνευ ῥημάτων, ψιλῇ κιθαρίσει τε καὶ αὐλήσει προσχρώμενοι. *Vgl. auch Resp.397a2-7:* [...] καὶ οὐδὲν ἑαυτοῦ ἀνάξιον οἰήσεται εἶναι, ὥστε πάντα ἐπιχειρήσει μιμεῖσθαι [...] βροντάς τε καὶ ψόφους ἀνέμων τε καὶ χαλάζων καὶ ἀξόνων τε καὶ τροχιλῶν καὶ σαλπίγγων καὶ αὐλῶν καὶ συρίγγων καὶ πάντων ὀργάνων φωνάς, καὶ ἔτι κυνῶν καὶ προβάτων καὶ ὀρνέων φθόγγους. *Siehe auch oben S.72 Anm.11.*

So setzt Aristophanes in demselben Stück, indem er den Dichter Kinesias als Vertreter der modernen Richtung verspottet (1372 bis 1409), die Mittel dieser Strömung publikumswirksam ein.[62] Die musikalischen Extravaganzen passen natürlich hervorragend zum Lied des Wiedehopfs. Die Aristophanische Kritik richtet sich ja häufig gegen das Einsetzen solcher Stilmittel, wenn sie gegen das πρέπον der hohen Gattungen verstoßen. Er selbst aber setzt sie in seiner Gattung durchaus ein, so daß Kratinos' Bonmot für Aristophanes als εὐριπιδαριστοφανίζων (Fr.342 PCG) nicht unberechtigt ist.[63]
Da man in Tereus' Arie keinerlei parodische Absicht nachweisen kann,[64] fällt die Monodie unter die für Aristophanes typische autonome komisch-phantastische Lyrik[65]. Der Inhalt der polymetrischen Arie, das Zusammenrufen der Vögel, steht in Spannung zur Form der Epiklese und zur hochlyrischen Sprache.
Dies wird noch unterstrichen durch gewisse Einsprengsel, die Stilbrüche hervorrufen und somit einen komischen Effekt herbeiführen: das lautmalerische ἀμφιτιττυβίζειν (235) in der Umgebung des dorisch vokalisierten, also hochpoetischen ἡδομένᾳ φωνᾷ (236), auf das der Vogelruf folgt (237), außerdem ἀνύσατε mit Partizip (241), eine typische komische Ausdrucksweise,[66] in unmittelbarer Nähe zu ἐμὰν αὐδάν (242). Die Wiedehopfarie bietet die für Aristophanes typische Verbindung von hoher mit Umgangssprache, aus der das Spannungsverhältnis, das ihren Reiz ausmacht, resultiert,[67] wobei ein wichtiges, wenn nicht gar das wichtigste Ingrediens die überschäumende Phantasie[68] darstellt.
Betrachtet man die beiden Monodien des Wiedehopfs, die anapästische Eröffnung und die polymetrische Arie, als Einheit, muß man Silks (100-103) Verdikt über das Wecklied bedeutend ab-

---

62) Vgl. Wilamowitz, Verskunst 225f.
63) Vgl. Mazon 98f.
64) Vgl. Rau 13.195.
65) Vgl. Silk 121ff.
66) Vgl. L.-Sc.-J. s.v. ἀνύω *II 2.*
67) Vgl. Silk 129f: " [...] a creative combination of low with high [...] a new compound, not a mere mixture [...] ".
68) Rau 13; Silk 136.

schwächen. Die Anapäste stellen das Präludium zur Arie dar, wobei die Verbindung zwischen den beiden Liedern durch die Struktur des ὕμνος κλητικός gewährleistet wird. Mit dem Wecklied stimmt Aristophanes auf die folgende Arie ein. Die Häufung traditioneller Epitheta hat also eine ganz bestimmte Aufgabe: Es wird gewissermaßen der Bereich angezeigt, in dem der Gesang des Wiedehopfs sich bewegt. Zugleich stellen die Anapäste eine Überleitung vom 'prosaischen' Prolog zur 'lyrischen' Parodos dar.[69] Mit dieser Struktur, Anapäste vor einer Arie, greift Aristophanes auf ein Bauprinzip Euripideischer Parodoi zurück, ohne damit einen parodischen Effekt erzielen zu wollen. Vergleichbar sind die Parodos der *Acharner* und die Bergungsszene des *Friedens*. In den *Acharnern* setzt Aristophanes das aus der Tragödie und dem Satyrspiel bekannte Suchmotiv (siehe oben S. 36), im *Frieden* das Bergungsmotiv aus Aischylos' *Diktyulkoi* zur Strukturierung eines Szenenkomplexes ein. Eine ähnliche Situation wie in den *Vögeln* findet sich in Euripides' *Troerinnen* und *Helena*: Die Verknüpfung der Prolog-Monodie mit dem Einzugslied des Chores wird in den *Troerinnen* durch das "Rufe-Motiv"[70] geleistet. Hekabe ruft in lyrischen, nach vorangegangenen rezitativen Anapästen den Chor der gefangenen Frauen (143 ἀλλ' ὦ), der Chor erscheint mit der Frage nach dem Grund ihres Rufens (153f). In der *Helena* ist dieser Szenentyp als Aprosdoketon gestaltet. Helena hat in ihrer Verzweiflung die Sirenen angerufen (167-169), es kommt der Chor, der ihr Rufen gehört hat (179 bis 185). Dieses Motiv, das Rufen nach dem Chor, wurde von Aristophanes zur Tereus-Arie ausgebaut. Wie der Chor der gefangenen Troerinnen zieht die Vogelschar mit der Frage nach dem Grund des Rufes ein.

Nachdem zunächst die wiederholten Lockrufe des Wiedehopfs (260-262.267) keinen Erfolg gezeigt haben (265f), gibt Aristophanes in V.268 mit dem Wechsel zum katalektischen trochäischen Tetrameter ein deutliches Signal für den Beginn des Choreinzugs - und leitet damit das Publikum in die Irre. Denn es er-

---

69) Vgl. Brown 51ff.
70) Barner 306.

scheinen nicht, wie erwartet, in den Eisodoi, sondern auf dem Dach der Skene (siehe oben S.20) vier absonderliche Vogelgestalten, die, wie sich später herausstellt, nicht einmal zum Chor gehören.[71] Der Einzug des Chores erfolgt überraschend (294ff): Schwärme von Vögeln (295f) zeigen sich in der Eisodos und stürzen unter lautem Piepsen und Kreischen (307) in wildem Durcheinander in die Orchestra. Indem Aristophanes den Chor nicht mit geregelter Rede oder Liedern in das Stück einführt, schafft er sich die Möglichkeit, frei von choreographischen Zwängen, die ein rezitierter oder gesungener Einzug mit sich gebracht hätte, einen den Vögeln angemessenen Auftritt zu gestalten. Die katalektischen trochäischen Tetrameter, mit denen die Schauspieler den Einzug des Chores beschreiben, entsprechen dem Wesen des Chores und der Art seines Erscheinens. Wie die Interpretation der Parodoi der *Acharner, Ritter* und des *Friedens* (siehe oben S.37.63) zeigte, drücken Trochäen in der Parodos Eile und Tatendrang, aber auch Aggressivität aus (vgl. VV. 294f.306-309). Die ersten Verse des Chorführers[72] bilden innerhalb der Trochäen eine signifikante Ausnahme (310.314f).

<u>Bemerkungen zum Text:</u>[73] Wie immer, wenn in Handschriften eine mehrfach wiederholte Silbe auftaucht, variiert die Anzahl der Silben in der Überlieferung. In 314f bieten Ravennas, Venetus und Ambrosianus übereinstimmend achtmal τι, bevor es ins artikulierte τίνα übergeht. Haupt stellt durch nur siebenmalige Wiederholung des τι einen katalektischen trochäischen Tetrameter her, muß dann aber in 310 das in RVΦ überlieferte ἄρ' tilgen, um ebenfalls einen katalektischen Tetrameter zu erhalten. Doch auch mit der handschriftlichen Überlieferung ist eine sinnvolle metrische Analyse möglich. Zunächst 314f:

τιτιτιτιτιτιτιτι τίνα λόγον ἄρα ποτὲ πρὸς ἐμὲ φίλον ἔχων; 3 an
⏑⏑ ⏑⏑ ⏑⏑ ⏑⏑ ⏑⏑ ⏑⏑ ⏑⏑ ⏑⏑ ⏑ ⏑⏑ ⏑⏑ ⏑–

Man erhält einen anapästischen Trimeter, wobei eine gewisse Binnengliederung des Verses durch das Zusammenfallen von Wort- mit Metronende erreicht wird (siehe oben S.76). Die Analyse von V.310 muß sich demnach an diesem Vers orientieren. Dindorfs sechsmaliges πο ist richtig, ebenso scheint ποῖ μ' ἄρ' κτλ. besser als ποῦ.[74]

ποποποποποπο ποῖ μ' ἄρ' ὃς ἐκάλεσε; τίνα τόπον ἄρα νέμεται; 3 an
⏑⏑ ⏑⏑ ⏑⏑ – ⏑ ⏑ ⏑⏑⏑ ⏑⏑ ⏑⏑ ⏑⏑ ⏑⏑–

Die anapästischen prokeleusmatischen Trimeter passen hervorragend zu dem Herumflattern der Vögel. Sie bilden das Leitthema

---

71) Vgl. *Gelzer, Dramatic art 8.*
72) Vgl. *Kaimio 108.*
73) Vgl. *Fraenkel, Text der Vögel 434-436.*
74) Vgl. *die Argumentation von Fraenkel, Text der Vögel 435.*

des aufgeregten Vogelchores, wie ihr Auftauchen in der anschließenden Streitszene beweist.[75] Wie in der Arie des Wiedehopfs geht auch in den VV.310 und 314f das Vogelgezwitscher allmählich in menschliche Sprache über.
Die wachsende Erregung der Vogelschar nach der Entdeckung der menschlichen Eindringlinge äußert sich in einer Streitszene (327-399), die in der Form einer epirrhematischen Syzygie (Ode - Epirrhema - Antode - Antepirrhema mit Pnigos) gebaut ist. Die Ode (327-335), die sich ohne Übergang an den vorangehenden Dialog der Vögel mit Tereus anschließt,[76] enthält den entrüsteten Aufschrei der Vögel über den Verrat des Wiedehopfs, der sie den verhaßten Menschen ausliefern will. Auf den Katakeleusmos des Chorführers[77] in 2 1/2 Versen (336-338)[78] wird im Epirrhema (338-342) in das 'Lager' der Athener umgeschaltet; es folgen die Antode (343-351) mit dem Aufruf zum Kampf und Angriff und der Antikatakeleusmos (352f) mit der Aufforderung zur Attacke[79]. Im Antepirrhema erfolgt zunächst wieder ein Blick ins Lager der beiden Athener, die ihre Verteidigungsmaßnahmen treffen (354-363). In den VV.364f setzen die Vögel zum Angriff an. Die asyndetischen Kommandos, die mit den Einzelmetra zusammenfallen, verleihen ihrer Attacke den passenden, vehementen Rhythmus (siehe oben S.57). Doch bevor es den beiden Athenern schlimm ergeht, greift Tereus ein und bewegt die Vögel zum Einlenken. Sie sollen die Fremden wenigstens anhören (371f. 375-380). Erleichtert über Tereus' erfolgreiche Vermittlungsbemühungen läßt Peisetairos Euelpides ins Glied zurücktreten (383). Nach je einem Vers des Wiedehopfs und des Chorführers (384f) lassen Euelpides und Peisetairos ein rezitiertes trochäisches Pnigos (386-399) folgen. Gelzer[80] vertritt die Auf-

---

75) Mit der anapästischen Interpretation von 310 und 314f läßt sich auch 319 anapästisch als ein aus vier longa bestehendes Metron erklären.
76) Vgl. Gelzer, Agon 39.
77) Vgl. Kaimio 168.
78) Vgl. Gelzer, Agon 22 Anm.1; Newiger, Rez. Gelzer 39.
79) Siehe oben S.38 zu Ach.280-283 und S.57 zu Eq.247-254.
80) Agon 43.

fassung, daß Aristophanes hier das Pnigos als Abschluß der Form beibehalten habe, "obschon es weder das Ende einer Rede noch sonst einen Grund der Beschleunigung der Sprache enthält. Es ist im Gegensatz eher eine Beruhigung des Gesprächs, die nur darum der Form eines Pnigos einverleibt wurde, weil es das Ende des Agons bildet, welches formal vom Pnigos eingenommen wird." Gegenüber Gelzers Auffassung der "Erhaltung funktionell unnötiger Teile" (42) muß jedoch betont werden, daß Aristophanes in keiner Weise zu einem Festhalten an traditionellen Bauteilen der Komödie verpflichtet war, sondern sie frei nach seiner künstlerischen Absicht einsetzen konnte. So fehlt z.B. auch in der ersten epirrhematischen Syzygie der *Wespen* (334 bis 403) das Antipnigos.[81] Man muß also in jedem einzelnen Fall von neuem die Frage nach der Funktion des jeweiligen 'Bauteils' stellen, ohne sich dabei auf formale Zwänge zu berufen. Das Pnigos der Streitszene der *Vögel* enthält eine gewisse Steigerung gegenüber den vorangehenden Langversen: Die Aufzählung verschiedener Waffen, verbunden mit der Aufforderung zu patrouillieren (386-392), schließlich die Pointe im Schlußteil (395-399) passen durchaus in ein Pnigos.[82]

<u>*Bemerkungen zum Text:*</u> Gegen Coulon, der in 386f van Leeuwen folgt, ziehe ich Meinekes und Fraenkels Text (Text der Vögel 436-438), allerdings mit anderer Personenverteilung, vor:

Euelpides:	386 Μᾶλλον εἰρήνην ἄγουσι.-
Peisetairos:	387 Νὴ Δί', ὥστε τὴν χύτραν ⟨τε⟩
	388 τώ τε τρυβλίω καθίει
	389 καὶ τὸ δόρυ χρὴ κτλ.

386 ἄγουσι Meineke: -σιν codd.
387 Νὴ Δί' Meineke: ἡμῖν codd. // τε ins. Dawes

Fraenkel weist V.386 Peisetairos, 387 dem Wiedehopf, 388 wieder Peisetairos zu. Mir erscheint es sinnvoller, 386 Euelpides zu geben, der damit auf Peisetairos' Feststellung in 383 reagiert. Mit Νὴ Δί' (387) bestätigt Peisetairos die Aussage seines Gefährten und läßt danach eine Reihe von Befehlen folgen. Da Tereus in der ganzen Streitszene die beiden Athener nicht anredet, sondern wohl bei dem Chor stand und ihn umzustimmen versuchte, scheint es mir nicht angebracht, ihn im Pnigos die beiden ansprechen zu lassen. Erst in VV.434f, als der Chor sich endlich zum Zuhören bereit er-

---

81) Vgl. Gelzer, Agon 19f.
82) Vgl. Mazon 101: " [...] une sort de chant enflammé de Pisétaire, qui, la broche au poing, monte la garde autour d' une marmite et deux plats."

klärt, wendet er sich an die Athener mit der Aufforderung, die Waffen abzulegen.

Metrische Erklärung: Die metrische Analyse der Oden der Streitszene ist umstritten. Man kann zwei Hauptteile unterscheiden: einen anapästischen in Ode und Antode (328-332=344-348) und einen kretisch-päonischen in der Antode (349-351). Die entsprechenden Verse der Ode (333-335) müssen ausführlicher erörtert werden. Auffallend im anapästischen Teil ist die genaue Übereinstimmung zwischen Ode und Antode in Auflösungen und Wortenden. Schwierigkeiten bereitet die Kolometrie: Schroeder (Cantica 32) und Prato (166f) teilen die Verse ein in: 2 an 2 an an 2 an 2 an∧ ||. Wilamowitz (Verskunst 474f) stellt in den VV.328-330 anapästische Monometra κατὰ συζυγίαν her, auf die ein anapästischer Dimeter und Paroemiacus als Klausel folgen. Dale (Lyric metres 56) und Spatz (Strophic construction 189.211 bis 214) nehmen eine andere Kolometrie vor, die mit den rhetorischen Einheiten in sinnvollem Zusammenhang steht.

Ode

327 ἔα, ἔα· — extra metrum[83)]

328 προδεδόμεθ᾽ | ἀνόσιά τ᾽ | ἐπάθομεν· |

329 ὃς γὰρ | φίλος ἦν | ὁμότροφά θ᾽ | ἡμῖν |

330 ἐνέμετο | πεδία παρ᾽ ἡμῖν, ||

331 παρέβη | μὲν | θεσμοὺς ἀρχαίους, |

332 παρέβη δ᾽ | ὅρκους ὀρνίθων. ||

Antode

343 ἰὼ ἰώ· — extra metrum

344 ἔπαγ᾽, ἔπιθ᾽, | ἐπίφερε | πολέμιον |

345 ὁρμὰν | φονίαν, | πτέρυγά τε | παντᾷ |: Hiat

346 ἐπίβαλε | περί τε κύκλωσαι· || Hiat

347 ὡς δεῖ | τῶδ᾽ | οἰμώζειν ἄμφω |

348 καὶ δοῦναι | ῥύγχει φορβάν. ||

Abweichungen von Coulons Text:
346 ἐπίβαλε RVΦ: περίβαλε Reisig

Nach dieser Kolometrie folgt auf eine anapästische Tripodie eine Tetrapodie, dann wieder eine Tripodie (also jeweils Messung κατὰ πόδα). Es schließt ein anapästischer Dimeter mit Paroemiacus als Klauselvers an (also Messung κατὰ συζυγίαν). Anapästische, κατὰ πόδα gebaute Verse finden sich auch an anderen Stellen in der Aristophanischen Komödie, vor allem die umstrittene Pentapodie der *Acharner* (285=336; siehe oben S.41). Der mit dieser Kolometrie entstehende Hiat in 345f (παντᾷ/ ἐπίβαλε) ist - pace Wilamowitz (Vers-

---

83) Vgl. Wilamowitz, Verskunst 474; White § 473.

kunst 474) - nicht durch Reisigs περίβαλε zu beseitigen. Lys.479f bietet ein Beispiel, wo eine anapästische, κατὰ πόδα konstruierte Tripodie von der nächsten durch Hiat abgesetzt ist (μετ' ἐμοῦ/ ὅτι), und die Interpretation der Tereus-Monodie zeigte, wie ein Vers, der einen Imperativ enthält, vom vorangehenden durch Hiat getrennt ist (240f). Wie schon häufig festgestellt, ist auch in diesen stark aufgelösten anapästischen Versen eine Binnengliederung durch das Zusammenfallen von Metron und Wort bzw. Wortbild erreicht. Der hohe Grad der Erregung der Vögel beim Anblick der feindlichen Eindringlinge schlägt sich in aufgelösten Anapästen nieder, womit das Thema des Choreinzugs (310.314f) wiederaufgenommen wird.
Mit den beiden κατὰ συζυγίαν gebauten VV.331f=347f, die in der Antode durchgängig, in der Ode außer dem anaphorischen παρέβη aus Längen bestehen, wird passend das Leitmotiv aus der Wiedehopfarie aufgenommen, mit dem die Ankunft und Absicht der beiden Athener ebenfalls in spondeischen Anapästen mitgeteilt wurden (255-257). Die Verse der Antode, die vollständig aus Längen bestehen, gehen direkt auf die beiden Fremden ein (347f), die Verse der Ode nehmen Bezug auf Tereus, der als Gastfreund der beiden Athener amtiert (331f). Der würdevolle Rhythmus, mit dem die Schwere des Verrats betont wird, wird durch eine dementsprechende Sprache begleitet (siehe unten).

Schwierig wird die metrische Analyse im zweiten Teil der Ode (333-335). Die Antode bietet in den entsprechenden Versen (349-351) ein lyrisches Pnigos in kretisch-päonischem Maß. Die Einteilung in Dimeter wird durch die Satzgliederung und die korrespondierende Diktion empfohlen.[84]

349 a	Οὔτε γὰρ ὄρος σκιερὸν — ∪ ∪ ∪ — ∪ ∪ ∪	2 p
349 b	οὔτε νέφος αἰθέριον — ∪ ∪ ∪ — ∪ ∪ ∪	2 p
350 a	οὔτε πολιὸν πέλαγος — ∪ ∪ ∪ — ∪ ∪ ∪	2 p
350 b	ἔστιν ὅ τι δέξεται — ∪ ∪ ∪ — ∪ —	p cr
351	τώδ' ἀποφυγόντε με. ǀǀǀ — ∪ ∪ ∪ — ∪ ⌒	p cr (= 10 Metren)

Die Ode bietet eine Reihe von zunächst unanalysierbar erscheinenden Kürzen:

333 a	Εἰς δὲ δόλον ἐκάλεσε — ∪ ∪ ∪ ∪ ∪ ∪ ∪	p cr sync
333 b	παρέβαλέ τ' ἐμὲ παρὰ ∪ ∪ ∪ ∪ ∪ ∪ ∪ ∪	2 cr sync
334 a	γένος ἀνόσιον, ὅπερ ∪ ∪ ∪ ∪ ∪ ∪ ∪ ∪	2 cr sync
334 b	ἐξότ' ἐγένετ', [ἐπ'] ἐμοὶ — ∪ ∪ ∪ ∪ ∪ —	p cr sync (∪͡∪ —)
335	πολέμιον ἐτράφη. ǀǀǀ ∪ ∪ ∪ ∪ — ∪ —	cr sync cr (= 10 Metren)

Abweichungen von Coulons Text:
334 b ἐπ' del. Blaydes

Lediglich in V.335 kann man als Abschluß einen Kretiker, in 333a und 334b einen Päon als Eröffnung erkennen. Dale (Lyric metres 56f) versucht, das Problem dadurch zu beseitigen, daß sie annimmt, in der Ode sei an die Stelle

---

84) Vgl. Dale, Lyric metres 57.

exakter metrischer Responsion das Prinzip der Silbenzählung getreten. Sie analysiert die Verse als anapästische Prokeleusmatiker mit päonischer Eröffnung und kretischem Schluß in Responsion zu Päonen in der Antode.[85] Die nach Dales eigenen Worten "unexampled responsion" (56) läßt sich jedoch umgehen. Denn auch die Ode ist kretisch-päonisch meßbar. In Lys.781ff findet man synkopierte kretische Metren der Form - -, die in Dimetern mit einem Päon verbunden sind (—⏑ ⏑⏑ – —).[86] Bekannterweise herrscht gerade beim kretisch-päonischen Metrum eine größere Freiheit in der Responsion als bei anderen Metren vor.[87] Berücksichtigt man diese Responsionsfreiheit, kann man annehmen, daß in der umstrittenen Passage 333-335 synkopierte Kretiker bzw. Päone, die in vier Kürzen aufgelöst sind (— — ∼⏑⏑ ⏑⏑)[88], mit unsynkopierten Metren respondieren - ein für die Aristophanische Komödie typischer Fall approximativer Responsion.[89] Blaydes Tilgung von ἐπ᾽ in 334b rettet auf der einen Seite dieselbe Silbenzahl in Ode und Antode, zugleich verhindert sie einen päonischen Dimeter der Form —⏑ ⏑⏑ ⏑⏑ ⏑ —;[90] ἐμοί muß dann als Dativus incommodi aufgefaßt werden.
Für die vorgeschlagene Analyse spricht auch die Binnenstruktur der Ode: Die Worte stimmen beinahe durchgängig mit den einzelnen Metra überein. Die Auflösungen drücken natürlich auch in diesem Chorlied den Grad höchster Erregung aus. Sowohl die aufgelösten Anapäste als auch die aufgelösten Kretiker bieten sich an, dieses Ethos auszudrücken.[91]

Die Erregung der Vögel wird durch eine an tragische Diktion angelehnte Sprache ausgedrückt:[92]

327 und 343 sind tragische Interjektionen.

328 ἀνόσια ἐπάθομεν vgl. Eur.El.1170.

331 θεσμός als archaisierendes Wort wird vor allem vom göttlichen Recht, den ἄγραφοι νόμοι, gebraucht.[93]

344f poetische Periphrase mit dorischer Vokalisation (auch in 348).

349f in "poetischem Stil" wird "das tragische Motiv eines utopischen Zufluchtsortes" geboten (Rau 196).

Die hochpoetische Redeweise wird in V.348 (καὶ δοῦναι ῥύγχει φορβάν) durch das Nebeneinander von niederer (ῥύγχει) mit hoher (φορβάν) Sprache gebrochen.[94] Während man in der Wiedehopf-Arie nicht von Paratragodie sprechen konnte, kann man bei diesen beiden Liedern Parodie sowohl tragischer Diktion als auch

----

85) *Ebenso Spatz, Strophic construction 189; Prato 166f; West, Metre 124.*
86) *Vgl. Dale, Lyric metres 98; Parker, Split resolution 249f; Korzeniewski 112.*
87) *Vgl. White §§ 430-446.*
88) *Vgl. Dale, Lyric metres 97; West, Metre 55; vor allem Steurer 44.*
89) *Vgl. Dale, Lyric metres 207 n.1.*
90) *Vgl. Dale, Lyric metres 57; Spatz, Strophic construction 214.*
91) *Zur Verbindung von Päonen mit aufgelösten Anapästen vgl. Ar.Fr.506 K, Lys.476ff.541ff; Dale, Lyric metres 55f; White § 442.*
92) *Vgl. Rau 196; siehe auch oben S.36.*
93) *Vgl. van Leeuwen, Aves 59; L.-Sc.-J. s.v. νόμος.*
94) *Zu ῥύγχος vgl. L.-Sc.-J. s.v.; zu φορβάν etwa Soph.Ai.1065.*

eines tragischen Liedtyps erkennen: des Ausdrucks höchster Erregung in lyrischer Form.[95] Der komische Kontrast, auf dem diese Parodie beruht, entsteht hauptsächlich durch die Ansiedlung einer erhabenen Redeweise und tragischen Situation in untragischer, keineswegs erhabener Umgebung, dem aufgeregten Umherflattern der Vögel, wobei durch die Choreographie die komische Wirkung noch verstärkt werden konnte.

Entsprechend ihrer Zusage, die Feindseligkeiten einzustellen und die beiden Fremden erst einmal anzuhören, fordert der Chorführer in Anapästen[96] die Vögel auf, ins Glied zurückzutreten und vorerst abzuwarten, bis man Genaueres über die Eindringlinge erfahren habe (400-405). Darauf wendet er sich an Tereus, um Erkundigungen über die beiden Athener einzuziehen (406-433). Die Funktion der Anapäste des Chorführers (400-405) - die Vögel werden zu einer bestimmten Bewegung aufgefordert -, die militärische Diktion, aber auch die regelmäßige metrische Form der ersten Verse (400-403) weisen die Anapäste der Gruppe der 'Marschanapäste' (siehe unten Exkurs II) zu. Man findet anapästische Verse mit ähnlicher Funktion auch in der Tragödie, wenn der Chorführer im sogenannten Prokerygma[97] Anweisungen für das folgende Chorlied gibt.[98] Dabei wird der Inhalt des Chorlieds in der anapästischen Partie in einer Art Disposition kurz skizziert (vgl. 404f).[99]

Bemerkungen zum Text: Aufgrund der metrischen Besonderheit der VV.404f werden in den meisten metrischen Analysen die Anapäste 400-405 als melisch erklärt. V.404 (κἀναπυθώμεθα τούσδε τίνες ποτὲ), ein anapästischer Dimeter in 'daktylischer' Form, läßt sich allerdings nicht als Argument für den melischen Charakter der Verse anführen. Vier 'Daktylen' finden sich auch in eindeutig rezitierten anapästischen Passagen (Eccl.690, vgl. auch Vesp.1054; siehe unten Exkurs II). V.405 bietet neben metrischen auch textkritische Schwierigkeiten. Die Handschriften haben καὶ πόθεν ἔμολον ἐπὶ τίνα τ' ἐπίνοιαν; White (§ 290) hält die Überlieferung und analysiert den Vers als

---

95) Vgl. z.B. Eur.Hel.191-210=211-228.229-252, Phoen.296.310, Or.1353.

96) Vgl. Kaimio 188.193.

97) Vgl. Kranz, Stasimon 166; Kaimio 185.

98) *Vgl. etwa Aesch.* Pers.532ff.623ff, Sept.626ff, Suppl.625ff, Ag.355ff, Cho. *719ff, Eum.307ff; Vesp.863-867, Av.1728-1730, Thesm.947. Der Aischyleische Chorführer redet den Chor zumeist in der 1. Pers. Pl. an (Suppl.625, Eum. 307).*

99) Vgl. Broadhead 144; Fraenkel, Agamemnon II 184: "This form [...] is apparently peculiar to early tragedy [...]. More than once a close parallelism between the anapaests and the following lyrics can be observed [...]".

anapästischen Dimeter der Form — ⏑⏑ ⏑⏑ ⏑⏑ ⏑⏑ ⏑⏑ ⏑⏑∧, wobei er in ἐπίνοιαν Kürzung des Diphthongs vor folgendem Vokal annimmt (§ 802). Er erhält damit allerdings einen Vers, der kaum mehr als anapästischer Dimeter erkennbar ist. Die meisten anderen Herausgeber und Interpreten[100] tilgen mit Meineke καὶ und Bergk ἐπὶ und erhalten einen Paroemiacus der Form ⏑⏑ ⏑⏑ — ⏑⏑⏑⏑ —∧. Zieht man den vorangehenden Vers (404) jedoch in die Betrachtung mit ein, erhält man bei dieser Textgestaltung ein rhythmisches Ungetüm von sechs Kürzen in Folge - eine für rezitierte Anapäste unmögliche Form.[101] So scheint es mir besser, Blaydes, Reisig, van Leeuwen und Hall-Geldart (im app. crit.) zu folgen, die καὶ beibehalten, Bergks Tilgung von ἐπὶ übernehmen und den Ausfall einer Form von ἔχειν ansetzen: ποίαν τ' ἐπίνοιαν ἔχουσιν Blaydes; ποίαν τιν' ἔχοντ' ἐπίνοιαν Reisig; ποίαν τ' ἐπίνοιαν ἔχοντες van Leeuwen; τήν τ' ἐπίνοιαν τίν' ἔχοντες Hall-Geldart; τίνες ποτέ/ καὶ πόθεν κτλ. ist durch dieselbe Frageform in 408 gesichert, und es bringt wohl einige Schwierigkeiten mit sich, das Eindringen von καὶ in 405 aus seinem Auftauchen in 408 zu erklären[102] (siehe zu ähnlichem Fall oben S.58), während man den Zusatz von ἐπὶ nach dem Ausfall einer Form von ἔχειν leicht aus dem Bemühen erklären kann, den Satz grammatisch in eine sinnvolle Form zu bringen; ποίαν zu konjizieren (wohl aus 410) scheint mir unnötig: τίς (ἡ) ἐπίνοια; ist eine gebräuchliche Frage (etwa Vesp.1073, Pax 127, Av.994, Thesm.766). So folge ich in meiner Textgestaltung in leicht modifizierter Form dem Vorschlag von Hall und Geldart: τήν τ' ἐπίνοιαν τίν' ἔχουσιν (ἔχουσιν van Leeuwen: ἔχοντες Hall-Geldart). Mit dieser Textgestaltung erhält man in proleptischer Stellung zwei von κἀναπυθώμεθα abhängige Objekte und zwei Fragesätze:

κἀναπυθώμεθα τούσδε τίνες ποτὲ
καὶ πόθεν ἔμολον
τήν τ' ἐπίνοιαν τίν' ἔχουσιν.

Das anapästische Monometron vor dem abschließenden, in dieser Form erkennbaren Paroemiacus ist zahlreich belegt.[103] Durch die vorgeschlagene Kolometrie fallen die metrischen sinnvoll mit den rhetorischen Einheiten zusammen.

Nachdem der Chorführer in den Anapästen seine Anweisungen gegeben und den folgenden Dialog mit Tereus angekündigt hat, wendet er sich in V.406 an den Wiedehopf, um von ihm, als dem Gastfreund der Fremden, Erkundigungen einzuziehen. Das vorherrschende Metrum des lyrischen Dialogs (406-433) ist der iambische Dimeter (406-409.417-426.432f), wobei einzelne Trimeter (416 sync, 431) und Monometer (419.424) eingestreut sind. Dazwischen sind Kretiker (411f.414f) und Dochmien (427-430) zu finden. Die Iamben sind streng gebaut. Die ancipitia sind durchgängig kurz.[104] Am häufigsten liegt Mitteldihärese vor (406f.409.417.420.422.425.432f). Die Wirkung dieser in Euripideischer Manier gebauten Iamben dürfte, durchaus dem Wesen des Chores angemessen,

---

100) Coulon; Spatz, Strophic construction 215; Schroeder, Vögel 53.

101) Vgl. Dale, Lyric metres 49; West, Metre 94f.

102) So Schroeder, Vögel 53.

103) Vgl. White §§ 276.322.327; vgl. Nub.1011.1016.

104) Vgl. Dale, Lyric metres 85.

"a light hopping rhythm"[105] gewesen sein. Der Wechsel zu den Kretikern[106] (411f.414f), vor allem aber zu den Dochmien (427-430) drückt die Unruhe der Vögel, in den Dochmien[107] ihre höchste Erregung aus. Der Übergang von den iambischen Dimetern zu den Kretikern ist gleitend gestaltet: In V.410 setzt der Chor mit einem synkopierten iambischen Dimeter der Form ia cr an, der in Synaphie mit dem folgenden kretischen Dimeter steht (vgl. auch 413f). Neben der charakterisierenden Wirkung der Rhythmen läßt sich ein weiterer Effekt nachweisen: Die regelmäßig gebauten Iamben sowie vor allem die Dochmien weisen auf Parodie tragischer Metren[108] hin. Ebenso sind Synkopierungen und das Einfügen von 'Kretikern' in iambischen Kontext ein Zeichen tragischer Lyrik.[109]

Mit dieser paratragodischen Tendenz in der metrischen Gestaltung stimmt auch die Diktion des lyrischen Dialogs überein:

407.433 κλύειν vox tragica (vgl. L.-Sc.-J. s.v.)

408 Der Fragetypus τίς καὶ πόθεν erscheint schon bei Homer (z.B. Od.1,170); zum Stereotypen der Frageform vgl. Thesm.136f.

412f. Ἔρως/ βίου διαίτης τέ σου (vgl. auch Av.1316.1318f) vgl. Aesch.Ag. 540 ἔρως πατρῴας τῆσδε γῆς.

416 ἄπιστα καὶ πέρα κλύειν vgl. Eur.El.1187f, auch I.T.839f; Soph.Phil.1277, O.C.257.

417 Ὁρᾷ τι κέρδος vgl. Aesch.Eum.991.

420f vgl. etwa Soph.Ant.643f.

422f vgl. Eur.Hipp.846.875 (del. Wilamowitz).

432 Anadiplosis à la Euripides.

Tragischer Sprache nachgebildet ist die tautologische Redeweise in 413 und 414f. Auch die Charakterisierung in 431 fällt nicht aus dieser tragischen Sprechweise. Derartige Bildungen sind auch bei Sophokles und Euripides nachweisbar, durchbrechen also keineswegs die Stilebene.[110]

Der Anruf an Tereus (406), wobei der Tonfall wohl eher schroff zu nennen

---

105) Dale, Lyric metres 80.

106) Man sollte in diesem metrischen Kontext eher von synkopierten iambischen Dimetern mit unterdrücktem anceps sprechen; vgl. Dale, Lyric metres 100.

107) Vgl. Mazon 101f; zur Form der do vgl. Conomis 23 (No.8).

108) White § 280 "a burlesque of tragic tone"; zur Funktion von do in der Komödie vgl. Dale, Lyric metres 110.113f; Wilamowitz, Wespen 287 Anm.2.

109) Die Synkopierung ia cr ist typisch für Aischylos, findet sich aber auch bei Euripides (Alc.112, Andr.278, Suppl.73-75, Hel.170). Vgl. Denniston, Lyric iambics 124f; Rau 143. Zur Form ia lec vgl. Ach.1195f.1205f.

110) Vgl. Taillardat No.405.410.413.414; Dover, Clouds 133 (zu V.260).

ist,[111] hat seine Parallele z.B. in Soph.Ai.71.89 oder Phil.219f. Tragische Szenen, die man zum Vergleich mit diesem 'Informationsamoibaion'[112] heranziehen könnte, stellen die Parodoi des Sophokleischen *Oidipus auf Kolonos* und der Euripideischen *Herakliden* dar, in denen der Chor Erkundigungen über unbekannte Neuankömmlinge einzieht.[113] In dem Amoibaion zwischen dem Chorführer und Tereus liegt also die parodische Darstellung eines tragischen Szenentyps vor: der Befragung über Namen, Herkunft und Grund der Anwesenheit von Fremden - einer Situation, die schon bei Homer (etwa Od.1,170) vorgeprägt ist. Die Komik des Amoibaions liegt nicht so sehr auf der Ebene sprachlicher Parodie, sondern der parodische Effekt wird durch das Einfügen einer aus der Tragödie bekannten Situation in eine komische Umgebung hervorgerufen: Das aufgeregte, wankelmütige und flatterhafte Wesen der Vögel kontrastiert mit ihrer Redeweise.
Der auf das Amoibaion folgende 'Proagon' mit den Abmachungen für den Agon (437.439f.444.445f)[114] stellt den Abschluß der Parodos dar (siehe oben S.21) und leitet zum anschließenden Darlegungsagon[115] über.

---

111) Vgl. Eur.Med.271, Hipp.1282; zu σέ τοι vgl. Soph.Ai.1228, El.1445; Eur.Ion 219; vgl. Denniston, Particles 542 (8).
112) Dazu siehe unten S.218.
113) Vgl. Av.408 mit Eur.Heracl.80.86; Soph. O.C.204-206.214f; Av.410-412 mit Heracl.95; zu den Fragen nach Herkunft, Ziel und Zweck der Reise vgl. Soph.Phil.220-238; Eur.I.T.238ff, Hel.473.557f.
114) Vgl. auch Vesp.471f.513f.518f.
115) Vgl. Gelzer, Agon 22-24.

5.4. Untersuchungen zu den Parodoi der *Wespen, Thesmophoriazusen, Frösche* und *Ekklesiazusen* (Typ 3)

Wespen (230-525)

Kaum sind Bdelykleon und sein Sklave auf ihren Wachtposten an der Haustüre eingeschlafen, erscheint auch schon der angekündigte (214-227) Chor der alten Richterkollegen Philokleons, um den gerichtsbesessenen Alten abzuholen.[1] Begleitet wird der Chor von drei Söhnen[2], deren Unterstützung er beim Marsch im Dämmerlicht bedarf. Der Einzug der Alten (230-247) wird durch einen Katakeleusmos des Chorführers[3] eröffnet und ist wie in der *Lysistrate*, dem *Plutos* und den *Ekklesiazusen* in katalektischen iambischen Tetrametern verfaßt - dem Versmaß, das charakterisierend für alte Männer verwendet wird (siehe oben S.43.58).[4]

Diese Wirkung wird in den *Wespen* dadurch unterstrichen, daß, abgesehen von 231.235.242.244, das erste anceps lang ist und außerdem zumeist auch das dritte anceps nach der Mitteldihärese durch longum ausgefüllt wird (außer 232.235 [keine Mitteldihärese].239.241.245). Oft ist auch das zweite anceps lang (230-232.234-236.239).

Dadurch - besonders deutlich im Eröffnungsvers (230) mit größtmöglicher Anzahl von longa im katalektischen iambischen Tetrameter[5] - bekommt der Einmarsch der Alten etwas Langsam-Bedächtiges und Schleppend-Schlurfendes.[6] Auffallend sind die VV.244 und 246: Während sonst durchgängig bis V.243 die Sinneinheiten mit dem Versschluß zusammenfallen, liegen in 244 Synaphie, in 246 eine Auflösung des zweiten longum vor.[7] Sobald die Alten sich zu größerer Eile aufraffen, ändert sich die Struktur der Verse.[8]

---

1) *Der Einmarsch findet demnach wie bei scaena vacua statt.*

2) *Vgl. Arnoldt (11-13), der darauf verweist, daß die drei Jungen in der Exodos die Söhne des Karkinos spielen; vgl. auch Russo, Aristofane 197f; Gelzer, RE Sp.1447, unbestimmt.*

3) *Vgl. Lys.254; Kaimio 173f: "The imperative is used by the chorus leader to describe the simultaneous movements of the chorus [...] ".*

4) *Vgl. Perusino 41; auch MacDowell, Wasps 162.*

5) *Vgl. MacDowell, Wasps 162.*

6) *Vgl. Perusino 41.*

7) *Die Auflösung in 237 ist nur durch die Wortwahl bedingt und hat keine charakterisierende Wirkung.*

8) *Vgl. MacDowell, Wasps 165.*

Man muß wohl davon ausgehen, daß die ganze Partie 230-247 vom Chorführer rezitiert wurde.[9] Bei einer Verteilung unter einzelne Choreuten verläßt man den Boden der Evidenz: Man könnte annehmen, daß die VV.230-232 vom Chorführer an einen gewissen Komias gerichtet sind, während 233f die Frage des Komias an den Chorführer darstellen, der somit als Strymodoros aus Konthyle ausgewisen wäre (so Mazon 68). VV.235ff könnte man dann wieder dem Chorführer zuweisen. Weitere Unterbrechungen und Sinneinschnitte, die auf einen Sprecherwechsel schließen ließen, finden sich nicht. Für den Eröffnungsdialog Chorführer - Choreut könnte man das ἐγώ τε καὶ σύ (237) anführen. Allerdings kann die Partie ohne weiteres von ein und demselben Sprecher vorgetragen worden sein, der in 230 und 233 jeweils einen anderen Choreuten anredete.[10] Arnoldt (19) verteilt die Partie gar unter sechs Einzelsprecher.[11] Wilamowitz (Wespen 315f) nimmt wohl richtig an, daß sich der Einzug nach und nach vollzieht. Denn es solle die Situation des Sammelns der Chormitglieder vorgeführt werden. Daraus erkläre sich die namentliche Nennung der Choreuten. Nachdem sich der Chor einmal versammelt habe, würden keine einzelnen Personen mehr herausgegriffen.

Sehr schön ist der Stil der Alten ihrem Auftritt angepaßt: Der sentimental-nostalgische Rückblick des Chorführers auf die Zeit vor Byzanz äußert sich in einem naiven Erzählstil, einem parataktischen Aneinanderreihen von Ereignissen (237.239, vgl. auch 790-793). In den VV.240-247 ruft sich der Chorführer in die Gegenwart zurück[12] und treibt den Chor zweimal zur Eile an (240.244f, siehe auch oben S.46f). Die Erwähnung der Laternen, die die Alten mit sich tragen (246), stellt die Überleitung zu dem folgenden Dialog des Chorführers mit einem der den Chor begleitenden Jungen dar.
Metrisch liegt in dieser Unterhaltung (248-272) eine Variation der Iamben des Einzugs vor ('Euripideen' = 2 ia ith; vgl. Lys. 254f.257-259=271-274). Die Vortragsart dieser Verse kann von der katalektischer iambischer Tetrameter nicht unterschieden gewesen sein, da der Chorführer in den VV.270-273 ausdrücklich ankündigt, jetzt mit einem Lied anfangen zu wollen.[13] Die Änderung der metrischen Gestalt zur vorangehenden Partie muß sich irgendwie in der Gangart der Alten ausgewirkt haben. MacDowell[14] nimmt "a slight increase in speed" an. Die Wir-

---

9) Vgl. Kaimio 173f; Händel 35f.
10) So Händel 35; vgl. Kaimio 117.
11) Vgl. dazu Wilamowitz' (Wespen 315 Anm.1) Urteil über den "Unsinn in der Chorzersplitterung".
12) Vgl. Denniston, Particles 13f, zu ἀλλά.
13) Vgl. Perusino 35f; Pickard-Cambridge, Dramatic festivals 156ff.
14) Wasps 166.

kung der Synkopierung kann jedoch noch weiter gehen: In der Parodos der *Lysistrate* (siehe oben S.43) drücken die synkopierten iambischen Tetrameter das Außeratemkommen der Alten aus. Dies kann durchaus mit MacDowells Interpretation in Einklang gebracht werden. Durch das Hinzukommen der Knaben geht es lebhafter zu, und die alten Männer geraten dadurch außer Atem. Die Wirkung der Synkopierung muß demnach wie in der *Lysistrate* in einer kurzen Pause mit einem anschließenden Neuansetzen bestanden haben, was durch die Mitteldihärese noch unterstrichen wird. Durch die Einbeziehung der Jungen kann Aristophanes bereits den Choreinzug, ohne die Schauspieler einbeziehen zu müssen, dialogisch gestalten. Das Gespräch zwischen dem Chorführer und seinem Sohn dient der weiteren Charakterisierung der Richter:[15] Der Chor besteht aus alten Männern, die in der Vergangenheit leben, sich ausdauernd über Nebensächlichkeiten auslassen (260-265) und, unsicher auf den Beinen, die Begleitung ihrer Söhne brauchen. Ihre Sparsamkeit, die ihre Wurzeln in ihrer Armut hat, grenzt an Geiz (248-253), zeigt aber auch deutlich ihre Abhängigkeit von dem täglichen Einkommen aus den Gerichtssitzungen (300-308). Die Hilflosigkeit der Alten, die die freche Antwort des Sohnes auf die Rüge seines Vaters aufdeckt, sparsam mit einem Span, nicht mit dem Finger das Licht zu schneuzen, scheint Bdelykleons besorgte Ankündigung des Chores und die Erwartung der Zuschauer zu widerlegen.

Umstritten ist in den VV.248-272 die Zusammengehörigkeit der Verse: In neuerer Zeit wurde von Srebrny (43-45) und Russo (Wespen 212-219; Aristofane 197) vorgeschlagen, die VV.266-289 zwischen 316 und 317 zu stellen. Srebrny stützt seinen Vorschlag mit inhaltlichen und szenischen Argumenten: Nach dem Wecklied des Chores für Philokleon (273-289) stehe die lyrische Zwischenszene, die Unterhaltung Chorführer - Knabe (290-316), störend vor Philokleons Antwort (317-333). Außerdem sei der Übergang von 265 zu 266 außergewöhnlich hart.[16] Durch das Einfügen der VV.290-315 zwischen 265 und 266 entstehe ein direkter Handlungsablauf. Die Unterhaltung des Chorführers mit dem Knaben werde nicht auseinandergerissen, und Philokleon antworte sofort auf das Lied seiner wartenden Freunde.
Russo unterstützt diese inhaltliche Argumentation durch formale - arithmetische - Gründe: In den Parodoi des *Friedens* und *Plutos* weist er ein 'Modul' von 2x18 Tetrametern als Bauprinzip nach (siehe oben S.57). Durch die von Srebrny vorgeschlagene Umstellung erhalte man auch in der Parodos der

---

15) Vgl. Russo, Aristofane 198.
16) Vgl. Russo, Wespen 217; Zielinski 269f.

Wespen das Bauprinzip von 2x18 Tetrametern (230-247.248-265). Russos Argumentation hat natürlich ihre methodischen Schwierigkeiten: Stellt er doch durch die Umstellung seine 'composizione modulare' her.[17]
So bleibt noch, Srebrnys Argumente auf ihre Stichhaltigkeit zu überprüfen. Ist es tatsächlich unerträglich, auf das Wecklied zunächst das Amoibaion und dann erst die Reaktion des Alten folgen zu lassen? Eine Interpretation des Handlungsablaufes kann vielleicht weiterhelfen: Der Strafandrohung gegen den Jungen (258) läßt der Chorführer eine Erörterung über das Wetter folgen, das man demnächst zu erwarten habe. Schon zuvor hatte ihn dieses Abschweifen in Nebensächlichkeiten, das Abkommen von seinem eigentlichen Vorhaben charakterisiert (235-239), wobei er sich mit ἀλλά[18] jeweils in die Gegenwart zurückrief (240.244, vgl. Lys.266). Auch in V.266 kommt der Chorführer nach seinen meteorologischen Betrachtungen mit der erstaunten Frage über Philokleons Verbleib auf den eigentlichen Grund ihres frühmorgendlichen Kommens zurück.[19] Da Philokleon nirgends zu sehen ist, beschließt der Chorführer, ihn mit einem Lied à la Phrynichos herauszurufen. Er bezieht also den Gesamtchor in die Handlung ein (270). Gleichzeitig wird die Ankündigung eingelöst, die Bdelykleon (219f) vom Chor gemacht hatte (μινυρίζοντες μέλη/ ἀρχαιομελισιδωνοφρυνιχήρατα). Es ist handlungsmäßig wohl 'logischer', daß das angekündigte ionische Lied dem eher unerwarteten ionischen Amoibaion vorangeht.[20] In dem Wecklied, in dem sich der Chor in absurden Gedanken über das Fernbleiben seines Kollegen ergeht (273-285), wendet er sich erst in 286-289 (ἀλλ᾽) direkt an Philokleon. Doch das Lied zeigt keinen Erfolg. So gibt der Chorführer dem Knaben den Befehl ὕπαγ᾽ ὦ παῖ, ὕπαγε (290). Offensichtlich war der Chor noch nicht ganz vor Philokleons Haus zum Stehen gekommen, so daß er noch näher hingehen will, um der Ursache der seltsamen Verspätung auf den Grund zu gehen.[21] Doch der Junge zeigt sich störrisch, und es entspinnt sich ein lyrischer Dialog[22], in dem er ein Geschenk für seine weiteren Dienste verlangt. Nach dieser Einlage folgt die Reaktion des eingesperrten Philokleon (317-333). Zu Beginn seiner Monodie bietet er eine Entschuldigung dafür, daß er nicht sofort geantwortet habe (317b πάλαι), in Form eines Aprosdoketons (318b-319a). Auch inhaltlich schließt die Arie des Alten an das Amoibaion an: Auf die Klage des Knaben[23] folgt Philokleons Klagemonodie ebenfalls in paratragodischer Sprache.[24]
Damit ist allerdings der direkte Handlungsablauf durch eine Zwischenszene (290-316) unterbrochen, was jedoch keineswegs gegen die Überlieferung spricht. Denn auf eine ähnliche Struktur treffen wir in den *Acharnern*, in denen der Choreinzug von der Streitszene durch die Prozessionseinlage getrennt ist (siehe oben S.10) und die 'Hackklotzrede' des Dikaiopolis durch

---

17) Vgl. MacDowell, Wasps 169: "[...] it seems to me doubtful whether Ar. intended symmetry here, since 248-65 are not in the same metre as 230-247."
18) Vgl. Denniston, Particles 12f.
19) Zu ἆρα in erstaunten Fragen vgl. Denniston, Particles 40: "[...] add liveliness to question", auch 32f "lively feeling of interest" oder "the surprise attendant upon his disillusionment".
20) Vgl. Sommerstein, Notes on Aristophanes' Wasps 263.
21) Vgl. Sommerstein, Notes on Aristophanes' Wasps 262f; vgl. auch Σ ad loc.
22) Das Amoibaion findet wohl zwischen dem Chorführer und einem Knaben statt, so Russo, Aristofane 197f; Kaimio 106 unentschieden; vgl. aber Dover, Comedy 124: "the boys singing as a chorus".
23) Rau 192.
24) Rau 150-152.

die Euripides-Szene auseinandergerissen wird (393-489).[25] Zudem bleiben bei dem überlieferten Handlungsablauf die Knaben, die 408f weggeschickt werden, länger in die Handlung integriert. So sind also auch szenisch-dramaturgisch keine Einwände gegen die überlieferte Fassung vorzubringen.[26]

Da die metrische Interpretation des Wecklieds umstritten ist, soll zunächst eine genaue Analyse vorausgeschickt werden:

Strophe

273	Τί ποτ' οὐ πρὸ θυρῶν φαίνετ' ἄρ' ἡμῖν	3 io sync (io∧ 2 io)
274	ὁ γέρων οὐδ' ὑπακούει;	2 io
275 a	Μῶν ἀπολώλεκε τὰς	D
275 b	ἐμβάδας; Ἢ προσέκοψ' ἐν	D -
275 c	τῷ σκότῳ τὸν δάκτυλόν που, ‖ Hiat	E -
276 a	εἶτ' ἐφλέγμηνεν αὐτοῦ	e e -
276 b	τὸ σφυρὸν γέροντος ὄντος; ‖	E -
277 a	Καὶ τάχ' ἂν βουβωνιῴη. ‖ Hiat	E -
277 b	Ἦ μὴν πολὺ δριμύτατός γ' ἦν τῶν παρ' ἡμῖν,	- D - e -
278	καὶ μόνος οὐκ ἀνεπείθετ', ⌢	D ⏑
279 a	ἀλλ' ὁπότ' ἀντιβολοίη ⌢	D -
279 b	τις, κάτω κύπτων ἂν οὕτω	E -
280	"λίθον ἕψεις" ἔλεγεν. ‖‖	2 io∧ (io io∧)

Gegenstrophe

281 a	Τάχα δ' ἂν διὰ τὸν χθιζινὸν ἄνθρω- ⌢	3 io sync (io∧ 2 io)
281 b	πον, ὃς ἡμᾶς διεδύετ' ⌢	2 io
282 a	ἐξαπατῶν καὶ λέγων	d^1 e (ch e)
282 b	ὡς φιλαθήναιος ἦν καὶ	D -
283 a	τἀν Σάμῳ πρῶτος κατεῖποι, ‖	E -
283 b	διὰ τοῦτ' ὀδυνηθεὶς	2 io sync (io∧ io)
284	εἶτ' ἴσως κεῖται πυρέττων. ‖	E -

---

25) Vgl. Long; vgl. auch Newiger, Metapher 75f.
26) Vgl. dazu auch Wilamowitz, Wespen 316-318.

285	Ἔστι γὰρ τοιοῦτος ἀνήρ. ‖ — ∪ — — — ∪ — —	E -
286	Ἀλλ', ὦ 'γάθ', ἀνίστασο, μηδ' οὕτω σεαυτὸν — — ∪ ∪ ∪ — — — ∪ — ∪	- D - e ∪
287	ἔσθιε, μηδ' ἀγανάκτει. — ∪∪ — ∪ ∪ — —	D -
288 a	Καὶ γὰρ ἀνὴρ παχὺς ἥκει — ∪ ∪ — ∪ ∪ — —	D -
288 b	τῶν προδόντων τἀπὶ Θρᾴκης — ∪ — — — ∪ — —	E -
289	ὃν ὅπως ἐγχυτριεῖς. ⦀ ∪ ∪ — — ∪ ∪ —	2 io∧ (io io∧)

Abweichungen von MacDowells Text:

281 a χθιζινὸν Hermann: χθεσινὸν codd.

Bemerkungen zum Text: Zu Hermanns Konjektur vgl. jetzt C. Austin, CR n.s. 23,1973,133f, mit der Zurückweisung von MacDowells Argumentation (Wasps 172).

Metrische Erklärung: Im Eröffnungsteil der beiden Strophen ist die Periodik durch Hiat (275c.277a) klar:
P1 (273-275c ≃ 281a-283a): Auf die ionische Eröffnung (273f=281a-b) folgen in der Strophe die Elemente D und D - (275a-b), in der Gegenstrophe das Kolon d^1 e und D -.[27] Es ist auffallend, daß 275a~282a diesselbe Silbenzahl aufweisen, so daß man annehmen kann, daß anstatt metrischer Responsion die Entsprechung in der Silbenzahl getreten ist.[28] Abgeschlossen wird die erste Periode durch das Kolon E - mit Klauseleffekt.[29]

P2 (276a-276b ≃ 283b-284): Die zweite Periode endet wieder mit dem Kolon E -. Im vorangehenden Vers ist die Responsion zwischen Strophe und Gegenstrophe frei: Mit dem Doppelepitriten (e e -) in der Strophe respondiert in der Gegenstrophe ein synkopierter ionischer Dimeter (io∧ io). "Leugnen [...] lässt es sich nicht, dass für den Dichter des 5. Jahrhunderts in strengen Daktyloepitriten sowohl das normale daktylische Glied wie der Doppelepitrit einem ionischen Dimeter gleichwertig sein konnte."[30]

P3 (277a=285): Die dritte Periode besteht aus dem Kolon E -. In Strophe und Gegenstrophe weist der Vers inhaltliche Geschlossenheit auf.

P4 (277b-280=286-289): Die vierte Periode wird von vier daktyloepitritischen Versen gebildet, die durch einen katalektischen ionischen Dimeter abgeschlossen werden.

Die Analyse zeigt deutlich, daß das Lied der Alten in einer Mischung von Ionikern und Daktyloepitriten komponiert ist.[31] Gerade das Nebeneinander der beiden Versarten mit ihren gleitenden Übergängen macht den Reiz dieses Liedes aus. Die Ioniker bilden gleichsam dadurch, daß sie die Eröffnung und den Schluß einnehmen, den 'Kontrapunkt' des Chorliedes.
Der Zusammenhang zwischen Ionikern und Daktyloepitriten wird besonders im

----

27) *Vgl. dazu Fraenkel, Lyrische Daktylen 227; West, Metre 127, unklar.*
28) *Vgl. Dale, Lyric metres 56f.189f; natürlich besteht auch eine Affinität zwischen D und d^1 e (= ch e); vgl. Snell 61.*
29) *Vgl. Zuntz bei Maas § 55.*
30) *Fraenkel, Lyrische Daktylen 227; zu e e - vgl. auch Av.926.*
31) *Gegen MacDowell, Wasps 171.*

Mittelteil (276a-277a ≃ 283b-285) deutlich. Denn die epitritischen Glieder (E x) entsprechen metrisch einem trochäischen Dimeter. Derartige anscheinend 'trochäische' Metren findet man auch in ionischem Kontext (Thesm.105.111f. 114.115f.123). Diese 'Trochäen' lassen sich aus einer Verselbständigung des zweiten Gliedes des anaklastischen ionischen Dimeters, des Anakreontikers, erklären: ⏑⏑ – ⏑ | – ⏑ – – wird aufgeteilt in die Elemente ⏑⏑ – ⏑ und – ⏑ – –, die nun auch unabhängig voneinander erscheinen. Das anceps in Vesp.281b läßt sich aus der Verselbständigung des ersten Teils des Anakreontikers erklären.[32] Die Affinität zwischen Daktyloepitriten und Ionikern ist besonders deutlich in 283a-285, wo ein ionischer Dimeter (283b) von epitritischen Dimetern umgeben ist, die durch ihre Beziehung zu Ionikern und Daktyloepitriten gleitende Übergänge[33] bilden.

Diese Mischung aus Ionikern und Daktyloepitriten stellt eine gelungene metrische Charakterisierung der Alten dar. Durch die ionische Eröffnung wird ihre altmodische Vorliebe für Phrynicheische Weisen ausgedrückt (vgl. 219-221).

Man muß wohl annehmen, daß in den *Phoinissen* des Phrynichos der Chor der phoinikischen Frauen ionische Lieder gesungen hat.[34] Denn dieses Versmaß mußte, wie Aischylos *Perser* und *Hiketiden* beweisen, "einen ausgesprochen exotischen Beigeschmack" (Abert 148)[35] gehabt haben. Seine Verbindung zu dem Dionysoskult (vgl. Euripides' *Bakchen* und Aristophanes' *Frösche*) weist in dieselbe Richtung.[36]

Ebenso weisen die "Daktyloepitriten pindarischen Gepräges"[37] die Alten als Liebhaber vergangener Zeiten und Melodien aus. Die musikalische Untermalung dient also der Verstärkung der Charakterisierung, die in dem nostalgischen Rückblick des Einzugs vorgezeichnet wurde. Eine weitere Funktion liegt in dem komischen Effekt, der durch eine Spannung zwischen Inhalt und Sprache des Liedes mit seiner metrischen Form entsteht.[38] Das Räsonieren über die Gründe von Philokleons Fernbleiben mit seinen absurden Schlüssen steht in einem Mißverhältnis zur Form und wirkt dadurch um so komischer.[39]

----

32) Vgl. Dale, Lyric metres 125.
33) Vgl. Snell 58-63. Die Affinität hilft auch bei der Erklärung der Responsion des Doppelepitriten (276a) mit dem synkopierten ionischen Dimeter in 283b.
34) Unter den Fragmenten des Phrynichos ist nur Fr.14 TrGF ionisch.
35) Vgl. auch Amsel 101-105; Kraus 50 "Barbarenmotiv"; vgl. auch das Σ zu Heph. B 135,5ff bei Abert 148.
36) Vgl. West, Metre 124; zu Ran. siehe unten S.127f.
37) Fraenkel, Lyrische Daktylen 227f.
38) Vgl. MacDowell, Wasps 170: "The song is a comic one."
39) Dales Bemerkung (Lyric metres 113) zur Funktion der Dochmien in der Komödie läßt sich auch auf andere 'unkomische' Versarten wie Daktyloepitriten ausdehnen.

Rau (151 Anm.37) weist mit Recht darauf hin, daß es nutzlos ist, für dieses Chorlied eine bestimmte Tragödienvorlage zu suchen.[40] "Der Phrynichoslieder singende Chor und das Intermezzo mit dem unartigen Bürschchen haben mit einer Tragödie nichts zu tun." Dazu läßt sich hinzufügen, daß gerade die Tatsache, daß zweimal auf Phrynichos als Quelle für den Gesang der Alten hingewiesen wird (220.269), Euripides als Vorlage ausscheidet. Eher ähnelt die ganze Szene einer komischen Darstellung eines Paraklausithyrons.[41] Im übrigen gleicht der Stil des Wecklieds der parataktischen naiven Erzählweise des Chorführers (siehe oben S.94).

An den Klauselvers des Chorliedes (289) schließt nahtlos der Befehl des Chorführers an den Jungen in derselben metrischen Form an (290 ὕπαγ' ὦ παῖ, ὕπαγε||[Hiat]).[42] Der Alte ist durch seine Phrynicheische Lieblingsmelodie noch so beschwingt, daß ihm die Aufforderung an den Jungen ebenfalls lyrisch gerät.[43] Auch in dem anschließenden Amoibaion zwischen dem Chorführer und dem Jungen bleibt das Metrum durchgängig ionisch.

Strophe

291 Πα. Ἐθελήσεις τί μοι οὖν, ὦ — 2 io
292 πάτερ, ἥν σού τι δεηθῶ; — 2 io
293 Χο. Πάνυ γ', ὦ παιδίον. Ἀλλ' εἰ- — 2 io
294 πέ, τί βούλει με πρίασθαι — 2 io
295 καλόν; Οἶμαι δέ σ' ἐρεῖν ἀσ- — 2 io
296 τραγάλους δήπουθεν, ὦ παῖ. || — io tr
297 Πα. Μὰ Δί', ἀλλ' ἰσχάδας, ὦ παπία· ἥδιον γάρ – — 2 io 2 io anacl
Χο. οὐκ ἄν
298 μὰ Δί', εἰ κρέμαισθέ γ' ὑμεῖς. || — 2 io anacl
299 Πα. Μὰ Δί' οὔ τἄρα προπέμψω σε τὸ λοιπόν. || — 3 io
300 Χο. Ἀπὸ γὰρ τοῦδέ με τοῦ μισθαρίου — 3 io ∧

---

40) Nach Gildersleeve, AJPh 1,1880,457, nehmen Starkie (Wasps 180) und Pucci (361f) sowohl für das Wecklied als auch für Philokleons Monodie als Vorbild die 'Danae' des Euripides an.

41) ὑπακούειν taucht in diesem Zusammenhang auch bei Theocr.3,24 auf; vgl. auch die Klopf-Szene Ach.405; zum Paraklausithyron in Eccl.960-975 vgl. M. Vetta: Modelli di canto e attribuzione di battute nelle 'Ecclesiazuse' di Aristofane. QUCC n.s.9,1981,85-111; dazu mehr in Band 2.

42) Vgl. Kraus § 43 (S.34).

43) Vgl. White § 499; Spatz, Strophic construction 126; Pratos (96) Unschlüssigkeit, den Vers metrisch zu bestimmen, erstaunt bei seiner sonstigen Analysierfreudigkeit.

301		τρίτον αὐτὸν ἔχειν ἄλφιτα δεῖ καὶ ξύλα κὤψον·	4 io sync (io∧3 io)
302		σὺ δὲ σῦκά μ᾽ αἰτεῖς. |||	2 io sync (io∧ba)

Gegenstrophe

303	Πα.	Ἄγε νυν, ὦ πάτερ, ἢν μὴ	2 io
304		τὸ δικαστήριον ἄρχων	2 io
305		καθίσῃ νῦν, πόθεν ὠνη-	2 io
306		σόμεθ᾽ ἄριστον; ἔχεις ἐλ-	2 io
307		πίδα χρηστήν τινα νῷν ἢ	2 io
308		πόρον Ἕλλας ἱερόν; ||	2 io∧
309/10	Χο.	Ἀπαπαῖ φεῦ. Μὰ Δί᾽ οὐκ ἔγωγε νῷν οἶδ᾽	io 2 io anacl
311		ὁπόθεν γε δεῖπνον ἔσται. ||	2 io anacl
312	Πα.	Τί με δῆτ᾽, ὦ μελέα μῆτερ, ἔτικτες; ||	3 io
313	Χο.	ἵν᾽ ἐμοὶ πράγματα βόσκειν παρέχῃς.	3 io∧
314	Πα.	Ἀνόνητον ἄρα σ᾽, ὦ θυλάκιον, γ᾽ εἶχον ἄγαλμα. Hiat ||	4 io
315		ἐέ.	extra metrum
316		Πάρα νῷν στενάζειν.	2 io sync (io∧ba)

Metrische Erklärung: P1 (291-296 ≃ 303-308): Auf je fünf ionische Dimeter[44] folgen in der Strophe ein Dimeter der Form io tr (dazu siehe oben S.99), in der Gegenstrophe ein katalektischer ionischer Dimeter, wobei brevis in longo in 308 ein deutliches Zeichen für Periodenende[45] darstellt.

P2 (297-298 ≃ 309-311): In der Strophe folgt auf einen Tetrameter der Form 2 io 2 io anacl, in der Gegenstrophe auf einen Trimeter der Form io 2 io anacl ein Anakreontiker als Klauselvers. Besonders Aischylos pflegte ionische Perioden mit diesem Kolon abzuschließen.[46]

P3 (299=312) wird durch einen ionischen Trimeter gebildet, wobei brevis in longo in 312 Periodenende anzeigt (siehe oben zu V.308).

Im Schlußteil unterscheiden sich Strophe und Gegenstrophe in der Periodeneinteilung.[47] Während in der Strophe die VV.300-302 die Abschlußperiode[48]

---

44) Ionische Hypermeter sind relativ selten, etwa Eur.Ba.375-378=391-394; vgl. West, Metre 124 n.117.
45) Dazu vgl. Stinton, Pause and period 37f.
46) West, Metre 126: "[...] to differentiate the final colon [...] from the rest."
47) Vgl. Trachta 33-44.
48) Katalexis in 300=313 ist kein Indiz für Periodenende; vgl. Parker, Catalexis 20f; Stinton, Pause and period 39 n.40; West, Three topics 285.

bilden, muß in der Gegenstrophe nach 314 (Hiat, brevis in longo) Periodenende vor dem außerhalb der Responsion stehenden Klageruf (315) angesetzt werden (P4: 313f), auf den als kurze, inhaltlich in sich geschlossene Abschlußperiode ein synkopierter ionischer Dimeter folgt (P5: 316).

Man trifft in dem Amoibaion auf die für Ioniker typischen Responsionsfreiheiten:

⏑ ⏑ — ~ ⏑ ⏑ — ⏑ (301 ~ 314) synkopiertes Metron ~ vollständiges Metron (zur Form siehe oben S.99 zu V.281b)

— ⏑ — — ~ ⏑ ⏑ × (296 ~ 308) tr ~ io∧ (siehe oben S.99).

V.297 weist ein ionisches Metron mehr auf als 309f - eine typische Art der Responsionsdurchbrechung in der Aristophanischen Komödie.

Pratos Kommentar (99) zu dem Amoibaion: "Gli ionici sono parodici, come Thesm.101sgg. e Ran.323sgg." bedarf einer Modifizierung, da bei den genannten Stellen verschiedene Funktionen des ionischen Rhythmus greifbar sind: In der Parodos der *Frösche* fehlt jede parodische Absicht. Ioniker erscheinen hier in der Verbindung mit dem Dionysoskult.[49] In den *Thesmophoriazusen* wird Agathon in seiner Monodie durch das ionische Metrum als weichlich und weibisch charakterisiert.[50] In den *Wespen* liegt der Effekt auf einer anderen Ebene: Beschwingt durch das Chorlied in Phrynicheischer Manier setzt der Chorführer die anschließende Unterhaltung ebenfalls in dem an Phrynichos erinnernden Rhythmus fort. Die komische Wirkung kommt durch die Spannung zwischen Inhalt und Form zustande: die Bitte um ein kleines Geschenk in lyrischem Gewand.[51] Die VV.306ff enthalten eine komische Steigerung. Angesichts der miserablen finanziellen Lage versteigt sich der Junge zu einem Pindarzitat (Fr. 189 Sn.-M.).[52] Der Witz liegt in der Doppeldeutigkeit von πόρος, das sowohl figürlich (= Mittel) als auch topographisch (= Straße) verwendet werden kann.[53] Entscheidend für das Zustandekommen der Pointe ist die Umstellung, die Aristophanes gegenüber dem Pindarvers vornimmt (πανδείμαντοι μὲν ὑπὲρ πόντιον Ἕλλας πόρον ἱερόν). Dadurch, daß er πόρον vor Ἕλλας

----

49) Vgl. West, Metre 124; siehe unten S.126.

50) Vgl. Thesm.97f.130-133; Rau 106-108. Dazu mehr in Band 2.

51) Sehr schön wird dabei durch die anaphorische Wiederholung von μὰ Δί' der Dringlichkeit der vorgebrachten Argumente Nachdruck verliehen.

52) Vgl. L. Seeger: Aristophanes. Band 2. Frankfurt 1846,123: "[...] der Knabe spricht in Schulreminiszenzen aus irgendeinem Dichter."

53) Vgl. Rau 192.

stellt, kommt es zu dem Aprosdoketon. Dem Jungen fällt assoziativ bei dem Wort πόρος seine Schullektüre ein.[54] Mit dem Zitat ist jedoch die umgangssprachliche Ebene, die in der Strophe vorherrscht, verlassen; der Dialog schlägt in Paratragodie um.[55] In einem "kleinen Threnos"[56] beklagt der Junge sein Schicksal, wobei der Grund zur Klage (311 ὁπόθεν γε δεῖπνον ἔσται) in komischem Kontrast zu dem klagenden Ausrufen (309.315) und der verzweifelten Frage (312) steht. Es wird demnach auch hier keine bestimmte Vorlage parodiert, sondern eine tragische Situation (verzweifelte Klage).[57]
An den paratragodischen Schluß des Amoibaions schließt nahtlos Philokleons Antwort an - eine inhaltliche und metrische Parodie Euripideischer Monodien:

317 a	Φίλοι, τήκομαι μὲν	2 ba
317 b	πάλαι διὰ τῆς ὀπῆς	tel
318 a	ὑμῶν ὑπακούων. ‖	reiz
318 b	'Αλλὰ γὰρ οὐχ οἷός τ' εἴμ'	aristoph
319 a	ᾄδειν, τί ποιήσω; ‖	reiz
319 b	Τηροῦμαι δ' ὑπὸ τῶνδ', ἐπεὶ	gl
320	βούλομαί γε πάλαι μεθ' ὑ-	gl
321	μῶν ἐλθὼν ἐπὶ τοὺς καδίσ-	gl
322	κους κακόν τι ποιῆσαι. ‖ Hiat	pher
323	'Αλλ', ὦ Ζεῦ μεγαβρόντα, ⁞ Hiat	pher
324	ἤ με ποίησον καπνὸν ἐξαίφνης κτλ.	2 an

Metrische Erklärung: Mit dem bakcheischen Dimeter schließt Philokleons Monodie metrisch an den Klauselvers des ionischen Amoibaions (io^ ba) an - ein weiteres Argument für die Beibehaltung der handschriftlichen Überlieferung (siehe oben S.95-97). Bakcheen[58] findet man auch in der Euripides-Parodie der *Thesmophoriazusen* (1018f[59].1143f) und der *Frösche* (1346).

---

54) *Vgl. Rau 192.*
55) *Vgl. Rau 192; Trachta 35f.*
56) *Rau 192.*
57) *Rau 192; vgl. auch Aesch.Cho.790-793.*
58) *MacDowells Kolometrie ist der von Wilamowitz (Wespen 320) in do gl reiz vorzuziehen; vgl. auch Rau 150 Anm.33.*
59) *Text nach Mittsdörfer, Philologus 98,1954,69f; dazu mehr in Band 2.*

Aristophanes parodiert also ein typisches metrisches Bauglied Euripideischer Lyrik. Pointierte Ausrufe oder Fragen sind oft in Bakcheen gehalten (etwa Suppl.990=1012.1002=1025, Ion 1465, Tro.321.587f, Phoen.1290, Or. 1437-1439). Ebenfalls Euripideische Manier ist die μεταβολή κατὰ ῥυθμόν zu den äolischen Maßen, wobei die 'iambische' Eröffnung des Telesilleions in 317b den Übergang gleitend gestaltet.[60] Die Anrede an die wartenden Freunde füllt die erste Periode aus (317a-318a), die mit einem Reizianum als Klauselvers endet.[61]

Die zweite Periode (P2: 318b-319a) wird durch einen Aristophaneus eröffnet, auf den wieder ein Reizianum als Klausel folgt. Aristophaneen in äolischer Umgebung findet man häufig bei Euripides (etwa Alc.970=980, Heracl.354=363. 361=370.380, Hec.913=922, El.710=723, I.A.755=766).[62]

Auf die beiden relativ kurzen Eröffnungsperioden folgt ein lyrisches Pnigos (P3: 319b-322). Die Glykoneen sind durch Enjambement verbunden. Gerade die Bauweise von drei oder vier in Synaphie stehenden äolischen Kola ist charakteristisch für die Komposition Euripideischer Lieder (etwa Heracl.358-361= 367-370.911-913=920-922, Ion 184-186=194-196.187-189=197-200).[63]

V.323, ein Pherecrateus als Eröffnung der vierten Periode (323-326), ist wie häufig in Götteranrufen vom folgenden Vers durch Hiat abgesetzt (siehe oben S.66). Die folgenden anapästischen Dimeter, die Parodie einer tragischen Selbstverwünschung,[64] lassen sich in zwei Perioden unterteilen, die jeweils durch Paroemiacus abgeschlossen werden (324-326.327-333). Die anapästischen Pnige sind ein deutliches Zeichen dafür, daß Philokleon seine Verwünschungen ohne Unterbrechung herunterhaspelt. Wie schon die Anapäste von Tereus' Wecklied (Av.209-222) weisen auch diese Dimeter keine Anzeichen auf, um sie als melisch bestimmen zu können (siehe oben S.71f und unten Exkurs II). Da sie jedoch in lyrischem Kontext stehen und durch einen lyrischen Vers (323)[65] eingeleitet werden, muß man wohl darauf schließen, daß sie als Parodie von Klageanapästen gesungen wurden.[66]

Der Aufbau der beiden Hauptabschnitte (äolisch, anapästisch) ist in gewisser Hinsicht symmetrisch: Dem glykoneischen Pnigos gehen zwei kürzere Perioden als Einleitung voraus; ebenso steht vor der anapästischen Reihe (P5) eine kurze anapästische Eröffnungsperiode.

Mit Philokleons Arie parodiert Aristophanes die Ausdrucksweise, in der Euripideische Helden ihr Leid und Pathos frei ausströmen lassen: die Form der threnodischen Monodie.[67] Die Komik

---

60) Vgl. Snell 58-63.

61) Das handschriftliche ὑπακούων (318a) ist Herwerdens "miserablem" (Wilamowitz, Wespen 331) ὅπ' ἀκούων vorzuziehen, antwortet Philokleon doch damit auf ὑπακούει (274); vgl. MacDowell, Wasps 177.

62) Zum Aprosdoketon ᾄδειν gut Händel 251 Anm.23; MacDowell, Wasps 177; Rau 150 Anm.35 skeptisch.

63) Vgl. auch Eq.551-564=581-594; Dale, Lyric metres 146.

64) Vgl. Kleinknecht, Gebetsparodie 64-66. In V.326 schließt Aristophanes wie oft eine anapästische Periode "with a rattling, and often abusive, polysyllable", Parker, Some observations 82.

65) Zum gleitenden Übergang von pher zu an vgl. Snell 58 Anm.53.

66) So auch Pucci 322-324; Pretagostini 190f; anders Händel 251 Anm.23.

67) Vgl. Rau 13.150-152; Barner 285-287.

entsteht durch das Mißverhältnis der lyrischen Form zum Schicksal des Sängers. Das Eröffnungspathos mit dem typisch Euripideischen bakcheischen Dimeter und der Anrede φίλοι (317a)[68] wird durch den folgenden trivialen Inhalt zunichte; "man stelle sich nur διὰ τῆς ὀπῆς und ἐλθὼν ἐπὶ τοὺς καδίσκους [...] gesungen vor."[69] In V.323 rafft sich Philokleon noch einmal zu erneutem Pathos auf - und geht dann zu seinen Selbstverwünschungen über, die in dem Wunsch gipfeln, zu Stein zu werden, auf dem man im Gericht die Stimmen auszählt.[70] Παρὰ προσδοκίαν werden die verschiedenen Todesarten[71] durch ὀνομαστὶ κωμῳδεῖν präzisiert (325f) oder in ihren Folgen im Küchenbereich ausgemalt (330f), wobei Philokleons φιλοδικία selbst bei diesen Verwünschungen zum Ausdruck kommt (333). Sprachlich liegt ein "lustiges Gemisch von tragisch-pathetischer Diktion und trivialem sermo cottidianus"[72] vor. Metrik und Sprache dienen in dieser Monodie parodischem Zweck. Nach Raus Typologie (15) muß man Philokleons Arie der "parodischen Imitation" zuordnen - der Imitation der besonders bei Euripides häufigen langen θρῆνοι. Die Monodie dient gleichsam als Überleitung von dem breit ausgemalten Choreinzug zur Streitszene: Erst jetzt, nachdem die Alten durch Philokleons Gesang über die Lage in Kenntnis gesetzt worden sind und sehen, daß der eigentliche Zweck ihres frühmorgendlichen Kommens gescheitert ist, greifen sie aktiv in das Geschehen ein. Aus dem mißglückten Ausbruchsversuch Philokleons (334-402) entwickelt sich der Streit mit seinem Sohn, der zum epirrhematischen Agon[73] überleitet.

Gereizt durch Bdelykleons Unverschämtheit, ihren Genossen einzusperren, wendet sich der Chor an Philokleon. Es schließt ein Amoibaion an, in dem Philokleon in Langversen (4 tr∧) bleibt, der erbitterte Chor sich in freien lyrischen Trochäen

---

68) Vgl. Thesm.1015; Rau 71.151.
69) Rau 151.
70) Rau 152; Kleinknecht, Gebetsparodie 64-66.
71) Vgl. Thesm.1050f; Rau 77-79.
72) Kleinknecht, Gebetsparodie 64.
73) Vgl. Gelzer, Agon 19f.38f.

äußert (334-345). Das Epirrhema (346-364) in katalektischen anapästischen Tetrametern mit einem Pnigos enthält Erwägungen über mögliche Ausbruchswege, verbunden mit einem nostalgischen Rückfall in die Erinnerung an frühere Zeiten (354f), als es Philokleon in voller Jugendkraft bei der Einnahme von Naxos noch möglich war, sich mit mehreren gestohlenen Spießen die Mauer herab abzuseilen. In der Antode (365-378) kommt Philokleon der geniale Einfall, das Netz, das das Haus umspannt, durchzunagen. Der Chor steht derweil Wache, um Philokleon notfalls beizustehen (383f).

Metrische Erklärung: Die Ode (334-345) wird eröffnet durch ein lyrisches Pnigos des Chores in Trochäen (P1: 334f) mit der entrüsteten Frage nach dem Urheber der üblen Lage. Coulons Kolometrie (2 tr 2 tr 2 tr∧) ist der MacDowells (3 tr 3 tr∧) vorzuziehen, da durch die Einteilung in Dimeter der Charakter der Passage als lyrisches Pnigos deutlicher wird.

Der Mittelteil (336-341), eine Distichomythie Philokleon - Chorführer - Philokleon, enthält die Antwort auf die in der Eröffnung gestellte Frage. Zunächst bleibt der Chorführer wie Philokleon in katalektischen trochäischen Tetrametern, fällt dann aber sofort wieder in lyrische Maße zurück (339).

Abgeschlossen wird das Amoibaion durch ein lyrisches Pnigos des Chores (342-345), in dem der Chor seinem Unmut über den Schurken Bdelykleon Luft verschafft.

Der Aufbau der Antode (365-378) ist parallel: Die Eröffnung (365f: 2 tr 2 tr 2 tr∧) enthält die Aufforderung, eine μηχανή zu finden. Im Mittelteil (367-372: Distichomythie) wird der Entschluß gefaßt, sich durch das Netz hindurchzunagen. Im Schlußteil (373-378) verleiht der Chor in einem lyrischen Pnigos seiner Bereitschaft Ausdruck, Bdelykleon in Schach zu halten.

Zwischen den beiden Oden tauchen einige Responsionsprobleme auf:
V.339 τίνα πρόφασιν ἔχων ~ 370 ἀλλ' ἔπαγε τὴν γνάθον
⏑⏑ ⏑⏑ ⏑⏑ – ~ – ⏑⏑⏑ – ⏑ ∧

In V.370 liegt ein kretisch-päonischer Dimeter vor (vgl. Av.351, siehe oben S.87f). In der Ode (339) die Folge ⏑⏑ ⏑⏑ ⏑⏑ –. Dale (Lyric metres 57 n.2) erklärt das Kolon als anapästisches prokeleusmatisches Metron, das nach dem Prinzip der Silbenzählung mit einem kretisch-päonischen Dimeter respondiere, während MacDowell (Wasps 179) den Vers als trochäisches Metron analysiert. Wie in der problematischen Passage der *Vögel* (333-335 ≃ 349 bis 351) ist auch in diesem Fall eine Lösung durch die Annahme von synkopierten Kretikern bzw. Päonen (⏕ ⏕) möglich. Die Folge ⏑⏑ ⏑⏑ ⏑⏑ – entspricht demnach einem synkopierten päonischen Dimeter (⏕ ⏕ | ⏕ –), der in Responsion zu einem unsynkopierten Dimeter steht. Damit erübrigt es sich, Bergks καί (bei Coulon) in den Text aufzunehmen.

Schwierigkeiten bietet auch die Kolometrie und metrische Erklärung der VV. 342-345 ≃ 373-378. In der Antode liegt ein trochäisches Pnigos vor:

373 Μηδέν, ὦ τᾶν, δέδιθι, μηδέν· 2 tr

374 ὡς ἐγὼ τοῦτόν γ', ἐὰν γρύ- ⏓ 2 tr

375 ξῃ τι, ποιήσω δακεῖν τὴν — 2 tr
376 καρδίαν καὶ τὸν περὶ ψυ- — 2 tr
377 χῆς δρόμον δραμεῖν, ἵν' εἰδῇ — 2 tr
378 a μὴ πατεῖν τὰ — tr
378 b τῶν θεῶν ψηφίσματα. ||| — lec

Ein trochäisches Monometron nach als Pnigos gebauten Dimetern vor dem Klauselvers (lec) findet sich auch in Thesm.440-442.462-465.528-530. Diese Praxis ist mit der anapästischer Pnige vergleichbar, in denen häufig vor dem abschließenden Paroemiacus das sogenannte παρατέλευτον, ein anapästisches Monometron, erscheint.[74)]

Die Ode weist gegenüber den entsprechenden Versen der Antode mehrere Unregelmäßigkeiten auf:

342 a Τοῦτ' ἐτόλμησ' ὁ μιαρὸς χα- — 2 tr
342 b νεῖν, ὁ Δημολογοκλέων, /: — 2 tr∧
343 a ὅτι λέγεις τι περὶ τῶν νε- — 2 tr sync (tr Palimbaccheus)
343 b ῶν ἀληθές; Οὐ γὰρ ἄν ποθ' — 2 tr
344 a οὗτος ἀνὴρ τοῦτ' ἐτόλμη- — 2 tr
344 b σεν λέγειν, εἰ — tr
345 μὴ ξυνωμότης τις ἦν. ||| — lec

Bei dieser Kolometrie treten nur die bei Aristophanes gebräuchlichen Responsionsfreiheiten auf. 342b ≈ 374: Ein katalektischer Dimeter respondiert mit einem akatalektischen, bedingt durch den komischen Eigennamen Δημολογοκλέων in 342b. Durch das katalektische Metron entsteht zur Verstärkung der Verballhornung eine leichte Pause, die Responsionsdurchbrechung hat demnach inhaltliche Gründe. In 343a ≈ 375 entspricht ein synkopierter trochäischer Dimeter der Form tr Palimbaccheus[75)] einem vollständigen. Diese Kolometrie wird auch dadurch nahegelegt, daß in der Ode, abgesehen von 342b (komischer Eigenname), Mitteldihärese vorherrscht. Aufgrund dieser Textgestaltung nach MacDowell und Kolometrie nach Coulon (vgl. auch Spatz, Strophic construction 110) muß man wohl das Verdikt von Wilamowitz (Verskunst 471) über die Ode als ganz und gar korrupt und unerklärbar zurückweisen.

Im Wechsel des Metrums von den während des Einzugs vorherrschenden katalektischen iambischen Tetrametern über die Ioniker zu den Trochäen der Oden kann man eine charakterisierende Absicht des Dichters erkennen: Durch Philokleons Monodie über die Intrige Bdelykleons informiert, wechselt die Stimmung des Chores zur Aggressivität, die durch das trochäische Metrum ausgedrückt

---

74) Vgl. White §§ 276.322.325.

75) Unter Palimbaccheus wird ein synkopiertes trochäisches Metron der Form ⏑⏑ — ⏑ verstanden; vgl. Dale, Lyric metres 72; West, Metre 103. Zur Form vgl. auch Eur.Hel.174.353, Or.1465ff, I.A.1306f.1313.

wird. Der Wechsel der Versart spiegelt auch den Übergang zu einer anderen Parodoskonstellation wider: Typ 3 (Zusammenkunft aus Gewohnheit) geht in Typ 2 (Zusammentreffen mit einem Gegner) über, mit dem, wie oben dargelegt wurde (S.63), das trochäische Metrum verbunden ist.[76)]

Die Parallelität der gesamten Syzygie ist aus inhaltlichen Gründen gestört (siehe auch oben S.85). Während mit der Ode (334 bis 345), Katakeleusmos (346f), Epirrhema (348-357) und Pnigos (358-364) der erste Teil vollständig ist, liegen im zweiten nur Antode (365-378), Antikatakeleusmos (379f) und Antepirrhema (381-402) vor. Das Fehlen des Antipnigos ist dadurch zu erklären, daß in V.395 Bdelykleon erwacht und sofort den Ausbruchsversuch seines Vaters zu vereiteln versucht. Das zur Syzygie gehörende Antepirrhema ist damit eigentlich in V.394 unterbrochen und abgeschlossen. Die folgenden Verse bereiten schon die anschließende Streitszene (403-525) vor.[77)]

Zur zweiten Syzygie, der Streitszene mit Bdelykleon, wird durch einen Hilferuf Philokleons (400-402) mit namentlicher Nennung einiger Sykophanten[78)] übergeleitet. Der Chor reagiert mit einem trochäischen Lied, in dem er ankündigt, seine χολή als σφηκία zu zeigen (403-414).[79)] Die fixe Idee der Alten, daß einer, der ihrer φιλοδικία Einhalt gebietet, die sie durch die ψηφίσματα θεῶν (378) verbürgt sehen, ein Feind der Demokratie (411) und angehender Tyrann[80)] sei, findet ihren erregten Ausdruck besonders in den lyrischen Pnigen der Oden (410-414 ≃ 468-470). Die Form der epirrhematischen Syzygie wird in der Streitszene dazu eingesetzt, um zwei parallele Szenen zu gliedern: Der Katakeleusmos des Chorführers (403f) mit dem folgenden Kampflied des Chores (405-414) leitet eine regelrechte Kampfszene ein (415-462), in der Bdelykleon mit seinen Sklaven

---

76) In den Epirrhemen, die zunächst eine Erörterung möglicher Fluchtwege enthalten, wechselt das Metrum bezeichnenderweise zu 4 an∧; siehe unten S.112.

77) Vgl. vor allem Gelzer, Agon 20.

78) Vgl. MacDowell, Wasps 187.

79) Vgl. Newiger, Metapher 77f.

80) Zur Tyrannenhysterie in Athen vgl. Gomme-Andrewes-Dover IV 337.

schließlich siegreich bleibt. Nach der Antode mit ihrem entrüsteten Aufschrei über Bdelykleons tyrannisches Gebaren (463 bis 470) wird im Antepirrhema (471-525) doch noch nach den anfänglichen trotzigen Weigerungen des Chores (473-477) die Abmachung getroffen, λόγοι statt Gewalt anzuwenden.

Metrische Erklärung: Der Aufbau der Ode (405-414) und Antode (463-470) ist parallel, gegliedert durch den Wechsel von katalektischen trochäischen Tetrametern und trochäischen Pnigen in vier Perioden. Die VV.403f und 461f, die in den Ausgaben von Hall-Geldart und Coulon in die Oden einbezogen werden,[81] sollten nicht als respondierend betrachtet werden. Denn 403f stellt die Überleitung des Chorführers vom Antepirrhema der vorangehenden zur Ode der folgenden Syzygie dar.[82] 461f bilden deutlich den Abschluß des Epirrhemas der Streitszene und nicht die Einleitung der Antode (so auch Trachta 49). Diese Einteilung wird durch N.G. Wilsons (CR n.s.22,1972,313) Zuweisung der VV.461f an Philokleon unterstrichen.[83] Wilson weist richtig auf die inhaltliche Schwierigkeit hin, die entsteht, wenn die VV.461f von Bdelykleon gesprochen werden: "When his own side has just won the victory, there is little point in congratulating his slave on a lucky escape."
Das Kampflied der Richter (405-414) nimmt den trochäischen Rhythmus des Chorführers (403f) in lyrischer Form auf: Die erste Periode (405-407= 463-465) weist erhebliche textkritische Schwierigkeiten auf.[84] Die handschriftliche Überlieferung bietet in 406f: τοὐξύθυμον, ᾧ κολαζό/μεσθα, κέντρον ἐντέτατ' ὀξύ. Da der Sinn dieser Verse ohne weiteres befriedigend ist,[85] ist eine Änderung nicht nötig. Gerade durch das Perfekt Passiv κέντρον ἐντέταται wird ausgedrückt, daß die Alten zum Angriff bereit stehen,[86] so daß eine imperativische Form nicht benötigt wird.[87] Den grammatischen Anstoß, den ὀξύ erregt und der Bergk zu der Konjektur ὀξέως veranlaßte,[88] vermag ich nicht zu sehen: Wenn man ὀξύ nicht als prädikatives Adjektiv (vgl. Kühner-Gerth I 275 c) verstehen will, kann man die Form als Adverb[89] erklären. Metrisch erhält man mit dem überlieferten Text ein trochäisches Pnigos von drei Dimetern:

405 Νῦν ἐκεῖνο, νῦν ἐκεῖνο — 2 tr
406 τοὐξύθυμον, ᾧ κολαζό- — 2 tr
407 μεσθα, κέντρον ἐντέτατ' ὀξύ.|| Hiat — 2 tr[90]

----

81) MacDowells Text scheint 403f zur Ode dazuzurechnen, während 461f anscheinend zum Epirrhema gehört; anders jedoch in seinem Schema (189), wo er 403-429 und 461-487 als "approximately symmetrical" bezeichnet.
82) Vgl. Kaimio 173f.
83) Hall-Geldart, Coulon und MacDowell übernehmen Bruncks Zuweisung der Verse an Bdelykleon. In R steht eine Paragraphos. Zum Wert der handschriftlichen Personenangaben vgl. Lowe.
84) Vgl. Wilamowitz, Verskunst 471 "schwer entstellt".
85) Vgl. MacDowell, Wasps 190
86) Vgl. L.-Sc.-J. s.v. ἐντείνω (2): "is ready for action".
87) Vgl. Trachta 46.
88) Vgl. Trachta 44-53; Sommerstein, Notes on Aristophanes' Wasps 263f.
89) Vgl. Ach.804; L.-Sc.-J. s.v. ὀξύς V 2; auch MacDowell, Wasps 190.
90) Zum 'Dactylus' im Trochäus vgl. Eq.406 (allerdings Zitat), Av.396, Thesm.436.438.462; White § 205; Dale, Lyric metres 91.

Die Periode ist deutlich durch Hiat von der folgenden abgesetzt. Anstoß erregt allerdings das akatalektische Ende in 407.[91] Da man jedoch Hiat als hinreichendes Indiz für Periodenende ansehen kann,[92] erübrigt es sich, metri causa eine Änderung vorzunehmen.

In der Antode bietet die handschriftliche Überlieferung im Ravennas in den entsprechenden Versen (463-465): Ἆρα δῆτ' οὐκ αὐτὰ δῆλα τοῖς πένησιν/ ἡ τυραννὶς ὡς λάθρᾳ γ' ἐ/λάμβαν' ὑπιοῦσά με.^{Hiat} Hält man mit MacDowell die Überlieferung, erhält man in 463 ein trochäisches Metron mehr, und in 465 respondiert ein päonischer Dimeter mit einem trochäischen in der Ode. Demgegenüber scheint mir Willems Konjektur (bei Coulon) ὡς ἐλάνθανέν μ' ὑπιοῦσα (ἐλάνθαν' VΓ) bei weitem überzeugender; λάθρᾳ ... ἐλάμβαν' (R) kann leicht als interlineare Glosse zu ἐλάνθανέν μ' ὑπιοῦσα erklärt werden, die ἐλάνθανεν aus dem Text verdrängte, wobei ὑπιοῦσα stehen blieb:[93] Da Willems Vorschlag auch metrisch gerade in der Eröffnungsperiode Responsion herstellt, ziehe ich ihn der handschriftlichen, von MacDowell gehaltenen Überlieferung vor:

463 Ἆρα δῆτ' οὐκ αὐτὰ δῆλα — 2 tr
464 τοῖς πένησιν, ἡ τυραννὶς — 2 tr
465 ὡς ἐλάνθανέν μ' ὑπιοῦσα.|| Hiat — 2 tr

Es folgen je zwei katalektische trochäische Tetrameter, die in Ode und Antode einen gedanklichen Neuansatz enthalten: In 408f wird den Knaben der Befehl erteilt, die Mäntel der Alten mitzunehmen und Kleon zu Hilfe zu holen, in 466f folgt auf den Aufschrei über das heimliche Eindringen der Tyrannis die feindliche Hinwendung zu Bdelykleon.

An die Langverse schließt in Ode und Antode ein lyrisches Pnigos an. In der Antode erhält man drei kretisch-päonische Dimeter:

468 οὔτε τιν' ἔχων πρόφασιν — 2 p
469 οὔτε λόγον εὐτράπελον, — 2 p
470 αὐτὸς ἄρχων μόνος, ||| — 2 cr

Die Ode ist schwieriger zu analysieren:[94]

410 καὶ κελεύετ' αὐτὸν ἥκειν — 2 tr
411 ὡς ἐπ' ἄνδρα μισόπολιν — tr p
412 ὄντα κἀπολούμενον, ὅτι — 2 tr
413 τόνδε λόγον εἰσφέρει — p cr
414 [ὡς χρὴ] μὴ δικάζειν δίκας.||| — 2 cr

---

414 ὡς χρὴ del. Dindorf

---

[91] *Trachta 44-53; Sommerstein, Notes on Aristophanes' Wasps 263f; jetzt auch West, Three topics 283 n.12.*
[92] *Vgl. Stinton, Pause and period 37.*
[93] *Auch müßte man nach der handschriftlichen Überlieferung λάθρᾳ γ' zu ὑπιοῦσά με ziehen; vgl. Soph.O.R.386 λάθρᾳ μ' ὑπελθὼν.*
[94] *Vgl. West, Metre 105f.*

L.P.E. Parker (Split resolution 263) schlägt vor, die VV.411f in cruces zu setzen, da die 'split resolution' in 412 unhaltbar und außerdem die Responsion zur Antode zu stark gestört sei. MacDowell (Wasps) hält den überlieferten Text mit Dindorfs Tilgung in 414. Denn es sei überhaupt keine genaue Responsion beabsichtigt, und es gebe noch weitere Beispiele für derartige Fälle von 'split resolution' bei Aristophanes (Wasps 189f).[95]
Ich schlage vor, auf Dindorfs Weg weiterzugehen, der in 414 ὡς χρή als Glosse erkannte, die die schwierige Syntax vereinfachen sollte. Man könnte diese erklärende Notiz, die in den Text eingedrungen ist, schon in 412f (ὅτι κτλ.) beginnen lassen, wobei mit dem Kausalsatz das ἀπολούμενον erläutert werden sollte. Nimmt man 412 (ab ὅτι)-414 aus dem Text, erhält man annähernd Responsion. Schwierig bleiben 411f: Schon van Leeuwen weist in seinem Kommentar (Vespae 73 im app. crit.) darauf hin: "Suspectum est ἀπολούμενον [...] non addito κάκιστ' vel κακῶς." Man wird also auch hier mit einem Ausfall von κακῶς rechnen müssen und e.g. folgenden Text herstellen:

411 ὡς ἐπ' ἄνδρα μισόπολιν   tr p

412 κἀπολούμενον ⟨κακῶς⟩. ‖ 2 tr∧

----

412 ὄντα delevi ‖ ὅτι delevi ‖ κακῶς e.g. inserui praeeunte van Leeuwen
413-414 delevi

Mit dieser Textgestaltung erhält man in der letzten Periode approximative Responsion: Vollständige trochäische Metren respondieren mit synkopierten.

410 2 tr ≃ 468 2 p
411 tr cr ≃ 469 2 p
412 2 tr∧ ≃ 470 2 cr (brevis in longo)

Die Erbitterung des Chores ist jedoch noch nicht gedämpft, so daß auch in den folgenden Epirrhemen zwei lyrische Ausbrüche zu finden sind (418f= 475-477: 4 cr; 428f=486f: kretisch-päonischer Tetrameter).[96] Besonders deutlich wird dies in 417f und 473-475, wo der Chorführer vom Langvers des Dialogs in lyrische Maße fällt.

Die Interpretation der Parodos der *Wespen* zeigt deutlich, wie die metrische, d.h. die musikalische Komposition das Geschehen begleitet und wie sie dazu eingesetzt ist, die Vortragenden zu charakterisieren: Die alten Männer, die sich noch im Dunkeln Philokleons Haus nähern, ziehen in Iamben ein. Ihr unsicherer Gang, ihr Außeratemkommen wird im folgenden durch den leichten Wechsel zu synkopierten iambischen Tetrametern (2 ia lec) unterstrichen. Das Wecklied zeigt die Richter als Liebhaber längstvergangener Schlager à la Phrynichos. Sie singen ihr Morgenständchen, mit dem sie den saumseligen Kollegen herausrufen

----

95) MacDowells Beispiel Eq.284 αὐτίκα μάλα *ist jedoch nicht zutreffend, da hier ein Wortbild, eine gebräuchliche Verbindung, vorliegt.*
96) Es ist wohl vernünftiger, davon auszugehen, daß die Epirrheme durch lyrische Einsprengsel unterbrochen werden, als umgekehrt die Oden unverhältnismäßig lang auszudehnen, wobei das lyrische Versmaß durch die stichischen Langverse in den Hintergrund gedrängt würde. Vgl. Zielinski 137.

wollen, in einer Mischung aus Ionikern und Daktyloepitriten, die wohl für diesen Dichter bezeichnend war, und bleiben - einmal im Schwung - auch in dem folgenden Amoibaion bei diesem Metrum. Durch Philokleons paratragodische Monodie in Kenntnis über die Infamie seines Sohnes gesetzt, verleihen sie ihrer Gereiztheit, ihrem Wespencharakter, in den trochäischen Oden der beiden epirrhematischen Syzygien einen erregten Ausdruck. Bezeichnenderweise unterscheidet sich das Versmaß der Epirrheme: Die erste Syzygie ist in katalektischen anapästischen Tetrametern, die zweite in katalektischen trochäischen Tetrametern gehalten. Das trochäische Metrum ist also auch in Langverspartien eher einer aggressiven Handlung angemessen, während anapästische Tetrameter zu einer Beratung passen, wie sie in der ersten Syzygie stattfindet.

Thesmophoriazusen (280-379)

Nachdem sich während Mnesilochos' Gebet an Demeter und Persephone der Chor der Frauen schweigend mit rauchenden Fackeln versammelt hat (280-294),[1] entläßt der Alte seine Sklavin, die an der Versammlung nicht teilnehmen darf (293f, vgl. 330), und sucht sich einen Platz unter den Frauen, um den Reden zuzuhören und Euripides zu verteidigen.[2] Nach dem in Prosa gehaltenen εὐφημία-Gebot mit der Aufforderung, zu gewissen Gottheiten zu beten (295-300), eröffnet die Heroldin die Volksversammlung der Frauen. Diejenige, die τὰ βέλτιστα περὶ τὸν δῆμον τὸν 'Αθηναίων καὶ τὸν τῶν γυναικῶν (306f) vorbringe, solle den Sieg davontragen. Abgeschlossen wird die formelle Eröffnung der Versammlung mit nochmaliger Aufforderung zum Gebet und dem Festruf 'Ιὴ παιών (310f). Während der ganzen Eröffnungszeremonie ist die Doppelbödigkeit der Frauenversammlung als Ekklesie und als religiöse Zusammenkunft (301f: ἐκκλησίαν τήνδε καὶ σύνοδον τὴν νῦν) in der Gegenüberstellung von Formeln greifbar, die teils dem Eröffnungszeremoniell der athenischen Ekklesie, teils dem reli-

---

1) Falsch Kranz, Parodos Sp.1694: "In den Thesmophoriazusen gibt es keinen Einzug, der Chor ist in V.295 gleich am Tempel anwesend[...]".
2) Vgl. Schmid 309f.

giösen Fest zugehören.[3] Kleinknecht[4] hat auf die Komik und Parodie hingewiesen, die in dieser Szene stecken: Der komisch-parodische Effekt werde durch den Kontrast zwischen dem feierlichen Rahmen, den religiösen Formeln sowie der rituellen Sprache und dem eigentlichen Zweck der Versammlung, der Intrige gegen den Weiberfeind Euripides, hervorgerufen. "Es wird alles, was zu einer Volksversammlung gehört, so auch die ihr vorangehenden religiösen Zeremonien, der ganze Inhalt und die Form einer Volksversammlung mit allen Formalitäten von diesen Weibern dem Gelächter preisgegeben. Denn man bedenke bei der antiken Auffassung des Staatslebens: Weiber bilden die Volksversammlung! Die vollkommene Umkehrung aller normalen Verhältnisse!" Dies kommt besonders deutlich in der Kombination τὸν δῆμον τὸν τῶν Ἀθηναίων καὶ τὸν τῶν γυναικῶν zum Ausdruck.[5]
Der Chor folgt der Aufforderung der Heroldin und antwortet mit einem ὕμνος κλητικός (312-330).[6]

312	Δεχόμεθα καὶ θεῶν γένος	2 ia
313	λιτόμεθα ταῖσδ᾽ ἐπ᾽ εὐχαῖς	2 ia ∧
314	φανέντας ἐπιχαρῆναι. ‖	2 ia ∧
315	Ζεῦ μεγαλώνυμε χρυσολύρα τε	4 dact
316	Δῆλον ὃς ἔχεις ἱεράν,	p ch
317	καὶ σύ, παγκρατὲς κόρα,		lec
318	γλαυκῶπι χρυσόλογχε πόλιν	2 ia
319	οἰκοῦσα περιμάχητον, ἐλθὲ δεῦρο· ‖	3 ia ∧
320	καὶ πολυώνυμε θηροφόνη	4 dact ∧ (= 2 an ∧)
321	Λάτους χρυσώπιδος ἔρνος		2 an ∧
322	σύ τε πόντιε σεμνὲ Πόσειδον		2 an ∧

----

3) Vgl. Haldane 39-41.
4) Gebetsparodie 33.
5) Vgl. Horn 107; U. von Wilamowitz-Moellendorff: Aristoteles und Athen. Band 2. Berlin 1893,352f.
6) Vgl. Haldane 41-43; Norden 143f.191f.

323	ἁλιμέδον,	p
324	προλιπὼν μυχὸν ἰχθυοέντα‖ Hiat	2 an∧
325 a	οἰστροδόνητον,	an (= 2 dact)
325 b/326	Νηρέος εἰναλίου τε κόραι Νύμφαι τ᾽ ὀρίπλαγκτοι.‖	6 dact
327	Χρυσέα δὲ φόρμιγξ	ith
328	ἰαχήσειεν ἐπ᾽ εὐχαῖς	2 io oder pher
329	ἡμετέραις· τελέως δ᾽ ἐκκλησιάσαιμεν Ἀθηνῶν	6 dact
330	εὐγενεῖς γυναῖκες.‖‖	ith

Abweichungen von Coulons Text:

326 ὀρĭπλαγκτοι Austin (ὀρῑ- Blaydes): ὀρει- R

Bemerkungen zum Text: Zur Kürzung von ει zu ĭ vgl. E. Fraenkel: Kleine Beiträge. Band 1. Roma 1964,431f; J. Diggle: Euripides. Phaethon. Cambridge 1970,102.

Metrische Erklärung: Der erste Hymnos läßt in seinem metrischen Aufbau Einflüsse der Neuen Musik erkennen, die Aristophanes in der Agathon-Parodie (101-129) noch kurz zuvor verspottet hatte. Das Lied ist als ἄστροφον durch Perioden gegliedert, die sich durch Rhythmenwechsel voneinander absetzen:

P1 (312-314) enthält das Proömium zu dem folgenden ὕμνος κλητικός - gleichsam die Antwort des Chores auf die Prorrhesis der Heroldin (δεχόμεθα = Amen).[7]

In der zweiten Periode (315-319) beginnt der Chor mit dem Anruf der einzelnen Gottheiten in je verschiedenen Metren (siehe oben S.76f zu Av.227ff). Zeus (315) wird entsprechend seiner Würde in Daktylen, dem heroischen Versmaß, Apoll, als Gott der Lyrik, in äolischem Maß herbeigerufen. Die Form —◡◡◡—◡◡— (p ch) in 316 wird von Aristophanes in der Kinesias-Parodie (Av.937) und in Agathons Monodie (Thesm.106.119.125) als Manierismus der Neuen Musik parodiert.[8] Athenas Epiphanie (319), der als Stadtgöttin mehrere Verse gewidmet sind (317-319), wird in Iamben erfleht.[9]

Die dritte Periode (320-326), in der zunächst Artemis (320f), dann Poseidon (322-325a), schließlich die Nereiden[10] und Nymphen (325b-326) angerufen werden, wird wie die zweite Periode durch Daktylen eröffnet. Der anschließende Paroemiacus (321) bildet durch seinen spondeischen Beginn einen gleitenden Übergang (vgl. Nub.289f=312f, Av.253f). Der Anruf an Poseidon ist in

7) Zur Verdoppelung von 2 ia∧ vgl. Eur.Phoen.312f.

8) Die Form p ch findet sich noch Eur.Hel.520; cr ch ist zahlreicher belegt (etwa Eur.Hel.1340f, Or.834; Timotheos Fr.791,84.98f PMG). Vgl. dazu Itsumi 63; Dover, Comedy 149.

9) Zum lec als unabhängigem Vers vgl. etwa Eur.Phoen.651f; Parker, Catalexis 25. Zu 3 ia∧ vgl. Ran.397f.404f.409f, Thesm.678f.717. Zur Doppelkürze im letzten longum in 218 vgl. Ach.1040.

10) Zu Poseidon und den Nereiden vgl. Eur.Tro.1f, Hel.1584f; Pindar I.6,5f.

sich untergliedert: Auf je einen Paroemiacus folgt ein Monometron, zunächst ein Päon mit Auflösung des ersten longum, dann ein ambivalentes, entweder daktylisches oder anapästisches Glied. Der Aufbau des kleinen Abschnittes ist äußerst kunstvoll: Der Anruf an Poseidon füllt die erste Hälfte aus (322f), wobei das Epitheton ἁλιμέδον (323) im Monometron einen geschickten Abschluß bildet. Poseidons Wirkungsbereich ist Gegenstand der nächsten Verse (324-325a). Das abschließende Monometron enthält ein Epitheton zu dem Bereich, das, durch Hiat abgesetzt, noch besser zur Wirkung kommt. Dieses Metron bildet durch seine ambivalente Form (daktylisch oder anapästisch) einen gleitenden Übergang zu dem die Periode abschließenden daktylischen Hexameter, in dem die beiden angerufenen Gruppen, die Nereiden und Nymphen, durch Zäsur (Hephthemimeres) getrennt sind.

Die Schlußperiode (P4: 327-330) ist in Ringkomposition gebaut: Eröffnet und abgeschlossen wird sie durch einen Ithyphallicus (327.330). Im Mittelteil ist Whites Interpretation (§ 411), der ἰα- als Doppelkürze mißt,[11] erwägenswert. Einzelne ionische Metren in anderem metrischen Kontext (vgl. Av. 238, siehe dazu oben S.78),[12] ebenso vereinzelte Päone (323),[13] sind typisch für die Neue Musik. In 329 werden in dem daktylischen Hexameter die Daktylen von 315.320.325b-326 wiederaufgenommen.

Die zahlreichen katalektischen Verse dieses Liedes sind aus seinem Charakter als Hymnos zu erklären: Durch die Katalexe entsteht eine leichte Pause, so daß der Anruf der einzelnen Gottheiten um so pointierter erklingt (317. 320-322.327).[14]
Der Aufbau aus einzelnen metrischen Einheiten, die zahlreichen μεταβολαὶ κατὰ ῥυθμόν, das Zusammenfallen von Sinn- und metrischen Einheiten sind deutliche Indizien für den Einfluß des Neuen Dithyrambos. Die Übereinstimmungen mit der Arie des Wiedehopfs (siehe oben S.74-81) sind auffällig: Sowohl Tereus' Monodie als auch das Lied der Frauen sind in der Form eines ὕμνος κλητικός verfaßt (Polysyndeton), in beiden wechselt das Metrum mit den angerufenen Gottheiten bzw. Vögeln, beide sind in eine hochpoetische Sprache gekleidet. Wie in den *Vögeln* verschmähte es der Dichter nicht, die von ihm in demselben Stück kritisierten Stil- und musikalischen Mittel selbst publikumswirksam einzusetzen.[15] Die Sprache ist, wie bei einem rituellen Hymnos nicht anders zu erwarten, traditionell.[16] Die Götter sind mit Epitheta gekennzeichnet, die ihren Wirkungsbereich angeben (vgl. Nub. 563-574=595-606).

315 χρυσολύρα vgl. etwa χρυσοκίθαριν bei Timotheos Fr.791,202 PMG.[17]

316 vgl. Nub.596, Ran.659.

320 vgl. Lys.1262; Eur.H.F.378, I.A.1570.

321 ἔρνος vgl. etwa Eccl.973; Soph.O.C.1108.

323 ἁλιμέδον vgl. Vesp.1532 ποντομέδων.

---

11) Zur Messung von ἰα- als Doppelkürze vgl. D.L. Page: Euripides. Medea. Oxford 1938,80f: Am wahrscheinlichsten ist die Messung ⏑⏑ in Eur.Ion 499; in anderen Fällen, in denen Doppelkürze möglich ist, scheint longum angebrachter (Eur.Med.149, Hipp.585, I.T.180); ⏑ – ist in Aesch.Pers.940; Eur. El.143, Phoen.1301, I.A.1039 wohl die richtige Messung.
12) Vgl. Schönewolf 39.
13) Vgl. Wilamowitz, Verskunst 332.
14) Vgl. Parker, Catalexis; Stinton, Pause and period.
15) Vgl. Wilamowitz, Verskunst 476.
16) Vgl. F. Williams: Callimachus. Hymn to Apollo. Oxford 1978,39.

325a οἰστροδόνητον, von Naturgewalten in metaphorischem Sinn verwandt, ist singulär. Sonst wird mit diesem Adjektiv stets Io charakterisiert (Aesch. Suppl.573, P.V.589; οἰστροπλήξ in Aesch.P.V.681; Soph.El.5; Eur.Ba.1229 von Bakchantinnen). Die übertragene Verwendung zur Charakterisierung von Naturgewalten hat ihre Parallele in der metaphorischen Verwendung von οἶστρος (vgl. Eur.H.F.862 κεραυνοῦ ... οἶστρος). Die Tendenz, bekannte poetische Formulierungen auf neue Bereiche auszudehnen, stammt aus dem Neuen Dithyrambos.

326 ὀρίπλαγκτοι vgl. Eur.Phaethon 71 Diggle, Hec.205; Timotheos Fr.791,77 PMG; siehe oben S.114.

327 vgl. Pindar P.1,1; Thesm.124f; typisch für den neuen Stil ist die Anspielung auf musikalische und klangliche Motive (vgl. etwa Thesm.120-125; Eur.El.699-725, I.T.1236f, Hel.1305.1308.1311-1314.1341-1352).[17]

Gerade an diesem Hymnos, den ebenfalls der Bannstrahl Silks literarischer Kritik (112) trifft, läßt sich der Sinn aufzeigen, der hinter der von Silk bemängelten Konventionalität steckt. Die Häufung typischer Epitheta[18] und die zahlreichen Adjektive, die etwas als 'golden' (χρυσ-) bezeichnen,[19] sollen das Lied der Frauen als typischen ὕμνος κλητικός ausweisen. Aristophanes lag nicht daran, sich zu 'hoher' Poesie emporzuschwingen, sondern es ging ihm darum, ein im Handlungsverlauf sinnvolles Chorlied zu komponieren. Durch die Hymnen der Frauen zeichnet er das Bild der Eröffnungszeremonie der Volksversammlung, die ebenfalls ganz konventionell war, durch die Parodie der Ekklesieeröffnung und den Rahmen des Thesmophorenfestes[20] wird die Rolle des Chores als δῆμος τῶν γυναικῶν[21] unterstrichen, wobei die Frauen in gewissem Sinne Volksversammlung in einem privaten Rahmen spielen, wie auch Philokleon zu Hause seine Gerichtssitzung abhält.[22]

Auf den ὕμνος κλητικός, der in sich keine Spuren von Inkongruenz aufweist, folgt die Exsekrationsformel der Heroldin (331 bis 351) in iambischen Trimetern, in der parodische Spannung gehäuft auftritt:[23] stoffliche, klangliche und formale Übertrei-

---

17) Vgl. Schönewolf 41-44.

18) Vgl. Haldane 42: "μεγαλώνυμε, πολυώνυμε and σεμνέ were neutral forms which could be applied to almost any deity."

19) Vgl. Haldane 42 zu VV.315.318.321; siehe auch oben S.72 zu Av.216.

20) Vgl. Haldane 43 n.2.

21) Vgl. Horn 111f.

22) Vgl. Newiger, Metapher 127-130.

23) Vgl. Kleinknecht, Gebetsparodie 34-37; Horn 112-114; Haldane 43f.

treibung in der Aufzählung der Gottheiten (331-334), betont durch den Endreim und die Dative auf -οισι.[24] Die Komik der Verfluchungen rührt daher, daß anstelle des δῆμος τῶν 'Αθηναίων der δῆμος τῶν γυναικῶν (336.338) getreten ist. So wirkt der traditionelle Inhalt der Verfluchungen[25] in der Kombination mit der Frauenthematik komisch absurd und grotesk: Euripides und alle Frauenfeinde werden in einem Atemzug mit den Medern und Tyrannen genannt.[26] In den VV.339-348 bewegt sich die Heroldin nur noch im Bereich der für die Komödie typischen Frauentopoi - vielleicht ein Hinweis auf die bei Demeterfesten übliche αἰσχρολογία.[27]

Im anschließenden Lied (352-371), in dem der Chor ganz als δῆμος τῶν γυναικῶν singt (feminine Formen in 355.356.⟨366⟩.371), nehmen die Frauen die Aufforderung der Heroldin auf:

352	ξυνευχόμεθα τέλεα μὲν	ba ia
353	πόλει, τέλεά τε δήμῳ	ia ba
354	τάδ' εὔγματα γενέσθαι,‖	ba ba
355	τὰ δ' ἄρισθ' ὅσαις προσήκει	2 io anacl
356	νικᾶν λεγούσαις· ὁπόσαι δ'	ia ch
357/8	ἐξαπατῶσιν παραβαίνουσί τε τοὺς	3 ch
359	ὅρκους τοὺς νενομισμένους	gl
360	κερδῶν οὕνεκ' ἐπὶ βλάβῃ ‖Hiat	gl
361	ἢ ψηφίσματα καὶ νόμον	gl
362	ζητοῦσ' ἀντιμεθιστάναι,	gl
363	τἀπόρρητά τε τοῖσιν ἐ-	gl
364	χθροῖς τοῖς ἡμετέροις λέγουσ'	gl

---

24) *Vgl. Pax 50-53.*
25) *Vgl. Kleinknecht, Gebetsparodie 35f; Haldane 44; Gomme-Andrewes-Dover V 190.*
26) *Vgl, Haldane 44.*
27) *Vgl. Haldane 44; Burkert 368f.*

365	ἢ Μήδους ἐπάγουσι τῆς	gl
366	χώρας ⟨οὐ μεμελημέναι⟩ ⁞ Hiat	gl
367	ἀσεβοῦσ' ἀδικοῦσί τε τὴν πόλιν. ‖	enhoplius
368	'Αλλ', ὦ παγκρατὲς Ζεῦ,	mol ba
369	ταῦτα κυρώσειας, ὥσθ'	cr ia
370	ἡμῖν θεοὺς παραστατεῖν	2 ia
371	καίπερ γυναιξὶν οὔσαις. ‖‖	2 ia∧

Abweichungen von Coulons Text:

352 ξυνευχόμεθα R: ξυνευχόμεσθα Bothe

353 τε R: δὲ Augustanus

354 εὔγματα γενέσθαι R: εὔγματ' ἀποτελεῖσθαι Willems

366 οὐ μεμελημένοι Austin olim -αι scripsi: οὕνεκ' ἐπὶ βλάβη R

Bemerkungen zum Text: In 352 ist Bothes Konjektur unnötig. Metrisch liegt eine Kombination von bakcheischer Synkopierung und Auflösung eines iambischen Dimeters vor (vgl. Ach.1196); zum aufgelösten Baccheus vgl. Eur.Tro. 319.335.560-564.[28)]

V.353: Zu μὲν ... τε vgl. Denniston, Particles 374f: " ... often needlessly altered by editors"; vgl. etwa Aesch.Suppl.410f; Nub.563-566, Plut. 665-667.

V.354: Zu dem bakcheischen Dimeter mit Auflösung vgl. Soph.Trach.218.[29)]

V.366 stellt wohl den umstrittensten Vers des Chorlieds dar: Dobree, dem White (§ 560) folgt, erklärt οὕνεκ' ἐπὶ βλάβη als Dittographie aus 360. Von einigen Gelehrten wird angenommen, daß dadurch ein Fluch verdrängt worden sei. So konjiziert Schroeder (Cantica 60):

χώρας, ⟨οἵ⟩ ἀσεβοῦσιν	pher
ἀδικοῦσί τε τὴν πόλιν	gl
⟨ὄλοιντο⟩ Hiat	ba

Näher an der handschriftlichen Überlieferung bleibt Sommersteins Vorschlag (bei Austin, PCPS n.s.20,1974,2): τῇ/ χώρᾳ ⟨τῇδ', ἀπόλοιντ', ἐπεὶ⟩ (τῇ χώρᾳ iam Madvig). Horn (114f) postuliert den Fluch in V.367: Denn die bloße Feststellung am Ende der langen Aufzählung wirke lapidar.[30)] Außerdem hänge ταῦτα (369) in der Luft. Horns letztes Argument läßt sich leicht entkräften: ταῦτα ist proleptisch zu dem folgenden Konsekutivsatz gebraucht. Außerdem übersieht Horn mit seinem Einwand gegen die lapidare Feststellung in V.367, daß der Abschluß der langen Reihe von Staatsverbrechern durch die feststellende, indikativische Form um so pointierter erklingt, ja, dem ganzen Lied noch mehr Parabasencharakter verleiht, - was Horn in seiner Inter-

----

28) Vgl. Dale, Lyric metres 73f.80; Spatz, Strophic construction 318; Stinton, More rare verse-forms 88-95.
29) Vgl. Dale, Lyric metres 74.
30) So auch Andrewes in Gomme-Andrewes-Dover V 192: " ...it is oddly tame."

pretation ja aufzuzeigen versucht. So ist die Herstellung einer Verfluchung in 366f, wie sie Schroeder und Sommerstein vornehmen, völlig überflüssig. Überzeugender erscheint mir Austins Vorschlag (PCPS n.s.20,1974,2), der Dobree in der Tilgung von οὔνεκ' ἐπὶ βλάβῃ folgt und χώρας ⟨οὐ μεμελημένοι⟩ konjiziert. Allerdings ziehe ich die weibliche Form des Partizips vor (vgl. die femininen Formen in 355f und 371). Dadurch, daß die Liste von Staatsverbrechern wirkungsvoll mit einer weiblichen Form eröffnet und abgeschlossen wird, wirkt die ganze Aufzählung um so grotesker.

Metrische Erklärung: Das Chorlied läßt sich in vier Perioden untergliedern: P1 (352-354) besteht aus synkopierten Iamben und hat somit eine gewisse Ähnlichkeit mit der ersten Periode des vorangegangenen Hymnos (312-314).[31] Die Form des ersten Verses (352: ba ia) ist äußerst selten. Bei Aischylos läßt sich nur ein klarer Fall nachweisen (Cho.640), bei Euripides tritt dieses Kolon häufiger auf: H.F. (353), vor allem Tro. weisen mehrere Verse dieser Art auf (319.335.560-564, vgl. auch Hel.335, Or.1379.1443.1458.1473). In Tro.319.335.564 und Hel.335 findet sich ein Beleg für ein aufgelöstes longum des Baccheus. Daß gerade diese relativ seltene, zahlreicher nur beim späten Euripides und bei Timotheos (Fr.791,96.100.157 PMG) belegte Form eines synkopierten iambischen Dimeters mehrmals in den *Thesmophoriazusen* (352.1015.1029) verwendet ist, zeigt, daß Aristophanes dieses Kolon als Manierismus empfand und somit parodierte.
V.353, ein synkopierter Dimeter der Form ia ba, wird in 1034f zweimal eingesetzt, wobei der bakcheische Schluß kein Zeichen für Periodenende darstellt, wie der Vergleich mit Eur.Phoen.312f zeigt (τί φῶ σε; πῶς ἅπαντα/ καὶ χερσὶ καὶ λόγοισι).[32] Die Form ia ba ist in diesen Fällen als eigenständiges Kolon zu behandeln (vgl. auch Timotheos Fr.791,8.11.39.63.71.102.143 PMG).
V.354, der Klauselvers der ersten Periode, ein bakcheischer Dimeter mit aufgelöstem zweiten longum des ersten Baccheus, verweist ebenfalls in den Bereich metrischer Parodie (vgl. Soph.Trach.218).[33]
Die kurze Eröffnungsperiode stellt eine gekonnte Parodie metrischer Manierismen dar, wie man sie vor allem beim späten, durch die Neue Musik beeinflußten Euripides und bei Timotheos vorfindet.

P2 (355-360) wird durch einen anaklastischen ionischen Dimeter (Anakreontiker) eröffnet, der die Überleitung von den Iamben der ersten zu den äolischen Kola der zweiten Periode bildet. Durch seinen bakcheischen Schluß nimmt er V.354 auf, durch die Doppelkürze verweist er auf die folgenden äolischen Glieder.[34] Einzelne ionische Verse in anderem metrischem Kontext sind typisch für den Neuen Dithyrambos und die Neue Musik (siehe oben S. 78).[35] Vor allem sind choriambische Dimeter in der Verbindung mit Glykoneen bezeichnend für die moderne Strömung in der Musik.[36] Die langen Stasima in choriambischen Dimetern beim späten Euripides (z.B. Hel.1301 bis 1337.1338-1368, Or.807-843, I.A.206-230; auch Timotheos Fr.791,90-93 PMG) werden im Potpourri der *Frösche* (1309-1328) ausführlich parodiert. Dieses

---

31) Vgl. eine ähnliche approximative Responsion in der Eröffnung von Thesm. 668-670 und 707-709; vgl. Wilamowitz, Verskunst 475.

32) Vgl. Dale, Lyric metres 72 n.2; Stinton, More rare verse-forms 94; Parker, Catalexis 20.

33) Vgl. Dale, Lyric metres 54.

34) Zur Ambivalenz von Ionikern in äolischer Umgebung vgl. Dale, Lyric metres 143-146; West, Metre 126f.

35) Vgl. Schönewolf 39.

36) Vgl. Wilamowitz, Verskunst 210ff.222.227; Itsumi.

Metrum eignet sich in stichischer Reihung hervorragend aufgrund seiner Eintönigkeit für die balladenartigen Stasima (ἱστορίαι)[37] von Euripides' Spätwerk. Ein Versmaß, das seinen Ursprung in volkstümlichen Weisen hatte, schien in Aristophanes' Augen der Tragödie unwürdig.[38] Durch seinen iambischen Auftakt bildet der choriambische Dimeter in 356 einen gleitenden Übergang vom bakcheischen Ende des Anakreontikers zum folgenden choriambischen Trimeter[39], der seinerseits zu den Glykoneen überleitet (359f). Durch Hiat wird in 360 die zweite Periode pointiert mit der Formel ἐπὶ βλάβῃ abgeschlossen.

P3 (361-367) besteht aus einem glykoneischen Pnigos (in Synaphie 363f.364f). Die stichische Verwendung in Enjambement stehender äolischer Maße ist typisch für Euripides (siehe oben S.104 mit Beispielen).[40] Die monotone Wiederholung desselben Versmaßes - die äolische Basis besteht immer aus longa - hat den Effekt, daß die Frauen die Aufzählung pnigosartig herunterleiern.[41] Die Reihe schließt wie in der zweiten Periode mit Hiat (366). Es entsteht also eine kurze Pause, auf die dann als Abschluß der dritten Periode mit wirkungsvoller Alliteration die Zusammenfassung folgt (367).[42]

Die abschließende vierte Periode (368-371) nimmt das iambische Eröffnungsthema wieder auf. V.368 erweckt durch den molossischen Auftakt beim Zeus-Anruf den Eindruck von Würde.[43] Durch den bakcheischen Schluß des synkopierten Dimeters entsteht nach 368 eine kurze Pause nach dem Anruf (siehe oben S.115).

Der Inhalt des zweiten Liedes ist bei weitem ernsthafter im Ton als die Prorrhesis der Heroldin. In der Situation kurz vor dem oligarchischen Umsturz[44] erhält die Aufzählung von Staatsverbrechern eine besondere Note. Vor allem die VV.361 fallen auf, die wohl auf die geplante Verfassungsänderung anspielen. Zur Zeit der Aufführung der *Thesmophoriazusen* an den Großen Dionysien war die Absicht der Oligarchen bereits allgemein bekannt, so daß die gewiß traditionellen Äußerungen gegen die Feinde der Demokratie und Vaterlandsverräter in der spannungsreichen Lage vor dem endgültigen Ausbruch des Umsturzes dadurch, daß sie wieder mit Inhalt gefüllt wurden, hohe Brisanz erlangten.[45] Die Einkleidung in die rituelle Form zeigt, wie Aristophanes in po-

---

37) Vgl. Kranz, Stasimon 252ff; Schönewolf 39.
38) Vgl. Wilamowitz, Verskunst 225.226 Anm.1.
39) Zur Form vgl. White § 518.
40) Vgl. Dale, Lyric metres 146.
41) Vgl. auch Pax 956ff; Kleinknecht, Gebetsparodie 44-48.
42) Zur Form des Kolons vgl. Eur.Phoen.164; Dale, Lyric metres 168.
43) Zur Form mol ba vgl. Eur.Cycl.77, Alc.92, Phoen.1040.
44) Vgl. Gomme-Andrewes-Dover V 184-193; auch A. Sommerstein, JHS 97,1977, 112-126; anders Gelzer, RE Sp.1474.
45) Vgl. H. Wolff, ZPE 36,1979,279-302; vgl. auch Thesm.1143-1147; Thuc. VIII 53f.

litisch schwierigen Zeiten Stellung bezieht. Die Parabase mit ihrer Illusionsdurchbrechung ist für solche Worte nicht mehr geeignet; sie würde zu deutlich die Meinung des Dichters zu erkennen geben. Durch das Einfügen von Parabasenthemen in den kultischen Rahmen der Parodos bezieht Aristophanes die politischen Anspielungen und Warnungen in die Handlung ein, läßt sie Teil einer dramatischen Szene, der Eröffnung der Frauenvolksversammlung, werden. Durch den Schlußvers (371), aber auch schon durch die femininen Formen in 355f und ⟨366⟩ wird jedoch die ganze Aufzählung von Staatsfeinden aus dem Mund der Frauen komisch verfremdet. Die Änderung der politischen Situation mit der drohenden Gefahr eines Umsturzes drückt sich seit den *Vögeln* in einer vielschichtigen Darstellung und der Umgestaltung der Parabase aus, die in die Illusion des Stückes einbezogen wird, während parabasenähnlicher Inhalt nun an anderen Stellen des Dramas nicht mehr in expliziter, sondern eher versteckter, indirekter Form eingesetzt wird.[46)]
An das zweite Lied der Frauenversammlung schließt die komisch entstellte Eröffnungsformel der Ekklesie an (372-379).[47)] Die folgenden drei Reden stellen einen der dramatischen Situation und dem Handlungsablauf angepaßten 'Agon' dar, der durch Langverse der Chorführerin (381f) eingeleitet wird.[48)] Während in den anderen Stücken, in denen sich regelrechte epirrhematische Agone oder jedenfalls agonähnliche Szenen finden, der Agon sich aus einer Streitszene entwickelt, in der die Vereinbarungen für die folgende Argumentation getroffen werden, bringt Aristophanes in den *Thesmophoriazusen* zuerst die Reden (383-519), aus denen sich der Streit entwickelt (531-573). Erst nach der Rede des verkleideten Mnesilochos (466-519) kann sich eine Auseinandersetzung entspinnen. Zuvor waren sich die Frauen in ihrem gemeinsamen Anschlag gegen Euripides einig.
Die Intrige bestimmt demnach im ersten Teil der *Thesmophoriazu-*

---

46) Vgl. dazu mein 'Utopisches und Utopie'.
47) Vgl. van Leeuwen, Thesmophoriazusae 55; etwa Ach.45, Eccl.128ff; Arist. Resp.Ath.43,4-6.
48) Vgl. Austin; auch Fraenkel, Beobachtungen 122f; Gelzer, Agon 174.

sen bis zu Mnesilochos' Demaskierung die Struktur des Stückes. Die agonale Szene ist der (Intrigen-) Tragödie angepaßt, vielleicht sogar dem Euripideischen *Telephos*.[49] Gerade das Aufeinanderprallen von zwei größeren feindlichen Redeblöcken, auf die ein Streit in Stichomythie folgt, kennzeichnet Agone in der Tragödie.[50] So richtet sich nicht nur die metrische, d.h. die musikalische Gestaltung, sondern auch die Struktur der *Thesmophoriazusen* nach der Tragödie.

Die besondere Rolle des Chores in diesem Stück bedingt auch die ausgefallene Form der Parodos (siehe oben S.22f). Der Chor gibt einerseits als Festgemeinde der Frauen den Rahmen der Thesmophorien, andrerseits stellt er die Teilnehmer der Frauenekklesie. In beiden Funktionen zeigt er als Gruppe keine mit den früheren Stücken vergleichbare aktive Teilnahme am Geschehen, sondern einzelne Frauen lösen sich aus ihm und sprechen in seinem Namen. Die einzige Szene, in der der gesamte Chor als Handlungsträger fungiert, ist die Suche nach weiteren versteckten Männern (655-688). Es sieht so aus, als ob Aristophanes wenigstens in einer einzigen Szene den Chor als Gruppe an der Handlung teilnehmen lassen wollte und sozusagen die aktive Rolle, die der Chor sonst in der Parodos ausübt, an anderer Stelle der Komödie nachholte.[51] Doch die Aufgabe, den Rahmen des Festes zu bilden, erschöpft nicht die Bedeutung des Chores für den Ablauf der Komödie. Er treibt zwar nirgends im Stück die Handlung entscheidend voran, doch bringt er sie durch seinen Entschluß, über Euripides zu Gericht zu sitzen, erst ins Rollen und fordert durch die Bedrohung, die er für den Tragödiendichter darstellt, das Intrigenspiel, das Euripides zu seiner Rettung anzettelt, heraus. So nehmen die *Thesmophoriazusen* auch insofern

----

49) So E.W. Handley-J. Rea: The Telephus of Euripides. BICS Suppl.5,1957, 33f.

50) Vgl. etwa Soph.Ant.450ff.639ff; Eur.Alc.614ff, Heracl.134ff, Hipp.936ff, Or.491ff, I.A.1098ff; vgl. J. Duchemin: L' ΑΓΩΝ dans la tragédie Grecque. Paris 1968; W.J. Froleyks: Der ΑΓΩΝ ΛΟΓΩΝ in der antiken Literatur. Diss. Bonn 1973,320-334.

51) So Schmid 309f; Gelzer, RE Sp.1473.

eine Ausnahmestellung unter den erhaltenen Komödien des Aristophanes ein, als sie das einzige Stück sind, in dem nicht der Chor auf die im Prolog entwickelten Absichten eines Schauspielers zustimmend oder ablehnend reagiert (siehe oben S.29f), sondern der Schauspieler sich veranlaßt sieht, die Pläne des Chores, die schon vor Beginn des Stückes gefaßt worden sind, zu durchkreuzen. Aus dieser Umkehrung zur gewöhnlichen Komödienhandlung läßt sich auch das Zurücktreten des Chores als handelnder Teilnehmer erklären: Der Chor stellt von Anfang an eine Bedrohung für Euripides dar und fordert ihn zu seinem Gegenschlag heraus. Damit geht die Initiative von Beginn des Stückes an vom Schauspieler aus und bleibt so lange in seiner Hand, bis er die drohende Gefahr abgewendet hat (1160-1171).

Frösche (316-459)

Die Parodos der *Frösche* ist eine großangelegte Chorpartie - vergleichbar mit dem Stasimon der *Thesmophoriazusen* (947-1000); sie stellt eine Station auf dem Abstieg in den Hades dar, den Dionysos und Xanthias unternehmen (siehe oben S.30f). Als die beiden Flötenmusik (312-314) vernehmen, treten sie zur Seite (315), um den Einzug des Mystenchores zu belauschen,[1] wobei sie ihn a parte in Bomolochosart (337-339.414f) kommentieren, bis sie schließlich in einen kurzen Kontakt mit dem Chor treten (431-439). Wie in den *Wolken* kann man in dem Beiseitegehen der Schauspieler bei der Ankunft des Chores einen Rest der Furcht erkennen, "die sonst oft beim Nahen des Chores die Schauspieler ergreift"[2] und die bis in die Neue Komödie weiterlebt (siehe oben S.6 Anm.4).

Der Inhalt der Mystenprozession hat vor allem religionsgeschichtliche Untersuchungen hervorgerufen. Als Quelle für die Mystenbegehung geben schon die Scholien die Eleusinischen Mysterien[3] mit Prorrhesis, Gephyrismoi, dem Transport des Iak-

---

1) Vgl. Aesch.Cho.20ff; Fraenkel, Beobachtungen 22-26.
2) Newiger, Komödie 206; vgl. ders., Metapher 59 Anm.2.
3) Vgl. Burkert 426-432.

chosbildes von Athen nach Eleusis und Kultgesängen an. Neben diesen unverkennbaren Einflüssen[4] wurden auch orphische Züge und Spuren orgiastischer Dionysoskulte gesehen. Außerdem wurden die kleinen Eleusinischen Mysterien und Lenäen als mögliche Vorbilder in Betracht gezogen.[5] Horn (122) bemerkt zu diesen Spekulationen ganz richtig: "Das meiste hat, nach der üblichen Praxis unseres Dichters zu schließen, sowieso die Ansicht für sich, daß überhaupt kein eindeutig zu bestimmendes reales Vorbild durchgehend der Parodos zugrunde liege, sondern daß der Dichter ihm genehme Elemente aus verschiedenen Bereichen überarbeitet und verzerrt oder teilweise auch gar nur imitiert habe. Der Nutzen dieser Parodos für die Religionswissenschaft ist also mehr als zweifelhaft." Man muß wohl in der Mystenprozession eine Adaption vorwiegend den Eleusinischen Mysterien zugehöriger Elemente sehen, die Aristophanes den Gegebenheiten seines Stückes anpaßte. Durch bekannte, mit dem Prozessionszug nach Eleusis verbundene Züge wird der Zuschauer natürlich an dieses religiöse Ereignis erinnert, zumal die Prozession und Feier der Mysterien zur Zeit des Dekeleischen Krieges meistens unmöglich war.[6] Aristophanes setzt demnach bestimmte kultische Merkmale dazu ein, die Stimmung und das Ambiente hervorzurufen, die mit diesen Anlässen verbunden waren.[7]

An der Prorrhesis des Hierophanten (354-371) läßt sich am besten vorführen, wie Aristophanes dabei vorging: Die Bannformel (354f) mit dem Schweigegebot und der Aufforderung, sich zu entfernen, sind eindeutig der Kultsprache zuzuordnen.[8] Bereits im ersten Vers (354) liegt jedoch eine gewisse Ambivalenz vor:[9] Die Mysten bezeichnen sich als χοροί; χορός wird aber häufig für den komischen Chor verwendet.[10] Diese Doppeldeutigkeit wird verstärkt durch das Aprosdoketon λόγων (355) - wohl statt

----

4) Vgl. Radermacher 184f; Kleinknecht, Gebetsparodie 38-40.
5) Ausführliche Doxographie bei Horn 122.
6) Vgl. Newiger, Komödie 204.
7) Vgl. auch die Exodoi von Pax und Av.; siehe unten S.185-196.
8) Vgl. Kleinknecht, Gebetsparodie 38f; Radermacher 190f; Horn 127f.
9) Vgl. auch die Ambivalenz des Chores in der Parodos der Thesm. als Frauenekklesie und Festgemeinde; siehe oben S.122f.
10) Vgl. Horn 128 Anm.249.

τελῶν - und vor allem durch γενναίων ὄργια Μουσῶν (356) anstelle von ὄργια μυστῶν.[11] Die Verlagerung in den Bereich der Komödie wird auch in den nächsten Versen aufrechterhalten mit der Erwähnung von Kratinos (357) und dem Tadel derer, die an schlechten Witzen Gefallen finden.[12] Die Beziehung zu dem Dionysosfest, den Lenäen mit den Aufführungen von Komödien, ist unverkennbar (auch 366-368). Die Eingeweihten der Eleusinischen Mysterien werden zu Kennern der Musenkunst - zu Leuten, die in die Sprache des Altmeisters Kratinos eingeweiht sind und keinen Geschmack an schlechten Komödien finden. Die Balance zwischen den beiden Bereichen, Mysterienkult und komischer Aufführung, wird auch sprachlich beibehalten: ὄργια (356), ταυροφάγου[13] und Βακχεῖ' ἐτελέσθη (357)[14] weisen in den Kultbereich, Μουσῶν, ἐχόρευσεν (356) und Κρατίνου (358) in den der Komödie. Zusammengehalten werden die beiden Bereiche durch Dionysos, der zudem dem Schauspiel selbst beiwohnt. Auch in den folgenden politischen Bannformeln (359-365) kann man Komödienthematik erkennen: τὸ γὰρ δίκαιον οἶδε καὶ τρυγῳδία.[15] Diese Punkte (literarische Kritik, politische Paränese, persönlicher Spott) haben ihre Bezüge zum Inhalt von Parabasen.[16] Die eigentliche Parabase der *Frösche* besteht nur aus der epirrhematischen Syzygie; die Anapäste sind in der Prorrhesis vorweggenommen. Aristophanes kombiniert somit drei Elemente zu der großangelegten Chorpartie: "Geist und Inhalt der Parabase mit den Formen einer Mystenprozession unter Berücksichtigung der elementaren Erfordernisse einer Parodos."[17]

Bevor der Chor der Mysten sein Iakchos-Lied in Ionikern, einem

---

11) Vgl. Kleinknecht, Gebetsparodie 39.

12) ποιούντων *(Velsen, Blaydes) ist dem überlieferten* ποιοῦσι *vorzuziehen; vgl. R. Merkelbach: Kritische Beiträge. Meisenheim 1974, Nr.41.*

13) Das Epitheton für Kratinos paßt hervorragend zu seiner Charakterisierung in Eq.526-528 als reißender Strom. Zu ταῦρος *in Verbindung mit dem Dionysoskult vgl. Eur.Ba.100 (Dodds 79); in dionysischer Ekstase ist man* ὠμοφάγος *(Eur.Ba.138), vgl. Dodds XVI-XVIII.87. Zur Epiphanie von Dionysos als* ταῦρος *vgl. Carm.pop.871 PMG; Dodds XVIII-XX; Burkert 113f.*

14) Hier wie Plato, Phaedr.249c mit Acc. statt Dat.; vgl. L.-Sc.-J. s.v. τελέω *III.*

15) Ach.500; vgl. auch Ach.645.655-658, Ran.686f.

16) Vgl. Sifakis, Parabasis 33-52; Schmid 338; Horn 121-137.

17) Horn 137.

Metrum, das besonders mit dem Dionysoskult verbunden ist, anstimmt, hört man seinen Ruf[18], nachdem zuvor schon sein Flötenspiel erklungen ist (nach 311).

Strophe

323/4	Ἴακχ', ὦ πολυτίμητ' ἐν ἕδραις ἐνθάδε ναίων,	4 io sync (ba 3 io)
325	Ἴακχ', ὦ Ἴακχε, ‖ Hiat	2 io sync (2 ba)
326	ἐλθὲ τόνδ' ἀνὰ λειμῶνα χορεύσων	3 io sync (cr 2 io)
327	ὁσίους εἰς θιασώτας,	2 io
328	πολύκαρπον μὲν τινάσσων	io tr
329	περὶ κρατὶ σῷ βρύοντα	2 io anacl
330	στέφανον μύρτων, θρασεῖ δ' ἐγκατακρούων	io tr io
331	ποδὶ τὰν ἀκόλαστον	2 io sync (io∧ io)
332	φιλοπαίγμονα τιμάν,	2 io sync (io∧ io)
333-335	χαρίτων πλεῖστον ἔχουσαν μέρος ἁγνῶν ἱερὰν	4 io∧
336	ὁσίοις μύσταις χορείαν. ‖‖	io tr

Gegenstrophe

340	Ἔγειρε φλογέας λαμπάδας ἐν χερσὶ τινάσσων,	4 io sync (ba 3 io)
341	Ἴακχ', ὦ Ἴακχε, ‖ Hiat	2 io sync (2 ba)
342	νυκτέρου τελετῆς φωσφόρος ἀστήρ.	3 io sync (cr 2 io)
343	Φλογὶ φέγγεται δὲ λείμων·	2 io anacl
344	γόνυ πάλλεται γερόντων·	2 io anacl
346	ἀποσείονται δὲ λύπας	io tr
347-349	χρονίους τ' ἐτῶν παλαιῶν ἐνιαυτοὺς	2 io anacl io
350	ἱερᾶς ὑπὸ τιμῆς.	2 io sync (io∧ io)
351	Σὺ δὲ λαμπάδι φέγγων	2 io sync (io∧ io)
352	προβάδην ἔξαγ' ἐπ' ἀνθηρὸν ἕλειον δάπεδον	4 io∧

---

18) Darin liegt eine gewisse Ähnlichkeit mit dem Wolkenchor: Man hört ihn, bevor er zu sehen ist.

353 χοροποιόν, μάκαρ, ἥβαν. ||| 2 io

⏑ ⏑ — — ⏑ ⏑ — —

Abweichungen von Coulons Text:

335 ἁγνῶν Kaibel: ἁγνήν RVA ἁγνάν MU

340 ἔγειρε· φλογέας [λαμπάδας] Radermacher: ἔγειρε φλογέας λαμπάδας codd.

ἐν χερσὶ τινάσσων Hermann: ἐν χερσὶ γὰρ ἥκει (-εις ΦΣ^{Ald}) τινάσσων RV

Bemerkungen zum Text: In der Wiedergabe des Textes folge ich Coulon, abgesehen von den VV.335 und 340.

In 335 scheint mir Kaibels Vorschlag besser als die überlieferten synonymen Epitheta ἁγνήν, ἱεράν (als Asyndeton) zu χορείαν.[19]

V.340 ist umstritten: Coulon schließt sich Radermachers Erklärung (197f) an und versteht λαμπάδας als Glosse zu einem substantivisch gebrauchten, sonst aber nicht belegten ὁ φλογεύς, der 'Brenner'.[20] Als Folge davon muß er ἔγειρε bzw. ἔγειραι als absolut verwendeten, intransitiven Imperativ erklären. "Der absolute Imperativ 'Wach auf' ist zwar bei Hans Sachs und Richard Wagner sehr schön, kann aber in diesem Lied, wo der Chor in der Strophe Iakchos, nicht sich selbst anredet, als unmöglich gelten."[21] Erbse (276) streicht in Anlehnung an das Scholion (Ald)[22] τινάσσων, muß dann allerdings mit Meineke in ἐγείρων ändern, wozu τινάσσων als Glosse zu verstehen wäre; τινάσσων wird auch von Stanford (104) gestrichen, der aber ἔγειρε hält und γὰρ ἥκεις in παρήκεις ändert. Mir scheint allerdings ein Partizip zu ἐν χερσὶ notwendig zu sein. Gegenüber Erbses Erklärung ist es jedoch einfacher, γὰρ ἥκει(ς) als Glosse aufzufassen und zu streichen. Die Bedenken gegen φωσφόρος ἀστήρ (343) als vokativische Apposition (zuletzt wieder bei Horn 130 Anm.256) können mit Nub.264f ausgeräumt werden. Auch sind die VV.325 und 341 nicht unabhängige Interkalarverse[23], sondern durchaus als Vokativ zu verstehen,[24] was noch dadurch unterstrichen wird, daß der Anruf in den ionischen Kontext des Liedes eingepaßt ist (2 ba = ∧io ∧io).[25]

Metrische Erklärung: Das Metrum ist der angerufenen Gottheit entsprechend ionisch.[26] Die Ioniker sind frei gebaut. Als Responsionsfreiheiten treten auf: 2 io ≚ 2 io anacl (327 344).[27] Auffallend sind die Dimeter der Form io tr in den VV.328.330 (Trimeter).336.346. Aus den entsprechenden Versen (328 345.330 347-349) ergibt sich, daß man mit ancipitia zu rechnen hat (⏑⏑ — × — ⏑ — —). Es liegt also eine Weiterentwicklung des Anakreontikers vor, die zuerst bei Aischylos greifbar ist (Cho.951=963).

---

19) *Vgl. Wilamowitz, Isyllos 137; Newiger, Rez. Stanford 752.*
20) *Vgl. auch Dover, Aristophanes 1938-1955,99.*
21) *Newiger, Rez. Stanford 752.*
22) ἐν δὲ τισιν ἐκλέλοιπε τὸ τινάσσων.
23) *So Radermacher 190; vgl. Newiger, Rez. Stanford 752.*
24) *Anders Horn 130f.*
25) *Vgl. Wilamowitz, Verskunst 138; Dale, Lyric metres 120.*
26) *Vgl. Dodds 72; siehe oben S.99.*
27) *Vgl. Eur.Ba.530 ≚ 549, neben dieser Stelle der einzige Beleg für diese Art von Responsion; vgl. West, Metre 124, auch Korzeniewski 122.*

Auf diese Weiterentwicklung des ionischen Metrums wurde bereits im Zusammenhang der metrischen Interpretation der Parodos der *Wespen* hingewiesen (siehe oben S.99): Die beiden Teile des anaklastischen ionischen Dimeters (⏑⏑–⏑ und –⏑––) verselbständigen sich und erscheinen unabhängig voneinander. Der 'Trochäus' kann sich nun wiederum mit einem normalen ionischen Metron (⏑⏑––) verbinden (vgl. auch Thesm.107.117f.123). Diese freie Form der Ioniker in der Kombination mit 'Trochäen' muß eine musikalische Errungenschaft des Neuen Dithyrambos und der Neuen Musik darstellen, wie die Parodie von Agathons Poesie in den *Thesmophoriazusen* (101-130) zeigt.
Sonst liegen die üblichen Variationen und Responsionsfreiheiten vor: ⏑––(ba) steht anstelle von ⏑⏑––(io), ein breve wird durch das folgende longum aufgesogen (323=340.325=341); –⏑–(326=342) ist wohl als katalektische Form des 'Trochäus' aufzufassen.[28)]
Für die Periodisierung gibt es außer dem Hiat in 325=341 keine metrischen Anhaltspunkte.[29)] Nur der Anruf an den Gott ist vom folgenden Vers durch Pause abgesetzt (zu dieser Technik siehe oben S.66 mit Parallelen).

Wie das Metrum sind auch die Sprache und Vorstellungen der beiden Strophen eng mit dem Dionysoskult verbunden, wie der Vergleich mit Euripides' *Bakchen* und Sophokles' *Antigone* (1115ff) lehrt:

Vgl. z.B. Eur.Ba.107 (βρύετε) mit Ran.329 (auch Eubulos Fr.56 K.), Ba.140 (ὁ δ' ἔξαρχος Βρόμιος) mit Ran.351f, Ba.164 (παίγματα) mit Ran.332, Ba.381 (ἀποπαῦσαί τε μερίμνας, auch Ba.423) mit Ran.346, Ba.553 (τινάσσων) mit Ran.328.340, Ba.566-568 (ἥξει/ τε χορεύσων ἅμα βακχεύ/μασι) mit Ran.326f, Ba.594 (λαμπάδα) mit Ran.340; Soph.Ant.1146-1148 (ἰὼ πῦρ πνειόντων/ χοράγ' ἄστρων, νυχίων/ φθεγμάτων ἐπισκόπε) mit Ran.342f.[30)]

Die Formulierungen des Einzugsliedes der Mysten sind deutliche Zeichen der Verbundenheit mit dem Dionysoskult, sie sind demnach wie alles Kultische traditionell und stereotyp. Gerade dadurch aber erfüllen sie in der Verbindung mit dem ionischen Rhythmus die ihnen zugedachte Aufgabe, den Chor der Mysten angemessen einzuführen, ihn durch Sprache und Metrum bei seinem Einzug zu charakterisieren und seine Besonderheit hervorzuheben.[31)]
Nach dem Einzugshymnos und der anschließenden Prorrhesis des Koryphaios (354-371)[32)] folgt ein antistrophisches Lied (372 bis 377a=377b-381), das durchgehend in spondeischen Anapästen - außer in 383 wegen des Eigennamens - gehalten ist. Es enthält die

---

28) Vgl. Dale, Lyric metres 125.
29) Vgl. Wilamowitz, Isyllos 137.
30) Vgl. Dodds XXXII.169f.
31) Vgl. oben S. 68f zur Parodos der 'Wolken'. Silks Kritik (145 n.143) übersieht die dramatische Funktion von Sprache und Metrum, vor allem aber das Faktum, daß Kultisches zu einer Festlegung auch in der sprachlichen Formulierung strebt.
32) Vgl. Kaimio 192.

Aufforderung, sich auf die 'blumenreichen' Wiesen zum Tanz zu begeben. So paßt der Rhythmus zum feierlichen Marsch der Mysten.[33)]

Metrische Erklärung: Das Lied besteht aus 2 an∧ 2 an∧ 3 an (κατὰ πόδα) an 2 an∧ 2 an ||. Das dritte Glied aus sechs longa mit Mitteldihärese kann man als Abschlußvers zu den vorangehenden Paroemiaci auffassen, also als katalektische Form des Paroemiacus (Konstruktion κατὰ πόδα).[34)] Der akatalektische Schluß in 377a=381 ist selten (vgl. Lys.483=548; Eur.Med. 167, Hec.176 [del. Murray]).[35)] Er bildet gleichsam die Klausel zu den katalektischen Versen, indem ihm die akatalektische Form eine Kontrastwirkung zu den vorangehenden Kola verleiht.[36)] Außerdem wird die Würde und Erhabenheit der spondeischen Verse durch den akatalektischen Schlußvers etwas gebrochen. In der Gegenstrophe durchbricht der Spott gegen Thorykion (vgl. auch 363) als Aprosdoketon den Charakter des Liedes als rituelle Aufforderung zu Tanz und einem Hymnos auf Σώτειρα.[37)] So muß man wohl ein ähnliches Aprosdoketon in der Strophe ansetzen (377a ἠρίστηται δ' ἐξαρκούντως). Radermacher (194) sieht darin eine Anspielung auf kultisches Fasten und versteht ἐξαρκούντως als 'maßvoll'. Genausogut kann man darin jedoch auch eine Anspielung auf die Mahlzeit sehen, die der Chorege dem Chor zu stellen hatte (vgl. Ach.1152-1155). Eine Entscheidung für eine der beiden Möglichkeiten ist nicht nötig, da der Vers die Ambivalenz zwischen dem Chor als Mysten und als komischem Chor erhält.[38)] So nimmt das inhaltliche Aprosdoketon seinen Platz in dem metrischen ein.[39)]

Der kurze Katakeleusmos des Chorführers (382f) in katalektischen anapästischen Tetrametern kündigt einen weiteren Hymnos an: Demeter soll gepriesen werden (384-388=389-393). Ebenfalls antistrophisch gebaut, zeichnet sich auch dieses Lied durch seine einfache Struktur aus. Auf je vier iambische Dimeter folgt als Klauselvers ein katalektischer iambischer Dimeter.[40)] Die Sprache ist durchgängig im Gebetsstil gehalten: Vor allem συμπαραστάτει (385) im Anruf der Göttin ist typisch.[41)] Wieder ist die Chorrolle ambivalent. Die VV.386 und 391 weisen ihn als My-

---

33) Vgl. Dale, Lyric metres 54f; Spatz, Strophic construction 380f; Kratinos Fr.151 PCG. Zu solchen Spondeiazontes vgl. auch Terpander Fr.698 PMG; West, Metre 55 n.66: "Long syllables were felt to produce an effect of grandeur in themselves."

34) Vgl. White § 277; Dale, Lyric metres 54; Ach.285=336, Av.328=344.330=346, Lys.479.483; vgl. auch Wilamowitz, Verskunst 370f.

35) Vgl. Wilamowitz, Verskunst 367 Anm.2; White § 282.

36) Vgl. Parker, Catalexis 25.

37) Vgl. Radermacher 194.

38) Vgl. Horn 132; Stanford 108.

39) Vgl. Wilamowitz, Verskunst 367 Anm.2: "Besondere Absicht ist fast immer zu erkennen."

40) Vgl. Spatz, Strophic construction 381f; White § 89; Dale, Lyric metres 76; Pratos Kolometrie (295) zerstört die einfache lyrische Struktur.

41) Vgl. z.B. Thesm.370, Eccl.9.15, Plut.326.

sten aus, in den VV.388-390 und vor allem 392f kann man jedoch auch den Komödienchor mit seiner Bitte um Sieg erkennen.[42] Ein Prinzip der Aristophanischen Komödie wird in diesen wenigen Versen ausgedrückt: ridentem dicere verum - das σπουδαιογέλοιον als Grundprinzip des komischen Chores wird ausdrücklich herausgestellt.[43] Die angesprochenen Aktivitäten des Chores (388 παῖσαί τε καὶ χορεῦσαι, 389f γέλοιά μ' εἰπεῖν [...] σπουδαῖα, 392 παίσαντα καὶ σκώψαντα)[44] spiegeln die Lizenzen des Dionysosfestes und der damit verbundenen komischen Aufführungen wider: Spott war ungestraft (387 ἀσφαλῶς, 407 ἀζημίους) möglich, das ὀνομαστὶ κωμῳδεῖν hatte in diesem Rahmen seine institutionelle Verankerung - ein Phänomen, das wir in den Saturnalien in Rom und den Fastnachtsbräuchen vom Mittelalter bis zur Gegenwart erkennen können.[45]
Nach einem erneuten Katakeleusmos des Chorführers (394-396, ἄγ' εἶα extra metrum) in Euripideen[46] mit der Aufforderung, Iakchos[47] anzurufen, folgt ein dreistrophiger Hymnos (397-403=404-408=409-413). Auf je zwei katalektische iambische Trimeter[48] folgen ein iambisches Monometron, dann ein iambischer Dimeter und als Klauselvers ein katalektischer Dimeter; jede Strophe wird von einem Refrain in einem iambischen Trimeter abgeschlossen. Der einfache Bau,[49] vor allem aber der Refrain[50] zeigen, daß Aristophanes sich durch außerliterarische, kultische Lieder zu diesem Iakchos-Anruf inspirieren ließ.[51]

---

42) Vgl. Horn 133f; Götteranruf und Bitte um Sieg kann man als Parabasenelemente bezeichnen, vgl. Sifakis, Parabasis 37-42.
43) Vgl. Ach.500.628ff.
44) Zu den Infinitiven in 387ff vgl. Kühner-Gerth II 19f.
45) Vgl. dazu ausführlich mein 'Utopisches und Utopie'.
46) Vgl. Kaimio 176; zum Euripideion vgl. Vesp.248-272 (oben S.94f).
47) Zu Iakchos vgl. Eur.Ba.725 mit Dodds Kommentar (165f): Zunächst wohl eine lokale Gottheit, verschmilzt er später mit Dionysos (vgl. auch Soph. Ant.1146ff); vgl. Σ zu Ran.482.
48) Vgl. Denniston, Lyric iambics 125f.
49) Vgl. Dale, Lyric metres 76.
50) Vgl. auch Eccl.958-959b=967-968b; Wilamowitz, Verskunst 95f.
51) Vgl. auch Ach.263-279; Athen.622b-d (Lied der Phallophoren); das Lied, das die Athener bei der Rückkehr des Demetrios Poliorketes sangen, besteht aus iambischen Trimetern mit ith als Klausel; vgl. Radermacher 197 bis 201.

In diesem Lied verschmilzt die bisherige Ambivalenz des Chores als Mysten und komischer Chor: Den Chor der Komödie bilden die Mysten des Dionysos.[52] So wird hier noch einmal die Festlizenz des uneingeschränkten Spottens und Feierns angesprochen (405 bis 407b), die sowohl für den komischen Chor wie die Festgemeinde zutrifft. Betrachtet man den Gedankengang vom Einzugslied, dem ersten Iakchoshymnos, über die beiden Strophenpaare bis zu dem zweiten Hymnos, zeigt sich eine Entwicklung "vom feierlichen Ernst zur schelmischen Heiterkeit"[53], besonders deutlich in der dritten Strophe, an die sich ein scherzhaftes Intermezzo der beiden Lauscher anschließt (414f).[54] Sie nehmen in einem kurzen Amoibaion metrisch den Schlußteil des vorangehenden Liedes auf (2 ia 2 ia∧ 3 ia).[55] Das kurze Zwischenspiel nimmt die Stelle ein, die vorher die überleitenden Katakeleusmoi des Chorführers innehatten (382f.394-396).

Das folgende fünfstrophige Lied (416-430), an das sich ein metrisch und strukturell entsprechendes Chor-Schauspieler-Amoibaion anschließt (431-439), "represents the old rustic ἰαμβισμός or γεφυρισμός, the lampooning at the bridge, which was probably the most primitive form of popular metre."[56] Typisch für die volkstümliche Form ist der Aufbau in kurze Strophen (2 ia∧ 2 ia∧ 3 ia), das Vermeiden von Enjambement[57] sowie das iambische Metrum, das vor allem im Klauselvers (3 ia) seine Nähe zum gesprochenen Vers zeigt.[58] Die Spottlieder, die während der Eleusinischen Prozession von Vermummten an der Brücke über den Ilissos auf angesehene Bürger gesungen wurden,[59] gaben Aristophanes den Anstoß, in die Mystenbegehung diese σκώμματα einzubauen. Allerdings liegt eine Umkehrung der gewöhnlichen Ge-

----

52) Auch in diesem Hymnos finden sich Elemente des Dionysoskultes: 401 ἄνευ πόνου vgl. Eur.Ba.194 (ἀμοχθί) und 614 (ῥᾳδίως ἄνευ πόνου).

53) Horn 135.

54) Vgl. Fraenkel, Beobachtungen 22-26.

55) Diese Kolometrie ist der von Prato (296f) und Spatz (Strophic construction 356) vorzuziehen, die in 4 ia∧ 3 ia einteilen.

56) Dale, Lyric metres 76.

57) Vgl. Wilamowitz, Verskunst 96.

58) Vgl. auch Ach.263-279.

59) Vgl. Radermacher 203.

phyrismos-Situation vor: Der Prozessionszug selbst singt die Spottlieder und ist nicht ihr Objekt. So läßt sich auch an dieser Stelle aufzeigen, daß es Aristophanes nicht darum ging, realistisch und detailgetreu eine bestimmte kultische Begehung nachzubilden, sondern daß er aus einem kultischen Repertoire schöpfte und die Einzelemente sinnvoll seinen dramatischen und komischen Absichten unterordnete.

Den einfachen Aufbau in Kleinstrophen findet man auch in anderen Liedern skoptischen Inhalts.[60] Mit aller Vorsicht kann man annehmen, daß in diesen Liedern ein Relikt jener ἰαμβικὴ ἰδέα greifbar ist, aus der sich nach Aristoteles (Poetik 1449b 8)[61] die Alte Komödie entwickelt hat und die, wie dieses Lied zeigt, gegen Individuen gerichtet war.

Es ist verfehlt anzunehmen, daß Dionysos und Xanthias sich an dem Spottlied beteiligen (so Radermacher 203). Κοινῇ (416) bezieht sich darauf, daß nun der Gesamtchor singt - nicht wie bisher zwei Halbchöre -, und nicht auf Dionysos und Xanthias, deren Intermezzo (414f) a parte, aus ihrer Lauscherstellung heraus gesungen wurde.[62]

Sprachlich und inhaltlich läßt sich die Entwicklung vom Gebets- und Hymnenstil der ersten drei Lieder, der im zweiten Iakchos-Hymnos abgeschwächt und dann in der dritten Strophe durchbrochen wurde, zu einer niederen Sprache nachvollziehen, die zu einem Spottgedicht paßt:

425 ἐγκεκυφώς: Zu κύπτειν mit obszönem Nebensinn vgl. Henderson, Maculate muse No.363 (S.180).

Ebenso liegt in 424 ein doppelter, obszöner Nebensinn vor; vgl. Henderson, Maculate muse No.388.484 (S.185.220).

430 κύσθῳ (Bothe)[63] [...] ναυμαχεῖν vgl. Henderson, Maculate muse No.263 (S.163); zur Schlacht mit Frauen vgl. auch Soph.El.302 (ὁ ξὺν γυναιξὶ τὰς μάχας ποιούμενος).

Eine witzige Pointe liegt auch darin, daß Kleisthenes' Sohn seine rituelle Totenklage, anatomisch betrachtet, an verkehrter Stelle vornimmt (422 bis 424).

In den an die σκώμματα anschließenden drei Strophen (431-439) kleidet Dionysos die triviale Frage nach dem Weg in ein musikalisches Gewand. Nach der genauen Wegbeschreibung seines Halbbruders Herakles, deren Stationen bisher ohne Ausnahme vorka-

---

60) Vgl. Wüst.
61) Vgl. Lucas 91.
62) Vgl. Blaydes, Ranae 283.
63) Vgl. Radermacher 205; Newiger, Rez. Stanford 752.

men, erübrigt sich seine Frage. Denn nach Herakles' Auskunft wohnen die Mysten (162f) ἐγγύτατα παρ' αὐτὴν τὴν ὁδὸν/ ἐπὶ ταῖσι τοῦ Πλούτωνος [...] θύραις. Aristophanes wollte jedoch die Parodos nicht ohne jeden Kontakt des Chores mit den Schauspielern vergehen lassen. So stellt dieses kurze, an sich überflüssige Amoibaion ein Relikt der alten Streitszene dar, in der es zum Aufeinandertreffen des Chores mit den Schauspielern kam (siehe oben S.29-33). Nach der barschen Abfertigung durch den Chor (434-436) sowie Dionysos' und Xanthias' Reaktion (437-439) schließt die breitangelegte Parodos mit einem erneuten Katakeleusmos des Chorführers (440-447) in Euripideen (vgl. 395f)[64], auf den ein Strophenpaar als Abschluß der Parodos folgt (448-453=454-459).

Metrische Erklärung: Die Struktur des letzten Chorliedes ist leicht zu durchschauen: Auf 2 ia 2 ia∧ (P1: 448f=454f) folgen als zweite Periode (450-453=456-459) 3 tel mit reiz als Klauselvers. Die Telesilleia bilden ein lyrisches Pnigos (Synaphie in 456). Die äolische Basis ist in der Strophe außer in 450 lang, in der Gegenstrophe außer im Klauselvers kurz. Die Verbindung akephaler äolischer Maße mit Iamben ist auch sonst in der Aristophanischen Komödie nachweisbar. Hier ist allerdings durch Periodenschluß vor dem äolischen Pnigos die Beziehung nur äußerlich, während sonst das Reizianum oft Klauselfunktion nach iambischen Reihen ausübt (vgl. Ach. 836ff, Nub.1303f).[65] Die Struktur des Liedes der Mysten gleicht dem Auszug des Chores in den *Ekklesiazusen* (289-299 ≃ 300-310): Auf je zwei 2 ia lec folgen dort 3 tel mit reiz als Klausel. Selbst in der Formulierung finden sich Übereinstimmungen (Ran.447 ≃ Eccl.289).

Bei seinem letzten Parodos-Lied begibt sich der Chor sprachlich wieder auf das Niveau des Beginns: Man befindet sich im Bereich hoher Lyrik; der Chor singt wieder in seiner Rolle als Mysten. Auch in dieser mit der dramatischen Handlung nur lose verknüpften Parodos werden die metrischen Mittel genauso zur Charakterisierung des Chores und des Geschehens eingesetzt wie in den früheren Stücken: Das ionische Eröffnungslied gibt den Chor als Dionysosanhänger zu erkennen. Die beiden an die Prorrhesis anschließenden Liedpaare spiegeln wie der zweite Hymnos auf Iakchos mit seinem Refrain in ihrer einfachen Struktur und Metrik Kultlyrik wider. Im zweiten Iakchos-Hymnos vollzieht sich der Wechsel vom Ernst zum Heiteren, das in den σκώμ-

----

64) χωρεῖτέ (440) steht extra metrum, vgl. V.394.
65) Vgl. Dale, Lyric metres 80f.

ματα (416ff) zur Geltung kommt. Im Schlußlied (448-459) findet der Chor wieder zur erhabenen Sprache zurück, so daß die ganze Parodos genau das darstellt, was der Chor als seine Aufgabe ansieht (389f): καὶ πολλὰ μὲν γέλοιά μ' εἰ/πεῖν, πολλὰ δὲ σπουδαῖα. Diese Mischung aus Ernst und Spaß kommt auch in der Prorrhesis zum Ausdruck, in der ein ernster politischer Mittelteil (359-365) von weniger ernsten literarischen Angriffen umrahmt ist (335-338.366-368). Dieses σπουδαῖον des Mittelteils findet seine Fortsetzung in der Thematik der Parabasenepirrheme (668 bis 705=718-737) und der Exodos (1446-1450.1455-1459).[66)]
Die Parodos der *Frösche* als beinahe geschlossene Chorpartie (siehe oben S.23f), als ein Abenteuer von Dionysos und Xanthias auf ihrem Weg in die Unterwelt, spiegelt in gewisser Weise die Rolle wider, die der Chor in diesem Stück innehat: Die Mysten versammeln sich in der Orchestra zur Feier ihrer Mysterien, die in keiner Beziehung zur Handlung und zum 'Komischen Thema'[67)] stehen. Nach ihrem Einzug bleiben sie als interessierte Zuschauer und kommentieren[68)] ohne größere Anteilnahme oder Betroffenheit das Bühnengeschehen. Die Entscheidung, welchen der beiden Tragiker Dionysos letztlich mit sich zur Oberwelt nimmt, ist ohne jede Bedeutung für sie. Die Mysten gleichen eher dem Chor einer Tragödie.[69)] Euripides' *Phoinikerinnen* bieten sich zum Vergleich an. Auch in diesem Stück erscheint der Chor ohne Beziehung zur Handlung. Die Schauspieler treten bei seinem Nahen ab, um nicht mit ihm zusammenzutreffen (196f).[70)] Danach betrachtet der Chor der phoinikischen Mädchen die Handlung allerdings in höherem Maße betroffen als der Mystenchor, da sie mit den Thebanern, Kadmos' Nachkommen, verwandt sind. So weist das Zurücktreten des Chores als Handlungsträger in den *Frö-*

---

66) Vgl. Gelzer, Aristophanes 289: "In der Parabase (686ff) wirft er die Autorität des heiligen Chors der Mysten in die Waagschale mit einer feierlichen Mahnung, den gegenseitigen Haß und Hader zu überwinden und die Besten zur Verteidigung der bedrohten Stadt einzusetzen."
67) Vgl. Koch 42-51.88.
68) Vgl. Newiger, Komödie 206. Darin sind die Mysten den Wolken vergleichbar, die allerdings für den Ablauf des Stücks eine bedeutendere Funktion ausüben; siehe oben S.13-15.
69) Vgl. Newiger, Komödie 206.
70) Dieses Motiv wird typisch für die Νέα; *vgl. Taplin, Stagecraft 334-336; Fraenkel, Beobachtungen 22-26.*

schen auf die weitere Entwicklung voraus, die der Chor noch in Aristophanes' eigenem Werk, vor allem aber in der Mittleren und Neuen Komödie erfuhr. In der Parabase jedoch mit ihrem ernsten Inhalt und dem Anspruch, der Stadt Nützliches zu raten (686f), steht der Mystenchor noch ganz in der Tradition der Alten Komödie. Diese Spannung zwischen dem Althergebrachten und dem Neuen[71)] schlägt sich auch im Spiel mit den traditionellen 'Bauformen' der Komödie[72)] nieder und weist die *Frösche* als ein Stück des Übergangs, wenn nicht gar als Abschluß einer Epoche[73)] aus.

Chor und Halbchor

Nach diesem Gesamtüberblick bleibt noch zu überlegen, wie die einzelnen Chorpartien aufzuteilen sind, d.h. ob man im Text Indizien finden kann, die für eine Aufteilung unter einen männlichen und einen weiblichen Halbchor sprechen. Von Herakles wurde ja in seiner Wegbeschreibung ein Thiasos von Männern und Frauen jeden Alters (156f) angekündigt.

Die Ode des Einzugsliedes (323-336) wird wohl von den Frauen gesungen worden sein. So läßt sich Xanthias' Bemerkung in 338 (ὡς ἡδύ μοι προσέπνευσε χοιρείων κρεῶν) am besten erklären.[1)] Die Antode (340-353) kann man dem Männerhalbchor zuweisen (vgl. V.345). Nach den Anapästen des Chorführers (354-371) kann man vom nächsten Strophenpaar die Strophe (372-377a) den Männern, die Gegenstrophe (377b-381) den Frauen geben; ἀνδρείως (372) bietet allerdings eine nur schwache Stütze für die Zuteilung an die Männer, wohl aber paßt die Erwähnung von Σώτειρα (= Kore) besser zu Frauen.[2)] Das Strophenpaar 384-388=389-393 wird von Radermacher (184) dem Gesamtchor zugeteilt. Es ist aber auch hier eine Teilung möglich: V.386 (τὸν σαυτῆς *(sc.* Δημήτρος*)* χορόν) paßt besser zum Frauenhalbchor, während die Gegenstrophe mit der Bitte um den Sieg im Agon vom Männerhalbchor als dem Repräsentanten des komischen Chores vorgetragen werden könnte. Von den drei Strophen des zweiten Iakchos-Hymnos kann man mit Sicherheit die letzte (409-413) den Männern zuteilen. Danach könnte man auch die erste Strophe (397-403) den Männern, die zweite (404-408) den Frauen geben, um sie nicht unbeteiligt zu lassen.[3)] Die σκώμματα werden vom Gesamtchor vorgetragen (416 κοινῇ).[4)]
Das letzte Strophenpaar ist schwierig zuzuweisen. Der Koryphaios kündigt an, mit den Frauen und Mädchen zur Pannychis zu gehen, während er den Männerchor auffordert, sich ἱερὸν ἀνὰ κύκλον (441) zu begeben. Da es aufführungs-

---

71) Vgl. Gelzer, Aristophanes 290-293; ders., Tradition und Neuschöpfung 315f. In der Tragödie vgl. etwa Soph.Phil. und Eur.Or.; vgl. Kranz, Stasimon 228-266.

72) Parabatischer Charakter der Parodos, Agon nach der Parabase, verkürzte Parabase.

73) Vgl. Gelzer, Aristophanes 290.

---

1) Vgl. R. Seager, CQ n.s.31,1981,250; Henderson, Maculate muse No.110-112 (S.131f).

2) Vgl. Radermacher 195f.

3) Zu Arnoldts Spekukationen (147) vgl. Wilamowitz, Wespen 315 Anm.1.

4) Vgl. Radermacher 203.

technisch unschön ist, wenn einer der beiden Halbchöre schweigend Stellung bezieht, würde ich vorschlagen, die beiden Strophen dem Gesamtchor zuzuweisen (zur Inszenierung siehe oben S.23f).
Allerdings muß man sich bei diesen Zuteilungsversuchen dauernd vor Augen halten, daß sie den Bereich der Spekulation selten überschreiten. So weist z.B. Kaimio (128) darauf hin, daß der Text keine hinreichenden Anzeichen für eine Zuweisung einzelner Partien biete. Schon der Scholiast zu V.354 kritisiert Aristarchs Teilung des Chores als unbegründbar.[5]

Ekklesiazusen (1-310.478-570)

Nachdem die Frauen, die den Chor bilden, sich allmählich versammelt (30-56) und die Vorbereitungen für ihren Ekklesieauftritt getroffen haben (siehe oben S.25), fordert die Chorführerin den inzwischen als alte Männer verkleideten Chor (275-279) zur Eile auf (Parodos-Katakeleusmos 285-288 in katalektischen iambischen Tetrametern). Das Versmaß (4 ia ∧) ist bezeichnend für die Charakterisierung: Die Frauen sollen alte Männer darstellen, zu deren Schritt die Iamben passen (siehe oben S.93f). Der Chor nimmt die Aufforderung der Chorführerin mit dem Adhortativ χωρῶμεν (289) auf[1] und bleibt zunächst im iambischen Metrum (289f: 2 ia lec).[2] Daran schließen sich stichisch verwendete Telesilleen an, die durch Reiziana untergliedert sind.[3] Dadurch bilden sich Kleinstrophen von maximal vier Telesilleia mit Reizianum als Klausel - eine Art des Strophenbaus, die auch in anderen lyrischen Partien des Aristophanes zu beobachten ist,[4] aber auch für Euripideische Stasima in äolischen Maßen typisch ist.[5] Die Verwendung der akephalen Glykoneen in den Hymenäen des *Friedens* und der *Vögel* oder in dem polemischen Gassenhauer der *Ritter* (973ff) verweisen auf volkstümliche Ursprünge dieser kurzstrophigen Lieder mit ihrem eingängigen Rhythmus.[6]

---

5) Bei Kaimio 103 n.3.

1) Vgl. auch Ran.448; Kaimio 146.

2) Vgl. vor allem Lys.254-259, Vesp.248-272.

3) Vgl. Ran.448-453=454-459 (oben S.133).

4) Eq.973ff.1111ff, Pax 1329ff, Av.1731ff, Ran.448ff.

5) Vgl. Thesm.361ff (oben S.119f); Dale, Lyric metres 146; Wilamowitz, Verskunst 253.

6) Vgl. Wilamowitz, Verskunst 253; West, Metre 116: "Abundance of tl or r seems a popular feature." Zum Reizianum als Volksliedkolon vgl. das Rhodische Schwalbenlied (Carm.pop.Fr.848 PMG).

Metrische Erklärung: Die Periodik ergibt sich durch die Reiziana mit Klauselfunktion von selbst:
P1 (289f=300f) 2 ia lec '|(durch brevis in longo in der Strophe deutlich abgesetzt). Die Euripideen bilden gleichsam den 'Kopf'[7] der lyrischen Partie, der vom rezitierten zum gesungenen Teil überleitet. Wie die Behandlung der Parodos der *Wespen* (siehe oben S.94) zeigte, muß man wohl davon ausgehen, daß Euripideen rezitiert wurden.

P2 (291a=292a=302a-303a) 3 tel reiz || (brevis in longo in 303a).

P3 (292b-294=303b-305a) 4 tel *reiz* || (brevis in longo in 292 [τριώβολον] stellt kein Anzeichen für Periodenende dar, sondern bewirkt nur eine leichte Pause, so daß der Einsatz mit ἀλλ' im nächsten Vers um so betonter erklingt).[8]

P4 (295a-295b=305b-306) 2 tel reiz || (Hiat in 295b, brevis in longo in 306, Synaphie in 305bf).

P5 (296-297=307-308) 3 tel reiz || (brevis in longo in 297, Synaphie in 297f und 308f).

P6 (298-299=309-310) 3 tel reiz ||(brevis in longo in 310).

Für eine Aufteilung des Chores in zwei Gruppen (so Arnoldt 100-103; Ussher 114), von denen die eine mehr damit beschäftigt sei, sich an die Männerrolle zu gewöhnen, die andere dagegen sich als Bauern ausgebe, gibt es keine Anzeichen (vgl. Kaimio 103ff.111). Vielmehr gehorcht der Chor zunächst dem Befehl der Chorführerin, nicht aus der Rolle zu fallen (285-287), wobei ihm der Lapsus in 299 unterläuft; in der Gegenstrophe befolgt er dann den Rat Praxagoras (277-279), sich als alte, konservative Landbewohner zu gerieren. So befassen sich die Frauen in der Strophe mehr mit dem Thema 'Mann' - die namentliche Nennung ist typisch für alte Choreuten (vgl. Vesp.230-234, Lys.254ff)[9] -, in der Gegenstrophe zeigt sich der Chor in der Ausführung von Praxagoras Rat als alte Landbewohner.[10]

Nach dem Auszug des Chores (μετάστασις)[11] zur Ekklesie ist die Bühne frei; in einem 'zweiten Prolog' wird das andere Geschlecht vorgeführt, das an der verfahrenen Lage der Stadt Schuld trägt.[12] Erst in V.478 kommt der Chor von der Volksversammlung zurück (Epiparodos),[13] immer noch verkleidet und vorsichtig darauf bedacht, nicht ertappt zu werden.[14] Das Versmaß ist wieder iambisch, Rhythmus und Struktur gleichen dem Aus-

---

7) Vgl. Kraus §§ 45-47 (S.35).
8) So auch Pax 860.1351, Av.1734; vgl. Newiger, Retraktationen 245f.
9) Vgl. Kaimio 129.
10) Stadt-Land-Gegensatz in 300f; Gegensatz Gegenwart-Vergangenheit 300 bis 303b; nostalgischer Rückblick: Myronides (304a) nimmt die Stelle der Reminiszenzen an Marathon ein; zu Myronides vgl. Thuc.I 108; Lys.821.
11) Pollux 4,108; siehe oben S.25 Anm.68.
12) Reinhardt 73f.
13) Vgl. Kranz, Parodos Sp.1693; Taplin, Stagecraft 375f; siehe oben S.26.
14) Vgl. Thesm.663-686, wo in einer ähnlichen Such- und Späheinlage die Parodos nachgeholt wird (siehe oben S.122); vgl. auch Aesch.Eum.244ff;Soph. Ai.866ff.

zugslied zur Ekklesie.[15]

Metrische Erklärung: Das Eröffnungskolon (ἔμβα χώρει || Hiat) vor Iamben ist ähnlich ambivalent wie Thesm.953 (ὅρμα χώρει). Wegen der Aufforderung zum Marschieren interpretiert man es am besten als anpästisches Monometron, das der Form nach natürlich auch ein synkopierter iambischer Dimeter (sp sp) sein könnte.[16]
Nach der 'Proode' der Chorführerin (478-482)[17] folgt ein antistrophisches Chorlied. Strophe und Gegenstrophe sind durch Hiat bzw. Katalexe in klare Perioden untergliedert, die zumeist mit den Sinneinheiten zusammenfallen.

P1 (483=493) 4 ia∧ ||(Hiat in 483). In Strophe und Gegenstrophe wird die Aufforderung zur Eile gegeben.

P2 (484f=494f) 2 ia 4 ia∧|| (Hiat in 495). Die zweite Periode beschreibt die Folgen einer Entdeckung durch die Männer.

P3 (486-488=496-499) drei 2 ia 4 ia∧///. In Strophe und Gegenstrophe wird befohlen, sich in Acht zu nehmen. In V.487 muß Lücke angezeigt werden, in der ein Imperativ fehlt; ansonsten wäre das "Hauptverbum συστέλλου mit dem Particip. coniunct. durch ein καί verbunden [...], was aber grammatikalisch nicht möglich ist" (Trachta 93).[18]
Daran schließen stichisch verwendete katalektische iambische Tetrameter an (489-492=500-503), die man als Epirrhema und Antepirrhema bezeichnen könnte.[19]

Nach seinem Wiedereinzug in die Orchestra (478-503) tritt der Chor in den Hintergrund.[20] Nachdem er den Umsturz durchgeführt hat und Praxagora als στρατηγός (500) eingesetzt worden ist, büßt er seine aktive Rolle ein und bildet gleichsam als Andeutung des 'Volkes der Weiber', in deren Händen nun alle Macht im Staat liegt, den Hintergrund der Darstellung der Folgen für die Betroffenen. Sein Verweilen in der Orchestra wird ähnlich wie im *Plutos* (326f, siehe oben S.61f) damit motiviert, daß er Praxagora bei den Regierungsgeschäften als Ratgeber zur Seite stehen solle (517-519). Vergleicht man den Chor der *Ekklesiazusen* einerseits mit den Chören früherer Stücke, andrerseits mit dem des *Plutos*, weisen sich die *Ekklesiazusen* eindeutig als eine Komödie des Übergangs aus: Im Anfangsteil

----

15) Vgl. Spatz, Strophic construction 426f.
16) Anapäste als Einleitung zu Iamben finden sich auch Pax 512ff.
17) Vgl. Ussher 142; Kaimio 134; auch Aesch.Eum.244-253 (vgl. dazu Taplin, Stagecraft 379f).
18) Vgl. Ussher 143; anders Dale, Lyric metres 207 n.1.
19) So Perusino 39.
20) Außer in der Agon-Ode (571-580) und der Exodos (1151-1183).

ist der Chor an der Handlung beteiligt, nur durch seine Hilfe kann Praxagoras Plan in die Tat umgesetzt werden.[21] Allerdings ist er kein eigenständiger Handlungsträger mehr, da er durch die Heldin, die in seinem Namen handelt, vetreten wird. So hat er zwar noch während des ganzen Stückes einen sinnvollen Platz in der Handlung. Dadurch aber, daß seine Bedeutung von der einer eigenständigen Gruppe mit eigenen Interessen auf die einer Schar von Komplizinnen, von Schauspielern einer Nebenrolle (siehe oben S.27f) zurückschrumpft, sind die dramatischen Möglichkeiten, die in den früheren Stücken mit dem Auftritt und Eingreifen des Chores in die Handlung verbunden waren, verloren gegangen. Der Chor steht von vorneherein auf Praxagoras Seite, muß also nicht erst von ihrem Vorhaben überzeugt werden. Da Aristophanes die Heldin die Frauen vertreten läßt, muß der Chor sich auch nicht in die auf die Epiparodos folgende Auseinandersetzung mit Blepyros einschalten, sondern bildet den Hintergrund, repräsentiert nunmehr als Gruppe von Frauen die neuen Verhältnisse. Die schwindende Bedeutung des Chores findet ihren Niederschlag in dem Zurücktreten oder Fehlen der traditionellen Formen der Alten Komödie, in denen der Chor sich äußerte oder in Beziehung zu den Bühnenpersonen trat: Der Prolog, in dem der Einzug des Chores erfolgt, ist im iambischen Trimeter, dem Konversationsvers der Schauspieler, gehalten. Vergleicht man damit den Einzug des Vogelchores, der gewisse Parallelen aufweist,[22] fällt auf, daß in den *Vögeln* das Versmaß mit dem Erscheinen der ersten Vögel zum Tetrameter umschlägt (268ff, siehe oben S.83), in dem sich im Parodoskomplex die Schauspieler mit dem Chor auseinandersetzen. So wird auch in der metrischen Gestaltung klar, daß Aristophanes den Chor der *Ekklesiazusen* eher als eine Gruppe mehrerer Schauspieler gesehen hat. Auffallend sind die Langverse (4 ia∧) beim Auszug zur Ekklesie (285-288), in der Epiparodos (478-503) und während des anschließenden kurzen Dialogs mit Praxagora (514 bis 519), in denen der Chor als Gruppe behandelt wird. Anstelle der

---

21) Vgl. Maidment 14.
22) Vgl. Wilson.

Parabase (729f), in deren Epirrhemen der Chor über sich selbst zu sprechen pflegte,[23] und der Lieder nach der Parabase (nach 876 und 1111) wird durch χοροῦ-Vermerke angezeigt, daß hier ein Zeitsprung durch Tanz und Lieder überbrückt wird, die keinen Handlungsbezug mehr besitzen und wahrscheinlich auch nicht vom Dichter selbst stammen.[24]
Bezeichnend für die zurückgehende Bedeutung des Chores ist auch die Schlichtheit der von ihm vorgetragenen lyrischen Gebilde. In ihrer einfachen metrischen Gestaltung und ihrem einfachen Strophenbau[25] dürften sie keine hohen Anforderungen an das Können des Chores gestellt haben. Die Agon-Ode in Daktyloepitriten stellt den einzigen vom Chor gesungenen musikalischen Höhepunkt dar!

---

23) Vgl. Sifakis, Parabasis 41f.
24) Vgl. Pöhlmann, Überlieferungswert 69-80.
25) Vgl. Dale, Lyric metres 76.

5.5. Zusammenfassung

Der Durchgang durch die Parodoi von Aristophanes' erhaltenen Komödien ließ einige formale Übereinstimmungen erkennen, deren Ursache man in der jeweiligen Chorrolle, dem Verhältnis des Chores zu den Schauspielern und der Teilnahme des Chores an der Handlung zu suchen hat.

Die formalen Ähnlichkeiten der Parodoi der *Acharner* und *Lysistrate* (Typ 1) rühren daher, daß der feindlich eingestellte Chor beim Eintritt in die Orchestra seinen Gegner nicht vorfindet und deshalb die Gelegenheit hat, seinem Unmut in lyrischen Versen, die eine Variation des Einzugsrhythmus darstellen,[1] Luft zu verschaffen. Zwischen den Langversen und den gesungenen Partien ist ein unterschiedlicher Grad von Emotion festzustellen: Die Langverse dienen einerseits als 'Parodoskatakeleusmos', als Aufforderung zum Marsch und zur Aktion,[2] andrerseits als eher "unaffektisch mitteilende Rede"[3] in den Epirrhemen,[4] während die lyrischen, gesungenen Partien der Stimmung des Chores einen erregten Ausdruck verleihen. Dadurch, daß der Chor in dieser epirrhematischen Form der Parodos (siehe oben S.53-56) zunächst "Herr seiner Zeit"[5] ist, weil er durch die Abwesenheit seines Gegners nicht sofort in eine Auseinandersetzung verwickelt wird, hat der Dichter die Möglichkeit, den Chor bei seinem Einzug durch Metrum und Sprache ausführlich zu charakterisieren (siehe oben S.54f). Zu dem Zusammentreffen mit dem Widersacher kommt es in der an den Einzug anschließenden Streitszene, wobei die alten Männer in der *Lysistrate* zu ihrer Überraschung nicht auf die Heldin treffen, sondern auf alte Frauen, die ihren Geschlechtsgenossinnen in der Akropolis zu Hilfe eilen (siehe oben S.22.55).

In den Parodoi der *Ritter*, des *Friedens* und *Plutos* (Typ 2), in denen der Chor sofort, von einem Schauspieler gerufen, auf sei-

---

1) *4 tr∧ → cr; 4 ia· → lyrische Iamben.*
2) *Vgl. Ach.204-207.234-236, Lys.254f.266-270.*
3) *Händel 29.*
4) *Ach.219-222, Lys.281-285.*
5) *Händel 30.*

nen Gegner oder Parteigänger stößt, bleibt ihm keine Zeit, sich lyrisch über sich und den Grund seines Kommens zu äußern. Das Zusammentreffen mit den Schauspielern fällt mit dem Einzug des Chores zusammen.[6)]

Einen deutlichen Beweis für den Zusammenhang der Chorrolle mit der Form der Parodos liefern die *Wolken*. Da der Chor von Sokrates gerufen wird, gehört die Parodos zu Typ 2. Durch seinen Charakter als Gottheiten ist der Chor jedoch nicht unmittelbar in das Geschehen verstrickt, sondern schwebt gleichsam über ihm. Dadurch, daß er nicht sogleich in die Handlung einbezogen wird, bleibt ihm die Gelegenheit, sich lyrisch zu äußern und vorzustellen, wobei er zudem, seinem göttlichem Wesen entsprechend, nicht sofort auf Sokrates' Ruf hin erscheint, sondern sich langsam und feierlich nähert und seine Lieder noch unsichtbar vorträgt. Der Ruf nach dem Chor ist in den *Wolken* dem Charakter des Chores angemessen als ὕμνος κλητικός ausgeführt (siehe oben S.65-69).

In einem brillanten Spiel mit dem Motiv des Rufes gestaltet Aristophanes die Parodos der *Vögel* (siehe oben S.81f). Der Ruf ist in eine Soloarie (227-262) gekleidet, die der schillernden Buntheit der Vögel durch die Vielfalt der verwendeten Metren und Rhythmenwechsel das passende Gewand verleiht. Doch die Bemühungen des Wiedehopfs zeigen keinen Erfolg (263-266). Tereus wiederholt seinen Lockruf (siehe oben S.76), und es erscheinen nacheinander vier absonderliche Vogelgestalten - allerdings nicht, wie erwartet, in den Eisodoi, sondern auf dem Dach der Skene (268-293, siehe oben S.20). Wie sich anschließend herausstellt, gehören die vier Vögel gar nicht zum Chor. Der Einzug des Chores vollzieht sich als ein buntes Durcheinander verschiedener Vogelarten (294ff), die unter lautem Gezwitscher (307) in die Orchestra stürzen und sich feindlich gegen die menschlichen Eindringlinge gebärden. Es folgt die Streitszene (327-399), in der es jedoch nicht zu dem Zusammenprall mit den

----

6) In den 'Rittern' liegt eine regelrechte Streitszene vor. Zu Relikten einer Streithandlung im 'Frieden' und 'Plutos' siehe oben S.63 Anm.1.

beiden Athenern kommt. Tereus verhindert im letzten Augenblick (366-385) Handgreiflichkeiten, indem er die Vögel dazu bewegt, den Fremden erst einmal zuzuhören. Die *Vögel* zeigen im Vergleich mit der Grundform des 'Rufe-Motivs' in den *Rittern* und im *Frieden*, wie Aristophanes sein Spiel mit den durch diese Grundform bestimmten Erwartungen der Zuschauer treibt, vor allem aber, wie er in einer Grundstruktur (Typ 2) frei mit den bekannten Motiven und Formen (Ruf, Choreinzug, Streitszene) schaltet und waltet.

Genügend Zeit, sich zu entfalten und vorzustellen, besitzen die Chöre der *Wespen, Thesmophoriazusen* und *Frösche* (Typ 3). In den drei Stücken erscheint der Chor aus Gewohnheit bzw. aufgrund einer vor dem Beginn der Komödie liegenden Verabredung[7] ohne Wissen von und ohne Beziehung zu der Prologhandlung. So läßt Aristophanes in den *Wespen*, bevor der Chor, durch Philokleons Monodie über Bdelykleons Machenschaften ins Bild gesetzt, zur Parteinahme gedrängt wird und in zwei epirrhematischen Syzygien (Ausbruchsversuch, Streitszene; siehe oben S.105f) in die Handlung eingreift, ein 'Genrebild aus Altathen'[8] entstehen, in dem er eine humorvolle Charakterisierung der alten Richter bietet (siehe oben S.95). In den *Thesmophoriazusen* geht die Parodos in der Eröffnungszeremonie der Frauenvolksversammlung auf, die am Thesmophorenfest tagt (siehe oben S.112-123). In ihr wird der Rahmen der Komödie (Zeit, Ort, Gelegenheit) gegeben und in dem Nebeneinander der Parodie des Kultes und der Eröffnung der Ekklesie die Rolle des Chores für den weiteren Verlauf des Stückes als Volksversammlung der athenischen freigeborenen Frauen und als Kultgemeinde vorgezeichnet. Die metrische und musikalische Parodie in den Hymnen nimmt das in Agathons Pseudo-Amoibaion angeschlagene Thema auf und verweist auf den paratragodischen Inhalt der folgenden Handlung. Als eine Station auf der Unterweltsreise von Dionysos und Xanthias bildet der breitangelegte Prozessionszug der Mysten in den *Fröschen* eine Episode, die keinen Bezug zur eigentlichen Hand-

----

7) So auch in den 'Ekklesiazusen', was das Stück Typ 3 zuordnet.
8) Newiger, Metapher 74.

lung der Komödie besitzt. Der Chor gerät auch nach der Parodos in keine Auseinandersetzung mit den Schauspielern und ihrem Plan, sondern verharrt in der Haltung eines interessierten Zuschauers (siehe oben S.134f).

Der Überblick über die Parodoi zeigte, daß die beiden Hauptaufgaben dieses Handlungsabschnittes, den Chor in das Stück einzuführen und es zum ersten Zusammentreffen des Chores mit den Schauspielern kommen zu lassen,[9] Aristophanes mit einem bestechenden Reichtum an Formen meisterte. Verallgemeinernd läßt sich feststellen, daß die Mitwirkung des Chores für die Langverse und lyrischen Partien verantwortlich ist.

Der Zusammenstoß des Chores mit den Schauspielern kann mit seinem Auftritt zusammenfallen (*Ritter, Frieden, Plutos*) oder nach seinem Einzug in einer eigenen Szene erfolgen (*Acharner, Wespen, Vögel, Lysistrate*), deren Form der Dichter den Erfordernissen der Handlung anpaßt. In den *Acharnern, Wespen* und *Vögeln* kommt es zum feindlichen Aufeinanderprallen in einer epirrhematischen Syzygie (siehe oben S.53-56.84f). Die Bestandteile der epirrhematischen Komposition, Gesang und rezitierte Langverse, gestatten Aristophanes, in den Oden die höchste Erregung der Beteiligten in lyrischer, gesungener Form auszudrücken, während die Epirrheme in gedämpfterem Ton Verhandlungen, Überlegungen oder Streit zum Inhalt haben. In den *Acharnern* (siehe oben S.39-41) umschließen die Oden (284-302 ≈ 335-346) ein Epirrhema (303-334), wobei diese Bauweise den beiden Höhepunkten der Streitszene entspricht: Die Ode führt die unerbittlichen Acharner vor, die sich weigern, auch nur ein Wort von Dikaiopolis anzuhören. Die Antode zeigt die umgekehrte Situation: Nun ist Dikaiopolis der Überlegene, und die Acharner bitten um Gehör. In den *Wespen* stößt der Chor nach seinem Einzug mit zwei Schauspielern zusammen: zunächst mit seinem alten Freund Philokleon, dann mit Bdelykleon. Dementsprechend trifft man auf zwei epirrhematische Syzygien: Die erste (334-402) hat die Beratschlagung zwischen Chor und Philokleon und den mißglückten Ausbruchsversuch zum Inhalt, die zweite (403-525) den Streit mit Bdelykleon. Der

---

9) Bzw. wider Erwarten mit einem gegnerischen Chor wie in der 'Lysistrate'.

Übergang von der ersten zur zweiten Syzygie ist gleitend, da Bdelykleon im Antepirrhema der ersten gerade noch rechtzeitig erwacht, seinen Sklaven weckt und Anweisungen gibt, um den Ausbruchsversuch seines Vaters zu vereiteln. So hat das Durchbrechen des symmetrischen Aufbaus der epirrhematischen Bauweise im Antepirrhema, das Fehlen des Antipnigos, durchaus inhaltliche Gründe: Unerwartet für den Chor und die Zuschauer, die aufgrund der Komposition des Epirrhemas auch im Antepirrhema mit einem Pnigos rechnen konnten, erwacht Bdelykleon und zerstört durch sein Eingreifen die Symmetrie. Die Oden drücken die erregte Reaktion des Chores als Gruppe angesichts der überraschenden Lage aus: im ersten Odenpaar den entrüsteten Aufschrei über Bdelykleons Machenschaften (342-345) und die entschlossene Bereitschaft, ihn in die Schranken zu weisen, falls er ihnen bei Philokleons Ausbruchsversuch in den Weg treten sollte (373-378), im zweiten das 'Kampflied der Wespen' (403-414) und die Beschuldigung Bdelykleons, tyrannische Ambitionen zu hegen (463-470.473-477, siehe oben S.105-112). In den *Vögeln* wechselt in der epirrhematisch gebauten Streitszene (327-342≃343-399) die Perspektive zwischen den feindlichen Lagern: Die Ode (327 bis 335) enthält die aufgebrachte Reaktion der sich verraten fühlenden Vögel, der Katakeleusmos (336-338) die Ankündigung, sich mit dem Verräter Tereus später auseinanderzusetzen und sich erst einmal die beiden Athener vorzunehmen. Im Epirrhema (338 bis 342) reagieren Peisetairos und Euelpides auf die Drohungen des Chores. In der Antode (343-351) erfüllen die Vögel ihre Ankündigung mit einem Angriffslied; im Antikatakeleusmos (352f) treffen sie die letzten Vorbereitungen zur Attacke; die beiden Athener nehmen in den VV.354-363 des Antepirrhemas ihre Gegenmaßnahmen vor. Soweit liegt also eine parallele Konstruktion vor, in der die Oden und Katakeleusmoi dem Chor, die Langverse den Schauspielern gehören. Diese Symmetrie wird in den VV.364f mit dem Angriff der Vögel durchbrochen. Doch Tereus stellt sich ihnen in den Weg und bringt sie dazu, die Athener anzuhören (366-385), die darauf in einem erleichterten Pnigos reagieren, aber doch noch wachsam bleiben (386-399, siehe oben S.84f). Wie in der ersten Syzygie der *Wespen* wird auch in der

Streitszene der *Vögel* die strenge epirrhematische Komposition, wie man sie aus epirrhematischen Agonen kennt,[10] durchbrochen, sobald eine überraschende Wendung des Geschehens eintritt. Es kommt nun doch nicht zu dem feindlichen Zusammenstoß, sondern Tereus kann wider Erwarten den Chor zum Einlenken bewegen.
Die Beschreibung der epirrhematischen Syzygien der Parodoi zeigte, wie Aristophanes gekonnt mit den Erwartungen des Publikums spielt, indem er wie in der ersten Syzygie der *Wespen* und der Streitszene der *Vögel* im Anti-System die Erwartung, die er im ersten Teil aufgebaut hat, an signifikanter Stelle durchbricht.[11] Die metrische und damit musikalische und choreographische Form der Parodoi richtet sich, wie die Interpretation der einzelnen Stücke zeigte, ganz nach inhaltlichen Erfordernissen: Trochäen drücken energischen Tatendrang, Angriffslust und Schnelligkeit aus (*Acharner, Ritter, Frieden, Vögel*), der unsichere und langsame Gang alter Männer wird durch Iamben untermalt (*Wespen, Lysistrate, Ekklesiazusen*). Bezeichnenderweise schlägt das Metrum in der zweiten epirrhematischen Syzygie der *Wespen*, sobald die Alten ihre Wespennatur zeigen und Bdelykleon angreifen, zu Trochäen um, während der Einzug in katalektischen iambischen und die erste Syzygie in katalektischen anapästischen Tetrametern, die eher der Diskussion dienen,[12] gehalten waren. Die Oden

---

10) Vgl. Gelzer, Agon 73-123.

11) Es ist demnach verwirrend, wenn man mit Gelzer (Agon 19f.21f) Vesp. 334-402 und Av.327-399 als Agone nach der Parodos bezeichnet. Alle diese Szenen sind Teil des Szenenkomplexes 'Parodos', wobei sie, da sie zum Teil als epirrhematische Syzygien gebaut sind, formal durchaus epirrhematischen Agonen ähneln können. Gerade die Katakeleusmoi jedoch, die Gelzer (81) als Indiz für einen epirrhematischen Agon ansieht, sind in den epirrhematischen Syzygien des Parodosgefüges ihrer Art nach von den Katakeleusmoi der Agone in der 'Diallage' verschieden; ἀλλά als Einleitung (Vesp.346.379, Av.336. 352) ist in zwei Fällen (Av.) adversativ und an den Chor gerichtet (vgl. Newiger, Rez. Gelzer 39). Gerade dieses ἀλλά, mit dem sich der Chor selbst ermuntert, ist äußerst typisch für Parodoi (vgl. Ach.234, Lys.266.286, Eccl. 483.489.501; vgl. Kaimio 130). Zu den epirrhematischen Syzygien des Parodoskomplexes siehe oben S.53-56 und unten S.243f.

12) Siehe oben S.112; vgl. auch Nub.314-456 und die anapästischen Epirrheme von Agonen; Gelzer, Agon 84.

nehmen, sofern der Chor sich lyrisch äußert, bei Trochäen und Iamben das Einzugsmetrum auf, stellen also eine lyrische, emotional gefärbte Spiegelung der Situation dar, die mit dem Einzug des Chores und seinem Zusammentreffen mit den Schauspielern verbunden ist (siehe oben S.141 Anm.1). Auch rein lyrische Maße können in der Parodos ganz zur Charakterisierung des Chores eingesetzt werden: Die Ioniker der *Wespen* (siehe oben S.99) rufen die Weisen des alten Phyrnichos wach und zeigen den Chor als Liebhaber längst vergangener Melodien.[13] Die feierlichen Daktylen der Oden, die die Wolken während ihres Nahens singen (siehe oben S.65-69), sind ihrem Wesen als Göttinnen angemessen, unterstreichen ihre Würde und Erhabenheit. Die polymetrischen Hymnen der *Thesmophoriazusen* (siehe oben S.112-120) erfüllen zwei Aufgaben: Einerseits ist die feierliche Form durchaus zu dem Anlaß passend, andrerseits steht sie in der parodischen Tendenz des ganzen Stückes, da gewisse Manierismen der Neuen Musik unüberhörbar sind.

Es wird bei der Behandlung der anderen lyrischen Teile der Aristophanischen Komödien darauf zu achten sein, ob auch außerhalb des Parodosgefüges das Metrum in dieser charakterisierenden Weise eingesetzt wird oder ob es an anderen Stellen im Drama andere Funktionen ausübt.

Häufig konnte bei der Interpretation der Parodoi der Einfluß von Satyrspiel und Tragödie nachgewiesen werden, ohne daß paratragodische Absicht erkennbar wäre. Das Motiv des Rufes nach dem Chor erscheint ebenso wie das Suchmotiv auch in der Tragödie und im Satyrspiel (siehe oben S.30f.36). In der Suchszene der *Acharner* und in dem Zusammenrufen der Vögel setzt Aristophanes tragische Motive zur Strukturierung der jeweiligen Parodos ein, was wir als 'tragische Imitation' (siehe oben S.36) bezeichneten.[14] In den *Thesmophoriazusen* richtet sich die Komposition

---

13) Vgl. auch Strepsiades in den 'Wolken', der ein Liebhaber von Liedern des Aischylos und Simonides ist (Nub.1354-1368).

14) Anders Landfester 247: "In den frühen Komödien ist nirgendwo eine Angleichung der Handlung an die Tragödienhandlung festzustellen. Im Gegenteil: Mit der Übernahme tragischer Handlungsmotive ist ihre 'Deformation' verbunden."

der Parodos nach einem außerliterarischen Vorbild: der Eröffnungszeremonie der athenischen Ekklesie (siehe oben S.113). Die Vielfalt des Inhalts und der Formen, die in den Parodoi vorherrschen, sind ein deutlicher Ausdruck der Bedeutung, die diesem Handlungsabschnitt in den einzelnen Komödien zukommt. Der Eintritt des Chores in die Handlung bleibt dem Zuschauer und den Preisrichtern im Gedächtnis haften, gehen doch von ihm zumeist wichtige Anstöße aus, die die weitere Entwicklung der Handlung vorantreiben. Die Motivierung des Chorauftritts sowie seine musikalische und choreographische Gestaltung, dazu noch das phantastische Kostüm von manchem Chor werden dazu beigetragen haben, die Parodos als Glanzpunkt der Erinnerung einzuprägen. Die Bedeutung, die Aristophanes diesem Teil der Komödie beimißt, läßt sich ermessen, wenn man die Stücke betrachtet, in denen der Chor nicht mehr Handlungsträger ist, sondern eher in den Hintergrund getreten ist (*Frösche, Ekklesiazusen, Plutos*). In den *Fröschen* gestaltet er die Parodos als eindrucksvolle Mystenprozession und erweckt damit bei den Zuschauern die Erinnerung an den Zug nach Eleusis, der zur Zeit des Dekeleischen Krieges nur noch selten stattfinden konnte (siehe oben S.123-125). Der Endpunkt der schwindenden Bedeutung des Chores ist im *Plutos* erreicht. Aber auch in diesem Stück ist die Parodos die einzige ausgeführte Chorpartie, die noch in Beziehung zur Handlung der Komödie steht (siehe oben S.60 bis 63). Man könnte erwägen, daß dem Dichter zu dieser Zeit die Anwesenheit des Chores in der Orchestra als unrealistisch erschien,[15] so daß er wenigstens dadurch, daß er die Parodos mit der Handlung des Stückes verknüpfte und den Chor als Helfer des Schauspielers in der Orchestra ließ,[16] den Chor in gewisser Weise in das Geschehen zu integrieren versuchte. Den allmählichen Verfall des Chores spiegeln am deutlichsten die *Ekklesiazusen* wider: Aristophanes war bestrebt, die schwindende Bedeu-

---

15) Dies ist auch beim späten Euripides zu beobachten, der bei Chören, deren Anwesenheit unrealistisch erscheint, in der Parodos eine ausführliche Motivierung des Chorauftritts bietet. Vgl. Phoen., auch El., Or., Ion; Taplin, Stagecraft 69.

16) Eccl.517-519, Plut.326f.

tung des Chores auszugleichen, indem er ihm eine Nebenrolle[17] zuweist und ihn, sobald er in dieser Rolle nicht mehr gebraucht wird, den Hintergrund bilden läßt, vor dem sich die folgenden Szenen abspielen (siehe oben S.138-140).

Überblickt man die elf erhaltenen Komödien, kann man feststellen, daß die zunehmende Funktionslosigkeit des Chores Hand in Hand mit einem wachsenden Bewußtsein des Dichters "over the unrealistic presence of the chorus"[18] geht, das sich in den *Ekklesiazusen* darin ausdrückt, daß Aristophanes den Chor schon im Prolog in die Handlung einbezieht und wie im *Plutos* seine Anwesenheit während der Komödie motiviert. So läßt sich die Entwicklung, die in der Tragödie schon einige Jahrzehnte früher stattfand, auch in der Komödie im Werk eines einzigen Dichters nachvollziehen. Der Chor der Aischyleischen Tragödie ist eng mit der Handlung verbunden, sein Auftritt und seine Anwesenheit in der Orchestra erklären sich von selbst und ergeben sich aus der dramatischen Handlung, während beim späten Euripides etwa in den *Phoinikerinnen* oder im *Orestes* der Chor zwar mit ausgefeilter Motivation seines Auftritts in das Stück eingeführt wird, auf den Ablauf der Handlung jedoch keinen Einfluß mehr ausübt.[19]

Im folgenden zweiten Hauptabschnitt der vorliegenden Arbeit soll nun versucht werden, die Stellung des Chores in der dramatischen Handlung durch eine Interpretation der Chor-Schauspieler-Amoibaia weiter zu untersuchen. Gerade diese Kompositionsform, die Chor und Schauspieler im Dialog zeigen, eignet sich für eine derartige Fragestellung, da sich in ihr das Verhältnis des Chores zum Geschehen auf der Bühne unmittelbar ausdrückt.

---

17) Gelzer, Aristophanes 299, spricht von einer "kleinen Typenrolle".
18) Taplin, Stagecraft 69f.
19) Die enge Bindung des Chores an die Handlung in den 'Bakchen' läßt sich aus der archaisierenden Tendenz im Spätwerk des Euripides erklären; vgl. dazu Nestle, Struktur des Eingangs 66-68; siehe auch ausführlich unten S. 259.

Zweites Kapitel

Die Chor-Schauspieler-Amoibaia der aristophanischen Komödien

1. Vorbemerkungen - Zum Begriff 'Amoibaion'

In seiner Aufzählung der einzelnen 'Bauteile' der Tragödie führt Aristoteles in der Poetik neben den in allen Stücken vorhandenen Chorpartien (1452b17) als besondere Fälle τὰ ἀπὸ τῆς σκηνῆς καὶ κομμοί (52b18) an. Die erste Gruppe (τὰ ἀπὸ τῆς σκηνῆς) umfaßt die Lieder, die 'von der Bühne', also von den Schauspielern gesungen werden (Monodien, Duette, Terzette). Die Beteiligung des Chores ist bei diesen Gesängen ausgeschlossen.
Im Gegensatz dazu ist für κομμοί das Mitwirken beider Gruppen, sowohl des Chores als auch eines oder mehrerer Schauspieler, Voraussetzung: κομμὸς δὲ θρῆνος κοινὸς χοροῦ καὶ ἀπὸ σκηνῆς (52b24f). Entscheidend ist demnach das Element des Wechselgesanges zwischen Bühnenpersonen und dem Chor, wobei allerdings der Begriff θρῆνος befremdet. Denn bei weitem nicht alle Chor-Schauspieler-Lieder sind threnodischen Inhalts. Man muß wohl annehmen, daß Aristoteles für Wechselgesänge von Chor und Schauspielern, die sich in Klagen ergehen, den Begriff κομμός vorfand und ihn per synecdochen auf alle Chor-Schauspieler-Lieder übertrug.[1]
Einen sinnvollen Oberbegriff, der alle ganz oder teilweise lyrischen dialogischen Äußerungen umfaßt, hat R. Kannicht in seiner Dissertation (1957)[2] mit 'Amoibaion' vorgeschlagen; gleichzeitig beschränkte er den Begriff 'Kommos' als eine ursprünglich ekstatische Klageweise persisch-asiatischer Herkunft, die ihren Namen von den Gebärden erhielt, die den Gesang begleiten (κομμός < κόπτειν), auf in Wechselgesängen vorgetragene Threnoi.[3]
Fortgeführt wurde Kannichts Ansatz von H. Popp (1968): "Der Begriff Amoibaion bezeichnet im folgenden diejenigen Dialogpar-

---

1) Vgl. Lucas 138; Popp, Diss.3.
2) Siehe Literaturverzeichnis.
3) Vgl. Kannicht, Amoibaion 173f; Popp, Diss.3f (= Amoibaion 222.237); Alexiou 4-23.131-160.

partien der griechischen Tragödie, die nicht ausschließlich in Sprechversen vorgetragen werden, sondern ganz oder teilweise aus lyrischen Partien bestehen [...] das Genus 'Amoibaion' umfaßt [...] sämtliche Bemühungen der griechischen Tragiker, das lyrische Element der Tragödie mit oder ohne Zuhilfenahme des Logos, des Sprechverses, zu dialogisieren und zu dramatisieren."[4)]
Theoretisch lassen sich nach dieser Definition, wenn man die beteiligten Sänger berücksichtigt, drei Typen von Amoibaia unterscheiden:

1. Chor-Schauspieler-Amoibaia
2. Schauspieler-Schauspieler-Amoibaia
3. Chor-Chor-Amoibaia (bei Chorteilung) bzw. Chorführer-Chor-Amoibaia.

Untersucht man dagegen die Amoibaia unter formalen Gesichtspunkten, lassen sich folgende Unterscheidungen treffen:

1. Rein lyrische Amoibaia, d.h. beide Partner singen.
2. Halb-lyrische Amoibaia, d.h. einer der Partner spricht oder rezitiert unlyrische Verse.

Mit dem Begriff 'Amoibaion' lassen sich demnach alle Formen lyrisch-dialogischer Äußerungen abdecken. Allerdings geht dabei ein Aspekt verloren, der durch die Aristotelische Definition herausgehoben wurde: die Unterscheidung zwischen den beiden Bereichen Orchestra und Skene - eine Differenzierung, die für den Ansatz der vorliegenden Arbeit von einiger Bedeutung ist (siehe oben S.1f). Denn in dem Abschnitt, der sich mit den Parodoi der Aristophanischen Komödien befaßt (S.6-149), wurde eine Typologie unter dem Gesichtspunkt der Handlungsbeteiligung des Chores aufgestellt (siehe oben S.29-33). Die Untersuchung orientierte sich an dem Zusammentreffen der beiden Handlungsbereiche des griechischen Theaters, der Orchestra und der Skene, und der in ihnen agierenden Personen, des Chores und der Schauspieler. Aus dem Verhältnis dieser beiden Bereiche ergab sich die je typische Chorrolle, die sich in bestimmten Parodosformen ausdrückte.
So scheint es angebracht, bei der Behandlung der Amoibaia

---

4) Diss.1 (= Amoibaion 221).

auf diesem Weg weiterzugehen und eine Trennung zwischen Chor-Schauspieler-Amoibaia und Bühnenliedern (τα ἀπὸ τῆς σκηνῆς) zu ziehen, die je nach Beteiligung als Monodien (Arien), Duette oder Terzette bezeichnet werden.[5)] Nicht behandelt werden sollen in diesem Kapitel also auch die Chor-Chor-Amoibaia, da sich bei diesen wie bei den Bühnenliedern die Handlung nur in einem Bereich bewegt und kein Austausch zwischen Bühne und Orchestra stattfindet.[6)]

Die gegenüber Kannichts und Popps Ansatz eher eingeschränkte Auffassung hat den Vorteil, daß sie ermöglicht, einerseits die Rolle des Chores im Verlauf der einzelnen Stücke zu verfolgen, andrerseits Einblick zu gewinnen, wie Aristophanes den Chor in verschiedenen Entwicklungsstufen des Handlungsablaufes in das Geschehen einbezieht - eine Fragestellung, die uns auch bei der Behandlung der Parodoi leitete. Gerade die Chor-Schauspieler-Amoibaia bieten sich für eine derartige Untersuchung an, da in ihnen der Chor in lyrischem oder teilweise lyrischem Dialog mit den Schauspielern Stellung zur Handlung bezieht, so daß seine Rolle im Stück besonders in den Wechselgesängen deutlich wird. Wie bei der Interpretation der Parodoi sollen im folgenden auch die Amoibaia nach inhaltlichen Kriterien zusammengefaßt werden. Durch den Vergleich von Amoibaia ähnlicher Thematik in verschiedenen Stücken können Gemeinsamkeiten und Unterschiede, die Stellung des Chores und die Aufgabe der Kompositionsform in der jeweiligen Komödie herausgearbeitet werden.

----

5) Dazu mehr in Band 2.

6) Solche Fälle liegen vor in der Parodos der 'Wespen' (siehe oben S.95. 100-103: Dialog Chorführer-Knabe) und bei den Halbchören der 'Lysistrate' (siehe oben S.55f), teilweise auch in den 'Acharnern' (557-571). In diesen Rahmen gehören auch die Parodoi der 'Frösche' und 'Thesmophoriazusen', in denen der Chorführer mit dem Chor kommuniziert und als ἔξαρχος auftritt (siehe oben S.22-24).

2. Streitamoibaia

2.1. *Acharner* (284-302=335-346), *Wespen* (334-345≃365-378)

Den bevorzugten Platz für Streitamoibaia stellt das Parodosgefüge dar (siehe oben S.8f). Die Behandlung der Parodoi erbrachte, daß dieser Teil der Alten Komödie hauptsächlich zwei für den weiteren Fortgang der Handlung entscheidende Dienste leistet (siehe oben S.29f): Er führt den Chor in die Komödie ein und läßt es zum ersten Zusammentreffen des Chores mit den Schauspielern kommen, wobei der Chor je nach dem Typ der Parodos (siehe oben S.30-32) schon bei seinem Einzug auf eine Bühnenperson trifft (Typ 2) oder erst nach seinem Auftritt in einer eigenen Szene (Typ 1 und 3).
Streitszenen finden sich in den erhaltenen Komödien in den *Acharnern* (284-346, siehe oben S.39-41), *Wespen* (334-402.403bis 525, siehe oben S.105-111) und *Vögeln* (327-399, siehe oben S. 84-89); in den *Acharnern* und *Wespen* sind die lyrischen Teile als Amoibaia gebaut.[1] Während aufgrund ihres Inhalts die Amoibaia der *Acharner* sich ohne weiteres der Gruppe der 'Streitamoibaia' zuordnen lassen, muß auf die erste epirrhematische Syzygie der *Wespen* (334-402) kurz eingegangen werden. In dieser Szene trifft der Chor zunächst nicht auf seinen Gegner, sondern auf seinen alten Freund Philokleon. So kommt es zu keinem Streit, wohl aber äußert sich der Chor in erzürntem Ton über Bdelykleon, als er von seinen Machenschaften erfahren hat (342a-345), und versichert Philokleon, daß er seinen Sohn, falls er den Ausbruchsversuch verhindern wolle, das Fürchten lehren werde (373-378). Zuerst setzt sich der Chor also in drohenden Worten mit Bdelykleon auseinander, bis es, als dieser plötzlich erwacht (395), zum unmittelbaren Zusammenstoß und einem regelrechten Streit in der zweiten epirrhematischen Syzygie kommt.
Auf die Funktion der Streitamoibaia innerhalb des Parodoskomplexes wurde bei den jeweiligen Einzeluntersuchungen schon ein-

---

1) Zu der Streitszene der 'Lysistrate', die keine lyrischen Teile aufweist, siehe oben S.53.

gegangen. Verallgemeinernd läßt sich sagen, daß die Streitszenen insgesamt die Überleitung vom Einzug des Chores zum epirrhematischen Agon bzw. einer agon-ähnlichen Szene[2] bilden, indem in ihnen die handgreifliche Auseinandersetzung beigelegt und die Abmachungen getroffen werden, den Streit mit Argumenten auszufechten. Die Streitamoibaia nehmen in diesen Szenen eine herausgehobene Stellung ein: Durch die lyrischen Maße - Kretiker, Päone und lyrische Trochäen - steht der Chor auf einer höheren emotionalen Stufe als der "prosaischere Partner"[3], der im rezitierten Langvers bleibt. Charakteristisch für Streitszenen und ihre lyrischen Teile ist der kretisch-trochäische Rhythmus, der die Aggressivität der Beteiligten unterstreicht (siehe oben S.146). Wie die Einzelinterpretationen zeigten, sind die Streitamoibaia ganz in die Handlung integriert. Sie stellen keine lyrische Unterbrechung, sondern den erregten Höhepunkt der Auseinandersetzung dar.

Chor und Chorführer

Gerade bei der Untersuchung der Amoibaia drängt sich die Frage auf, ob die in den Ausgaben mit Xo. gekennzeichneten Partien vom Gesamtchor oder nur vom Chorführer gesungen wurden. Kannicht (Amoibaion 24-46)[1] hat in seiner Dissertation einige Kriterien erarbeitet, die in der Tragödie eine Differenzierung zwischen Vortrag durch den Chor oder durch den Koryphaios ermöglichen: Passagen, die ἀγωνιστικῶς vorgetragen werden, sind dem Chorführer zu geben. Als Indizien für einen Vortrag dieser Art kann man vor allem Antilabai und chiastische Verteilung der Partien zwischen Chor und Schauspielern[2] ansehen. Auch Abschnitte, die in besonderem Maße expressiv-mimetische Virtuosität verlangen, können wohl nur von einem Solisten, nicht von einem Ensemble vorgetragen werden.

Während im Epirrhema der Streitszene der *Acharner* (303-334) der Dialog zwischen dem Chorführer und Dikaiopolis stattfindet (vgl. V.328f), müssen die Oden dem Gesamtchor gegeben werden: Der kretisch-päonische Rhythmus war schon beim Einzug mit dem Chor verbunden, ebenso sind lyrische Pnige (287-293=338-340.297-302=344-346) typisch für Chorgesang. Durch die Verwendung der ersten Person Singular (297-302) und Plural (285.295) äußert sich der Chor als einheitliche Gruppe;[3] im Epirrhema dagegen spricht der Chorführer im Namen seiner Freunde, in der schwierigen Situation der Geiselnahme wendet er sich Rat suchend an sie (328-330). Nimmt man dagegen an, daß die gesamte Partie 284-346 nur zwischen dem Chorführer und Dikaiopolis

---

2) Ach.358ff; vgl. Gelzer, Agon 166-168.

3) Popp, Diss.32.

---

1) Vgl. auch Kaimio 236.

2) D.h. ein Schauspieler übernimmt in der Gegenstrophe den Chorpart.

3) Vgl. Kaimio 48.70.

spielt, ist der Chor unerträglich lang zurückgedrängt, mag er auch das Gespräch der beiden durch Tanz und Gebärden begleiten. Außerdem würde der Übergang von den lyrischen Maßen zu den rezitierten katalektischen Tetrametern verwischt werden, wenn in den VV.302f der Wechsel im Metrum nicht auch durch einen Wechsel in der Besetzung begleitet würde.
In den Oden der ersten epirrhematischen Syzygie der *Wespen* spricht das abschließende lyrische Pnigos (342a-345≃373-378) für Chorvortrag. Inhaltlich liefern die VV.336 und 371 Anhaltspunkte dafür, daß auch die Eröffnungsverse vom gesamten Chor vorgetragen wurden (334f=365f). Philokleons ἀλλὰ μὴ βοᾶτε ist nur dann sinnvoll, wenn ihm der Gesang des Chores zu laut vorkam und er dadurch seinen Ausbruchsversuch gefährdet sieht (siehe auch oben S.63f zu Pax 309f). Der Mittelteil (336-341≃367-372) kann zwischen Philokleon und dem Chorführer ablaufen: Auf Philokleons mahnende Worte antwortet zunächst nur der Chorführer, bevor dann wieder voller Entrüstung der Gesamtchor einfällt. Die Katakeleusmoi in anapästischen Tetrametern (346f. 379f) werden vom Chorführer vorgetragen.
Die zweite epirrhematische Syzygie der *Wespen* (403-525) wird durch eine auffordernden Frage des Chorführers an den Chor eröffnet (403f, siehe dazu oben S.109); darauf fällt der Gesamtchor ein (405ff).

2.2. *Frösche* (209-268)

In den *Fröschen* findet sich ein Streitamoibaion nicht im Parodoskomplex, sondern vor der Parodos in dem Sangeswettstreit, den Dionysos mit den Fröschen während der Überquerung des Acheron ausficht. Diese Vorverlegung der Streitszene rührt aus der Umgestaltung der traditionellen Bauteile der Alten Komödie sowie der veränderten Rolle des Chores her (siehe oben S.134f). Mit einem Chor, der nicht unmittelbar in die Handlung verwikkelt ist, kann es zu keinem Streit kommen. Das Zusammentreffen des Chores mit den Schauspielern bleibt auf einen kurzen Kontakt beschränkt (431-436). Um dennoch einen feindlichen Zusammenstoß von Chor und Schauspieler zu bieten, hat Aristophanes das Amoibaion von Dionysos mit den Fröschen, in dem man denselben starken Antagonismus wie in den Streitszenen der *Acharner*, *Wespen* und *Vögel* vorfindet,[1] als eines der Katabasisabenteuer vor die Parodos gestellt.
Das rein lyrische Amoibaion kann in vier größere Abschnitte unterteilt werden:

---

1) Besonders deutlich durch die 1. Pers. Plural, durch die der Chor sein Kollektiv (Kaimio 48) von dem Schauspieler absetzt (Ran.242.252.258.263; vgl. Ach.285.295, Vesp.406f.467.526, Av.328-330, Thesm.465f.526.721f). Man könnte erwägen, ob das Stück seinen Titel wegen dieses starken Antagonismus Chor-Schauspieler nach dem Nebenchor bekam.

1.) (209-220): Auf Charons Ruderkommando (208)[2] erhebt sich das Gequake der Frösche, das sich zu einem hochlyrischen Lied ausweitet. Da die metrische Erklärung und der Text an einigen Stellen umstritten sind, zunächst eine Analyse des ersten Abschnitts:

209	Βρεκεκεκεξ κοαξ κοαξ,⁞	lec
210	βρεκεκεκεξ κοαξ κοαξ.‖	lec
211	Λιμναῖα κρηνῶν τέκνα,	ia cr
212	ξύναυλον ὕμνων βοάν	ia cr
213	φθεγξώμεθ᾽, εὔγηρυν ἐμάν	ia ch
214	ἀοιδάν, κοαξ κοαξ,	ba ia
215	ἣν ἀμφὶ Νυσήιον	ia cr
216	Διὸς Διώνυσον ἐν	ia cr
217	Λίμναις ἰαχήσαμεν,‖	ia cr
218	ἡνίχ᾽ ὁ κραιπαλόκωμος	D -
219 a	τοῖς ἱεροῖσι Χύτροις	D
219 b	χωρεῖ κατ᾽ ἐμὸν τέμενος λαῶν ὄχλος.‖	- D - e
220	Βρεκεκεκεξ κοαξ κοαξ.//	lec

Abweichungen von Coulons Text:

217 Λίμναις Schroeder: Λίμναισιν codd.

219 a Χύτροις Radermacher: Χύτροισι codd.

Bemerkungen zum Text: In 217 hängen Text und metrische Analyse von der Messung von ἰα- ab. Mit der vorgeschlagenen Analyse (⏑ –) erhält man einen synkopierten iambischen Dimeter der Form ia cr (zur Messung von ἰαχεῖν siehe oben S.115 Anm.11 zu Thesm.328).
In 219a ist es wohl angebracht, aus metrischen Gründen Χύτροις zu lesen. Mit dem überlieferten Χύτροισι erhält man die Abfolge D⏑ - D, also zwei aufeinanderfolgende ancipitia. Somit müßte nach 219a notwendigerweise Pause eintreten,[3] was jedoch den rhetorischen Zusammenhang stört.[4]

Metrische Erklärung: Das Lied wird durch das Gequake der Frösche eröffnet (209f: lec). Es schließt als erste Periode (211-217) die Selbstvorstellung

----

2) *Extra metrum; vgl. Stanford 42; anders Prato (283) und Spatz, Strophic construction 371.*

3) *Maas § 35; Spatz, Strophic construction 373; Dale, Collected papers 51.*

4) *Vgl. Stinton, Pause and period 37f.*

der Frösche in synkopierten Iamben an. Dabei überwiegen Verse, in denen das zweite anceps unterdrückt ist (211f.215-217)[5] - eine für Aischylos typische Art der Synkopierung.[6] Die iambische Periode wird durch brevis in longo in 217 abgeschlossen. Es folgt eine in Daktyloepitriten gehaltene Periode (218-219b), die wie oft bei daktyloepitritischen Versen mit dem Element e endet.[7] Beide Perioden sind, metrisch betrachtet, in für die Komödie untypischen Versmaßen gehalten: Iambische Synkopierung ist in der Komödie bei weitem seltener als in der Tragödie. Ebenso stellen Daktyloepitriten ein Versmaß dar, das seinen Platz in den hohen Gattungen der Tragödie und Chorlyrik hat (siehe auch oben S.99 Anm.39).

So kann man schon auf der Ebene metrischer Erklärung die Tendenz des Froschgesangs greifen: Die der hohen Lyrik entnommenen Versmaße wirken komisch im Mund der sumpfbewohnenden Sänger. Dies wird wirkungsvoll durch die Sprache des ersten Abschnitts unterstrichen:

"Pompöse Umschreibungen" (Radermacher 171) liegen in 211 und 212 vor.[8] Dorisches Alpha (212.214) ist wie in der Parodos der *Wolken* (siehe oben S.67) und Tereus' Wecklied (siehe oben S.72) Signal für hohe Lyrik. Auf hoher Stilebene liegen das prätentiöse εὔγηρυν (213)[9] sowie ἰαχήσαμεν (217) und das dem Hymnenstil entliehene ἀμφὶ [...] Διώνυσον[10] (215f)[11] - eine Eröffnungsformel, die vor allem von Dithyrambendichtern gebraucht wurde.[12]

Die spielerische Etymologie des Namens Dionysos aus Νυσήιον Διός (215f) weist in die Richtung des Neuen Dithyrambos, dessen sprachliche Innovationen mit der sophistischen Strömung verknüpft sind.[13] Der Archaismus λαῶν ὄχλος (219b),[14] vor allem aber die lautmalerische Wiedergabe des Froschgequakes sowie die klanglichen Responsionen an denselben Stellen im Vers[15] lassen sich als ein deutliches Indiz für den Einfluß der Neuen Musik ausmachen. Durch musikalisch dankbare Motive versucht der Dichter, eine Art Programmusik zu komponieren.[16]

---

5) Zur Form ia cr vgl. Denniston, Lyric iambics 127.

6) Vgl. Denniston, Lyric iambics 124.

7) Zuntz bei Maas § 55; vgl. auch West, Metre 133f.

8) Zu V.212 vgl. Eur.El.879 ξύναυλος βοᾷ χαρᾶ; *zur Periphrasis vgl. Eur. Tro.512f* ὕμνων [...] ᾠδάν.

*9) Vgl. Av.233, auch Hom.Od.12,187 (*μελίγηρυν*).*

*10) Hermanns Konjektur metri causa (*Διόνυσον *codd.) paßt hervorragend zu dem Hymnenstil; vgl. L.-Sc.-J. s.v.* Διόνυσος.

11) Vgl. etwa Hymn.Hom.19,1.22,1.33,1; Eur.Tro.511; Nub.595.

12) Vgl. Terpander Fr.697 PMG; daher auch die komische Wortbildung ἀμφιανακτίζειν *(Kratinos Fr.72 PCG), vielleicht auch* ἀμφιτιττυβίζειν *(Av.235).*

13) Schönewolf 24.

14) Schönewolf 40. Zur Etymologie vgl. auch Pindar Fr.86 Sn.-M.

15) 211f.212f; Alliteration in 215f.

16) Vgl. Neudecker 45.48-50; Schönewolf 41; Pöhlmann, Musikfragmente 57-59; Defradas; siehe auch oben S.79-82 zur Tereus' Arie.

Die hohe Sprachebene wird an einigen Stellen durch Stilbrüche komisch aufgehoben (zur Technik siehe oben S.81): Das Gequake zu Beginn und am Ende, besonders aber in V.214 in unmittelbarer Nähe des dorisierten, also hochlyrischen ἐμὰν/ ἀοιδάν, löst den poetischen Höhenflug der Frösche komisch auf und bringt sie in ihren eigentlichen Lebensbereich, den Sumpf, zurück. Die komisch-parodische Spannung, die diesen ersten Abschnitt bestimmt, ist typisch für die autonome 'komisch-phantastische' Lyrik des Aristophanes (siehe oben zur Interpretation der Wiedehopf-Arie S.79-81).[17] Diese Inkongruenz ist auch schon vor dem Gesang der Frösche in Charons Ankündigung angelegt (205-207): Dionysos werde die schönsten Lieder von βατράχων κύκνων[18] hören - ein Adynaton, in dem die beiden Komponenten des Liedes, hohe Lyrik in unpassender Umgebung, vorweggenommen sind. Die Schwäne, als Vögel Apolls mit bezaubender Wirkung ihres Gesanges, repräsentieren die hohe Lyrik, die Frösche, als sumpfbewohnende, höchst unmusikalische Gesellen, die durch ihren 'Gesang' höchstens eine enervierende Wirkung auf den Zuhörer ausüben können,[19] bilden den komischen Kontrast dazu. Diese Spannung wird besonders im zweiten Teil des Amoibaions deutlich (221-235). Schon metrisch unterscheidet sich dieser Abschnitt vom ersten: Die hochlyrischen Maße werden von einfachen, regelmäßigen iambischen Dimetern des Dionysos abgelöst (221-227), zu denen die Frösche gleichsam als Klauselvers ihr Gequake singen (223.225: lec)[20]. Abgeschlossen wird der zweite Abschnitt durch ein zweites Lied der Frösche in Trochäen (228-235), die durch die Lekythia (223.225) bereits vorbereitet waren:

228	Εἰκότως γ', ὦ πολλὰ πράττων. — ∪ — — — ∪ — —	2 tr
229	Ἐμὲ γὰρ ἔστερξαν εὔλυροί τε Μοῦσαι ∪ ∪ ∪ — — ∪ — ∪ — ∪ — —	3 tr sync (cr 2 tr)
230	καὶ κεροβάτας Πάν, ὁ καλαμόφθογγα παίζων· — ∪ ∪ ∪ — — ∪ ∪ ∪ — — ∪ — —	3 tr
231/2	προσεπιτέρπεται δ' ὁ φορμικτὰς Ἀπόλλων, ∪ ∪ ∪ — ∪ — ∪ — — — ∪ — —	3 tr

---

17) Vgl. Rau 13; Silk 136f.

18) Vgl. R. Pfeiffer: Ein neues Inachos-Fragment des Sophokles. In: H. Diller (Hrsg.): Sophokles. Darmstadt 1967,482.

19) Vgl. Batrachom.187-196; Hor.Serm.1,5,14f; Ov.Met.6,376; Schmid 334 Anm 2.

20) Zum Lekythion als ambivalentem Glied in iambischem und trochäischem Kontext vgl. Dale, Lyric metres 88.

ἕνεκα δόνακος, ὃν ὑπολύριον   2 tr
⏑ ⏑ ⏑ ⏑ ⏑ ⏑ ⏑ ⏑ ⏑ ⏑ ⏑ ⏑

ἔνυδρον ἐν λίμναις τρέφω.‖   lec
⏑ ⏑ ⏑ – – – ⏑ –

Βρεκεκεκὲξ κοὰξ κοάξ.   lec
⏑ ⏑ ⏑ – ⏑ – ⏑ –

Metrische Erklärung: In den VV.229-232 findet man die für die Komödie relativ seltenen trochäischen Trimeter (vgl. Vesp.1064=1095, Av.233.235, Lys. 624=646, Thesm.955).[21] In V.230 liegt eine Auflösung des zweiten und vierten longum vor, gefolgt von longum im anceps. Normalerweise folgt auf eine derartige Auflösung breve im anceps (vgl. 233). Durch die Sequenz in V.230 entsteht "a curiously rough effect and a syllabic sequence identical with one form of iambic" (Dale, Lyric metres 88). Das spielerische Ineinander von Iamben und Trochäen wird also beibehalten. In den VV.233f sind die bei weitem häufigeren Auflösungen des ersten longum anzutreffen. Der gänzlich aufgelöste V.233 erhält eine Binnenstruktur durch das Zusammenfallen der Wortenden mit den trochäischen 'Füßen' im ersten Metron. Die Auflösungen vermitteln den Eindruck, daß die Frösche in ihrem Selbstlob immer schneller werden.[22] Metrisch betrachtet werden die schwierigen, hochlyrischen Maße des ersten Abschnitts zugunsten der Trochäen aufgegeben, die zu dem aggressiven Renommieren der Frösche passen.

Da man stilistisch in dem zweiten Lied keinerlei Brüche feststellen kann, muß man von einer komischen Spannung zwischen der erhabenen Diktion und dem immer schneller werdenden Rhythmus[23] ausgehen.

ἔστερξαν (229, gnomischer Aorist) wird besonders von der Liebe der Gottheit zu den Menschen verwendet (vgl. etwa Aesch.Eum.911).

προσεπιτέρπεται (231) drückt das göttliche Wohlgefallen an Gaben aus.

εὔλυρος (229, vgl. Eur.Alc.570; Thesm.969) und φορμικτάς (232, vgl. Pindar P.4,176), als Epitheta für Apoll,[24] sind Signale für den Bereich hoher Lyrik, verstärkt durch das dorische Alpha in 230 und 232.

Die zusammengesetzten Wörter κεροβάτας und καλαμόφθογγα (230), vielleicht Neologismen des Aristophanes, weisen auf den Neuen Dithyrambos und dessen Tendenz, Komposita zu kreieren.[25] Ebenso läßt die Anspielung auf musikalische Effekte und Musikinstrumente (233f) Einfluß von dieser Richtung annehmen.[26]

Der dritte (236-249) wird wie der zweite Abschnitt durch einen Dialog von Dionysos mit den Fröschen eröffnet. Dionysos bleibt in Iamben, die Frösche fallen ihm in V.241b ins Wort (Antilabe) und singen zunächst in demselben Metrum (241b.242: lec),[27]

---

21) Vgl. Dale, Lyric metres 87.

22) Vgl. dazu Wilamowitz, Verskunst 593.

23) Vgl. auch Dale, Lyric metres 87.

24) Zur Beziehung Apolls zu den Fröschen vgl. Plut.or.Pyth.12; sept.sap.21; zur Freude der Nymphen und Pans an den Fröschen vgl. Anth.Pal.9,406.

25) Schönewolf 24f; Defradas 27.31.

26) Schönewolf 41-44; vgl. etwa Thesm.327 (oben S.114-116).

27) Siehe oben S.158 Anm.20.

dann gehen sie jedoch wieder zu ihren Trochäen über und lassen zwei durch Lekythia[28] abgeschlossene Pnige folgen (241-245. 246-249).

Stilistisch auffallend an diesem dritten Lied der Frösche sind die Wortschöpfungen, die lautmalerisch den Gesang wiedergeben: dorisches Alpha in V.243, die poetische Periphrase in 244f (φδῆς [...] μέλεσιν, vgl. V.212) und die Homerreminiszenz in V. 246 (Διὸς [...] ὄμβρον)[29]. Die hochpoetischen Worte stehen natürlich in komischem Kontrast zu dem Beschriebenen, dem Herumhüpfen der Frösche in Sumpf und Schilf, und ihrem Gequake, das mit dem pompösen, onomatopoetischen φδῆς/ πολυκολύμβοισι μέλεσιν (244f) umschrieben wird.[30]

Der vierte und letzte Abschnitt (250-267) enthält den eigentlichen Streit zwischen Dionysos und den Fröschen. Zunächst bleibt der Gott noch in Iamben (251.257.262). Dadurch aber, daß er das Brekekekex (lec) der Frösche übernommen hat (250.261.267), hat er Anschluß an die Trochäen gefunden, bis er in einer letzten Anstrengung - nun ganz in Trochäen - die Frösche besiegt.[31]

Metrische Erklärung: Kolometrie und metrische Erklärung sind in der letzten Periode umstritten. Der Vorschlag von Wilamowitz (Verskunst 594) ist am überzeugendsten:

264 a	ούδε μην ὑμεῖς γ᾽ έμε. Hiat	lec
264 b	Ούδεποτε κεκραξομαι γαρ	2 tr
265	κἄν με δῆ δι᾽ ἡμερας, ἕως ἂν ὑμῶν	3 tr
266	έπικρατησω τῷ κοαξ.	lec
267	Βρεκεκεκεξ κοαξ κοαξ.	lec

In V.264a singt Dionysos den Klauselvers (lec) zu den trochäischen Dimetern der Frösche (Hiat). Dann setzt er mit Ούδεποτε (249b)[32] erneut an und singt ein kurzes trochäisches Pnigos,[33] das mit doppeltem Lekythion endet.[34]

---

28) *Zu V.245 scheint mir Pratos Analyse (287: lec) sinvoller als die von Spatz (Strophic construction 375: p tr) zu sein. Zu der Technik, den Klauselvers mit einer prägnanten komischen Formulierung zu schließen, vgl. Parker, Some observations 82. Zu den Auflösungen im lec vgl. Prato 123: etwa Lys.1280f (Prato 237).*

29) *Vgl. etwa Hom.Il.5,91;11,493.*

30) *Mit φλέω (244) liegt ein Stilbruch vor (vgl. Ar.Fr.24 K; Pher.Fr.127 K); κυπείρου (243) ist wohl eher poetisch (vgl. Hom.Il.21,351; Od.4,603).*

31) *Vgl. dazu ausführlich Wilamowitz, Verskunst 593f.*

32) *Somit ist die Interpunktion von Wilamowitz und Coulon, der auch Stanford folgt, inhaltlich und metrisch besser; anders Hall-Geldart; White § 373.*

33) *Zu 3 tr vgl. oben S.159.*

34) *Damit erübrigt sich die Diskussion um die Messung von ἕως als — oder ◡.*

Betrachtet man rückblickend das ganze Amoibaion, läßt sich feststellen, daß die drei 'Lieder' der Frösche (209-220.228-235. 241-249) eine gekonnte Parodie der Manierismen des Neuen Dithyrambos und der Neuen Musik darstellen. Man sollte jedoch nicht soweit gehen, in den Fröschen gleichsam eine Allegorie oder Symbolisierung der Dichter dieser neuen Richtung zu sehen,[35] sondern die Frösche geben als Frösche hochlyrische Ergüsse von sich. Aus dieser Diskrepanz zwischen dem Wesen der Vortragenden und dem Inhalt und der Sprache des Vorgetragenen entsteht die eigentliche Komik des Wechselgesanges,[36] verstärkt durch Stilbrüche und die Verbindung von niederer mit hoher Sprachebene. Dabei ist natürlich auch eine Kritik an der Neuen Musik und ihren Stilmitteln impliziert: Durch die Verzerrung und Übersteigerung ihrer Manierismen, vor allem der onomatopoetischen Mittel, werden ihre Errungenschaften in ihrer letzten Konsequenz vorgeführt - einem Gequake, das mit hoher Dichtung nichts mehr gemein hat, obwohl die Dichter dieser Strömung meinen, ihr Koax sei hohe Poesie.[37]

Neben diesen eher literarhistorischen Gesichtspunkten wird in der Forschung häufig die Frage in den Mittelpunkt gerückt, worum es in dem Amoibaion letztlich gehe:

Wills (306f) gibt einen Überblick über die verschiedenen Vorschläge, die zur Lösung der Frage beitragen wollten: Es könne in dem Amoibaion um die Lautstärke des Gesangs oder um einen Kampf verschiedener Rhythmen, um brachiale Gewalt oder um die Schönheit des Gesangs gehen. Wills entscheidet sich für die letzte Möglichkeit: "Dionysos overwhelms his adversaries in their own speciality, parodying and surpassing their croaking sound with the force of his own ventris crepitus" (313). "The presence of the frogs and the πορδαι in this scene would make a crescendo of sound effects comically performable" (315), wobei die dementsprechenden Geräusche durch den Aulos wiedergegeben wurden. MacDowell (The Frogs' chorus) weist mit Recht auf die Schwierigkeit hin, die Wills' Vorschlag in sich birgt: Man müßte das Brekekekex als Parepigraphe auffassen, die durch Flötenspiel ausgefüllt würde. Nach MacDowell liegt die eigentliche Pointe darin, daß Dionysos das Gequake der Frösche aufnimmt und sie durch sein Durchhaltevermögen, seinen längeren Atem in die Schranken weist.

----

35) So Defradas 25.37; noch weiter in dieser allegorischen Interpretation geht N. Demand: The identity of the Frogs. CPh 65,1970,83-87: Sie nimmt an, daß die Frösche Phrynichos, den Konkurrenten des Aristophanes, symbolisieren, und kommt zu diesem Ergebnis durch eine Etymologie von Φρύνιχος < φρύνη = βάτραχος.

36) Vgl. auch die Wiedehopfarie (oben S.74-82)

37) Vgl. dazu ausführlich Defradas.

MacDowells Erklärung des Amoibaions kann sowohl durch literarische als auch folkloristische Belege gestützt werden. Werfen wir einen genaueren Blick auf die Struktur des Wechselgesangs: Die Frösche eröffnen den Wettgesang mit ihrem renommierenden ersten Lied (209-220) - einer Art Selbstvorstellung, die große Ähnlichkeit mit Parabasenoden hat.[38] Ähnlich wie der Wolkenchor kündigen sie sich mit einem gewichtigen Vers an (211), worauf sie in Analogie zu Götterhymnen[39] ein Autelogium[40] anstimmen. Der Kultort ist durch ἐν Λίμναις (216f) und κατ' ἐμὸν τέμενος (219) angegeben, ihre δύναμις bzw. τέχνη besteht in der ξύναυλος ὕμνων βοά (212). Mit ἐγὼ δέ (221) setzt sich Dionysos von den Fröschen ab und nimmt von ihnen als 'Thema' ihr Koax auf (222), mit dem er sie verwünscht (226f). Schlagfertig geben die Frösche die Beleidigung mit ὦ πολλὰ πράττων (228)[41] zurück und rühmen sich der Liebe dreier Gottheiten, der Musen, Pans und Apolls (229-232). Dionysos will derb antworten, doch die Frösche haben nun einmal die Oberhand und lassen ein drittes Lied folgen (241-249). Inzwischen ist Dionysos jedoch die Idee gekommen, die Frösche mit ihren eigenen Waffen, ihrem Gequake, zu schlagen (250f). In den VV.252-255 und 263f sieht man, wie Dionysos - nun ebenfalls in Trochäen[42] - den 'Ball' der Frösche aufnimmt (252f: δεινά - δεινότερα, 263f: Οὐδὲ μὴν ἡμᾶς σὺ πάντως. - Οὐδὲ μὴν ὑμεῖς γ' ἐμέ.). Das Brekekekex kann ihn jetzt nicht mehr ins Bockshorn jagen (261-266). In den letzten Versen kommt deutlich zum Ausdruck, daß den Sieg derjenige erringt, der länger durchhält. Dionysos erweist sich letztlich als der größere Schreihals (264f); auf sein letztes Brekekekex wissen die Frösche nichts mehr zu antworten. Ihnen ist die Luft ausgegangen, sie sind 'ausgesungen'. So herrscht nach V.267 zunächst Ruhe,[43] bis Dionysos feststellt: Ἔμελλον

---

38) *Vgl. Sifakis, Parabasis 95f.*

39) *Vgl. Nub.275=298 (oben S.65f).*

40) *Vgl. Rau 13.*

41) *Gute Erklärung im Σ zu 228:* εἰκότως οἱ βάτραχοι λέγουσιν ἀλγεῖς, Διόνυσε, τὸν ὄρρον· πολυπραγμονῶν γὰρ καὶ τὰ ἐν Ἅιδου θέλεις μαθεῖν, *wozu er seine Nase in fremde Angelegenheiten steckt, könnte man ergänzen.*

42) *Vgl. Wilamowitz, Verskunst 593f.*

43) *Vgl. Σ vetus zu 268 (ed. Schuringa, S.57):* διαλελοίπασιν καὶ χρόνος ἐγεγόνει [...].

ἄρα παύσειν ποθ' ὑμᾶς τοῦ κοαξ (268).[44]
In dem Streitamoibaion zwischen Dionysos und den Fröschen trifft man auf eine Art Wettsingen, wobei das Ziel darin besteht, den Gegner durch seinen Gesang zum Verstummen zu bringen. Einen ähnlichen Fall von 'Schreiwettkampf' findet man in der Parodos der *Ritter* beim ersten Zusammentreffen des Wursthändlers mit dem Paphlagonier (284-302) und im anschließenden Agon.[45] Die beiden Kontrahenten versuchen, sich in gegenseitigen Beschimpfungen zu überbieten. Auf eine andere Ausprägung des Wettsingens stößt man in Theokrits fünftem Idyll, in dem zwei Sänger mit Geistesgegenwart und Improvisationskunst gegeneinander anstreiten.[46] Der zweite Sänger nimmt das vom ersten vorgegebene Thema variierend auf, setzt sich mit καὶ [...] ἐγώ bzw. καὶ [...] ἐμέ von seinem Vorsänger ab, nimmt dasselbe wie dieser in Anspruch und versucht, ihn zu überbieten (vgl. 5,82.90.96.106.114.122. 126). Dies geht so lange fort, bis einem der Kampfhähne nichts mehr einfällt (5,22: ἀλλά γέ τοι διαείσομαι, ἔστε κ' ἀπείπῃς. Ran.264-266). Der Unterschied des Amoibaions der *Frösche* zu dem Hirtenwettgesang bei Theokrit besteht darin, daß sich Dionysos und die Frösche nicht variierend, einer gewissen Regel folgend, verschiedene Themen zuwerfen, sondern versuchen, sich mit ein und demselben Motiv, dem Gequake, in Grund und Boden zu singen (264-266: κεκράξομαι γὰρ/ κἄν με δῇ δι' ἡμέρας, ἕως ἂν ὑμῶν/ ἐπικρατήσω τῷ κοαξ). Das Ergebnis bleibt jedoch dasselbe: Der Sieg ist errungen, wenn man seinen Gegner zum Verstummen gebracht, also 'ausgesungen' hat.[47]
In dem Wechselgesang der *Frösche* liegt eine volkstümliche Form in allerdings inzwischen hoch entwickelter Ausprägung vor. Gerade diese kleine Szene erlaubt einen Blick in Aristophanes' Kunst und die Vielschichtigkeit seines Werkes: Das volkstümli-

---

44) Zum Ablauf vgl. die gelungene Interpretation von Wilamowitz, Verskunst 593f.
45) Vgl. Gelzer, Agon 11f; Newiger, Metapher 23.
46) Vgl. dazu vor allem Merkelbach.
47) Zu anderen Arten solcher Wechselgesänge vgl. Merkelbach 100; A. Pagliaro, AUMLA 44,1975,189-193. Vgl. auch Hor.Serm.1,5,55-69.1,7,29-31.

che Wettsingen dürfte auch dem einfachen Landmann aus eigener Erfahrung geläufig gewesen sein; an der Deftigkeit einiger Äußerungen von Dionysos wird er seine helle Freude gehabt haben. Die Parodie des jungattischen Dithyrambos und der Neuen Musik ist in ihrer ganzen Feinheit und ihrem Anspielungsreichtum wohl nur einer Publikumsschicht verständlich, die die Manierismen der modernen Richtung durchschaut und deshalb ihre übertriebene Darstellung in der Parodie goutieren kann.

Abschließend soll noch die vieldiskutierte Inszenierungsfrage erörtert werden: Waren die Frösche sichtbar, oder sangen sie unsichtbar im hinterszenischen Raum? In Anlehnung an das Scholion zu den VV.211 und 268 ging man in der Forschung in der Regel davon aus, der Chor der Frösche sei unsichtbar gewesen,[48)] während die gegenteilige Auffassung nach einigen Arbeiten des 19. Jahrhunderts[49)] in den letzten Jahren wieder Auftrieb fand,[50)] wobei für die Sichtbarkeit der Frösche verschiedene Argumente vorgebracht werden: Gesang aus dem hinterszenischen Raum sei wohl kaum zu hören gewesen,[51)] ein unsichtbar singender Chor sei ungewöhnlich für die Alte Komödie,[52)] außerdem gebe das Herumhopsen der Frösche in der Orchestra einen komischen Effekt, den sich Aristophanes habe kaum entgehen lassen.[53)] Vielleicht kann man durch eine szenische Interpretation, die den Charakter des Amoibaions als Wettsingen berücksichtigt, in der Lösung der Frage weiterkommen: Nachdem die Verhandlungen mit dem Toten über die Gepäckbeförderung gescheitert sind (171-177) und Xanthias sich bereit erklärt hat, das Gepäck auf dem weiteren Weg zu tragen (178), sind Dionysos und Xanthias kurz darauf auch schon am Acheron angelangt (180). Der Ortswechsel wird durch "verbal scene painting"[54)] angezeigt. Xan-

---

48) So etwa Arnoldt 167f; Mazon 139; Fraenkel, Beobachtungen 182f; Gelzer, RE Sp.1488.

49) Vgl. die ausführliche Doxographie bei Sifakis, Parabasis 125f.

50) So etwa Dover, Comedy 177f; Sifakis, Parabasis 94f; MacDowell, The Frogs chorus 3-5; Carrière.

51) So MacDowell, The Frogs chorus 3-5; vgl. auch Dover, Clouds 137.

52) So MacDowll a.O.

53) So Dover, Comedy 178.

54) Handley, Dyskolos 23ff; Newiger, Drama und Theater 473; Pfister (38) redet von "Wortkulisse, die sprachlich den Schauplatz konkretisiert, ohne daß dies szenisch genauer konkretisiert wird."

thias wird als Sklave, der bei den Arginusen nicht mitgekämpft und deshalb nicht die Freiheit erhalten hat (190f), von Charon nicht befördert und muß den Weg zu Fuß zurücklegen.

Für die Inszenierung scheint es mir angebracht, davon auszugehen, daß Charon mit seinem Nachen, der von Herakles in 139f angekündigt wurde, auf der Bühne erscheint. Denn nimmt man an, Dionysos besteige den Kahn in der Orchestra,[55] ergibt sich die Schwierigkeit, Dionysos nach der Überquerung wieder zurück zur Skene zu bringen, wo er Xanthias treffen soll. Wenn die Überfahrt über den Acheron dagegen, wie Radermacher es vorschlägt (162), auf der Bühne stattfindet, kann der Kahn auf Rollen von der Seite ein Stück herausgeschoben und dann während des Wettgesangs an einem Seil über die Bühne gezogen werden. Die Szene rein stationär ablaufen zu lassen, halte ich für unwahrscheinlich. Dies bringt jedoch Deardens Interpretation (172) mit sich, der den 'currus navalis' durch das Ekkyklema dargestellt wissen will.[56] Nach dieser Auffassung würde Charons Kahn durch das Mitteltor kommen und verschwinden. Der Verwendung des Ekkyklemas kann man aus mehreren Gründen widersprechen: Diese Maschinerie der tragischen Bühne wird ausschließlich dazu eingesetzt, Interieurs auszustellen.[57] In der Komödie dient dieses Requisit immer nur parodischem Zweck, wobei dies durch Äußerungen, die die Illusion durchbrechen, besonders herausgehoben wird (vgl. Ach.408f, Thesm.96). Aber man muß wohl bei all diesen Spekulationen mit Dover (Comedy 179) konstatieren: "No one can pretend to know just how this was done."

Nun zu dem Problem der Sichtbar- bzw. Unsichtbarkeit des Chores: Von den Vertretern der Unsichtbarkeit werden als Indizien sowohl die Scholiennotiz[58] als auch Charons Bemerkung ἀκουσει γαρ μέλη κτλ. (205f) angeführt. Von Dover[59] und Sifakis[60] wird ἀκουσει als stichhaltiges Argument in Frage gestellt: " ... when travelling across a lake one listens to the voices of frogs; one never sees them, and it would not, of course, be sensible to expect Charon to say to Dionysos: You will see the frogs sing and dance (as Dionysos does in fact later on)." In seiner Argumentation für die Sichtbarkeit des Froschchores liefert Sifakis aber eher Argumente, die für die Un-

---

55) *Der mit einem Seil von der einen Eisodos zur anderen gezogen wird. So Carrière 140f; Gelzer, RE Sp.1492; wohl auch Dover, Comedy 179.*

56) *Zu Deardens verschwenderischem Gebrauch des Ekkyklemas vgl. jetzt H.-J. Newiger, Gnomon 55,1983,200.*

57) *Vgl. Taplin, Stagecraft 444: " ... to reveal to the audience a tableau, usually of objects as well as people, which was supposed to be indoors". Vgl. auch Dover, Skene 105; Newiger, Drama und Theater 452-454.*

58) *Zu V.268:* οἱ μιμητικοὶ τῶν βατράχων ὑποκριταί οὐκ ἐν τῷ φαινομένῳ εἰσίν, ἀλλ' ὑπὸ τὴν σκηνὴν κεκρυμμένοι, ὡς ὑπὸ λίμνην οἱ βάτραχοι. Ἡ μέντοι φωνὴ αὐτῶν ἐξακούεται, ὥσπερ κἀκείνων, κἂν ἐκ βυθοῦ φθέγγωνται.

59) *Comedy 177.*

60) *Parabasis 94.*

sichtbarkeit sprechen: Er betont ganz richtig, daß man bei der Überquerung eines Sees die Frösche nur höre, aber nicht zu Gesicht bekomme. Dann macht er jedoch eine eigenartige Kehrtwendung und läßt die Frösche gegen die von ihm selbst geforderte Wahrscheinlichkeit doch erscheinen.

Ein argumentum ex silentio für die Unsichtbarkeit der Frösche läßt sich aus der Tatsache gewinnen, daß überhaupt nicht auf ihre äußere Erscheinung angespielt wird. Vor allem bei phantastischen oder außergewöhnlichen Chören wird beim Chorauftritt oder schon in der Ankündigung des Chores ausführlich auf sein Äußeres eingegangen.[61] Auf den Stachel der Richter-Wespen wird ebenso hingewiesen (225-227), wie die bunte, phantastische Vogelschar ausführlich vorgestellt (268-309) und auf das Aussehen der Wolken aufmerksam gemacht wird (341-344).[62] Aristophanes nutzt in diesen Fällen die Möglichkeiten, die die Einführung des Chores bieten. Auf die Frösche wird jedoch nur knapp - und da nur als akustisches Phänomen - eingegangen.

Ein weiterer Gesichtspunkt, der dafür spricht, daß die Frösche nicht zu sehen waren, liegt in dem Charakter des Amoibaions als Wettsingen: Nachdem Dionysos die Frösche endlich niedergesungen hat (267), herrscht zunächst Ruhe, bevor er seinen Sieg - nun wieder im Sprechvers - konstatiert (268). Dieses Verstummen als Eingeständnis der Niederlage ist wie Dionysos' Fazit dann besser zu erklären, wenn die Frösche nicht zu sehen waren. Dionysos wartet eine gewisse Zeit ab, bis er sich seines Sieges sicher weiß (siehe oben S.162 Anm.43). Wären die Frösche jedoch zu sehen gewesen, "crouching and leaping in all directions round the orchestra",[63] muß man davon ausgehen, daß sie sich nach ihrer Niederlage still und ohne weitere Beachtung zu finden aus der Orchestra zurückgezogen haben. Stumme Abgänge - besonders von Chören - auf die nicht eingegangen wird, sind jedoch ungebräuchlich.[64] Eine Parallele für hinterszenischen Gesang findet man in den Wiedehopfliedern der *Vögel* (209ff.227ff). So las-

---

61) Vgl. dazu Wilson.
62) Vgl. auch Köhnken 158ff.
63) Dover, Comedy 178.
64) Vgl. Taplin, Stagecraft 205.309f.

sen sich MacDowells Bedenken,[65] daß Einzelheiten des Froschgesangs untergingen, falls er hinterszenisch gesungen wurde, ohne weiteres mit Tereus' Monodien ausräumen.[66]
Gerade in der Unsichtbarkeit der Frösche liegt auch eine Pointe: Durch den Titel[67] werden die Zuschauer auf die Tradition der Komödien mit Tierchören[68] verwiesen - und damit von dem eigentlichen Inhalt abgelenkt. Zugleich setzt sich Aristophanes mit diesem Titel von seinem Konkurrenten Phrynichos ab, der mit den *Musen* ebenfalls eine Literaturkomödie darbot.[69] So wird die Erwartung des Publikums durch den Titel in doppelter Weise durchbrochen: Der theriomorphe Chor, den die Ankündigung verspricht, ist gar nicht zu sehen und bleibt nur eine Episode, während den eigentlichen Chor, der in keiner direkten Beziehung zur Handlung der Komödie steht, die Mysten bilden.

Chor und Chorführer

In diesem Zusammenhang muß noch kurz darauf eingegangen werden, ob der Part der Frösche von einem Solisten oder einem Ensemble, d.h. dem Chor, der nachher die Mysten darstellt, vorgetragen wurde. Radermacher (165f) nimmt an, daß Xanthias von der Bühne entfernt wird, um hinter der Bühne die Rolle der Frösche zu übernehmen. Gegen Radermacher läßt sich einwenden, daß durch den Gesang der Eindruck eines Tümpels voller Frösche entstehen soll, der wohl kaum durch einen Solisten erweckt werden kann. Vor allem die Froschlaute verlangen mehrere Stimmen. Aber auch der Aufbau des Amoibaions spricht eher für Chorvortrag: Die Frösche haben außer in den VV.252 und 263 - abgesehen von ihrem Gequake - nur zusammenhängende Partien, was auf Gesang durch den gesamten Chor schließen läßt (siehe oben S.154f). Lediglich die beiden Einzelverse (252.263) sollte man einem Solisten, wohl dem Chorführer, zuweisen.

2.3. *Plutos* (290-321)

Zu den Streitamoibaia innerhalb des Parodoskomplexes muß auch der Wechselgesang Karions mit dem Chor der Bauern gezählt werden, der an ihren Einzug anschließt (siehe oben S.61-63). In

---

65) *The Frogs' chorus 3f.*
66) *Vgl. Gelzer, RE Sp.1461f.*
67) *Vgl. dazu Pfister 71f.*
68) *Vgl. Sifakis, Parabasis 76; Schmid 334; zu diesem Spiel mit den Erwartungen des Publikums vgl. Gelzer, Dramatic art.*
69) *Vgl. dazu Newiger, Komödie 204.*

diesem Zusammenhang soll der Charakter dieser Szene als Amoibaion näher untersucht werden: Der Wechselgesang mit seinen einfachen lyrischen Metren erinnert in hohem Maße an das Amoibaion der *Frösche* und die volkstümliche Form des Wettsingens. Der starke Antagonismus der beiden Gruppen (290 καὶ μὴν ἐγώ, 296 ἡμεῖς δέ γ' αὖ, 302 ἐγὼ δέ), vor allem die Struktur des Gesangs weisen in diese Richtung (siehe oben S.163). In den Strophen wird jeweils das Thema vorgegeben, das in den Gegenstrophen variiert wird.[1] Dann wird versucht, den anderen in die schwächere Position zu drängen: Karion läßt als Kyklop die Bauern zu Ziegen werden, diese ihrerseits werden zu Odysseus und seinen Gefährten und blenden den Kyklopen. Darauf verwandelt Karion als Kirke die Bauern in Schweine, diese wiederum nehmen als Odysseus und Gefährten grausame Rache. Damit treffen wir bei diesem Amoibaion auf die Struktur, die Merkelbach als bezeichnend für das 'Schnadahupfel-Singen' herausgestellt hat: Der erste Sänger gibt das Thema an, das der zweite variierend aufnimmt (vgl. vor allem Theokrits fünftes Idyll). Die Besonderheit des Wechselgesanges des *Plutos* liegt darin, daß er nicht zu Ende gesungen, sondern von Karion in der Epode (316-321) vorzeitig abgebrochen wird.

Wie im Streitamoibaion der *Frösche* ist auch in diesem Wechselgesang eine Parodie eingelagert - und zwar eines Dithyrambos des Philoxenos (siehe oben S.59f) -, und auch hier läßt sich dieselbe Feststellung wie in den *Fröschen* treffen (siehe oben S.163f): Das Amoibaion ist zweischichtig gebaut; die untere, volkstümliche Ebene ist, durch deftige Details angereichert, jedermann verständlich.[2] Die parodischen Anspielungen dagegen kann nur der Kenner genießen, zumal sie sehr gering sind.[3]

---

1) Vgl. Merkelbach 102.

2) Vgl. Merkelbach 112.

3) Zur Zweischichtigkeit des Publikums vgl. Aristot.Pol.1342a18-22: ἐπεὶ δ' ὁ θεατὴς διττός, ὁ μὲν ἐλεύθερος καὶ πεπαιδευμένος, ὁ δὲ φορτικὸς ... ἀποδοτέον ἀγῶνας καὶ θεωρίας καὶ τοῖς τοιουτοις πρὸς ἀνάπαυσιν.

3. Parainetische Amoibaia

Wespen (526-545 ≃ 631-647)

Die Hauptgruppe parainetischer Lieder in den Komödien des Aristophanes wird durch Agon-Oden gebildet:[1] Der Chor fordert einen Redner auf, sich wacker zu halten und sich mit seinen eigenen Argumenten durchzusetzen. Man findet diesen Liedtyp jedoch auch außerhalb epirrhematischer Agone oder von Szenen agonalen Charakters, wenn der Chor sich aufmunternd oder auffordernd an einen Schauspieler wendet.[2]
Die Agon-Oden nehmen eine Zwischenstellung ein zwischen den Streitamoibaia der Parodoi und den enkomiastischen Liedern, die nach der Parabase ihren Platz haben.[3] Das aggressive Element der Streitamoibaia findet man in den Agon-Oden vor allem dann, wenn der Chor wie in den *Rittern*, *Wespen* oder der *Lysistrate* durch die anschließende Debatte selbst betroffen ist. Der Preis des Redners, seiner Schlagfertigkeit und Argumentationskunst, verweist auf die Makarismoi.[4]
Die einzigen als Amoibaia komponierten Agon-Oden finden sich in den *Wespen* (526-545 ≃ 631-647): Nachdem in der Streitszene (siehe oben S.153f) die Abmachungen für eine Diskussion getroffen und das Thema gegeben worden sind (514-525), wendet sich der Chor an seinen Kollegen Philokleon mit der Aufforderung, sich tapfer zu schlagen. Man trifft auf das für Agon-Oden typische Vokabular:[5] Die kommende Diskussion wird als ἀγών bezeichnet, in dem es um alles geht (534f);[6] der Redner soll etwas Neues vorbringen (528);[7] außerdem wird mit γυμνασίου (527) ein Wort aus dem Bereich des Sports wie oft in Agon-Oden verwendet.[8] In der Antode bezieht der Chor lobend Stellung zu dem, was er im Epirrhema gehört hat (631-633), und

---

1) *Vgl. Gelzer, Agon 73-80.*
2) *Vgl. etwa Vesp.729-735=743-749; Nub.700-706 ≃ 804-813; Ran.534-548 ≃ 590-604.*
3) *Siehe oben S.153-168 und unten S. 174ff.*
4) *Vgl. etwa Eq.836f.*
5) *Vgl. Gelzer, Agon 73-80.*
6) *Vgl. Ach.392.481, Nub.958, Ran.883; vgl. auch Ran.785.867.873.*
7) *Vgl. Nub.1032, Ran.1107, Eccl.579f.*
8) *Vgl. Eq.387, Vesp.644f, Ran.878.*

hebt besonders den Verstand des Redners hervor.[9] Anschließend wird der zweite Teilnehmer zum Reden aufgefordert.[10]
Da ich in der Kolometrie von MacDowell abweiche, zunächst eine metrische Analyse:

Ode

526	Χο.	Νῦν δὴ τὸν ἐκ θἠμετέρου	ia ch
527		γυμνασίου λέγειν τι δεῖ	ch ia
528		καινόν, ὅπως φανήσει – ‖ Hiat	ch ba
529	Βδ.	Ἐνεγκάτω μοι δεῦρο τὴν κίστην τις ὡς τάχιστα. ‖	4 ia∧
530/1		Ἀτὰρ φανεῖ ποῖός τις ὤν, ἢν ταῦτα παρακελεύῃ; ‖	
532	Χο.	μὴ κατὰ τὸν νεανίαν	ch ia
533		τόνδε λέγειν. Ὁρᾷς γὰρ ὡς	ch ia
534		σοι μέγας ἐστὶν ἀγὼν ‖	ch ba
535		καὶ περὶ τῶν | ἁπάντων. ‖	ch ba
536		Εἰ γάρ – ὃ μὴ | γένοιτο – ‖	ch ba
537		νῦν ἐθέλει | κρατῆσαι – ‖	ch ba
538	Βδ.	Καὶ μὴν ὅσ' ἂν λέξῃ γ' ἁπλῶς μνημόσυνα γράψομαι 'γώ. ‖	4 ia∧
539	Φι.	Τί γὰρ φαθ' ὑμεῖς, ἢν ὁδί με τῷ λόγῳ κρατήσῃ; ‖ Hiat	
540	Χο.	οὐκέτι πρεσβυτῶν ὄχλος	ch ia
541		χρήσιμος ἔστ' οὐδ' ἀκαρῆ·	ch ch
542		σκωπτόμενοι δ' ἐν ταῖς ὁδοῖς	ch ia
543/4		θαλλοφόροι καλούμεθ', ἀντ-	ch ia
545		ωμοσιῶν | κελύφη. ‖‖	ch ba

Antode

631	Χο.	Οὐπώποθ' οὕτω καθαρῶς	ia ch
632		οὐδενὸς ἠκούσαμεν οὐ-	ch ch
633		δὲ ξυνετῶς | λέγοντος. ‖	ch ba

9) *Vgl. Gelzer, Agon 78.*
10) *Vgl. Gelzer, Agon 76f.*

634 Φι. Οὐκ, ἀλλ' ἐρήμας φεῦθ' οὕτω ῥᾳδίως τρυγήσειν·|: 4 ia∧
635 καλῶς γὰρ ᾔδειν ὡς ἐγὼ ταύτῃ κράτιστός εἰμι.||
636 Χο. Ὡς δὲ πάντ' ἐπελήλυθεν gl
637 κοὐδὲν παρῆλθεν, ὥστ' ἔγωγ' 2 ia
638 ηὐξανόμην| ἀκούων,|: ch ba
639 κἀν μακάρων| δικάζειν|: ch ba
640 αὐτὸς ἔδοξα |νήσοις,|: ch ba
641 ἡδόμενος| λέγοντι.|| Hiat ch ba
642 Φι. Ὥσθ' οὗτος ἤδη σκορδινᾶται κἄστιν οὐκ ἐν αὑτοῦ.|| Hiat 4 ia∧
643 Ἦ μὴν ἐγώ σε τήμερον σκύτη βλέπειν ποιήσω.||
644 Χο. Δεῖ δέ σε παντοίας πλέκειν ch ia
645 εἰς ἀπόφευξιν παλάμας ch ch
646 τὴν γὰρ ἐμὴν ὀργὴν πεπᾶ- ch ia
646 ναι χαλεπὸν ch
647 μὴ πρὸς ἐμοῦ λέγοντι.||| ch ba

Abweichungen von MacDowells Text:

536 Εἰ γάρ Sommerstein: εἴπερ codd.

Bemerkungen zum Text: V.526: Zu δή (Vaticanus Palatinus 128: δὲ RVΓ σε Brunck) vgl. MacDowell, Wasps 204. Emphatisches δή nach νῦν ist eine gebräuchliche Verbindung, vgl. etwa Eq.756, Av.923, Ran.410.

VV.530/1: Die handschriftliche Überlieferung, die von MacDowell (Wasps 204f) gehalten wird, wird neuerdings wieder von Sommerstein (Notes on Aristophanes' Wasps 265f; schon Srebrny 45-48) in Frage gestellt: "The meaning we are actually offered is, or so it seems, 'What will he show to be, if you give him this advice?', and this is nonsense." Die Überlieferung kann jedoch sinnvoll erklärt werden, wenn man die VV.526-532 in die Überlegung einbezieht: Der Chor wird in seinem an Philokleon gerichteten Lied von Bdelykleon mitten im Satz unterbrochen; sein letztes Wort ist φανήσει (528), das eine prädikative Ergänzung benötigt. Bdelykleon wendet sich zunächst mit einem Befehl an seinen Sklaven, dann an den Chor,[11] den er auffordert, seinen Gedanken zu Ende zu bringen (530-531). Subjekt von φανεῖ (530), das φανήσει aufnimmt, ist demnach Philokleon; παρακελεύῃ (2. Pers. Sg. Konj. Präs. Med.) ist an den Chor gerichtet, der ja in den VV.526-528 Philokleon eine Aufforderung erteilte (δεῖ, ὅπως φανή-

---

11) Vgl. Denniston, Particles 52: "[...] Attic writers employ ἀτάρ to express a break-off, a sudden change of topic." Vgl. Pax 177, Av.144.

σει).[12]

V.536: Sommersteins Εἰ γάρ (Notes on Aristophanes' Wasps 266f) anstelle des überlieferten εἴπερ und seine Zeichensetzung, der ich folge, beseitigen den seltsamen Konditionalsatz nach 535, den man mit der handschriftlichen Überlieferung erhält: Denn der mögliche Sieg Bdelykleons ist nicht die Bedingung dafür, daß der Kampf groß sein und um alles gehen werde. Sommerstein folgend nehme ich an, daß mit Εἰ γάρ die Begründung für die Aussage der VV. 533-535 eingeleitet und durch Bdelykleon unterbrochen wird (538). Philokleon wendet sich daraufhin an seine Freunde mit der Bitte, ihren unterbrochenen Gedanken zu Ende zu führen (537 κρατῆσαι - 539 ἣν ... κρατήσῃ). Die Technik stimmt also mit 528-531 überein: Der Chor wird zunächst unterbrochen und dann aufgefordert fortzufahren.[13]

Metrische Erklärung: Das iambisch-choriambische Lied[14] läßt sich durch Philokleons und Bdelykleons mesodische Tetrameter[15] (529-531=634f.538f=642f) in drei Abschnitte untergliedern, die auch metrische Einheiten (Perioden) bilden:

P1 (526-528≃631-633) ist vom folgenden katalektischen iambischen Tetrameter durch Hiat (528) bzw. brevis in longo (633) sowie Katalexe abgesetzt. Der Hiat in 528 unterstreicht, daß der Chor mitten im Satz unterbrochen wird. In 527≃632 respondieren ch ia mit ch ch (vgl. Lys.331≃345.333≃347).

In der auf die mesodischen Tetrameter(529-531=634f) folgenden zweiten Periode (532-537≃636-641) entspricht ein iambisch-choriambischer Dimeter in 532 einem Glyconeus in 636.[16] Im folgenden Vers (533≃637) respondieren ein iambisch-choriambischer Dimeter in der Ode und ein iambischer Dimeter in der Antode - ein Beweis für die Gleichwertigkeit von iambischen und choriambischen Metren (siehe oben S.52).[17] Es folgen in Ode und Antode je vier Aristophaneen (534-537=638-641), d.h. katalektische iambisch-choriambische Dimeter (ch ba). Dadurch, daß kein Enjambement vorliegt, sondern die metrischen mit den Sinneinheiten zusammenfallen, kann man davon ausgehen, daß auf jeden Vers eine kurze Pause folgt,[18] so daß die einzelnen Verse um so gewichtiger klingen. Dies wird zumeist durch die metrische Struktur der Aristophaneen herausgehoben, die außer in den VV.534 und 640 mit einem bakcheischen Wort schließen, wobei in der Antode mit λέγοντος (633) bzw. λέγοντι (641.647) drei Perioden mit demselben Wort enden. In 536 ist Pause besonders sinnvoll zu erklären: Nach Interjektionen sind Unterbrechungen im Versfluß durchaus gebräuchlich.[19]

Nach abermals je zwei mesodischen Tetrametern (538f=642f) wird das Lied

---

12) Vgl. MacDowells Übersetzung (Wasps 204): "Well, he'll show that he's what sort of a man, if you give him this exhortation?"

13) Zum Text von 536f vgl. MacDowell, Wasps 205; Wilamowitz, Isyllos 137; Trachta 58f. In der Erklärung der Stelle stimme ich mit MacDowell überein, der mit Wilamowitz οὗτος als Glosse tilgt; οὗτος ist für den Sinn nicht unerläßlich, wie Trachta annimmt, da Bdelykleon bereits 532f erwähnt wurde und der Zusammenhang sowieso klar genug ist. Vgl. auch V.634.

14) Siehe oben S.52; Snell 37; Itsumi 59-61; MacDowell 203.

15) Zielinski 11.

16) Vgl. Prato 107; Denniston, Lyric iambics 123; Wilamowitz, Verskunst 236.

17) Vgl. Wilamowitz, Verskunst 236 Anm.2.

18) Durch die stichische Verwendung verliern sie ihre Klauselfunktion; vgl. Dale, Lyric metres 136f; Parker, Catalexis 25. Vgl. etwa Aesch.Sept.295 bis 300=312-317 (pher); Pax 785-787=806-808 (aristoph).

19) Vgl. Stinton, Pause and period 36f.

durch die dritte Periode des Chores abgeschlossen (540-545 ≃ 644-647). Die genaue Responsion im Schlußteil ist dadurch gestört, daß in der Antode ein Metron fehlt - ein typischer Fall von Responsionsdurchbrechung in der Aristophanischen Komödie.[20] Der Grund dafür mag in der Apposition άντ/ωμοσιῶν κελύφη (544f) liegen, mit der sich die Richter in ihrer Erregung schon versehen sehen.[21] Die letzte Periode ist in Ode und Antode in ein lyrisches Pnigos gekleidet: In der Ode wird die Aufregung der Alten bei dem Gedanken an eine Niederlage ausgedrückt, in der Antode fordern sie Bdelykleon auf, sich angesichts der schlagenden Argumente Philokleons etwas Gescheites einfallen zu lassen.[22]

Dadurch, daß Aristophanes die Agon-Oden der *Wespen* als Amoibaia komponiert, dramatisiert er die sonst eher topische Einleitung epirrhematischer Agone[23] und bettet sie ganz in den Handlungsablauf ein. Damit verhindert er, daß die Funktion des Chores auf die bloße Agon-Einleitung reduziert wird. Indem Aristophanes alle an der Debatte Beteiligten und durch sie Betroffenen in den Oden zu Wort kommen, ja, sich sogar gegenseitig ins Wort fallen läßt,[24] bringt er deutlich zum Ausdruck, in welchem Maße die folgende Auseinandersetzung allen am Herzen liegt.[25]

Chor und Chorführer

Da durch die Ode die Eröffnung eines epirrhematischen Agons angezeigt werden soll, der durch Gesang des Gesamtchors eingeleitet zu werden pflegt, muß man wohl Vortrag durch den Chor postulieren. Dafür spricht auch, daß der Chor zusammenhängende Partien vorträgt, in denen er von den Schauspielern unterbrochen wird.[26]

---

20) Vgl. Dale, Lyric metres 207 n.1; Trachta 61.
21) Vgl. dazu MacDowell, Wasps 205f.
22) Vgl. dazu MacDowell, Wasps 218.
23) Vgl. Gelzer, Agon 75.
24) Vgl. dazu vor allem die Oden des ersten Agons der 'Ritter'; Gelzer, Agon 11f.
25) Vgl. vor allem die VV.540-545; Gelzer, Agon 76 Anm.1.
26) Das Nebeneinander der 2. Pers. Sg. und Pl. (531.539) ist kein Indiz für die Zuweisung; vgl. Kaimio 236f.

4. Enkomiastische Amoibaia

4.1. Preis des Helden (Makarismoi)

Ihren eigentlichen Platz haben die enkomiastischen Amoibaia nach der Parabase.[1] In ihnen preist der Chor den Helden wegen der τρυφή und εὐωχία, die der neuerrichtete Zustand bietet. Dabei fällt dem Chor meist nur noch eine kommentierende Aufgabe zu: Er betrachtet die Handlung der 'Abfertigungsszenen'[2] nun eher aus Distanz, nachdem ihn der komische Held überzeugt und auf seine Seite gebracht hat. So ist es nicht erstaunlich, daß sich dieser Liedtyp vor allem in den Stücken der ersten Periode findet, in denen der Chor als handlungstragender Teilnehmer nur so lange aktiv in das Geschehen eingreift, bis er entweder seinen anfänglichen Widerstand gegen das Vorhaben des Helden, im Agon überzeugt, aufgibt oder bis er die Aufgabe, zu der er gerufen wurde, gelöst hat. Bei der stärkeren Durchdramatisierung der Handlung in den Komödien der zweiten Periode[3] wird der Chor auch nach der Parabase in das Geschehen integriert. Somit bleibt ihm nicht mehr die Möglichkeit, gleichsam aus einem gewissen Abstand die Handlung zu kommentieren und zu deuten.

Derartige Enkomien finden sich in der Form reinen Chorgesangs[4] und als Amoibaia des Chores mit dem komischen Helden. Die Gruppe reiner Chormakarismoi zeichnet sich durch ihren deiktischen Charakter aus: Es wird zumeist in der dritten Person Singular, oft verstärkt durch ὅδε oder andere Demonstrativa, auf den Haupthelden in den Eröffnungsversen hingewiesen,[5] wobei auch der Wechsel zur zweiten Person möglich ist.[6] Zunächst nimmt der Chor die 'Abfertigungsszene', die er zuletzt erlebt hat, zum Anlaß, seinen Lobpreis vorzutragen. Gleichzeitig wird er - vor allem durch die dritte Person Singular, in der er vom Hel-

---

1) *Vgl. Koch, passim; MacLeod.*
2) *Vgl. Gelzer, RE Sp.1527f.*
3) *Zur Periodisierung vgl. Gelzer, RE Sp.1407-1419.*
4) *Ach.836-859.971-999, Nub.1303-1320, Vesp.1450-1473, auch Ran.1482-1490.*
5) *Ach.836f.971.977.1037, Nub.1303f, Pax 856f.*
6) *Ach.842f.846.848.853.*

den spricht - vom Dichter dafür eingesetzt, indem er über die Bühnenhandlung reflektiert, die Stimmung der Zuschauer in ihrer Identifikation mit dem komischen Helden zu lenken.[7)]
Während die rein chorischen Makarismoi die Funktion eines Stasimons ausüben - sie stellen einen Ruhepunkt dar und werden bei leerer Bühne gesungen -, begleiten die als Amoibaia komponierten Enkomien eine gleichzeitig stattfindende Handlung,[8)] zumeist die Zurüstung zur εὐωχία.[9)] In diesen Wechselgesängen wendet sich der Chor mit seinem Lobpreis unmittelbar an den Helden,[10)] der seinerseits die Chorworte steigert, indem er noch größere τρυφή in Aussicht stellt.[11)]

Acharner (1008-1017=1037-1046)

Das Amoibaion steht nach der Errichtung des Freimarktes, der Dikaiopolis alle in Kriegszeiten sehnlichst erwünschten Delikatessen beschert, und nach der Abfertigung aller möglichen Störenfriede (Sykophant, Bote des Lamachos). Der Chor hat bereits zweimal in reinen Chormakarismoi auf das Wohlleben von Dikaiopolis hingewiesen (836-859.971-999), bevor als Krönung des Glücks des Helden durch einen Herold das Choenfest ausgerufen wird (1000-1002). Dikaiopolis gibt an Frau und Sklaven den Befehl, die nötigen Vorbereitungen zu einem Festschmauß zu treffen (1003-1007). Bei den in Aussicht gestellten Genüssen bricht der Chor in einen Lobpreis auf den Helden aus (1008-1010): Seiner Klugheit, mehr aber noch seiner εὐωχία wegen preist er ihn glücklich. Steigernd nimmt Dikaiopolis die Chorworte auf und stellt noch größere Schlemmereien in Aussicht (1011f), was der Chor neidvoll zur Kenntnis nimmt (1013). Dikaiopolis' Befehl, das Feuer zu schüren (1014), reißt die Acharner zu einem bewundernden Ausruf über die Kochkunst des komischen Helden hin (1015-1017).[1)] Nach der Ode erscheint als Kontrast zu dieser

---

7) Vgl. Jauß 259-266.
8) Dazu siehe unten S. 242f.
9) Ach. 1008-1017. 1037-1046, Pax 939-955. 1023-1038.
10) Ach. 1008, Pax 860.
11) Ach. 1011f, Pax 859. 863. 916.

1) Vgl. Dohm 55-58.

τρυφη ein armer Bauer (1018ff) mit der Bitte, nur ein Tröpfchen des Friedensweines abzubekommen (1033f),[2] was ihm von Dikaiopolis in aller Schroffheit abgeschlagen wird: Der Held will sein Glück allein genießen.[3] In der Antode (1037-1046) kommentiert der Chor dieses egoistische Verhalten. Der Struktur nach entspricht die Antode zwar der Ode; allerdings kann man sie nur formal als Amoibaion bezeichnen, da ihr der dialogische Charakter abgeht (siehe oben S.150-152). Dikaiopolis' Verse sind nicht an den Chor, sondern an seine Frau und seine Sklaven gerichtet, die das Essen zubereiten (1040f). So wird die Antode auch mit einer Formulierung eröffnet, die für rein chorische Makarismoi typisch ist (1037 ἀνήρ, siehe oben S.174).
Im Handlungsablauf üben die beiden Amoibaia mehrere Funktionen aus: Zunächst binden sie den Chor in die dramatische Handlung ein. Sodann untergliedern sie durch das epirrhematische Bauprinzip[4] zwei spiegelbildlich gebaute Szenen, die schroffe Abweisung des Bauern (1018-1036) und die freundliche Behandlung der Bitte der Braut (1048-1068).[5] Schließlich - und darin liegt ihre eigentliche Bedeutung - liefern sie eine Perspektive, aus der der Zuschauer die Handlung betrachten soll (siehe oben S. 175), und eine naive Interpretation des Geschehens (1015-1017. 1037-1039).

Metrische Erklärung: Das Amoibaion ist in einfachen Iamben gehalten. Die metrische Form zeigt die Nähe zur gewöhnlichen dialogischen Unterhaltung.[6] Periodenschluß wird klar durch Sprecherwechsel, der in Ode und Antode parallel verläuft, Hiat (1012.1014.1041.1043) und brevis in longo (1012.1014. 1041.1043) angezeigt. Gegen Pratos Kolometrie (24f) der VV.1008f=1037f als 4 ia empfiehlt es sich, angesichts der lyrischen Form eine Einteilung in einen Dimeter und einen katalektischen Dimeter als Klausel vorzunehmen.[7] Der Aufbau des Amoibaions ist symmetrisch (a b b a):

P1 (1008-1010=1037-1039) 2 ia 2 ia 2 ia ,
P2 (1011f=1040f) 2 ia 2 ia∧|| Hiat
P3 (1013f=1042f) 2 ia 2 ia∧|| Hiat. Personenwechsel findet innerhalb der Periode statt: Dikaiopolis singt den Klauselvers zu dem Dimeter des Chores.
P4 (1015-1017=1044-1046) 2 ia 2 ia 2 ia∧||

Das anceps der Iamben ist zumeist lang. In der Antode liegt in V.1039 'split

---

2) Vgl. Newiger, Metapher 104-106.
3) Vgl. dazu mein 'Utopisches und Utopie'.
4) Dazu siehe unten S. 243-245.
5) Vgl. Newiger, Krieg und Frieden 177-180.
6) Vgl. Dale, Lyric metres 75f; Spatz, Strophic construction 51.
7) So auch Dale, Lyric metres 76; Spatz, Strophic construction 51.

resolution'[8] vor: -κεν οὐδενὶ |μεταδώσειν.[9] Dies braucht jedoch keinen Anstoß zu erregen, da weder rhetorische Pause noch longum im anceps vorliegen.[10] V.1040 bietet eine für iambische Dimeter außergewöhnliche Form: κατάχει σὺ τῆς χορδῆς τὸ μέλι (⏑⏑ — ⏑ — — ⏑⏑⏑) - anapästischer Auftakt[11] und aufgelöstes Endlongum (vgl. Thesm.318). Diese Lizenzen in den sonst streng gebauten lyrischen Iamben der Komödie[12] unterstreichen die Nähe des Amoibaions zum gesprochenen Dialog.[13] Dem entspricht auch die Sprache, die sich nicht von der gesprochener Partien unterscheidet (vgl. auch Ach.263 bis 279).

Wolken (457-477)

Das Amoibaion zwischen dem Wolkenchor und Strepsiades bildet einerseits den Abschluß der langen Szene in katalektischen anapästischen Tetrametern (314-456), in der Strepsiades in das Wesen der Göttinnen eingeweiht wird und in einem abschließenden Pnigos (439-456) seiner Bereitschaft, sich bei den πρόπολοι der Göttinnen (436) in die Lehre zu begeben, einen begeisterten Ausdruck verleiht,[1] andrerseits leitet es durch den Katakeleusmos des Chorführers (476f) zur anschließenden Unterweisung des Alten über (478ff).
In den ersten Versen zollen die Wolken Strepsiades ein, wie es sich im weiteren Verlauf des Stückes herausstellt, ironisches Lob (457f) und stellen ihm unermeßlichen Ruhm (461) und das beneidenswerteste Leben (464) in Aussicht, wenn er ihnen und ihren Helfern nur folge. Der Preis des 'Helden' und die Aufzählung seiner Errungenschaften (467-475), aber auch die sprachliche und metrische Gestaltung weisen das Amoibaion durchaus der Gruppe der Enkomien zu - allerdings mit einem entscheidenden Unterschied: Während der Chor sich in den anderen Liedern, in denen er den Helden preist (siehe oben S.174f), auf einen bereits erreichten Zustand, auf das sichtbare Glück, bezieht, wird in dem Amoibaion der *Wolken* ein zukünftiger Glückszustand ausgemalt (Futur in 462.465.467). Durch die Versprechungen[2]

---

8) Vgl. Parker, Split resolution 249.
9) Im zweiten longum auch Av.930 (allerdings Pindarzitat) und Ran.1353.
10) Vgl. dazu Parker, Split resolution 252.
11) Vgl. Nub.812, Pax 948, Thesm.721; Denniston, Lyric iambics 138.
12) Vgl. Dale, Lyric metres 75.
13) Vgl. Snell 21.

1) Vgl. Newiger, Metapher 55-62; Gelzer, Agon 138-151; Landfester 77-86.
2) Sie versprechen ihm mehr, als er eigentlich will (vgl. 443-456 mit 467-475).

verlocken die Wolken Strepsiades, sich immer weiter in seinem Irrweg zu versteigen, bis schließlich die Strafe folgt.[3] Erst da geben sie den Sinn ihrer Versuchung zu erkennen (1458-1461).[4] So ist der Chor in diesem Amoibaion zwar nicht als Handlungsträger eingesetzt, durch seine Worte lenkt er jedoch die Handlung in eine bestimmte, für den Ablauf der Komödie entscheidende Richtung (siehe dazu oben S.13-15).

Metrische Erklärung: Das Amoibaion ist in Daktyloepitriten gehalten. Somit findet sich das Metrum, das in den Einzugsliedern zur Charakterisierung des Chores verwendet wurde, nunmehr in variierter Form.

Auf zwei epitritische Dimeter (E⏑E⏑)[5], die die erste Periode bilden (457f), folgt das Element e (459), das gleichsam als Brücke zur zweiten Periode überleitet (459-462). Es folgen ein katalektischer daktylischer Pentameter und Ithyphallicus als Klauselvers (vgl. Nub.285-287=308-310, Ran. 816f=820f=824f=828f). Ithyphallici als Klausel nach Daktyloepitriten sind eine Eigenart des attischen Dramas und noch nicht bei Pindar zu finden (vgl. Eq.1273=1299, Pax 775=798; Eur.Med.420=430).[6] Durch seinen Beginn (–⏑– = e) paßt der Ithyphallicus in die daktyloepitritische Umgebung.[7]

P3 (463-465): Strepsiades' Frage (463: τί πείσομαι) schließt als iambisches Metron nahtlos an den Klauselvers der zweiten Periode an. Gleichzeitig bildet sie mit der folgenden Antwort des Chores wiederum ein ambivalentes Glied (⏑ e), das durch - D weitergeführt wird. Es folgt - D in Synaphie mit der Klausel - e - (465).

P4 (466-469): Höchst angetan von der Aussicht, ein beneidenswertes Leben zu verbringen, aber doch etwas ungläubig,[8] fragt Strepsiades, ob er all das wirklich erleben werde. Die Frage (466f) ist metrisch höchst kunstvoll gebaut: Einerseits stellt sie eine in sich geschlossene rhetorische und metrische Einheit der Form D⏑e dar. Damit übernimmt Strepsiades den Rhythmus des Chores. In dem Elemet ⏑e klingt jedoch metrisch auch seine Frage τί πείσομαι; (463) wieder an. Dadurch aber, daß der Chor mitten im Vers an Strepsiades' Frage anschließt (467), um das bewundernswerte Leben in seinen Folgen auszumalen, tritt in ὄψομαι (467) Hiatkürzung vor dem folgenden ὥστε ein, so daß V.467 metrisch als D zu bestimmen ist. In diesen beiden Versen (466f) spielt Aristophanes gekonnt mit der metrischen Form: Indem der Chor unmittelbar auf Strepsiades' noch etwas zögernde Frage seine Antwort folgen läßt, entsteht weder metrische noch rhetorische Pause, sondern das Zaudern des Alten wird durch die Schnelligkeit, mit der die Chorworte anschließen, geradezu hinweggespült. Den Abschluß der vierten Periode bilden D - (468) und ⏑e - (469) als Klausel.

Die metrische Gestaltung der abschließenden Chorworte unterstützt die vorgetragene Deutung der vierten Periode: In P5 (470-473) folgt eine pnigos-

---

3) Vgl. Newiger, Rez. Gelzer 44.

4) Vielleicht schon 813; vgl. aber Dover, Clouds 198.

5) Vgl. West, Metre 132f.

6) Vgl. Dale, Lyric metres 180f; West, Metre 132.

7) Vgl. West, Metre 132.

8) Durch die sonst nicht belegte Kombination von ἆρά γε und ἄρα in einer Frage werden die widerstreitenden Gefühle, Begeisterung und Skepsis, ausgedrückt. Vgl. Denniston, Particles 37.50.

artige Schilderung von Strepsiades' zukünftigem Glück als Rechtskenner (D - ⏑D - D - e -). Im Klauselvers klingt mit πολλῶν ταλάντων pointiert an, worum es dem Alten eigentlich geht, bevor in der Abschlußperiode (P5: 474f D - D) Strepsiades' Talent betont wird.

Die die Erhabenheit des Wolkenchores unterstreichende metrische Gestaltung des Amoibaions wird teilweise von einer dementsprechenden sprachlichen Form begleitet: κλέος οὐρανόμηκες (461) erinnert an das homerische κλέος οὐρανὸν ἵκει (Il.8,192), der Dativ auf -σιν an hohe Dichtung und die Einleitung des 'futurischen' Makarismos (459 ἴσθι) an enkomiastische chorlyrische Dichtung.[9] Von Pindar (O.11,11 Sn.-M.) wird auf dieselbe Art - ebenfalls in Daktyloepitriten - ein futurisches Enkomion auf Hagesidamos angestimmt. Sprache und Metrum rufen demnach die Tradition der Enkomien wach.

Frieden (856-867=910-921.939-955≃1023-1038)

Dem Charakter des Stücks entsprechend[1] wird Trygaios, der σωτήρ[2] der Griechen, in zwei als Amoibaia gebauten Preisliedern vom Chor gefeiert. Das erste enkomiastische Amoibaion steht kurz nach der Parabase (729-818): Trygaios wird bei seiner Rückkehr von einem Sklaven begrüßt. Es entspinnt sich ein komischer Dialog mit Seitenhieben gegen die Verfasser des Neuen Dithyrambos (828-831) und der hübschen Aitiologie der Sternschnuppen (839-841). Die mitgeführten weiblichen Gestalten, Theoria und Opora, geben Gelegenheit zu einigen Doppeldeutigkeiten und Obszönitäten (vor allem 854f).[3] Außerdem ordnet Trygaios das Brautbad für Opora und die Herrichtung des Hochzeitsbettes an. Er selbst will unterdessen Theoria dem Rat übergeben. Angesichts dieses Glückszustandes läßt sich der Chor zu einem ersten Lobpreis auf Trygaios hinreißen (856-867), wobei Trygaios den Lobpreisungen des Chores jedesmal eine Steigerung hinzuzufügen weiß (859.863). Schließlich gibt er in einem lyrischen Pnigos (865-867) selbst die Begründung dafür, daß er dieses Glück verdient habe. Im Preis des komischen Helden nimmt der Chor die Ankündigung der Hochzeit mit Opora auf und sieht ihn im Geist schon verjüngt (861).[4] Die Ode enthält also schon

---

9) Vgl. Dover, Clouds 159; Starkie, Clouds 117f.

1) Vgl. Gelzer, RE Sp.1454: "Art eines Festspiels".

2) Vgl. Newiger, Metapher 117.

3) Vgl. Newiger, Metapher 108-119; Henderson, Maculate muse No.382 (S.184).

4) Vgl. Newiger, Retraktationen 239.

einen Vorausblick auf die Exodos mit ihrer Hochzeitsfeier: Opora erscheint als die gerechte Belohnung für Trygaios' Verdienste. Nach der Ode, vor der der Sklave mit Opora abging, wird bereits der Vollzug der Hochzeitsvorbereitungen gemeldet (868 bis 870). Trygaios hat jedoch noch einen zweiten Auftrag auszuführen, Theoria dem Rat zu übergeben (871f), was er in einer Szene voller erotischer Anspielungen und ὀνομαστὶ κωμῳδεῖν erledigt. In einer langen Rede (894-908) läßt er alle Vorteile vor dem Rat abrollen, die ihm jetzt wieder durch Theoria zuteil werden. Es schließt die Antode an (910-921), in der der Chor Trygaios als Paradigma des χρηστὸς πολιτης (909-911) hinstellt.[5] Steigernd fügt Trygaios, der 'Winzer',[6] die Genüsse der Weinernte (τρυγᾶν) hinzu, die durch seinen Himmelsritt wieder möglich ist (912.916, vgl. 1339f). Wie in der Ode (859) wird damit wieder auf die Exodos mit der Vereinigung des Winzers mit Opora sowie dem Auszug aller auf das Land verwiesen.[7] Der Chor geht in seinem Preis gar noch weiter und nennt Trygaios σωτηρ (914)[8] aller Griechen, verwendet also einen Begriff mit religiösen Konnotationen. Während jedoch Peisetairos, der in den *Vögeln* (545) in ähnlicher Weise als σωτὴρ der Vögel bezeichnet wird, Zeus in der Herrschaft ablöst, bleibt Trygaios Mensch (917), die Götter werden in ihrer Stellung nicht angetastet. In einem lyrischen Pnigos (918-921) betont Trygaios schließlich noch einmal die Berechtigung der Ehren, die ihm zuteil werden. Während die Ode also eher den eigentlichen Preis von Trygaios enthält, geht die Antode - nach der Übergabe Theorias an den Rat - auch auf die Folgen ein, die seine Tat für die Polis hat.

Als nächste Szene folgt die Hidrysis der Göttin (922ff) - eine normale kultische Handlung, die allerdings in der Zeit kurz vor dem endgültigen Friedensschluß eine starke symbolische Be-

---

5) Eingeleitet durch emphatisches ἦ; vgl. Denniston, Particles 279f.
6) Vgl. Newiger, Metapher 110f.119-122.
7) Vgl. Newiger, Metapher 110f.
8) Vgl. auch V.917; σωτὴρ ist Epitheton vor allem von Zeus (etwa Thesm. 1009; Pindar O.5,17), aber auch von anderen Gottheiten. Vgl. Burkert 217. 327.

deutung in sich trägt.[9] Darin ist auch die Ausführlichkeit begründet, mit der die Handlung durchgeführt wird. Stellt doch die Hidrysis der Göttin nichts anderes dar als die Errichtung des Friedenszustandes.[10] Während der Opfervorbereitungen singt der Chor die Ode eines zweiten Amoibaionpaares (939-955≃1023-1038). In ihr verleiht er seiner Freude darüber, daß sich das Schicksal endlich zum Guten gewendet hat, einen dankbaren Ausdruck. Da er sieht, daß die Vorteile, die der Frieden bringt, auch ihm selbst zuteil werden, nimmt er mit Interesse an Trygaios' Opfervorbereitungen teil und gibt sogar Anweisungen für die Zurichtungen (950-955.1023-1025). Nach einem langen Gebet an Eirene (974-1015), das Trygaios in einem anapästischen Pnigos herunterleiert,[11] singt der Chor, während das Opfertier hinausgebracht wird, in der Antode (1023-1038) noch einmal einen Lobpreis auf Trygaios, der seinerseits seine Leistung bei der Vorbereitung der Opferhandlung herausstreicht.[12] Mit einem allgemeinen Makarismos des Helden als σωτηρ (1035f) und dem Stichwort für Enkomien, ζηλωτός (1038, vgl. 860), beendet der Chor sein Lied.

Die inhaltliche Funktion dieser Amoibaia ist klar bestimmbar: Sie stellen die Leistung und das Verdienst von Trygaios heraus und vermitteln wie in den *Acharnern* (siehe oben S.175f) die Perspektive, aus der Trygaios' Tat betrachtet werden soll, drückt der Chor doch gleichsam als Zuschauer seine Bewunderung aus. Ein wesentlicher Unterschied liegt darin, daß im Gegensatz zu Dikaiopolis, der seinen Frieden allein genießt, Trygaios für alle den erwünschten Zustand herbeiführt. So begleiten auch die Worte der Acharner die Opfervorbereitungen, ohne auf sie Einfluß auszuüben, während der Chor des *Friedens* durch seine Befehle zum Ausdruck bringt, daß das Bühnengeschehen auch in seinem Interesse abläuft.[13] Die unterschiedliche Konzeption der beiden Stücke äußert sich auch in unterschiedlich angelegten Enkomien auf den komischen Helden: In den *Acharnern*

---

9) *Vgl. Newiger, Retraktationen 240.*
10) *Newiger, Metapher 117f; ders., Krieg und Frieden 180-185 (= War and peace 226-228).*
11) *Vgl. Kleinknecht, Gebetsparodie 44-48.*
12) *Vgl. Ach.1015-1017; Dohm 37.*
13) *Vgl. Newiger, Metapher 117f; ders., Retraktationen 240.*

überwiegen die reinen Chormakarismoi (836-859.971-999). Aber auch in den Amoibaia (1008-1017=1037-1046) betrachtet der Chor aus neidvoller Distanz den für ihn und das Publikum zur Zeit der Aufführung unerreichbaren Glückszustand. Als der *Frieden* zu seiner Aufführung kam, wußte jedermann, daß der tatsächliche Friedensschluß unmittelbar vor der Tür stand, so daß der ersehnte Zustand bald für alle eintreten würde. So gibt Trygaios allen an seinem Glück Anteil (865-867), für alle hat er das Wagnis unternommen. Der Chor seinerseits betrachtet die Handlung nicht aus neidvoller Distanz, sondern versucht, durch seine Worte die Errichtung des Friedenszustandes zu beschleunigen.
In der Ökonomie des Stückes wirken die vier Oden szenentrennend und handlungsüberbrückend: Während der ersten Ode (856-867) wird Opora gewaschen, während der ersten Antode (910-921) erfolgt die Übergabe Theorias an den Rat. Die erste Syzygie befaßt sich inhaltlich also mit den zwei symbolischen weiblichen Figuren. Die zweite Syzygie hat die Opfervorbereitungen und das Opfer selbst zum Inhalt: Während der Ode (939-955) wird das Opfertier geholt, Trygaios kümmert sich um den Altar; während der Antode (1023-1038) wird das Tier wieder entfernt. Außerdem bereiten die Lieder die Exodos mit der symbolhaften Hochzeit von Trygaios und Opora vor.[14]

Bemerkungen zum Text von 856-867=909-925:[15]

V.860: γέρον (RV Ald; so Coulon) muß gegen γέρων (B; Bergk, Meineke; Platnauer) gehalten werden. Denn der Vokativ ist kaum zu entbehren[16] - und wie sollte der Nominativ sinnvoll erklärt werden?[17] Hält man den Vokativ, kontrastiert dagegen sehr schön der derzeitige Zustand (Trygaios als alter Mann) mit dem künftigen (Trygaios als Jüngling). Brevis in longo bewirkt eine rhetorische Pause nach dem Vokativ (siehe oben S.66).

V.865: Nencis εἷς (QUCC n.s.3,1979,81-84) statt des überlieferten εἰς ist erwägenswert: Trygaios' Leistung kommt damit um so deutlicher zum Ausdruck. Allerdings sind Nencis Parallelen (84) nicht schlagend, da mit ihnen nur die gewöhnliche Verbindung ὅστις εἷς ὤν belegt wird (etwa Eq.861). Man kann Nencis Konjektur jedoch mit Ach.492f stützen: ὅστις [...]/ἅπασι μέλλεις εἷς λέγειν τἀναντία. Auch an dieser Stelle wird der Wagemut des komischen Helden im Gegensatz zu allen anderen herausgestellt.

---

14) *Siehe unten S.185-188.*
15) *Außer Abweichungen von Coulons Edition soll auch auf die von Platnauers Text eingegangen werden.*
16) *Vgl. Wilamowitz, Verskunst 253 Anm.1.*
17) *Platnauer (141) gibt keine plausible Erklärung.*

V.916: Mit Platnauer muß man wohl τί δῆτ' ἐπειδὰν κτλ. als gebräuchliche Steigerungsformel in Makarismoi (vgl. Ach.1011, Pax 859.863)[18] dem überlieferten Φήσεις (RVΓS) ⟨γ'⟩(Dindorf) vorziehen. Φήσεις kann leicht als Glosse zu dem elliptischen Τί δῆτ' (sc. φήσεις) erklärt werden. Bezeichnenderweise fehlt die Partikel γε in 916 in der Überlieferung (vgl. dagegen 1353).

V.920b: Dieser Vers stellt die größte textkritische Schwierigkeit dieses Liedes dar: Nach der handschriftlichen Überlieferung entspricht ein iambisches Monometron in der Ode (866b: ἐν τοῖς ἀγροῖς) einem katalektischen iambischen Dimeter in der Antode (920b: τὸν δημότην ὅμιλον). B und die Aldina, der White (§ 580) und Hall-Geldart folgen, bieten in 866b responsionis causa ἐν τοῖς ἀγροῖσιν αὐτούς. Während in der Ode Katalexe, d.h. Periodenende, nach 866b durchaus möglich wäre - nach einer kurzen Pause klingt die deftige Pointe ἅπαντας [...]κινεῖν (867) um so prononcierter -, ist Periodenende in der Antode auf keinen Fall vertretbar. Nach der handschriftlichen Überlieferung erhält man für den letzten Teil der Antode folgende Struktur:

920 a	δεινῶν ἀπαλλάξας πόνων	2 ia
920 b	τὸν δημότην ὅμιλον ‖	2 ia∧
921 a	καὶ τὸν γεωργικὸν λεὼν	2 ia
921 b	Ὑπέρβολόν τε παύσας. ‖|	2 ia∧

Durch die Katalexe in 920b nach drei vollständigen, regelmäßig gebauten Dimetern wird auf jeden Fall Pause, d.h. Periodenende, bewirkt.[19] Damit muß man jedoch καὶ τὸν γεωργικὸν λεὼν (921a) von dem Partizip παύσας (921b) abhängig machen, was keinen Sinn ergibt. Deshalb scheint es mir am einfachsten zu sein, Dindorfs Tilgung von ὅμιλον zu übernehmen (so auch Bergk, Meineke, Blaydes); τὸν δημότην muß dann in adjektivischer Bedeutung (vgl. Eccl.574f)[20] auf λεὼν bezogen werden, da δημότης wie πολίτης nach Aristophanes' Sprachgebrauch keine kollektive Bedeutung haben kann (Trachta 69). Man könnte annehmen, daß ὅμιλον in den Text gelangte, weil der Bezug von τὸν δημότην auf λεὼν nicht gesehen, sondern τὸν δημότην substantivisch aufgefaßt wurde. Die Variante in 866b (ἀγροῖσιν αὐτούς) stellt dann eine sekundäre Änderung metri causa dar (vielleicht von Demetrios Triklinios).

Metrische Erklärung des ersten Amoibaionpaares (856-867=909-921):[21]

Die Struktur und metrische Form der Oden der ersten Syzygie sind einfach und leicht zu durchschauen: Durch die 'mesodischen Tetrameter' (Zielinski 11) wird eine klare Gliederung hergestellt:

P1 (856-858=909-911): Auf je zwei tel (in Synaphie) folgt ein reiz als Klausel.

An Trygaios' mesodischen Tetrameter (859=912: 4 ia∧) schließen als zweite Periode (860-862=913-915) wiederum zwei tel mit reiz als Klausel an.

Es folgen je zwei katalektische iambische Tetrameter von Trygaios und dem Chorführer (863f=916f), an die als Abschlußperiode (865-867=918-921) ein iambisches Pnigos des Trygaios anschließt (zum Text siehe oben).

Wie schon die Makarismoi der *Acharner* (siehe oben S.175-177) zeichnen sich auch diese Enkomien durch ihre einfache Struktur aus. Die Verbindung von

---

18) Τί δῆτ' steht auch bei Athen.485a; vgl. app. crit. von Coulon und Blaydes.
19) Vgl. Parker, Catalexis 14.25; Denniston, Lyric iambics 142f.
20) Vgl. Trachta 69.
21) Vgl. die Analyse bei Prato (148-151).

Telesilleen mit Reiziana findet sich auch Eq.1111ff, Ran.448ff (siehe oben S.133), Eccl.289ff (siehe oben S.137). Akephale äolische Maße müssen volkstümlicher Poesie zugehörig gewesen sein.[22] Trygaios bleibt in seinem lyrischen Part mit den Iamben in der Nähe zum Sprechvers (siehe oben S.177 zu Ach.1008ff).

Bemerkungen zum Text von 939-955 ≃ 1023-1038:

V.939: Gegen Coulons Edition, der VΣ$^{VAld.}$ folgt, ziehe ich es vor, hinter κατορθοῖ Komma zu setzen (RΓSΣ^{S}, so Hall-Geldart)[23]. Aufgrund der Struktur des Verses, die durch die Synkopierung bedingt ist, muß man χή τυχη zu κατορθοῖ beziehen.[24]

V.1023: In der Antode bietet der erste Vers textkritische Schwierigkeiten: Die handschriftliche Überlieferung (RVΓ) bietet:

Σε τοι (Σὲ δὴ V²Γ) θύραισι χρὴ μένοντα τοίνυν

Anstelle von θύραισι muß Heliodors θύρασι übernommen werden (Platnauer 152). Leider ist das metrische Scholion zu V.1023 verdorben (vgl. White S.417f): σέ τοι θύρασι χρὴ μενειν οντ .. τινάς. Die letzten Worte weisen wohl darauf hin, daß schon Heliodor in einigen Vorlagen (τινας) die Variante <μέν>οντ' bzw. <μεν>οντ<α> vorfand, die sich in RVΓ gehalten hat. Es wurden zahlreiche Versuche, genaue Responsion herzustellen, unternommen. Van Leeuwen, Coulon und Platnauer akzeptieren Engers θυρασι<ν ἐνθαδι> χρὴ κτλ., Richter bietet eine Kontamination von Heliodor und RVΓ: χρὴ μένειν <καὶ> μένοντα τοίνυν. Die Korruptel liegt jedoch tiefer: τοίνυν in dieser späten Stellung ist äußerst verdächtig und erscheint nie getrennt von δή, wenn man wie Coulon und Platnauer V²Γ folgt.[25] So bleibt wohl nur übrig, mit van Herwerden "micamus in tenebris" festzustellen und cruces zu setzen:

Σέ τοι[26] θύρασι χρὴ † μένοντα τοίνυν †

Metrische Erklärung des zweiten Amoibaionpaares (939-955 ≃ 1023-1038):

Im zweiten Amoibaionpaar ergibt sich die Periodisierung aus dem Sprecherwechsel zwischen Trygaios, der in Langversen bleibt (4 ia∧), und dem Chor:

Die erste Periode (939-941=1023-1025) wird durch ein Euripideion (2 ia ith) eröffnet, an das ein anapästischer Dimeter und ein Paroemiacus als Klauselvers anschließen. Der Übergang vom ith des Eröffnungsverses ist durch die Doppellänge, mit der 940=1024 beginnt, gleitend gestaltet. Anapäste in Verbindung mit Iamben finden sich auch Av.1313ff und Kratinos Fr.256/7 PCG und häufig in der Euripideischen Tragödie (z.B. I.T.848f.880ff, Hel.1120f=1135f, Or.1398f.1415).[27] Die Affinität von Iamben und Anapästen wird besonders deutlich durch Verse wie den Cyrenaicus.[28]

Nach Trygaios' mesodischem Tetrameter (942=1026) folgt als zweite Periode (943-947=1027-1030) ein Pnigos lyrischer Anapäste, das durch einen katalektischen iambischen Dimeter als Klauselvers abgeschlossen wird.[29]

---

22) Vgl. Wilamowitz, Verskunst 253.
23) Vgl. Platnauer 147.
24) Zur Verbindung von θεός und τύχη vgl. Eur.Phoen.1202, I.A.1403.
25) Vgl. Denniston, Particles 578f.
26) Vgl. Denniston, Particles 537f.
27) Vgl. Denniston, Lyric iambics 135.
28) Vgl. Dale, Lyric metres 171.217; Denniston, Lyric iambics 135-141.
29) Vgl. Wilamowitz, Verskunst 270 Anm.1. Zur 'split resolution' in 1030 vgl. Parker, Split resolution 250. Platnauers Anmerkung zu V.946 ist völlig unverständlich: Die metrische Gestalt des Verses (2 ia∧) ändert sich nicht, ob man mit den Handschriften εἰς oder mit Bergk ἐς liest. Die Responsion von Kürze und Länge im anceps ist doch nicht außergewöhnlich!

Nach abermals zwei mesodischen Tetrametern von Trygaios (948f=1031f) folgen als Abschlußperiode des Chores in der Ode iambische, in der Antode iambisch-äolische Verse:

950	Οὐκοῦν ἁμιλλήσεσθον; ὡς	2 ia	1033	Τίς οὖν ἂν οὐκ ἐπαινέσει-	2 ia
951	ἢν Χαῖρις ὑμᾶς ἴδη,	ia cr	1034	εν ἄνδρα τοιοῦτον, ὅσ-	tel
952	πρόσεισιν αὐλήσων ἄκλη-	2 ia	1035	τις πόλλ' ἀνατλὰς ἔσω-	tel
953	τος, κᾆτα τοῦτ' εὖ οἶδ' ὅτι ‖	2 ia	1036	σε τὴν ἱερὰν πόλιν; ‖	reiz
954	φυσῶντι καὶ πονουμένῳ	2 ia	1037	ὥστ' οὐχὶ μὴ παύσει ποτ' ὢν	2 ia
955	προσδώσετε δήπου. ‖‖‖	reiz	1038	ζηλωτὸς ἅπασιν. ‖‖‖	reiz

Platnauer setzt V.1035f in cruces, da keine Responsion vorliegt,[30] während White[31] und Wilamowitz[32] zu Recht den überlieferten Text halten. Die Responsionsdurchbrechung in dem Schlußteil hat durchaus inhaltliche Gründe: Die Anapäste der ersten beiden Perioden beschäftigen sich in Ode und Antode mit Opferhandlungen bzw. sind in eine Opferhandlung eingelagert. Zugleich tragen sie gebetsartigen Charakter (943ff). Die letzten Perioden der beiden Oden weisen neben dem auffallenden Metrenwechsel auch deutliche inhaltliche Unterschiede auf: In der Ode ist mit dem iambischen Rhythmus der Spott gegen Chairis verbunden. Einfache Iamben sind auch sonst das geeignete Metrum, um persönlichen Spott zu begleiten (vgl. Ach.836ff, Ran.416ff).[33] Die Antode dagegen nimmt in ihren letzten Perioden den Preis von Trygaios als σωτήρ (1035f) wieder auf, der im ersten Amoibaionpaar schon anklang (856-858. 909-911.913-915). Die Passagen, die dem Lobpreis gewidmet sind, sind in demselben Metrum gehalten: Telesilleen mit Reizianum als Klausel. Dieses metrische Leitmotiv wird in der Exodos mit ihrem triumphalen Hochzeitszug wieder aufgenommen, so daß die Einheit des Stücks auch durch die metrische Komposition gewahrt ist.

Chor und Chorführer

In den bisher behandelten enkomiastischen Amoibaia gehe ich bei den lyrischen Chorteilen vom Vortrag durch den Gesamtchor aus, da die Chorpartien durchweg abgeschlossene Einheiten (Perioden) bilden und Sprecherwechsel nicht abrupt als Stichomythie oder Antilabe erfolgt. Außerdem spricht für Chorvortrag die Tatsache, daß der komische Held von der Gesamtheit gepriesen werden soll. Die Unterhaltung in den mesodischen Langversen indes findet wohl zwischen Koryphaios und Schauspieler statt (Ach.1012=1042, Pax 864=917).

Frieden (1305-1359)

Die Exodos des *Friedens* stellt den glanzvollen Höhepunkt des Stückes mit der Rückkehr εἰς ἀγρόν dar - ein Leitmotiv, das die ganze Komödie durchzieht (551-555.562f.569f.585.707f.866.1202.

---

30) Vgl. seine Begründung auf S.154.

31) § 583: "The attempts to 'emend' the text ... are neither necessary nor felicitous."

32) Verskunst 474: "Ausgleichung durch Gewalt oder List, d.h. metrische Umrechnung, ist undurchführbar: es bleibt also nichts als die Anerkennung, daß der Dichter die Strophen verschieden schließen durfte."

33) Vgl. Dale, Lyric metres 81.

1249.1318.1329, vor allem 529-538 und 1127-1190).[1] Der Auszug in den ersehnten Bereich wird durch den Hochzeitszug von Trygaios und Opora, des Winzers und der Ernte,[2] dargestellt, in dem das 'Festspiel'[3] gipfelt.

Nachdem Trygaios zuletzt auch den Chor zum Hochzeitsmahl, das mit der Opferszene als Einleitung bereits während der Nebenparabase (1127-1190) im Gang ist,[4] eingeladen (1305-1310) und der Koryphaios dankend angenommen hat (1311-1315), ruft Trygaios den Chor dazu auf, einen Hochzeitszug zu bilden (1316-1319), und läßt in einem langen anapästischen Pnigos (1320-1328) eine Aufzählung aller Güter folgen, die auf dem Land zur Verfügung stehen werden.[5] Die unterschiedlichen Versmaße, mit denen die Exodos eröffnet wird (1305-1315: 4 ia⋀, 1316-1319: 4 an⋀, 1320-1328: 2 an als Pnigos), sind durch den Inhalt der betreffenden Verse begründet: Katalektische iambische Tetrameter enthalten auch in anderen Exodoi die Einladung zu einem Schmaus, verbunden mit der Aufforderung, sich zum Auszug zu formieren.[6] Selbst noch in der Neuen Komödie, in Menanders *Dyskolos*, ist Knemons Einladung zur Feier (880-958) in diesem Versmaß gehalten, das also auch noch zu dieser Zeit gleichsam Signal für den Beginn der Exodos, den Auszug zu einem Gelage, gewesen sein muß.[7] Die Anapäste hingegen sind mit Feierlichkeit und Gebet verbunden (vgl. auch 974-1015, siehe oben S.185).

Nach der Einleitung in rezitierten Langversen folgt die eigentliche Exodos (1329-1359) in lyrischen Maßen, "kein Hochzeitslied, sondern eine Durchführung der Handlung in Rhythmen, wie sie im Hymenaios benutzt werden".[8]

Bemerkungen zum Text: Der Text wurde von Newiger (Retraktationen 243-247) und Holwerda (270-272) im Anschluß an Coulons Edition in der überlieferten Fassung gegen Platnauer (173f) als sinnvoll erklärt.[9] Holwerda (272) stellt allerdings die VV.1337-1340 nach 1352 ("Interrumpunt sane eo loco ubi nunc sunt sententiarum ordinem."). Damit würde αὐτήν (1337) τῆς (1352)

---

1) In V.1314 ist das αὐτομάτως-Motiv greifbar; vgl. Moulton 82-107.
2) Vgl. Newiger, Metapher 111-119; ders., Retraktationen 239-247.
3) Gelzer, RE Sp.1454.
4) Vgl. Newiger, Retraktationen 241f.
5) Zum Motiv vgl. VV.338-345.529-538.865-867; Moulton 92-101.
6) Vgl. Ach.1226-1231, Lys.1316-1321; Perusino 54-60.
7) Vgl. Perusino 131-141; Handley, Dyskolos 61f.283-285.
8) Newiger, Retraktationen 243.
9) Vgl. auch K.J. Dover, ICS 2,1977,158-162. In der Personenverteilung folge ich Newiger, Retraktationen 243-247.

aufnehmen, und Trygaios' Antwort paßte zu dem wiederholten τρυγήσομεν αὐτήν (1339f). Da der Text jedoch auch ohne die Umstellung sinnvoll zu erklären ist, halte ich mich in meiner Interpretation an die überlieferte Fassung.

Die lyrischen Teile der Exodos lassen sich in fünf Abschnitte untergliedern. Der erste zerfällt in zwei Teile: Zunächst (1329 bis 1332) fordert Trygaios Opora auf, ihm εἰς ἀγρόν zur ehelichen Verbindung zu folgen.

Metrisch betrachtet besteht dieser Teil aus 2 tel + reiz ‖ Hiat, gefolgt von einem zweiten reiz, das den Hochzeitsruf enthält.

Im zweiten Teil (1333-1336) begrüßt der Chor Trygaios preisend als Bräutigam (vgl. V.865); auf seinen Lobpreis läßt er einen doppelten Hochzeitsruf erschallen.

Die metrische Struktur entspricht der des ersten Teils (1329-1332): Auf 2 tel in Synaphie folgt ein reiz, das durch Hiat von dem folgenden zweiten reiz abgesetzt ist. Dabei bildet der erste Hochzeitsruf die Klausel zu den beiden tel.

Den zweiten Abschnitt (1337-1340) eröffnet Trygaios mit seiner Frage Τί δράσομεν αὐτήν, die der Chor aufgreift und wiederholt. In der überlieferten Fassung wird somit Opora früher in den Hochzeitszug miteinbezogen, was gegen Holwerdas Umstellung spricht.[10] Mit τρυγήσομεν αὐτήν läßt Trygaios selbst die Antwort folgen, die vom Chor abermals wiederholt wird.

Metrisch sind die Neckereien in vier reiz gekleidet. Die katalektische Form der Verse paßt zu ihrem Charakter als Frage und Antwort.

Im dritten Abschnitt (1341-1345=1346-1350) geht der Chor daran, den Hochzeitszug zu bilden und Trygaios auf die Schultern zu heben (Strophe).[11] In der Gegenstrophe wendet er sich an das Brautpaar. Die VV.1346-1350 (Οἰκήσετε γοῦν) stellen einen Glückwunsch dar[12] und müssen deshalb dem Chor zugewiesen werden.[13]

Die metrische Komposition ähnelt dem ersten Abschnitt: Auf je zwei tel (in Synaphie in 1341f) folgt ein reiz als Klausel (brevis in longo), das im Hochzeitsruf noch einmal aufgegriffen wird.

Zum Hochzeitszug formiert singt der Chor im vierten Abschnitt (1351-1356) die bei solchen Anlässen üblichen erotischen Anspielungen.[14] Mit σῦκον (1352) wird das Motiv wiederaufgenom-

---

10) Vgl. auch Av.1723f.1730.

11) Aufforderndes ἀλλ' in V.1341; vgl. Denniston, Particles 13f.

12) Vgl. Denniston, Particles 455: "You will have a good time."

13) Vgl. dazu Newiger, Retraktationen 144f.

14) Vgl. dazu ausführlich Muth, passim.

men, das während des ganzen Stückes immer wieder anklang (vgl. VV.558.575.597.1249),[15] vor allem wird das doppeldeutige συκολογοῦντες des Glückwunschs (1348) eindeutig erotisch präzisiert. Trygaios nimmt die erotische Anspielung auf (1353f), biegt sie allerdings dann wieder in den Bereich 'Ernte' und εὐωχία um,[16] worauf der Chor wiederum den Hochzeitsruf erschallen läßt (1355f).

Metrisch lassen sich zwei Teile unterscheiden: Das "Zötlein" (1351f)[17] in tel und reiz. Brevis in longo in 1351 braucht nicht zu befremden, so daß man Lücke ansetzen müßte, sondern bewirkt eine leichte Pause, die deiktisch vielleicht eindeutig ausgefüllt wurde. Mit dem zweiten Vers (1352) wendet sich der Chor an die Braut. Vielleicht zeigt das breve sogar Sprecherwechsel im Chor an.[18] Trygaios' Antwort besteht aus zwei tel. Brevis in longo in 1354 unterstreicht metrisch den Sprecherwechsel zu den beiden abschließenden reiz des Chores.

Im letzten Abschnitt (1357-1359) wendet sich Trygaios an den Chor und an das Publikum: Mit der Einladung zum Schmaus konnten die Athener die Genüsse des kurz bevorstehenden Friedens verbinden.[19]

Die metrische Struktur besteht aus zwei tel + reiz als Klausel.

Die kurzen Strophen dieser Exodos sowie das verwendete Metrum weisen darauf hin, daß Aristophanes sich in der Komposition des Schlußteils dieser Komödie an volkstümlichen Formen des Hochzeitszuges orientierte.[20] Gerade der Charakter der Exodos als Wechselgesang, verbunden mit erotischen Deftigkeiten und Spottreden, läßt den volkstümlichen Hintergrund erkennen. Der Dichter läßt das Bild eines fröhlichen, ausgelassenen Komos entstehen. Die Exodos des *Friedens* ist demnach ähnlich 'stimmungsschaffend' wie die Parodos der *Thesmophoriazusen* und *Frösche* sowie die Exodos der *Lysistrate*. In ihrer Ausgelassenheit ist sie der geeignete Ausdruck "der im dramatischen Geschehen zustande gekommenen Zustände, eben des Friedens".[21]

---

15) Vgl. Newiger, Retraktationen 243; Henderson, Maculate muse No.21 (S.115). No.33 (S.118).

16) Zu V.1353 (φήσεις γ') vgl. Denniston, Particles 130f, auch Eq.1388.

17) Wilamowitz, Verskunst 253 Anm.2.

18) Vgl. Newiger, Retraktationen 245.

19) Vgl. Wilamowitz, Verskunst 254; Newiger, Retraktationen 246f.

20) Vgl. Dale, Lyric metres 148; Spatz, Strophic construction 182f. Man vergleiche z.B. Il.18,490-496, auch Eur.Alc.915-925, H.F.9-12; Soph. Ant.810-816; dazu ausführlich Muth, passim; auch Merkelbach 101f.

21) Horn 62; vgl. auch Newiger, Retraktationen 239-247; ders., Metapher 108-119; Moulton 82-107; Landfester 184f.

Vögel (1706-1765)

Wie im *Frieden* gipfelt auch die Handlung der *Vögel* in einer festlichen Exodos in Gestalt einer Hochzeitsfeier, dem ἱερὸς γάμος von Peisetairos und Basileia.[1] Peisetairos, der σωτήρ der Vögel (545; siehe oben S.179), wird zunächst zum ἄρχων, (1123), dann zum τύραννος (1708) des Vogelimperiums,[2] bis er zuletzt als vergöttlichter Herrscher der Welt, ausgestattet mit dem Blitz des Zeus, durch die Heirat mit Basileia die Nachfolge des höchsten Gottes antritt.[3] Die Exodos stellt somit Peisetairos' Heirat mit Basileia, gleichzeitig aber auch seine Inthronisierung als vergöttlichter Weltenherrscher dar. Dementsprechend trägt sie zwei Züge: einerseits den des Hochzeitszuges, andrerseits den eines Lobpreises des komischen Helden, der allerdings mit parodischen Anklängen durchsetzt ist.[4] Durch diese Mehrschichtigkeit unterscheidet sich die Exodos der *Vögel* grundsätzlich von der unbeschwerten Feststimmung des Schlusses des *Friedens*.[5]

Eingeleitet wird die Exodos durch einen Boten, der Peisetairos' Ankunft verkündet (1706-1719). Die poetische Sprache[6] sowie die dreifache feierliche Anrede stellen die Besonderheit des Erwarteten heraus und sind der Ankündigung der Apotheose und Epiphanie des Helden angemessen.[7]

Bei Peisetairos' Erscheinen (1718f) wird der Chor zum Lobpreis aufgefordert: Die Vögel stellen sich auf, um ihren Herrscher zu feiern (1720f). Der Befehl an den Chor, "das Paar zu umflattern",[8] wird vom Koryphaios entsprechend der militärischen Dik-

----

1) Vgl. Kleinknecht, Parodie des Gottmenschentums; jetzt auch M. Cremer: Hieros Gamos im Orient und in Griechenland. ZPE 48,1982,283-290; auch Burkert 176-178.

2) Vgl. Kleinknecht, Parodie des Gottmenschentums 296 Anm.2.

3) Vgl. dazu ausführlich mein 'Utopisches und Utopie'; Newiger, Metapher 92-103; ders., Gedanken zu Aristophanes' Vögeln. In: ΑΡΕΤΗΣ ΜΝΗΜΗ. Ἀφιέρωμα "εἰς μνήμην" τοῦ Κ. Ἰ. Βουρβέρη. *Athen 1983,47-57.*

4) Vgl. dazu Kleinknecht, Parodie des Gottmenschentums, passim.

5) Vgl. Händel 161.

6) Vgl. Rau 167f.

7) Die Motive sind typisch für die Proklamation einer Epiphanie: Seligpreisung, Nahen des Gottes, Vergleich mit einem Stern (auch Ran.342, Pax 834-837), Theogamie (vgl. Hes.Theog.950-955; Pindar N.1,71f), Ausstattung mit den Götterinsignien. Vgl. Kleinknecht, Parodie des Gottmenschentums 295-297.

9) Wilamowitz, Verskunst 355 Anm.4; vgl. auch Schroeder, Vögel 186f.

tion in Trochäen vorgetragen (1720-1722):

1720 Ἄναγε | δίεχε | πάραγε | πάρεχε | 2 tr
1721/2 περιπέτεσθε | μάκαρα | μάκαρι | σὺν τύχᾳ. || Hiat 3 tr

Wie im militärischen Kommando der *Acharner* (280-283) und *Ritter* (247-252) fallen auch hier bei den aufgelösten Trochäen die einzelnen Metra mit einzelnen Worten zusammen, so daß der Vers in sich eine klare Binnenstruktur erhält.

Die Diktion bleibt auf der hochpoetischen Sprachebene des Botenberichts: Das Polyptoton μάκαρα μάκαρι sowie der Dorismus τύχᾳ sind deutliche Zeichen. Seligpreisungen des Brautpaars mit μάκαρ sind traditionell und gehören in einen kultischen Rahmen.[10] Der Chor folgt der Aufforderung des Chorführers und stimmt ehrfurchtsvoll zunächst einen Lobpreis auf die Schönheit der Braut an (1723f):

Ὢ φεῦ φεῦ τῆς ὥρας [τοῦ κάλλους]. || 3 an (κατὰ πόδα)

1724 τοῦ κάλλους del. Bothe[11]

Dem erstaunten, bewundernden Ausruf ist das rein spondeische Metrum angemessen, das die Würde der Braut unterstreicht.[12] Metrisch ist der Vers identisch mit Ran.374=379 (siehe oben S.129). Deshalb ist es angebracht, auch hier anapästische Messung vorzunehmen (Konstruktion κατὰ πόδα).[13]

Nach dem Preis der Braut wendet sich der Chor nun in einem choriambischen Trimeter dem Bräutigam zu, der diese Ehe zum Wohl der neuen Stadt eingeht (1725):

Ὦ μακαριστὸν σὺ γάμον τῇδε πόλει γήμας. || 3 ch sp[14]

In einem kurzen anapästischen Pnigos (1726-1730) führt der Chorführer den Gedanken aus, daß Peisetairos der Wohltäter des Vogelgeschlechts sei (1726-1728), und läßt dann die Aufforderung folgen, das Brautpaar mit Hochzeitsliedern gebührend zu empfangen (1728-1730).[15] Das deiktische διὰ τόνδε (1728),[16] vor allem aber δέχεσθ' (1729),[17] das als terminus technicus jede göttliche Offenbarung, insbesonere die Epiphanie bezeichnet,

----

10) Vgl. Eur.Ba.72-75; Dodds 75: "μάκαρ describes this happiness from the point of view of an observer." Vgl. auch Ran.353, vor allem Eur.Tro.311f.

11) Vgl. zum Text Wilamowitz, Verskunst 355 Anm.4.

12) Vgl. dazu West, Metre 55.

13) Siehe auch oben S.41.86f; Wilamowitz, Verskunst 355 Anm.4, läßt den Vers undefiniert; vgl. auch Spatz, Strophic construction 248.

14) Zum spondeischen Ende vgl. Lys.324=337 (siehe oben S.51f).

15) Zum Prokerygma vgl. auch Ran.383f.394-396; siehe auch oben S.89.

16) Vgl. Fraenkel, Lyrische Daktylen 182f.

17) Vgl. L.-Sc.-J. s.v. δέχομαι II; siehe auch oben S.114 zu Thesm.312.

sind - wie die Stilisierung der Verse (Anadiplosis in 1726) und die metrische Form[18] - einer kultischen Sprache zuzuweisen.
Der Aufforderung des Chorführers Folge leistend, stimmen die Vögel einen antistrophisch gebauten Hymnos an (1731-1736=1737-1742). Im Gegensatz zu den anderen handlungstragenden Teilen der Exodos stellt dieses Lied einen lyrischen Ruhepunkt dar, der in der ganz handlungstragenden Exodos des *Friedens* fehlt.[19] Der handlungsunterbrechende Charakter dieses Liedes wird schon im ersten Vers durch "Ηρᾳ ποτ' (1731) deutlich hervorgehoben. Dadurch, daß der Chor die Verbindung von Hera und Zeus in seinem Hymenaios besingt, stellt er eine Parallelität zwischen den beiden Eheschließungen her: Wie einst Zeus Hera, so heiratet Peisetairos als νέος Ζεύς Basileia.[20] Die Anspielung ist jedoch ambivalent: Wird doch von Keyx und Alkyone als Hybris berichtet, daß sie sich in ihrem Glück wie Zeus und Hera gefühlt hätten.

Die Spiegelung einer aktuellen Hochzeitsfeier in einem mythischen Bild findet man auch bei Eur.I.A.1036-1097: Die 'Hochzeit' Iphigenies mit Achill hat ihr Vorbild in der Vermählung von Peleus und Thetis, die in einer breit angelegten ἱστορία[21] ausgemalt wird. Die balladenartigen ἱστορίαι des Euripideischen Spätwerks werden häufig mit ποτέ eingeleitet (El.432.700, Hel. 1301; vgl. auch Bacch.Fr.20,1 Sn.-M.). Die Ähnlichkeit des Hymenaios der *Vögel* mit Bacch.Fr.20 und Theocr.18 beweist wohl, daß "die drei Dichter [...] einen festen Typus von Hochzeitsliedern im Sinn hatten" (Fraenkel, Text der Vögel 450).

Der Aufbau des kurzen Hymenaios ist äußerst kunstvoll: Heras Erwähnung eröffnet und beschließt ihn (1731.1742). In der Strophe folgt, in der Antistrophos geht die Nennung von Zeus voran (1732f.1740). Der Mittelteil wird von den göttlichen Mächten eingenommen, die diese Verbindung zustande brachten: den Moiren[22] und Eros. Eine ähnliche Ringkomposition (a b c / c b a) findet man auch in den Eroshymnen von Sophokles' *Antigone* (781-801)[23] und Euripides' *Hippolytos* (525-534)[24]. Der kultische Rahmen des

---

18) Zu Anapästen bei kultischen Handlungen vgl. oben S.184.
19) Vgl. Newiger, Retraktationen 243. Gegen Coulons Text halte ich das handschriftliche θεοῖς *gegen Bruncks* θεαί. *Vgl. dazu Fraenkel, Text der Vögel 450.*
20) Die Verbindung wird wie in Bacch.Fr.20,3 Sn.-M. durch τοιῷδ' *hergestellt.*
21) Vgl. dazu Kranz, Stasimon 254f.
22) Vgl. auch Pindar Fr.30 Sn.-M.; auch Schroeder, Vögel 188.
23) Vgl. R.P. Winnington-Ingram: Sophocles. An interpretation. Cambridge 1980,92-98.
24) Vgl. Barrett 256-261.

Chorliedes wird auch durch die poetische Sprache unterstrichen.[25] Dementsprechend sind die Epitheta durchaus konventionell. Wer das Lied aber als "conventional and unimpressive"[26] bezeichnet, übersieht die dramatische Funktion dieser anmutigen Strophen: Die inhaltliche Parallelisierung der Heirat von Zeus und Hera mit der von Peisetairos und Basileia wird ihrer Würde und Bedeutung entsprechend in einer hochpoetischen Sprache geboten. Gleichzeitig schafft gerade die traditionelle Diktion die Atmosphäre eines Hochzeitszuges mit seinen Hymenaioi, sie ruft die Feierlichkeit einer bestimmten Situation den Zuschauern ins Gedächtnis (siehe auch oben S.123f).

Metrische Erklärung: Die metrische Struktur ist äußerst einfach: Auf je vier tel folgt ein pher als Klauselvers, an den sich ein weiterer pher, der den Hochzeitsruf enthält, anschließt (vgl. auch Pax 1331f.1335f.1344f.1349f). In V.1734 liegt brevis in longo vor - also ein Anzeichen für Pause;[27] "[...] hier liegt der Einschnitt darin, daß auf das letzte tel der Komposition ein pher als Klauselvers folgt; ἐν τοιῷδ' ὑμεναίῳ ist nach leichter Pause, wohl besonders prononciert ertönend zu denken " (Newiger, Retraktationen 246). In der Gegenstrophe läuft das Metrum durch; eine Unterbrechung zwischen den beiden Gliedern Ζηνὸς [...] Ἥρας (1740f) - in chiastischer Stellung - würde den inhaltlichen Fluß zerstören.
Die Verbindung akephaler äolischer Maße mit vollständigen findet man auch Av.677-679 im Kommation der Parabase und etwa bei Soph.O.R.1186-1188.[28] Es ist aber verfehlt, mit Spatz (Strophic construction 223.249) anzunehmen, daß die äolischen Maße des Hymenaios gleichsam das 'Leitthema' des Kommations wiederaufnehmen. Die kurzen Strophen sowie die viermalige Wiederholung desselben Kolons weisen das antistrophische Lied eindeutig volkstümlicher Poesie zu. Damit unterscheidet es sich deutlich von dem mit äolischen Maßen variierenden Kommation. Durch äolische Rhythmen rufen auch Sophokles (Ant.781-790=791-800) und Euripides (Hipp.525-534=535-544) in den Eroshymnen eine Hochzeitssituation mit den damit verbundenen Hymenaien wach.[29]

Es folgt eine anapästische Partie (1743-1747), in der der Sprecher sich zunächst für das vorangehende Chorlied bedankt (1743f), bevor er den Chor auffordert, die Insignien des neuen Herrschers, Blitz und Donner, zu besingen (1745-1747).

Bemerkungen zum Text: Die Zuweisung der Verse ist umstritten: Hall-Geldart und Coulon lassen sie mit der handschriftlichen Überlieferung Peisetairos.

---

25) *Vgl. van Leeuwen, Aves 258. Vor allem* ἀμφιθαλής *(1737) weist in diese Richtung; vgl. Fraenkel, Agamemnon III 522f zu Ag.1144.*

26) *Silk 106.*

27) *Vgl. Stinton, Pause and period 27-36; auch Pax 860.1354, Eccl.292.*

28) *Vgl. Prato 177.*

29) *Diese Erwartung wird von Sophokles allerdings im anschließenden Amoibaion (806-816) mit tragischer Ironie eingelöst.*

Damit muß man αὐτοῦ (1744) auf Διός (1746) beziehen[30] - ein Hyperbaton, das schon van Leeuwen (Aves 259 Anm.1) mit Recht zurückwies. Coulon übernimmt, um die starke Sperrung zu vermeiden, Willems αὑτοῦ, das anstelle von ἐμαυτοῦ stehen soll, was in diesem Fall jedoch unmöglich ist. "Das Reflexiv bezeichnet alsdann nicht eine bestimmte Person, sondern hält nur die Kraft der Reflexion auf das Subjekt fest; [...] die bestimmte Person, auf welche dasselbe zu beziehen ist, muß durch die Konstruktion des Satzes deutlich angedeutet sein" (Kühner-Gerth I 571f). Subjekt des imperativischen Satzes ist der Chor, so daß grammatisch eine Beziehung auf Peisetairos unmöglich ist. Der Schwierigkeit, αὐτοῦ sinnvoll zu beziehen, geht man aus dem Wege, wenn man die Anapäste einer anderen Person gibt. Damit bezieht sich αὐτοῦ auf Peisetairos, auf den schon vorher in der dritten Person Singular mit αὐτός bzw. ὅδε hingewiesen wurde (1718.1730.1752). Das "kräftig vorangestellte αὐτοῦ betont die jetzt ihm gehörenden Attribute des Zeus (1746). Wie die ihm angetraute Βασίλεια neben sich (1713), so hält er als Zeichen des ihm verliehenen σκῆπτρον auch die Waffe des σκηπτός, Blitz und Donner selber in der Hand" (Schroeder, Vögel 189). Schroeder gibt in der Nachfolge Roberts (Hermes 33,1898,588-590) die VV.1743-1747 dem Hierokeryx, den er auch in 1726 bis 1730 sprechen läßt. Ich ziehe es jedoch vor, die Exodos nur zwischen Chor, Chorführer und Peisetairos ablaufen zu lassen. Die Aufgabe des Hierokeryx ist mit der Ankündigung des nahenden Gottes und der Aufforderung, ihn gebührend zu empfangen (1718f), erfüllt.[31] Der Chorführer nimmt nun die einzelnen Punkte der Proklamation des Herolds auf: die Seligpreisungen des Brautpaares (1720f), auf die der Chor mit dem Preis der Schönheit der Braut antwortet (1723f, vgl. 1713), das Glück für das Vogelvolk (1726-1728, vgl. 1707), das δέχεσθαι des Tyrannen (1728, vgl. 1708), den Preis der Insignien (1745-1747, vgl. 1714). Der Koryphaios bekleidet in der Schlußpartie eine Rolle, die dem feierlichen, kultischen Rahmen entspricht. Als Exarchon tritt er mehr aus dem Chor heraus (vgl. Ran.445) und gibt ihm Anweisungen (Prokerygmata; siehe oben S.89). Die Rolle des Chorführers in der Exodos der *Vögel* läßt sich vergleichen mit den Parodoi der *Thesmophoriazusen* und *Frösche*, in denen die Chorführerin bzw. der Chorführer eine dem Chor übergeordnete Funktion ausüben und ihn als κηρύκαινα bzw. δᾳδοῦχος im Imperativ anreden (Thesm.310.331.351, Ran.370.382f.395.440), während sonst der Koryphaios als Mitglied und Sprecher des Chores seine Anweisungen zumeist in der ersten Person Plural gibt[32] und sich somit nicht vom Chor absetzt. Diese Parallelen legen es nahe, die VV.1744-1747 dem Chorführer zu geben; ἄγε νυν ist die gebräuchliche Eröffnung eines Prokerygmas (vgl. etwa Ran.382.395).[33] Die VV.1743f sollte man dagegen mit der handschriftlichen Überlieferung Peisetairos lassen, der sich huldvoll bei dem Chor für den Hymenaios bedankt. Außerdem paßt die höfliche Formulierung nicht zu den Imperativen, mit denen der Koryphaios den Chor anredet.

1743 Πε. Ἐχάρην ὕμνοις, ἐχάρην ᾠδαῖς,[33]
1744 ἄγαμαι δὲ λόγων.
Χο. Ἄγε νυν, αὐτοῦ

----

30) Vgl. Wielands Erklärung (bei Bothe II 414): "Pisth., qui una cum Basilea curru per nubes devehitur, debebat ad Jovis laudes chorum cohortari, ne spectatores iis, quae adversus deorum patrem dixerat, offenderentur."
31) Vgl. Kleinknecht, Parodie des Gottmenschentums 295-301.
32) Vgl. Kaimio 193.
33) Zur sakralen Geminatio vgl. Kleinknecht, Parodie des Gottmenschentums 302 Anm.4, gegen Schroeders (Vögel, ad loc.) Streichen des zweiten Gliedes.

1745 καὶ τὰς χθονίας κλῄσατε[34] βροντὰς
1746 τάς τε πυρώδεις Διὸς ἀστεροπὰς
1747 δεινόν τ' ἀργῆτα κεραυνόν.

Abweichungen von Coulons Text:
1744 Choro tribuit Kock (^{1}1864) ‖ αὑτοῦ codd.: αὐτοῦ Willems

Der Chor nimmt die Aufforderung des Chorführers auf und läßt einen Hymnos auf Blitz und Donner, die Insignien des neuen Weltenherrschers, folgen, den er mit einer feierlichen dreifachen Epiklese eröffnet (1748-1751).[35] Im religiösen Bereich bleibt das Lied auch mit der Formel διὰ σὲ (1752; vgl. Eur.I.A.793), die "von dem Gott (hier seinem Werkzeug) als dem Bewirker alles Guten"[36] verwendet wird. Der hymnischen Form angemessen ist die Sprache hochpoetisch und feierlich,[37] ebenso unterstreicht das daktylische Metrum die Würde und Erhabenheit.[38]

1748	Ὦ μέγα χρύσεον ἀστεροπῆς φάος,	4 dact
1749	ὦ Διὸς ἄμβροτον ἔγχος πυρφόρον,	4 dact
1750	ὦ χθόνιαι βαρυαχέες	3 dact
1751	ὀμβροφόροι θ' ἅμα βρονταί, ‖ Hiat	3 dact
1752 a	αἷς ὅδε νῦν χθόνα σείει,	3 dact
1752 b	διὰ σὲ τὰ πάντα κρατήσας	3 dact
1753	καὶ πάρεδρον Βασίλειαν ἔχει Διός.	4 dact
1754	Ὑμὴν ὤ, Ὑμέναι' ὤ. ‖‖	pher (= 3 dact)

Abweichungen von Coulons Text:
1752 b διὰ codd.: Δῖα Dobree ‖ σὲ τὰ codd.: δὲ Haupt

Metrische Erklärung: Der dreifache Anruf fällt sehr schön mit den metrischen Einheiten zusammen[39] und wird durch Hiat von den folgenden Versen abgesetzt. In 1752b muß man wegen der Formel διὰ σὲ eine in Daktylen äußerst seltene Auflösung eines longum ansetzen.[40] Abgeschlossen wird der kurze Hymnos durch eine heterogene Klausel. Dadurch aber, daß die äolische Basis lang ist, ist der pher äquivalent mit 3 dact, so daß ein gleitender Übergang entsteht.[41]

----

34) Wilamowitz, Verskunst 355 Anm.4, versteht κλῄσατε offensichtlich falsch als "verschließt" (= κλῄζω B in L.-Sc.-J.). Gerade κλῆσον/ κλῄσατε stellen die gebräuchliche Formel in der Aufforderung zu einem Hymnos dar (vgl. Av.905.921.950; Eur.I.A.1522).

35) Vgl. Lys.341-349. Siehe oben S.50.

36) Fraenkel, Lyrische Daktylen 182f. Nachträglich akzeptiert Coulon, Essai 85, Fraenkels Erklärung der handschriftlichen Überlieferung.

37) Vgl. Kleinknecht, Gebetsparodie 41; auch Lys.341-349.

38) Vgl. Robert, Hermes 33,1898,588.

39) Aus diesem Grund ziehe ich Dales Kolometrie (Lyric metres 37) der üblichen vor (etwa Coulon; Prato 208f; Spatz, Strophic construction 205 a).

40) Vgl. Fraenkel, Lyrische Daktylen 182f.

41) Vgl. Snell 58-63.

Nach dem Hymnos wendet sich der Chorführer an den Chor mit der Aufforderung, dem Brautpaar als Hochzeitsgäste ἐπὶ ⟨δά⟩πεδον Διὸς zu folgen, wohin sich Peisetairos als neuer Zeus begeben will (1755-1758). Danach reicht der Bräutigam der Braut die Hand zum Hochzeitszug (1759-1762).

Bemerkungen zum Text: In V.1755 kann das handschriftliche γάμοισιν (γαμοῦσιν Meineke, bei Coulon im Text) gehalten werden, versteht man es als Hochzeitszug oder -gesellschaft.[42]
In V.1757 übernehme ich Meinekes ⟨δά⟩πεδον. Dadurch wird genaue Responsion hergestellt; δάπεδον als lyrisches Wort für 'Gefilde' findet sich auch Av. 1265, Ran.352.[43]
Perusinos Zuweisung (Maia 18,1960,60-63) der VV.1755-1758 an den Chorführer überzeugt. Zwar können die Vögel entgegen Perusinos Interpretation von Peisetairos durchaus als σύννομοι (1756) angeredet werden, da es doch sein Ziel war, mit ihnen zusammenzuleben (vgl. 412-415.678). Durch die Zuweisung an den Koryphaios wird jedoch dessen Funktion als Exarchon in der Exodos noch deutlicher (siehe dazu oben S.193).

Metrische Erklärung: Die metrische Struktur ist einfach: Auf einen iambischen Dimeter (1755.1757.1759.1761), der in 1757 stark aufgelöst ist, folgt ein Lekythion (1756.1758.1760.1762).

Begeistert stimmt der Chor seinen Segenswunsch an (1763-1765). Peisetairos' herausragende Stellung als Ζεὺς ὑψιβρεμέτης und δαιμόνων ὑπέρτατος (1765) wird damit in den letzten Versen des Stücks noch einmal hervorgehoben.[44]

Bemerkungen zum Text und Metrum: Man wird wohl ἀλαλαλαῖ (RVΓS) dem ἀλαλαῖ (AU, bei Coulon im Text) vorziehen müssen.[45] Denn damit nimmt der Chor Peisetairos' Klauselvers (lec) von 1762 in aufgelöster Form wieder auf,[46] bevor er ein Euripideion als Abschluß folgen läßt (1764f).

Vergleich der Exodoi des *Friedens* und der *Vögel*

Die inhaltliche, metrische und sprachliche Analyse der beiden Exodoi brachte einige Gemeinsamkeiten, aber auch gravierende Unterschiede, die in der Anlage der beiden Stücke ihre Ursache haben, an den Tag: Beide Exodoi stellen in Form eines Hochzeitszuges den glanzvollen Höhepunkt, das dramatische τέλος dar und sind ganz in den Handlungsablauf eingebettet (*handlungstragend*). Im *Frieden* kommt es zu dem lange vorbereiteten Auszug εἰς ἀγρόν

---

42) Vgl. Rogers, Birds 305.
43) Vgl. Schroeder, Vögel 190f.
44) Vgl. Kleinknecht, Parodie des Gottmenschentums 305.
45) Vgl. Wilamowitz, Verskunst 355; Schroeder, Vögel 191; White § 588; Spatz, Strophic construction 252.
46) Vgl. White § 802; Schroeder, Vögel 191.

und zur symbolhaften Verbindung von Trygaios und Opora. Der volkstümliche Charakter dieser Szene spiegelt sich in den derben Anspielungen, aber auch den einfachen, durchgängig verwendeten akephalen äolischen Metren wider, die in Liedern dieser Art gebräuchlich sind.[1]

Demgegenüber stellt der Hochzeitszug von Peisetairos und Basileia in den *Vögeln* gleichzeitig die Epiphanie und Inthronisierung des neuen Weltenherrschers und Zeusnachfolgers dar - eine Szene, die bei der Gesamtanlage des Stücks durchaus ambivalent nicht nur den höchsten Triumph des Helden, sondern auch seine größte Übersteigerung darstellt.[2] Die hochpoetische Sprache und polymetrische Form dieser Parodos unterstreichen die Außergewöhnlichkeit der Handlung. Das Vorgeführte wird jedoch durch die Vorführenden ironisch gebrochen: Wird die ganze Handlung doch von herumflatternden Vögeln ausgeführt und ist der neue Weltenherrscher doch nichts anderes als ein athenischer Kleinbürger.[3] So bietet die Exodos der *Vögel* in nuce noch einmal die ganze Vieldeutigkeit dieses Stückes in einer schwebenden Spannung zwischen Ernst und parodischem Spott.

Frösche (534-548=590-604)

Die beiden rein lyrischen Amoibaia stehen inmitten von "Sprechszenen [...], wie sie sonst im zweiten Teil der Komödie üblich sind".[1] Sie untergliedern zwei parallele Szenen, die auf die Parodos des Mystenchores folgen: Zunächst will Dionysos sein Heraklesgewand loswerden, da er damit bei Aiakos schlechte Erinnerungen an den Raub des Kerberos hervorruft (464-478). Xanthias, der sich dazu überreden läßt, als Ἡρακλειοξανθίας[2] aufzutreten, ergeht es jedoch gar nicht so übel, sondern er wird von einer Dienerin als vermeintlicher Herakles zu allen möglichen Genüssen eingeladen (503-518). Dies geht Dionysos zu

---

1) *Vgl. West, Metre 116.*
2) *Vgl. dazu ausführlich mein 'Utopisches und Utopie'.*
3) *Vgl. Kleinknecht, Parodie des Gottmenschentums 305.*

---

1) *Gelzer, RE Sp.1489.*
2) *Zur komischen Wortbildung vgl. PCG III 2, S.34.*

weit, und ohne weiteres nimmt er Xanthias seine Maskierung wieder ab (522-533). An diesem Punkt fällt der Chor mit einem Loblied auf die Verständigkeit des Dionysos ein,[3] der wie Theramenes aus jeder Situation das Beste für sich herauszuschlagen versteht (534-541).[4] Gerade der persönliche Spott gegen den athenischen Politiker im Schlußvers (541) zeigt, daß die Chorworte nicht ohne Ironie sind.[5] Dionysos nimmt sie jedoch für bare Münze und bestätigt selbstgefällig das Lob des Chores, indem er ausmalt, welche Genüsse dem Sklaven Xanthias zur Verfügung gestanden hätten, während ihm nur noch die Selbstbefriedigung geblieben wäre, für die er dann noch Prügel bezogen hätte (542-548).

Auf das Amoibaion (534-548) folgt erneut eine Trimeterszene mit neuen Personen: zwei Schankwirtinnen, die Herakles damals um die Rechnung geprellt hat (549-578). Gerade noch rechtzeitig kann Dionysos seinen Sklaven wieder dazu bewegen, die Kleidung zu wechseln (579-589). Wieder fällt der Chor mit einem Lied ein, einem kurzen "προτρεπτικος [...] an Xanthias, seine Heraklesrolle mit aller Energie durchzuführen"[6] (590-596). Xanthias bedankt sich für den Zuspruch in einer ebenfalls gesungenen Antwort.[7] Er will sein Bestes geben, obwohl er genau weiß, daß sein Herr, wenn irgendetwas Angenehmes zu erwarten steht, ihm die Heraklesverkleidung wieder abnehmen wird (597-604).

Die anschließende Szene (605-673), an die die Parabase anschließt (674ff), wird von der Prügelprobe ausgefüllt, der sich Xanthias und Dionysos unterziehen müssen, um ihre Göttlichkeit zu beweisen.[8] Dem Charakter dieser Trimeterszenen[9] - mehrere Personen treten auf, mit denen sich der komische 'Held' auseinanderzusetzen hat - entspricht jedenfalls der Inhalt der Ode der beiden Amoibaia: Das wenn auch ironisch gemeinte Lob von Dionysos' Handlungsweise trägt die Züge eines enkomia-

---

3) Nicht des Xanthias, wie Radermacher (219) annimmt.

4) Vgl. Dover, Comedy 71.

5) Vgl. Stanford 119; Mazon 144.

6) Radermacher 226.

7) Vgl. dazu auch Radermacher 228.

8) Vgl. Mazon 145.

9) Vgl. Gelzer, RE Sp.1489.

stischen Chorliedes, das in den anderen Stücken im zweiten Teil der Komödie - nach der Parabase - mit Bewunderung den Verstand[10] und das Verhalten des Helden während der 'Abfertigungsszenen' beschreibt oder ihn wegen des Glücks, das er errungen hat, glücklich preist. Die Chorworte bilden demnach eine Resonanz auf die vorangehende Handlung. Auch Dionysos' gesungene Antwort (542 bis 548) läßt sich im Zusammenhang mit den als Amoibaia komponierten Makarismoi sehen: Er betont die Berechtigung des Lobes, das ihm durch den Chor zuteil wird, da alle Annehmlichkeiten, die Xanthias hätte genießen können, nun ihm selbst wegen seiner Verständigkeit zufallen werden.[11]
Die Antode, in der Xanthias auf die Chorworte antwortet, hat ein anderes Gepräge: Xanthias selbst bezeichnet das Chorlied als παραίνεσις (597).[12] Auf parainetische Lieder trifft man in der Aristophanischen Komödie vor allem in den Oden epirrhematischer Agone, die die Aufforderung an den jeweiligen Redner, sich wakker zu halten, zum Inhalt haben,[13] wobei die Einleitung mit νῦν (δή) typisch ist.[14] Nun liegt in den *Fröschen* an dieser Stelle kein epirrhematischer Agon vor. Man kann allerdings gewisse 'agonale' Elemente erkennen: Dionysos muß seinen Sklaven zweimal dazu überreden (vgl. V.498), die Kleidung zu wechseln, und nach der Antode versucht Xanthias, durch seine Argumentationskünste die Prügel auf seinen Herrn abzuwälzen.
Die Umänderung der traditionallen Bestandteile der Alten Komödie, die wir in den *Fröschen* schon in der Streitszene vor der Parodos (siehe oben S.155-167) und dem Einfluß von Parabasenthemen auf die Parodos (siehe oben S.125) erkannten, während die Parabase selbst verkürzt ist, findet ihren Ausdruck auch in diesem Odenpaar. Indem Aristophanes das dramatische Geschehen bis zur Parabase als Reise von Dionysos und Xan-

---

10) Vgl. Ach.972.1008, Eq.1132, Pax 1028f.
11) Vgl. auch die steigernden Kommentare, mit denen der komische Held noch größere Genüsse in Aussicht stellt, in Ach.1011, Pax 859.863.916. Siehe oben S.174f.
12) Vgl. Radermacher 228.
13) Vgl. Gelzer, Agon 73-80; Schmid 341.
14) Vgl. Eq.334.756, Nub.949, Vesp.526.

thias zu Plutons Palast gestaltet, ordnet er die einzelnen Teile dieser kontinuierlichen Handlung unter.[15] Wie die Interpretation der beiden Amoibaia zeigt, setzt er dabei auch lyrische Formen ein, die in den früheren Stücken in anderem Kontext stehen - als enkomiastische Chorlieder nach der Parabase oder als parainetische Agon-Oden - und die nun aufgrund des Handlungsablaufes der *Frösche* ihre bestimmte Funktion an anderer Stelle im Drama ausüben. Aristophanes ist nicht an ein Aufbauschema gebunden, das ihn bestimmte Formen nur an bestimmten Stellen in der Komödie verwenden ließ, sondern er setzt die 'Bauteile' und traditionellen Bestandteile dort ein, wo sie im Handlungsgefüge eine sinnvolle Funktion ausüben können. Für den Zuschauer des fünften Jahrhunderts dürfte ein besonderer Reiz darin bestanden haben, dieses Spiel mit traditionellen Formen zu erkennen, die nun in anderem Zusammenhang - leicht verändert und dem dramatischen Geschehen angepaßt - ihren Platz haben.
Im Ablauf der Komödie unterbrechen die Oden deutlich die Handlung. Sie lockern die Trimeterszenen musikalisch auf, untergliedern sie und überbrücken den zweifachen Kleiderwechsel von Xanthias.[16] Indem der Chor eher aus einer Zuschauerperspektive in der Ode Dionysos' Verhalten kommentiert, zeigt er eine Haltung, die der des Chores der *Acharner* in den enkomiastischen Liedern auf Dikaiopolis vergleichbar ist (siehe oben S.175-177). In ähnlicher Weise äußern sich bisweilen auch Tragödienchöre über den tragischen Helden, indem sie bewundernd den Eindruck, den seine Handlungsweise auf sie macht, in lyrischer Form ausdrücken. Sie werden also vom Dichter dazu eingesetzt, "die Situation so zu beleuchten, wie es im Moment nötig ist, damit die stärksten Effekte erzielt werden".[17] Während die Ode eine lyrische Resonanz auf das vorige Geschehen darstellt, schließt die Antode einerseits die vorangehende Szene ab, andrerseits leitet sie

----

15) Vgl. Fraenkel, Beobachtungen 181.
16) Vgl. Steurer 6: "vestium mutatio carmine lyrico quasi celatur."
17) Helg 25. Vgl. etwa Aesch.Pers.852-903 (Broadhead 212f); Soph.El.1058-1097; Eur.Alc.568-605, Suppl.365-380.

durch ihren Zuspruch zur folgenden Handlung über, hat also durchaus die Funktion, die Oden epirrhematischer Agone ausüben können.[18]

Metrische Erklärung: Sowohl Chor- als auch Schauspieleranteil in den beiden Oden lassen sich in vier, sich entsprechende Perioden untergliedern.[19] Auf je zwei trochäische Dimeter folgt ein Lekythion als Klauselvers. Nur die Abschlußperiode besteht aus einem trochäischen Dimeter + Klauselvers.[20] Die Trochäen sind regelmäßig gebaut. Selbst die wenigen Auflösungen stimmen überein (536=543=592=599). Gerade wegen dieser genauen Responsion selbst in den Auflösungen scheint es mir unangebracht, mit Radermacher (227) und van Leeuwen (Ranae, im app. crit.) ἀνανεάζειν (592) anzuzweifeln - vor allem nicht mit Radermachers absurder Erklärung, Xanthias könne sich als παῖς nicht mehr verjüngen, steht doch παῖς für Sklaven jeden Alters! Allerdings muß man hinter ἀνανεάζειν den Ausfall eines trochäischen Metrons ansetzen. Denn die strenge Responsion zwischen Ode und Antode und innerhalb der Oden zwischen Chor- und Schauspielerpart läßt eine Durchbrechung unwahrscheinlich erscheinen.[21] Man könnte, da ein Objekt erwünscht ist, e.g. mit Seidler αὖ τὸ λῆμα in den Text nehmen, das von Coulon (Essai 111) mit guter Begründung akzeptiert wird.[22]
Von der Struktur her ließe sich das Amoibaion zwischen dem Chor und Demos (Eq.1111ff) zum Vergleich heranziehen, in dem die Responsion strikt eingehalten wird und Chor und Schauspieler sich ebenfalls im Vortrag einer Strophe ablösen.[23]

Ein Makarismos mit Vorbehalt
Ritter (1111-1150)

Im Zusammenhang der Enkomien auf den komischen Helden muß als eine Sonderform dieses rein lyrische Amoibaion des Herrn Demos mit dem Chor der Ritter behandelt werden, das an einer Nahtstelle der Komödie steht: Demos hält eine 'Volksversammlung' ab, in der sich der Kampf der beiden Rivalen, des Paphlagoniers und des Wursthändlers, in drei Etappen abspielt: zunächst - im epirrhematischen Agon (756-972) - in einem gegenseitigen Anpreisen der Dienste, die sie für Demos zu leisten bereit sind, und dem Versuch, sich durch Geschenke bei dem Alten einzuschmeicheln; anschließend in einem Orakelwettstreit (997-1095), zuletzt in einem wahren Wettlauf darin, Demos mit Delikatessen zu verwöh-

---

18) *Vgl. Gelzer, Agon 75f.*
19) *Man kann also in den Oden wieder von der Strophe des Chores und der Gegenstrophe des Schauspielers sprechen. Vgl. Steurer 13.*
20) *Zur Analyse vgl. White § 217; Prato 302f; Dale, Lyric metres 87.*
21) *Vgl. Trachta 87f.*
22) *Vgl. auch Newiger, Rez. Stanford 753.*
23) *Deshalb unverständlich Radermachers Bemerkung (219): "Es ist der erste Fall, wo der Chor und Schauspieler im Vortrag einer Strophe wechseln."*

nen (1100-1110.1151-1226), wodurch endlich eine Entscheidung herbeigeführt wird (1227-1263).[1]
In den Szenen vor dem Amoibaion wird Demos als ein mürrischer (728f), etwas beschränkter, aber auch unberechenbarer Alter vorgestellt, der sich ganz und gar seinen Haussklaven, d.h. den Demagogen, ausgeliefert hat. Dieser Eindruck, den der bisherige Verlauf des Stückes gab, wird vom Chor, während der Paphlagonier und Wursthändler zu ihrem letzten Wettstreit eilen (1110), in Worte gefaßt und Demos vorgehalten. Die Anfangsverse geben das zwiespältige Bild wieder, das Demos bietet: Einerseits zeigt die Tatsache, daß die beiden Kontrahenten sich derart um ihn bemühen, seine unumschränkte Macht (1113f), andrerseits aber wird durch seine Aufgeschlossenheit den Schmeicheleien und Betrügereien gegenüber (1115-1120) seine mangelnde Einsicht in dieses Treiben deutlich, daß es nämlich nicht um ihn, sondern nur um die Macht durch ihn geht. Der Chor resümiert mit seiner ersten Strophe (1111-1120) das Gesamtbild, das der 'Held' bisher bot. Ähnlich wie in Makarismoi reagiert er auf das Bühnengeschehen aus einer betrachtenden Perspektive. Die ersten Verse erinnern so durchaus an einen Preis (1111-1114), der allerdings bald in Kritik umschlägt (1115: ἀλλ'). In seiner Replik enthüllt jedoch Demos sein wahres Wesen: Er stelle sich absichtlich so naiv, als ob er von dem ganzen Treiben nichts merke (1123f). Wenn aber das Maß voll sei, werde er sie "niederschmettern", ja, er halte sie gleichsam als hauseigenes Opfervieh, das, wenn es genug gemästet ist, geschlachtet werde (1135-1140).[2] Somit erweist sich seine Handlungsweise letztlich gar als verständig (1141: σοφῶς). Er führt die hinter das Licht, die ihn zu täuschen vermeinten. Dem Chor bescheinigt er für die Fehleinschätzung seines Verhaltens deshalb auch mangelnde Einsicht (1121f).
Im Handlungsablauf übt das Amoibaion mehrere Funktionen aus: Zunächst bereitet es die glanzvolle Epiphanie der Schlußszene vor.

----

1) Vgl. Newiger, Metapher 33-49; Dover, Comedy 93f; Gelzer, Agon 12f.161.
2) Vgl. Newiger, Metapher 43.

Aus dem vorsichtigen Vergleich in den VV.1113f (δεδίασί σ' ὥσ-/ περ ἄνδρα τύραννον) wird in der Schlußszene der junggekochte (vgl. schon V.908) Demos tatsächlich zum μόναρχος (1330), nachdem sich die negativen Eigenschaften, die dem im Weg standen (1115-1120), als nur vorgetäuscht erwiesen haben. Durch Demos' Erklärung seines Verhaltens im Amoibaion wird der vorauszusehende Sieg des Agorakritos, der ja ein noch größerer Schurke als der Paphlagonier ist, relativiert, steht es Demos doch frei, ihn nach Belieben fallen zu lassen.[3] Aristophanes biegt die Handlung, die unweigerlich auf eine gänzliche Selbstauslieferung von Demos an den übelsten Demagogen zulief,[4] in diesem Amoibaion um - übrigens dem einzigen der ganzen Komödie - und läßt es zu einem versöhnlichen Ende kommen, das der Festfreude der Exodos entspricht. Damit hebt er die Kritik, die er am Verhalten des Demos anbrachte, in gewisser Weise auf bzw. verlagert sie auf eine andere Ebene: Das Jungkochen des Demos bedeutet nichts anderes als die Wiederherstellung der 'guten alten Zeit', in der das Volk - jedenfalls aus der Sicht der Gegenwart - noch unabhängig zum Besten Athens die Politik bestimmte (vgl. V.1387: Μακάριος εἰς τἀρχαῖα δὴ καθίσταμαι). Versinnbildlicht wird diese glanzvolle Vergangenheit wie in den *Acharnern* durch den dreißigjährigen Frieden (1388f).[5] Der Raum, in dem dieser Glückszustand angesiedelt ist, ist wie in den *Acharnern* und im *Frieden* der ἀγρός.[6] Damit schafft Aristophanes ein durch die Vergangenheit erhöhtes Idealbild des selbständigen Demos, durch das er dem Publikum, dem δῆμος τῶν 'Αθηναιων, eine Selbstbestätigung und Glorifizierung athenischer Macht bietet, hinter der die kritischen Töne verschwinden.[7] Die Aufnahme des Stücks durch das Publikum beweist dies: Kleon wurde im nächsten Jahr wieder zum Strategen gewählt.[8]

Diese Charakterisierung des Wechselgesangs zwischen Demos und

---

3) Vgl. Dover, Comedy 98.
4) Vgl. Kassies 51.
5) Vgl. Kassies 14; siehe oben S.184f.
6) Vgl. Kassies 52.
7) Vgl. A. Meder: Der attische Demos zur Zeit des Peloponnesischen Krieges im Lichte der zeitgenössischen Quellen. München 1938,18.
8) Vgl. Nub.586f. Vgl. auch mein 'Utopisches und Utopie'.

den Rittern legt es nahe, das Amoibaion im weiteren Rahmen enkomiastischer Lieder zu behandeln. Die Eröffnungsverse (1111 bis 1114) und das Metrum, akephale äolische Maße, unterstützen diese Einordnung. Wie die Amoibaia des *Friedens* bereitet auch dieses die triumphale Exodos vor (siehe oben S.179-185); ebenso wird in ihm eine Deutung des Geschehens geboten, bzw. der Eindruck, den der Chor in seiner ersten Strophe wiedergibt, wird als falsch zurückgewiesen und zurechtgerückt. Im Gegensatz zu den enkomiastischen Amoibaia der *Acharner* und des *Friedens*, die eine gleichzeitig stattfindende Bühnenhandlung begleiten, ist dieses rein *handlungsdeutend*. Es stellt einen Ruhepunkt im Geschehen dar und überbrückt den Zeitraum, den Agorakritos und der Paphlagonier zu ihrem Wettlauf der Wohltaten benötigen.[9)]

Metrische Erklärung: Das Amoibaion ist ähnlich wie Pax 856-867=909-921 aus akephalen äolischen Metren (tel, reiz) gebaut. Typisch sind die kurzen Strophen (vgl. etwa Eq.973ff, Pax 1329ff, Av.1731ff, Ran.448ff, Eccl.289ff). Auf je drei tel + reiz als erste Periode folgen je fünf tel + reiz als zweite, wobei z.T. Synaphie vorliegt. Die äolische Basis ist - außer in 1119f. 1123.1140 - durchgängig lang. Die akephalen äolischen Metren finden in dem Amoibaion Verwendung, weil durch die metrische, d.h. musikalische Form der Eindruck eines Makarismos erweckt werden soll. Außerdem sind äolische Metren mit dem Chor seit den Parabasenoden verbunden. Dadurch wird auch rhythmisch und musikalisch eine Beziehung zwischen dem polemischen Gassenhauer auf Kleon (973-996), der in Glykoneen mit Pherecrateus als Klausel gehalten ist, und dem Amoibaion hergestellt.[10)]

---

9) Das Amoibaion nimmt also die Stelle eines Stasimons ein.
10) Soweit richtig Spatz (Strophic construction 173); ansonsten aber eine völlige Fehlinterpretation des Amoibaions in inhaltlicher Hinsicht.

4.2. Ein Enkomion auf eine Stadt
Vögel (1313-1322=1325-1334)

Das Amoibaion hat seinen Platz in dem Szenengefüge, das nach der Nebenparabase (1058-1117) die Auswirkungen der erfolgten Stadtgründung (801ff) zunächst - in der Iris-Szene (1188-1266) - auf die Götter, dann auf die Menschen vorführt.[1] Eingeleitet wird die Darstellung der Folgen für die Menschen durch einen Botenbericht (1277-1307), der die 'Ornithomanie' der Menschen schildert und ankündigt, daß bald Scharen von ihnen ins Vogelreich kommen werden, um sich mit Federn ausrüsten zu lassen (1305f). Um dem Ansturm der Einwanderungswilligen gewachsen zu sein, will Peisetairos die nötigen Vorbereitungen treffen: Er ordnet an, alle möglichen Federn für die Neuankömmlinge herauszuschaffen, während er sie erwarten und empfangen will. Diese Vorbereitungen finden während eines Amoibaions statt. Angesichts der Nachricht bricht der Vogelchor in Begeisterung aus und sieht seine Stadt schon dicht bevölkert. Antizipierend stimmt er den Lobpreis an, den er bald von jedermann zu hören hofft.[2] Währenddessen treibt Peisetairos seinen Sklaven zur Eile an (Strophe). In der Gegenstrophe geht der Chor von seiner Zukunftsschilderung auf die gerade stattfindende Aktion, das Bereitstellen der Federn, ein und fordert seinerseits zu größerer Eile auf.

Der Wechselgesang stellt also einerseits eine lyrische Resonanz auf den Botenbericht dar (Strophe). Gleichzeitig überbrückt er die Vorbereitungen und leitet in der Gegenstrophe zu den kommenden 'Abfertigungsszenen' menschlicher Typen über.[3] Die lebhafte Anteilnahme, die der Chor in der Antistrophos an den Tag legt, rückt das Amoibaion in die Nähe des zweiten Amoibaionpaares des *Friedens* (939-955≃1023-1038), in dem der Chor in vergleichbarer Weise an den Zurüstungen auf der Bühne Anteil nimmt und zur Eile antreibt. Im *Frieden* wie in den *Vögeln* liegt die gleichzeitig stattfindende Handlung im Interesse des Chores,

---

1) *Zur Struktur des Stückes vgl. Newiger, Vögel.*
2) *Vergleichbar ist Strepsiades' 'Autelogium' (Nub.1206-1211).*
3) *Vgl. Newiger, Vögel 271.*

der durch seine Anweisungen auf sie einzuwirken versucht.[4]

Strophe:

1313 Χο. Ταχὺ δὴ πολυάνορα τάνδε πόλιν — 2 an
1314 καλεῖ τις ἀνθρώπων· || — 2 ia sync (ia sp)
1315 Πε. Τύχη μόνον προσείη. || — 2 ia ∧
1316 Χο. Κατέχουσι δ' ἔρωτες ἐμᾶς πόλεως. — 2 an
1317 Πε. Θᾶττον φέρειν κελεύω. || — 2 ia ∧
1318 Χο. Τί γὰρ οὐκ ἔνι ταύτῃ |' — reiz
1319 καλὸν ἀνδρὶ μετοικεῖν; || — reiz
1320 Σοφία, Πόθος, ἀμβρόσιαι Χάριτες — 2 an
1321 τό τε τῆς ἀγανόφρονος Ἡσυχίας — 2 an
1322 εὐάμερον πρόσωπον. ||| — 2 ia

Gegenstrophe:

1325 Χο. Φερέτω κάλαθον ταχύ τις πτερύγων. — 2 an
1326 Σὺ δ' αὖθις ἐξόρμα - — 2 ia sync (ia sp)
1327 Πε. τύπτων γε τοῦτον ὡδί. || — 2 ia ∧
1328 Χο. Πάνυ γὰρ βραδύς ἐστί τις ὥσπερ ὄνος. — 2 an
1329 Πε. Μανῆς γάρ ἐστι δειλός. || — 2 ia ∧
1330 Χο. Σὺ δὲ τὰ πτερὰ πρῶτον |: — reiz
1331 διάθες τάδε κόσμῳ· || — reiz
1332 τά τε μουσίχ' ὁμοῦ τά τε μαντικὰ καὶ — 2 an
1333 τὰ θαλάττι'· ἔπειτα δ' ὅπως φρονίμως — 2 an
1334 πρὸς ἄνδρ' ὁρῶν πτερώσεις. ||| — 2 ia ∧

Abweichungen von Coulons Text:

1313 ταχὺ RVΦ: τάχα Blaydes || δὴ Porson: δ' ἂν RVΦ
1315=1327 Peis. tribuerunt codd.: choro continuit Bergk
1322 εὐάμερον B: -ήμερον RVΦ
1325 πτερύγων Porson: πτερῶν codd.

----

4) *Die Chorrolle ist demnach 'handlungsbegleitend'.*

Bemerkungen zum Text: V.1313: Gegenüber Coulons Edition stelle ich das überlieferte ταχύ (Adverb) wieder her und übernehme Porsons δή.[5] δ' ἂν steht als Korruptel statt δή auch Thesm.99 im Text.[6] Der Optativ καλοῖ ($Γ^2$) ist eine Angleichung an δ' ἂν aus dem ursprünglichen καλεῖ (RVΦ).

V.1325: Porsons Konjektur ist dem überlieferten πτερῶν vorzuziehen. Damit wird metrische Responsion gerade im Eröffnungsvers eines antistrophisch gebauten Liedes hergestellt; πτερῶν kann nach 1310 leicht in den Text eingedrungen sein.

In der Personenverteilung folge ich der handschriftlichen Überlieferung[7] und gebe 1315 und 1327 Peisetairos im Gegensatz zu Bergk, Coulon und Kakridis, die die fraglichen Verse dem Chor geben. In 1315 unterbricht Peisetairos "halb prosaisch" (Schroeder, Vögel 151) den poetischen Höhenflug der Vögel mit seinem Wunsch, in der Antode (1327) fällt er dem Chor ins Wort, der ihn antreibt ("Du aber deinerseits, mach Dampf -"), indem er den Satz durch ein Participium coniunctum ergänzt ("- ja freilich (γε), und zwar, indem ich diesen so *(pantomimisch untermalt)* schlage.").[8] Zustimmend nehmen darauf die Vögel Peisetairos' Worte auf ("Ganz recht, denn er ist ja lahm wie ein Esel!").[9]

Metrische Erklärung: Das Amoibaion besteht aus lyrischen Anapästen und Iamben - einer Verbindung, die häufig bei Euripides zu finden ist.[10]

In der ersten Periode (1313f=1325f) folgt auf einen anapästischen Dimeter ein synkopierter iambischer Dimeter der Form ia sp (vgl. Nub.1312)[11] - eine Form, auf die man oft in den Sophokleischen Tragödien, aber auch bei Euripides trifft (etwa Hec.692, Suppl.781=789, Ion 896.905.909, Hel.370, Or.1447).[12]

Die zweite Periode besteht aus einem katalektischen iambischen Dimeter (1315=1327); in der Strophe umfaßt er Peisetairos' Wunsch, in der Gegenstrophe fällt der komische Held dem Chor mit diesem Vers ins Wort. Der Sprecherwechsel erfolgt jedoch nicht abrupt, da der vorangehende synkopierte iambische Dimeter Klauseleffekt ausübt.

In der dritten Periode (1316f=1328f) singt Peisetairos jeweils den Klauselvers zu dem anapästischen Dimeter des Chores.

Der Abschlußteil, der ganz dem Chor gehört, besteht aus zwei Perioden: Die vierte Periode (1318f=1330f) besteht aus zwei Versen der Form ⏑⏑ — ⏑⏑ — —, Reiziana mit aufgelöstem ersten longum. Durch den 'anapästischen' Auftakt bleibt die Beziehung zu den Anapästen des ersten Abschnitts gewahrt (vgl. zur Form etwa Eur.Alc.908, Ion 458=478.460=480.509 [nach 2 an als Klausel]).[13]

Als fünfte Periode (1320-1322=1332-1334) folgt ein anapästisches Pnigos, das

---

5) Vgl. Denniston, Particles 206.
6) Vgl. dazu C. Austin, PCPS n.s.20,1974,1.
7) Vgl. etwa Hall-Geldart; White § 406; Schroeder, Vögel 151.
8) Vgl. Denniston, Particles 137, zu dieser Verwendung von γε.
9) Vgl. Denniston, Particles 86f, zu dieser Verwendung von γάρ.
10) Vgl. Denniston, Lyric iambics 138.
11) Vgl. Dover, Clouds 247; Dale, Lyric metres 85.
12) Vgl. Denniston, Lyric iambics 124f; Dale, Lyric metres 85 n.1.
13) Vgl. auch West, Metre 116.

mit einem katalektischen iambischen Dimeter als Klausel schließt.[14] Ihrem Charakter als lyrisches Pnigos entsprechend enthalten die Anapäste eine Aufzählung der Güter der neuen Stadt in der Strophe, in der Gegenstrophe der verschiedenen Federnarten.

Zwischen die beiden Strophen ist ein katalektischer iambischer Tetrameter von Peisetairos eingeschoben (1323f).[15]

Die metrische Form des Amoibaions - anapästische und iambische Glieder in verschiedenen Variationen - nimmt in gewisser Weise die metrischen Kola des Bettelpoeten (903ff) auf, der mit seinen Dichtungen um Einlaß in die Stadt bat.[16] Die Vögel sind über das Glück ihrer Stadt so verzückt, daß sie sich ähnlicher Versmaße bedienen, wie sie sie kurz zuvor in dem Pindar nachempfundenen Enkomion auf Wolkenkuckucksland gehört haben.[17] Die Sprache der Strophe, die eine Resonanz auf das Vorhergehende bildet, unterstreicht die metrischen Anklänge: dorische Vokalisation (1313.1316.1322), vor allem aber der hochpoetische Hymnenstil mit pindarischen Anklängen:

1313 πολυάνορα vgl. Eur.I.T.1281; Aesch.Ag.62 (Fraenkel, Agamemnon I 40); bei Pindar etwa Fr.109 Sn.-M.

Mit 1316 (ἔρωτες ἐμᾶς πόλεως) vgl. 412-415 (ἔρως/ βίου διαίτης τε).

1319 μετοικεῖν mit erotischem Nebensinn[18] nimmt ἔρωτες auf.

Zu den Personifikationen (1320f) vgl. vor allem Pindar O.4,16; P.8,1f; Fr.109 Sn.-M.

1321 ἀγανόφρονος vgl. auch Il.20,467; Cratinus Fr.256 PCG. Im Hymnos der *Lysistrate* (1289-1294) hat Ἡσυχία das Epitheton μεγαλόφρων (ἀγανόφρων Reisig).

Zum Vergleich heranziehen kann man die für Euripides typischen 'escape-prayers'[19], in denen der ersehnte Ort durch die Anwesenheit der Ἔρωτες (Ba.405), der ἀμβρόσιαι Χάριτες (Ba.414) und von Πόθος (Ba.414) gekennzeichnet ist - ein Platz der Ruhe (Ba.389), des ewigen Friedens ((Ba.419-433) und der Verständigkeit (Ba. 395f), mit einem Wort: ein τόπος ἀπράγμων, ein Ort also, wie ihn die beiden Athener ursprünglich gesucht hatten (44).[20]

---

14) Vgl. Pax 947=1030; Eur.Hel.1121=1136. Vgl. Wilamowitz, Verskunst 368 Anm.1 (jedoch mit Fraenkels, Agamemnon I 56 n.3, Richtigstellung).
15) Vgl. Perusino 28-32; White § 184 n.1.
16) Vor allem der Cyrenaicus mit seiner iambischen Eröffnung und seinem anapästischen Schluß ist bezeichnend (927.942f), vgl. Prato 183-189.
17) Vgl. etwa Pindars Enkomion auf die Gründung von Aitna (Fr.105 Sn.-M.).
18) Vgl. Kakridis 236.
19) Dodds 122f. Vgl. etwa Eur.Hipp.732-751, Ion 796-799, Hel.1478-1494, Ba.402-415; Soph.Ai.1217-1222, O.C.1081-1084.
20) Vgl. dazu ausführlich mein 'Utopisches und Utopie'.

Nun steht natürlich der Inhalt des Liedes in ironischem Gegensatz zur gleichzeitig stattfindenden Handlung, dem emsigen Herrichten der Federn für die Einwanderer. Wie Peisetairos' angebliche ἀπραγμοσύνη in die gewohnte attische πολυπραγμοσύνη umschlägt, sobald er die ausgezeichnete strategische Lage des Luftraums erkannt hat, so stellt das als τόπος ἀπράγμων besungene Vogelreich einen Platz höchster πολυπραγμοσύνη dar, wohin sich die πολυπράγμονες Athens eilends begeben.[21] Die von Anfang an vorhandene Doppelbödigkeit der *Vögel* läßt sich demnach auch in diesem Amoibaion fassen.

Chor und Chorführer

Wegen des Charakters der Strophe als Enkomion auf eine neugegründete Stadt möchte ich Vortrag durch den gesamten Chor annehmen. Dafür spricht auch die Tatsache, daß kein richtiger Dialog mit Peisetairos zustande kommt, sondern der Chor von ihm in seinem Lied unterbrochen wird.[22]

---

21) Gleich nach dem Amoibaion wird auch schon einer der Ornithomanen mit einer für ein 'escape-prayer' typischen Formulierung eingeführt (1737f; wohl eine Parodie von Soph.Fr.476 Pearson; vgl. Rau 198). Vgl. Soph.O.C.1081; Eur. Hipp.1290-1293, Andr.862, Hec.1099-1101, H.F.1157f, Ion 796f, Hel.1478f, Phaethon 270-273 Diggle.

22) Zur Technik vgl. Vesp.526-545 ≃ 631-647 (siehe oben S.172f).

5. Arbeitslieder

Frieden (459-472 ≃ 486-499.512-519)

Nachdem es Trygaios und dem Chor schließlich gelungen ist, Hermes' Widerstand gegen die Bergung der Friedensgöttin durch einige Versprechungen (405-422) und Bestechung (423-425) zu überwinden, fordert der komische Held den Chor auf, an die Arbeit zu gehen (426f). Bevor aber mit dem Beseitigen der Steine begonnen werden kann, wird noch ein Trankopfer dargebracht (434f) mit der Bitte, dieser Tag möge allen Griechen der Beginn einer glücklichen Zeit sein (435-438). Nun endlich wird darangegangen, mit Stricken Eirene aus der Höhle zu ziehen (458); der Chor packt, von Hermes und Trygaios angetrieben, die Arbeit mit Gesang an. Die drei Amoibaia, die die Bergung der Friedensgöttin begleiten, sind demnach ganz *handlungstragend*. Das Geschehen wird, während sie gesungen werden, vorangetrieben. Dabei ist der Chor völlig in die Handlung integriert, da die Bergung Eirenes auch in seinem Interesse liegt.[1] Die drei Arbeitslieder beschreiben unterschiedliche Stadien des Bergungsprozesses: Die beiden in epirrhematischer Komposition gebauten Amoibaia (459 bis 472 ≃ 486-499) haben den vergeblichen Versuch zum Inhalt, Eirene aus der Höhle herauszuziehen, der an Querköpfen scheitert (478 bis 485), da nicht alle an demselben Strang ziehen (484).[2] Nachdem aber die Bauern allein die Sache in die Hand genommen haben (508),[3] zeigt sich bald der gewünschte Erfolg (509-511): Eirene wird hervorgezogen (512-519) und von Trygaios überschwenglich begrüßt (520-526). Der Wechsel in der Einstellung der Ziehenden zeigt sich auch in den Amoibaia selbst: Vor (458f.484f) und in den beiden respondierenden Liedern geben Trygaios und Hermes das Kommando, bei der letzten, schließlich erfolgreichen Anstrengung gibt der Chorführer die Anweisung (508.514f).[4]

---

1) *Die Szene stellt eine komische Umbildung, eine Imitation, keine Parodie, der Bergungsszene der Aischyleischen 'Diktyulkoi' dar. Vgl. Rau 194; Newiger, Metapher 115; Sutton 17-20; Steffen, passim. Zum Begriff der 'komischen Imitation' siehe oben S.36.*
2) *Vgl. dazu Newiger, Metapher 115f.*
3) *Siehe unten Exkurs I zur Chorproblematik im 'Frieden'.*
4) *Vgl. Kaimio 228 n.3.*

In den drei Amoibaia sind wohl volkstümliche Arbeitslieder greifbar.[5] Sich Arbeit und Anstrengungen durch Gesang zu erleichtern, ist ja bis heute gebräuchlich.[6]

Ode:

459	Χο.	Ὢ εἶα. ‖ Hiat	tr sync (Palimbaccheus)
460	ΕΡ.	Εἶα μάλα. ‖ Hiat	p
461	Χο.	Ὢ εἶα. ‖ Hiat	tr sync (palimbaccheus)
462	Ερ.	Εἶα ἔτι μάλα. ‖ Hiat	hypod
463	Χο.	Ὢ εἶα, ὢ εἶα. ‖ Hiat	2 tr sync (2 Palimbacchei)
464	Τρ.	Ἀλλ' οὐχ ἕλκουσ' ἄνδρες ὁμοίως.	2 an
465		Οὐ ξυλλήψεσθ'; Οἷ' ὀγκύλλεσθ'·	2 an
466		οἰμώξεσθ', οἱ Βοιωτοί. ‖ Hiat	2 an ∧
467	Ερ.	Εἶά νυν. ‖	cr
468	Τρ.	Εἶα ὤ. ‖ Hiat	cr
469	Χο.	Ἄγε δή, ξυνανέλκετε καὶ σφώ. ‖ Hiat	2 an ∧
470	Τρ.	Οὔκουν ἕλκω κἀξαρτῶμαι	2 an
471		κἀπεμπίπτω καὶ σπουδάζω;	2 an
472	Χο.	Πῶς οὖν οὐ χωρεῖ τοὔργον; ‖‖	2 an ∧

Antode:

486	Χο.	Ὢ εἶα. ‖ Hiat	tr sync (Palimbaccheus)
487	Ερ.	Εἶα μάλα. ‖ Hiat	p
488	Χο.	Ὢ εἶα. ‖ Hiat	tr sync (Palimbacheus)
489	Ερ.	Εἶα, νὴ Δία. ‖	hypod
490	Χο.	Μικρόν γε κινοῦμεν. ‖	2 tr sync (2 Palimbacchei)
491	Τρ.	Οὔκουν δεινὸν τοὺς μὲν τείνειν,	2 an
492		τοὺς δ' ἀντισπᾶν;	an

----

5) Vgl. dazu auch J.W. Fitton: Greek Dance. CQ n.s.23,1973,268.
6) Vgl. Merkelbach 106; auch Ran.1297 mit Radermachers Notiz (319); Athen. 618d.619b; Hor.Serm.1,7,29-31.

	Πληγὰς λήψεσθ', Ἀργεῖοι. ‖ Hiat	2 an ^
Ερ.	Εἶά νυν. ‖	cr
Τρ.	Εἶα ὤ. ‖ Hiat	cr
Χο.	[Ὡς] κακόνοι τινές εἰσιν ἐν ἡμῖν. ‖	2 an ^
Τρ.	Ὑμεῖς μὲν γοῦν οἱ κιττῶντες	2 an
	τῆς εἰρήνης σπᾶτ' ἀνδρείως.	2 an
Χο.	Ἀλλ' εἴσ' οἳ κωλύουσιν. ‖‖	2 an ^

Abweichungen von Coulons Text:

469 ἄγε δή scripsi: ἄγετον RVΓ ἀλλ' ἄγετε Dobree

491 δεινόν ⟨κἄτοπον, ἡμῶν⟩ ins. Merry metri causa

496 Ὡς del. White

Bemerkungen zum Text: Textkritische Schwierigkeiten bietet V.469, der in der überlieferten Fassung (ἄγετον ξυνανέλκετον καὶ σφώ) unmetrisch ist. Coulon und Platnauer (112) übernehmen Dobrees Konjektur mit Hermanns ἀλλ'. Mir scheint eine andere Lösung jedoch eher dem Aristophanischen Sprachgebrauch zu entsprechen. Statt ἀλλ' ἄγετε + Imperativ Plural ziehe ich ἄγε δή + Imperativ Plural vor; ἄγετε + Imperativ Plural ist bei Aristophanes nur einmal (Lys.664) in der Verbindung mit ἀλλ' belegt (in Eccl.82 ist ἀλλ' Konjektur). Dagegen stellt ἄγε δή bzw. νυν + Imperativ Singular oder Plural die gebräuchliche Einleitung eines Befehls dar (etwa Eq.634.1011, Pax 1115, Av.656.1744, Lys.1273, Thesm.778.947, Ran.382, Eccl.268).[7] Die Verbindung eines Subjekts in der Dualform (σφώ) mit einem Prädikat im Plural (ξυνανέλκετε) ist häufig,[8] bei Aristophanes findet sie sich Ach.1216f und Av.1683. Vor allem Ran.885 (εὔχεσθε δὴ καὶ σφὼ κτλ.) läßt sich nach meiner Herstellung mit Pax 469 vergleichen. Die Korruptel ist durch eine Angleichung der Einleitung des Befehls und des Prädikats an das Subjekt im Dual zu erklären. Bei dieser Textherstellung erhält man einen Paroemiacus, der durch seine rein anapästische Form sich von den spondeischen Versen absetzt und dadurch den Befehl deutlich heraushebt.

In dem entsprechenden Vers der Antode (496) muß man mit White ὡς als Dittographie nach ὤ tilgen. Damit vermeidet man den daktylischen Charakter des Verses, der nicht in den metrischen Kontext paßt, und stellt außerdem genaue Responsion her.

In den VV.491-493 ist es unnötig, Lücke anzusetzen und zu konjizieren. Die Antode enthält ein Metron weniger als die Ode - eine bei Aristophanes gebräuchliche Art der Responsionsdurchbrechung.[9]

Metrische Erklärung: Ode und Antode bestehen hauptsächlich aus anapästischen Kola und Ausrufen. Die metrische Messung der Anfeuerungsrufe ist umstrit-

7) *Vgl. Kühner-Gerth I 84f.*
8) *Vgl. Kühner-Gerth I 70f.*
9) *Vgl. Dale, Lyric metres 207 n.1.*

ten. Während Prato (137) und Spatz (Strophic construction 172) die Ausrufe metrisch bestimmen, betonen Platnauer (111), White (§ 302) und Trachta (64), daß es unnötig und unmöglich sei, eine metrische Analyse durchzuführen. Wenn jedoch nach dieser Auffassung die Rufe extra metrum anzusetzen sind, beginnt das Amoibaion eigentlich erst mit den VV.464=491. Da aber 459-463= 486-490 in genauer Responsion stehen und außerdem in V.490 ein vollständiger Satz den Ausrufen der Ode entspricht, ist es auf jeden Fall angebracht, die VV.459-463=486-490 mit in die Responsion aufzunehmen und sich über ihre metrische Gestalt Gedanken zu machen. Zudem ist es methodisch nicht haltbar, die VV.517-519, die ebenfalls Ausrufe zum Inhalt haben, metrisch zu bestimmen, da man in diesem Fall einwandfreie iambische Dimeter enthält,[10] während man 459ff=486ff unbestimmt läßt. Meines Erachtens kann man die Ausrufe, Heliodor folgend, als trochäisch-kretisch beschreiben: Die Palimbakcheen (459=486.461=488.463=490) müssen als synkopierte trochäische Metren verstanden werden (vgl. Vesp.343a).[11] Da nur der Chor Palimbakcheen vorträgt, kann man sich vorstellen, daß durch diese Kola die Anstrengung beim Ziehen untermalt wird, was vielleicht besonders durch die Doppellänge ausgedrückt wird, während die Anfeuerungsrufe von Hermes und Trygaios durch Kürzen gekennzeichnet sind (460=487.462=489).
462=489 hat die metrische Form – ⏑ ⏖ ⏑ ⌒, ein Kolon, das man in dochmischem Kontext als Hypodochmius bezeichnet. Das Kolon wird jedoch auch in iambischer oder trochäischer Umgebung als selbständige metrische Einheit, teilweise mit brevis in longo, gefunden (vgl. Soph.Ai.401f).[12] In der *Lysistrate* findet man das Kolon mehrmals im zweiten Lied des Spartaners in iambischem Kontext (1307.1309.1311).[13] Die Anapäste, die vorwiegend spondeisch gebaut sind (vgl. Ran.372-377=377b-381), unterstreichen die Anstrengung, die mit dem Herausziehen Eirenes aus der Höhle verbunden ist. Die einzigen rein anapästischen Verse sind die Paroemiaci in 469=496, die sich dadurch mit ihrem Aufforderungscharakter deutlich absetzen.

Nach der Zwischenszene (500-511), in der das Metrum vom Sprechvers (3 ia) zum rezitierten katalektischen iambischen Tetrameter übergeht (508-511),[14] folgt das letzte astrophische Arbeitslied: Es wird durch ein rein anapästisches Monometron eröffnet (512). Reine Anapäste sind auch schon in der Ode (469) mit einem ähnlichen Befehl verbunden. Daran schließt als Klauselvers ein katalektischer iambischer Dimeter von Hermes an (513). Auf zwei in Synaphie stehende iambische Dimeter des Chorführers (514f) folgt wieder ein katalektischer iambischer Dimeter von Hermes als Klausel (516). Brevis in longo in 515 ist ein Anzeichen für eine kurze Pause, in der der Sprecherwechsel erfolgt (vgl. Pax 1351f). Schließlich folgen drei Verse mit Hauruckrufen (517-519), die man iambisch (2 ia) messen kann.[15]

Chor und Chorführer

In der Ode und Antode sind die Chorpartien wohl vom Chorführer vorgetragen worden. Dafür spricht der Befehl in 469 und der häufige Sprecherwechsel.[16] Auch die Hauruckrufe kann man als Kommando dem Chorführer geben. Im astro-

---

10) Vgl. White § 84.
11) Vgl. Dale, Lyric metres 88.93.
12) Vgl. Dale, Lyric metres 114.
13) Vgl. Pretagostini, QUCC n.s.2,1979,111-116.
14) Vgl. Perusino 63.
15) Vgl. White § 84; Prato 141.
16) Vgl. dazu Kannicht, Amoibaion 24-46. Siehe auch oben S.154f.

phischen Amoibaion wird V.512 als Katakeleusmos vom Chorführer vorgetragen, ebenfalls die VV.514f.[17] Die abschließenden Arbeitsrufe kann man dem Gesamtchor bzw. Einzelchoreuten geben, die sich gegenseitig anfeuern. Für die Zuweisung der gesungenen Chorteile an den Chorführer spricht auch die Tatsache, daß der Chor mit Eirenes Bergung beschäftigt ist, die wohl unter heftigen Bewegungen abläuft, so daß ihm keine Möglichkeit bleibt, sich an dem Dialog zu beteiligen. Der Chorführer nimmt gleichsam die Stelle eines Vorarbeiters ein, der selbst kaum mitanpackt, sondern die Kommandos gibt.

---

17) Anders Kaimio 147.

6. Spottlieder

Acharner (929-939=940-951)

Neben den Enkomien auf den Protagonisten bilden Spottlieder den Hauptbestandteil der nach der Parabase stehenden Lyrik in den Komödien des Aristophanes. Ihre Aufgabe im Handlungsablauf besteht zumeist in der Überbrückung einer im hinterszenischen Raum stattfindenden Handlung[1] oder in der Trennung verschiedener Szenen[2]. Das Stück wird durch die meist handlungsunabhängigen Lieder aufgelockert; dem Publikum wird zusätzlich zur eigentlichen Bühnenhandlung weitere Unterhaltung geboten.[3] Zum Teil sind diese Lieder auch in die Handlung integriert oder weisen jedenfalls Beziehungen zur Handlung des Stückes auf. In den *Rittern* (973-996) erfolgt im Klauselvers (976) des Spottliedes die einzige Erwähnung Kleons. Das eingängige Liedchen mit seinen kurzen Strophen spricht die polemische Absicht von Aristophanes ganz offen aus und macht damit auch dem Letzten klar, um wen es in dieser Komödie geht.

In den *Acharnern* folgt auf Dikaiopolis' Handel mit dem Megarer (729-817) und die Vertreibung des lästigen Sykophanten (818 bis 828) ein Loblied des Chores auf den Helden, das in Spott übergeht (836-859): Der Chor malt sich, angeregt durch die barsche Abfertigung des Sykophanten, aus, um wen sich Dikaiopolis in Zukunft nicht mehr kümmern muß (anaphorisches οὐδέ in 842.843. 848.854), wobei sowohl unangenehme Erscheinungen des athenischen Lebens wie Sykophanten (839-841) als auch wirkliche Personen vorgenommen werden. Eine dieser Ankündigungen, die Abfertigung eines weiteren Sykophanten, wird in der folgenden Szene vorgeführt: Als zweiter Händler auf Dikaiopolis' Freimarkt erscheint ein Boioter, der die von den athenischen Fein-

---

1) Vor allem in den Nebenparabasen (Ach.1143-1173, Eq.1264-1315, Vesp. 1265-1291, Av.1058-1117).

2) Vgl. Eq.973-996, Av.1470-1493.1553-1564.1694-1705, Lys.1043-1071.1189 bis 1215. Diese Stasima werden in Band 2 behandelt.

3) Wie Lys.1043-1045 und Thesm.962-965 zeigen, erwartete der Zuschauer solche Spottlieder. Bezeichnenderweise fehlen in diesen beiden in nicht ungefährlicher Zeit aufgeführten Komödien Chorlieder mit persönlichem Spott. In Lys.1043-1071.1189-1215 wendet sich der Chor an das Publikum, um es zu allen möglichen Genüssen einzuladen, bevor er am Ende die Enttäuschung der Erwartung folgen läßt (vgl. Eccl.1147-1150).

schmeckern herbeigesehnten kopaischen Aale anzubieten hat. Sardellen oder Töpfe will er allerdings nicht im Tausch für diese Delikatesse entgegennehmen, sondern etwas, was es bei ihm zu Hause nicht gibt. Dikaiopolis bietet dem Boioter daraufhin an, einen Sykophanten, mit Stroh eingewickelt wie ein Topf, zu exportieren. Und wie gerufen, erscheint auch schon der Sykophant Nikarchos (908)[4] mit absurden Verdächtigungen über die Anwesenheit des Fremden (915-924).[5] Unverzüglich geht Dikaiopolis daran, ihm mit Stroh "das Maul zu stopfen" und wie einen Topf zu verpakken. An diesem Höhepunkt fällt der Chor mit lyrischen Maßen ein und fordert Dikaiopolis auf, die 'Ware' sorgfältig einzuwickeln (929-931). Der Witz des Amoibaions lebt vor allem von dem Nebeneinander Mensch und Gefäß und den sich daraus ergebenden Konsequenzen für die Verspottung des Sykophanten.[6] Auffällig ist der Wechsel in der Einstellung des Chores zum Geschehen: Während er im vorangehenden Chorlied (836-859) eher aus Distanz Dikaiopolis' Taten kommentiert und auch im folgenden Amoibaion (1008-1017=1037-1046) mit seinen Worten die Handlung nur begleitet, ohne unmittelbaren Einfluß auf sie zu nehmen, gibt er in diesem Amoibaion Anweisungen an den Protagonisten, nimmt also direkten Anteil am Geschehen. Diese unterschiedliche Haltung des Chores hat ihre Ursache in der Anlage des Stücks. Friede war zur Zeit der Aufführung der *Acharner* nicht in Sicht. So errichtet Dikaiopolis für sich allein inmitten der Kriegswirren einen Friedensraum und denkt nicht daran, den anderen Anteil daran zu geben (1038f). Mit der Abfertigung des Sykophanten dagegen beseitigt er einen unliebsamen Störenfried, den jedermann aus dem täglichen Leben kannte und mit dem wohl schon jeder unangenehme Bekanntschaft gemacht hatte. Was sich mancher der Zuschauer gewiß schon oft im stillen gewünscht hatte, führt nun Dikaiopolis im Spiel gleich zweimal vor. Ohne Schwierigkeiten wird er mit den Quälgeistern fertig und setzt sie Spott und Lachen aus - einem ausschließenden, diffamierenden Verlachen, des-

---

4) Zu καὶ μήν "marking the entrance of a new character upon the stage" vgl. Denniston, Particles 356f.

5) Vgl. die Panik, die der spartanische Angriff auf den Piräus (429) auslöste (Thuc.II 93f).

6) Vgl. dazu Newiger, Metapher 126.

sen Opfer in der Neuen Komödie ebenfalls Vertreter mißliebiger Berufe sind.[7)]

Der Wechselgesang stellt den Abschluß der burlesken Szene dar; die komische Handlung gipfelt in dem lyrischen Dialog und wird in ihm zu Ende gebracht. Das Amoibaion ist demnach ganz *handlungstragend*. Durch die Form des Wechselgesangs überspielt Aristophanes den Szenschluß - der Boioter und Dikaiopolis reden nach dem Amoibaion noch einige Worte - und gestaltet den Übergang zu dem anschließenden Auftritt von Lamachos' Diener gleitend, auf den als stärkere Zäsur im Handlungsablauf ein Stasimon folgt (971-999).

Landfester (51) führt zu der Megarer- und Boioterszene aus, daß die beiden, jeweils mit der Abfertigung eines Sykophanten schließenden Abschnitte in ihrer Reihenfolge beliebig austauschbar seien, da die Boioterszene nur dieselbe Situation wie die vorangehende, nicht jedoch deren Handlung voraussetze. Beide Szenen seien also nicht aufeinander bezogen. Landfester teilt in seiner Interpretation ohne großes Verständnis für die Komposition der Komödie Szenen voneinander ab, die deutlich aufeinander bezogen sind und nur an der Stelle, an der sie stehen, sinnvoll sind: In der Megarerszene liegt die Betonung mehr auf den derben Späßen, die mit dem 'Ferkelhandel' verbunden sind; der Sykophant spielt nur am Rande mit herein (818-828). Der Kommentar des Megarers (829) weist das Sykophantentum als typisches athenisches Übel aus, womit die nächste Szene, der Export des Nikarchos, vorbereitet wird. Das Chorlied (836ff) verarbeitet die vorangehende Szene, indem es einerseits Dikaiopolis wegen des Marktes glücklich preist und andrerseits ausführt, wie der komische Held mit Störenfrieden fertig wird, wobei bezeichnenderweise die ersten unliebsamen Gäste Sykophanten sind (839-841). In der folgenden Boioterszene wird das Sykophantentum in den Mittelpunkt gestellt: Der Boioter soll einen Sykophanten als besondere athenische Spezialität erhalten. Mit dem Export nach Boiotien wird dieses Übel für Dikaiopolis nun end-

---

7) Vgl. M. Fuhrmann: Lizenzen und Tabus des Lachens - Zur sozialen Grammatik der hellenistisch-römischen Komödie. In: Das Komische. Herausgegeben von W. Preisendanz und R. Warning. Poetik und Hermeneutik VII. München 1976,65-102.

gültig aus der Welt geschafft. Man wird also nicht umhin können, der Megarerszene einen vorbereitenden Charakter zur Boioterszene zuzusprechen, die das Thema 'Sykophant' in einem lyrischen Finale abschließt.

Bemerkungen zum Text: In V.933 kann man ohne weiteres das überlieferte πυρορραγὲς (bei Coulon) gegen das bei Pollux (7,164) und Photios bezeugte πυριρραγὲς halten;[8] πυρορραγές ist außer bei Suidas (π 3231 Adler = Kratinos Fr. 273 PCG) und dem Σ vet. zu Ach.933 (Wilson) auch in den Iliasscholien (Vol. 2,219 Erbse)[9] bezeugt.

In V.949 muß das überlieferte τοῦτον λαβὼν mit Bergk, dem Coulon folgt, gestrichen werden. Dafür spricht neben metrischen Gründen[10] auch der verbesserte Sinn, den man mit Bergs Tilgung erhält: Durch die Streichung von τοῦτον λαβὼν kommt das Objekt συκοφάντην am Schluß - als Aprosdoketon - um so deutlicher zur Geltung; τοῦτον λαβὼν kann leicht als Glosse aufgefaßt werden, die wegen der späten Stellung des Objekts in den Text eindrang. Man müßte als übersetzen: "Ja, bester Freund, schnüre ihn tüchtig und bringe ihn hin, wohin du willst, ihn - einen Sykophanten für jede Gelegenheit."[11]

Metrische Erklärung: Das Amoibaion ist in einfachen Iamben gehalten. Die Periodik ergibt sich aus dem Sprecherwechsel:

P1 (929-931b=940-942b) Chor: 2 ia͡ 2 ia ia 2 ia∧ ‖ Hiat/ brevis in longo

P2 (932-934=943-945) Dik.: 2 ia͡ 2 ia (⏕ in 944a) ia 2 ia∧ ‖ Hiat/ brevis in longo in 945

P3 (935=946) Chor: 2 ia∧ ‖

P4 (936-947) Dik./ Boioter: 2 ia∧ ‖

P5 (937-939=948-951) Dik./ Chor: 2 ia (⏕ in 948) 2 ia (⏕ in 938) ia 2 ia∧ ‖

In der Strophe läßt Dikaiopolis in einem lyrischen Pnigos einen Katalog der Eigenschaften folgen, die der Sykophant als Gefäß besitzt, in der Gegenstrophe enthält die letzte Periode die Abschiedsworte des Chores an den Boioter.

Auch die metrische Gestalt des Amoibaions zeigt an, daß es den Höhepunkt und das Ende der vorangehenden Szene darstellt: Die einfachen iambischen Dimeter sind eine lyrische Steigerung der Sprechverse und somit der passende Abschluß der Trimeterszene.

Chor und Chorführer

Man muß wohl davon ausgehen, daß das Amoibaion zwischen Chorführer, Dikaiopolis und dem Boioter stattfindet. Als Indizien kann man anführen, daß in der Strophe die letzte Periode Schauspieler-, in der Gegenstrophe Chorpart sind, d.h. sie wird ἀγωνιστικῶς vorgetragen.[12] Außerdem läßt der häufige Sprecherwechsel auf Vortrag durch den Koryphaios schließen.

---

8) Vgl. W. Kraus: Testimonia Aristophanea cum scholiorum lectionibus. Wien 1931,11.

9) Eustathios bietet πυριρραγές (Vol.1,315 van der Valk).

10) Daß die Gegenstrophe ein Metron mehr enthält, ist äußerst selten (Nub. 1311 (2 ia∧) ≃ 1320 (3 ia∧), Lys.330-333 (4 iambisch-choriambische Metren) ≃ 344-349 (5 Metren), vor allem Nub.700-706 ∼ 804-813).

11) Vgl. die Übersetzung von Sommerstein (Acharnians 129).

12) Vgl. Kannicht, Amoibaion 24-26.

7. Informationsamoibaia

Wespen (334-341), *Vögel* (406-433), *Frösche* (431-439)

Auf die Gruppe dieser Amoibaia wurde schon ausführlich bei der Interpretation der Parodoi eingegangen.[1] Der Parodoskomplex als der Platz des ersten Zusammentreffens von Chor und Schauspieler(n) ist der geeignete Ort für Informationsamoibaia oder -szenen in Sprech- oder Langversen. In den *Wespen* und *Vögeln* zieht der Chor Erkundigungen bei den Schauspielern ein - in den *Wespen* wird er über Bdelykleons Machenschaften in Kenntnis gesetzt, in den *Vögeln* erhält er Auskunft über den Grund der Anwesenheit der menschlichen Eindringlinge. In den *Fröschen* ist dieses Verhältnis umgekehrt: Dionysos fragt den Chor nach dem Weg. Diese Veränderung läßt sich aus der grundverschiedenen Situation, in der die Parodos dieser Komödie steht, erklären: Die Schauspieler kommen zum Chor, nicht umgekehrt der Chor zu den Schauspielern.

Auch in der Tragödie ist häufig der Einzug des Chores mit einer Informationsszene verbunden: In Euripides' *Troerinnen* (153f) und *Helena* (179ff) erscheint der Chor wie in Aristophanes' *Wolken* (358ff) und *Plutos* (259ff) mit der Frage, warum man ihn gerufen habe. Oft findet man in der Tragödie, um den Chorauftritt mit einer Informationsszene zu verknüpfen, als Motiv für das Erscheinen des Chores seine Neugier: Der Chor ist gekommen, um sich über etwas, von dem er gehört hat, Gewißheit zu verschaffen.[2] Eine mit dem Informationsamoibaion der *Vögel* (406-433) vergleichbare Situation liegt in der Parodos des Sophokleischen *Philoktet* (135ff) vor: Der Chor und ein Schauspieler unterhalten sich über einen Dritten, bei Sophokles über den abwesenden Philoktet, bei Aristophanes über die Neuankömmlinge.[3]

---

1) Siehe oben S.105f.90-92.132f.
2) Vgl. dazu Barner 306; Webster, Preparations, passim; Taplin, Stagecraft 65. Vgl. etwa Aesch.Ag.83-103 (Fraenkel, Agamemnon I 52); Soph.Ai.141 bis 153, Trach.141f, El.121-128; Eur.Alc.77f, Med.131, Hipp.121-130, Ion 219-236.
3) Vgl. auch Soph.O.C.208-253; Eur.Heracl.73ff.

8. Parodische Amoibaia

Sophokles und Euripides bevorzugen zwei Kompositionsformen, um die Reaktion des tragischen Helden auf eine Unglücksbotschaft oder einen über ihn hereinbrechenden Unglücksfall auszudrücken: die Monodie, die vor allem Euripides häufig einsetzt,[1] und das Klage-Amoibaion.[2] Durch die lyrische Vortragsart wird die Betroffenheit der Vortragenden ausgedrückt; in hochpathetischer Form geben sie ihre Sicht des Geschehens. Da bei Euripides Klage-Amoibaia häufig in Monodien übergehen - der dialogische Charakter wird zugunsten eines Sologesanges aufgegeben -, ist die Grenzziehung zur Monodie schwierig.[3] Das Pathos der Sprache, die Metrik und damit das musikalische Gewand, die, vielfach beeinflußt durch die Neue Musik, Schmerz und Leid den passenden Ausdruck verleihen, die mimetische und tänzerische Gestaltung dieser Klage-Amoibaia und Monodien bieten sich geradezu für eine parodische Übersteigerung an, zumal Monodien und monodische Amoibaia teilweise durch die Diskrepanz zwischen hoher pathetischer Form und trivialem Inhalt an sich schon leicht komisch wirken können.[4] So parodiert Aristophanes vor allem die Euripideischen Monodien, indem er diese Unverhältnismäßigkeit von Form und Inhalt auf die Spitze treibt.[5]

Wolken (707-722 ~ 804-813)

Nach der Parabase (510-626) tritt Sokrates, völlig verzweifelt über die Tölpelhaftigkeit seines neuen Schülers Strepsiades, aus dem Haus, um den Unterricht in frischer Luft fortzusetzen (627-634). Doch auch die Belehrung im Freien scheitert an der Ungelehrigkeit des Alten, so daß Sokrates schließlich die Geduld verliert und Strepsiades auffordert, sich auf ein 'Faul-

---

1) *Vgl. die Liste bei Barner 279f.*

2) *Vgl. etwa Soph.Ai.348-429, Ant.806-882, O.R.1297-1366, El.86-250, Phil. 1081-1196; Eur.Med.96-213, Hipp.569-600.811-884, Hec.681-720. Vgl. Popp, Diss.93-96 (= Amoibaion 225-227).*

3) *Mit Popp, Diss.138 (= Amoibaion 260) spreche ich in diesen Fällen von 'monodischen Amoibaia'.*

4) *Vgl. etwa die Prolog-Monodie Ions und die Phrygerarie (Or.1309-1502).*

5) *Dazu ausführlich in Band 2 im Kapitel 'Monodien'.*

bett' zu legen und nachzudenken (694f).[1] Dem Alten schwant Schlimmes, da die Liege von Wanzen bevölkert ist, und nur unter Protest nimmt er auf ihr Platz (696-699). An dieser Stelle fällt der Chor ein (700), der Sokrates' Aufforderung ἐκφρόντισον (695) in einem an Strepsiades gerichteten parainetischen Lied aufnimmt[2] und ihn angestrengt nachzudenken heißt, während Sokrates ins Haus geht.[3] Doch zur Überraschung der Wolken bricht Strepsiades in ein paratragodisches Lamento über die Qualen aus, die ihm die Wanzen verursachen (707ff). Inzwischen ist Sokrates zurückgekehrt (723)[4] und läßt Strepsiades nun endlich, da er die Denkversuche als gescheitert ansieht, über seine eigentlichen Interessen nachdenken, nämlich wie er seine Gläubiger loswerden kann (738f). Bei den unsinnigen Vorschlägen, die der Alte vorbringt (749-782), verliert Sokrates endgültig die Geduld und will seinen tölpelhaften Schüler zum Teufel jagen (789f). Verzweifelt wendet sich Strepsiades an den Chor um einen guten Rat (793), den er auch erhält: Er soll seinen Sohn zu Sokrates in die Lehre schicken (794-796). Sofort macht sich der Alte auf, um Pheidippides zu holen (799-803). Nach Strepsiades' Abgang wendet sich der Chor in der Antode (804-812) an Sokrates[5] und rückt seine Verdienste ins rechte Licht (804-807): Durch seine Worte habe sich Strepsiades dazu bewegen lassen, alles bereitwillig zu tun und sogar seinen Sohn zu schicken. Sokrates solle sich diesen Fang auf keinen Fall entgehen lassen, sondern ihn gründlich aussaugen (808-813).

Die beiden in approximativer Responsion stehenden Oden haben mehrere Aufgaben: Im Handlungsablauf untergliedern sie die beiden parallelen Szenen, in denen sich Strepsiades mit Denken beschäftigt (627-699.723-803).[6] Inhaltlich betrachtet, leiten sie jeweils zu dem anschließenden Geschehen über: Die Ode nimmt Sokrates' Befehl ἐκφρόντισον (695) auf; die Antode faßt den Hand-

---

1) *Vgl. Schmid 254.*
2) *Vgl. dazu oben S.169.*
3) *Vgl. Dover, Clouds 186.*
4) *Vgl. Dover, Clouds 190.*
5) *Vgl. Dover, Clouds 196.*
6) *Vgl. Schmid 253f.*

lungsfortschritt zusammen und bereitet den folgenden Auftritt von Pheidippides vor. Zugleich umrahmen sie, da die Ode vorausweist und die Antode zunächst resümiert, die für den Fortgang der Handlung entscheidende Szene, in der Strepsiades' Versagen als Schüler deutlich wird und er deshalb auf Betreiben der Wolken seinen Sohn zu Sokrates schicken will.[7] Dadurch, daß dies auf Rat der Wolken hin geschieht, wird klar, daß sie letztlich hinter dem ganzen Geschehen stehen.

Da die metrische Interpretation schwierig ist, soll zunächst eine Analyse vorausgeschickt werden:

Ode:

700	Χο.	Φρόντιζε δὴ καὶ διάθρει	ia ch
701		πάντα τρόπον τε σαυτὸν ‖	ch ba
702/3		στρόβει πυκνώσας. Ταχὺς δ', ὅταν εἰς ἄπορον	ia gl
704		πέσῃς, ἐπ' ἄλλο πήδα ‖	2 ia ∧
705		νόημα φρενός· ὕπνος δ' ἀπέ- ⁀	2 ia
706		στω γλυκύθυμος ὀμμάτων -	ch ia
707	Στ.	'Ατταταῖ, ἀτταταῖ. ‖	2 cr
708	Χο.	Τί πάσχεις; Τί κάμνεις; ‖	2 ba
709/10	Στ.	'Απόλλυμαι κτλ.	3 ia
711-722		2 an (715.717.721 an, 722 2 an)	

Antode:

804	Χο.	Ἆρ' αἰσθάνει πλεῖστα δι' ἡ- ⁀	ia ch
805		μᾶς ἀγάθ' αὐτίχ' ἕξων ‖	ch ba
806		μόνας θεῶν; 'Ως ἕτοιμος ὅδ' ἐστὶν ἅπαν- ⁀	ia gl
807		τα δρᾶν, ὅσ' ἂν κελεύῃς. ‖	2 ia ∧
808		Σὺ δ' ἀνδρὸς ἐκπεπληγμένου	2 ia
809		καὶ φανερῶς ἐπηρμένου	ch ia
810/1		γνοὺς ἀπολάψεις ὅτι πλεῖστον δύνασαι	3 ch

---

7) In Dovers Kommentar gehen diese vielfachen Beziehungen der Szenen und Chorlieder untereinander manchmal verloren, wenn die Handlung zu sehr in einzelne Abschnitte 'zerhackt' wird.

812 ταχέως· φιλεῖ γάρ πως τὰ τοι- ⏓ 2 ia
⏑ ⏑ — ⏑ — ⏑ — ⏑ —

813 αὖθ' ἑτέρᾳ τρέπεσθαι. ||| ch ba
— ⏑ ⏑ — ⏑ — —

Metrische Erklärung: Die Responsionsdurchbrechung zwischen Ode und Antode ist auffällig: Die Antode ist um die VV.810-813 länger als die Ode (siehe auch oben S.21 Anm.10). Dover (Clouds 187) neigt zu der Annahme, daß Aristophanes die Verse, die ursprünglich auf 706 folgten, gestrichen und keine neue Version eingefügt habe, was ein Zeichen einer nicht abgeschlossenen Überarbeitung darstelle.[8)] Ein Blick in die metrische Analyse zeigt, daß V.706 akatalektisch schließt (ia), während bei iambisch-choriambischen Versen sonst Periodenende durch bakcheischen Schluß angezeigt wird.[9)] In 707 schließt Strepsiades' Klage an, die der Chor erstaunt zur Kenntnis nimmt (708). Strepsiades unterbricht also die guten Ratschläge des Chores gerade an der Stelle, an der die Wolken vom Schlafen singen, an das er vor lauter Wanzenstichen gar nicht denken kann. Diese Unterbrechung, die natürlich auch musikalisch unerwartet erfolgt, wird durch das akatalektische Ende von 706 ausgedrückt. Eine vergleichbare Stelle findet sich in Eccl.899: Das Lied der Alten endet akatalektisch mit einem trochäischen Dimeter; das Mädchen schließt mit seiner Replik so schnell an, als ob kein Periodenende und kein Sprecherwechsel vorlägen.[10)] Die außergewöhnliche Responsionsfreiheit in den *Wolken* ist demnach inhaltlich begründet und sinnvoll aus dem Ablauf der Handlung zu erklären.[11)]

Die beiden Oden sind im iambisch-choriambischen Metrum komponiert, das auch schon vorher (510-517.563-574=595-606) und im folgenden (949-958=1024-1033) mit dem Wolkenchor verbunden ist, wenn er im Verlauf des Stückes auf die Unterrichtsthematik zu sprechen kommt.[12)]
Bis zur Unterbrechung der Ode durch Strepsiades (707) herrscht genaue Responsion:

P1 (700f=804f) ia ch ch ia ||. Diesselbe 'chiastische' Stellung findet man auch Lys.319f.327=341.328f=342f, Nub.949f=1024f.951f=1026f.

P2 (702-704=806-807): Der Eröffnungsvers dieser Periode bereitet Schwierigkeiten bei der Analyse. Ich folge Wilamowitz' (Isyllos 136) und Dovers (Clouds 187) Erklärung und fasse den Vers als einen Glyconeus mit äußerer iambischer Erweiterung auf,[13)] an den sich als Klauselvers ein katalektischer iambischer Dimeter anschließt. Die Form ⏑⏑ — ⏑⏑ — ⏑⏑ — des Glyconeus, "a freak form of glyconic" (Dale, Lyric metres 166 n.2), wurde von Aristophanes als Manierismus empfunden und auch in Thesm.1155 und Ran.1323 parodiert (vgl. auch Eur.El.439=449, Ba.112.115).[14)] Der iambische Auftakt des Verses bildet einen nahtlosen Übergang vom bakcheischen Schluß der ersten Periode, während der Glyconeus die Choriamben aufnimmt.

Die dritte Periode besteht in der Ode (705f) aus einem iambischen Dimeter, an den in Synaphie ein iambisch-choriambischer Dimeter anschließt (siehe oben). In der Antode folgen auf die entsprechende Eröffnung (808f) drei

---

8) Vgl. auch Gelzer, RE Sp.1435: "Spuren der Unfertigkeit".
9) Vgl. Wilamowitz, Verskunst 324.
10) Vgl. Dale, Lyric metres 87 n.1.
11) Vgl. auch Trachta 25-28.
12) Vgl. Spatz, Metrical motifs 75.
13) Vgl. Snell 44.
14) Vgl. Stinton, More rare verse forms 103.

Choriamben (810f), an die ein iambischer Dimeter in Synaphie mit einem Aristophaneus anschließt (812f). Mit Dover (Clouds 197f) messe ich in der Antode ταχέως ⏑⏑— (812, vgl. auch Ach.1040, Pax 948, Thesm.721).[15] Der anapästische Auftakt des iambischen Dimeters bildet einen gleitenden Übergang vom choriambischen Ende des vorangehenden Verses.

Die sprachliche Gestaltung der beiden Oden ist typisch für parainetische Chorlieder:[16] der imperativische Charakter (700-703.705), die Erwähnung von φρήν, Ringermetaphorik (702f)[17] und die Aufforderung, sich wacker zu halten (705f.810-813).

Das Klageamoibaion: Strepsiades eröffnet seine Klage mit dem wohl eher in der Komödie gebräuchlichen Schmerzensschrei ἀτταταῖ, ἀτταταῖ (707).[18] Erstaunt fragt der Chor nach der Ursache seines Leids in einem bakcheischen Dimeter. Das in der Komödie äußerst seltene Versmaß stellt zumeist ein Anzeichen von Paratragodie dar (Vesp.317a, Thesm.1018f, Ran.1346a, Lys.711. 716). Es eignet sich besonders dafür, Fragen zu stellen oder jemanden anzurufen, da es wohl besonders prononciert klingt.[19] Die metrische Parodie wird durch die sprachliche Form unterstrichen: Auch im Euripideischen *Hippolytos* fragt der Chor teilnahmsvoll nach der Ursache von Phaidras unerwartetem Klageruf (569f), worauf Phaidra ἀπωλόμεσθα (575) als Antwort gibt und die Begründung dafür folgen läßt (581f.589f.596f). Ebenso antwortet Strepsiades mit ἀπόλλυμαι δείλαιος und fügt asyndetisch die Begründung an (709f), die natürlich in komischer Spannung zur hochpathetischen Sprache und tragischen Situation steht. Dieser Kontrast läßt sich auch metrisch nachvollziehen: Strepsiades' Antwort auf die in einen bakcheischen Dimeter gekleidete Frage erfolgt im Sprechvers (3 ia). Doch der Alte beläßt es nicht bei einer kurzen Begründung seines Kummers, sondern geht zu Klageanapästen über, die, da sie θρῆνοι der Tragödie parodieren, wohl gesungen waren (711-722, siehe unten Exkurs II). Er ergeht sich in Klagen, rhetorisch effektvoll herausgehoben durch den Parallelismus der Verse und das anaphorische καί, über die schmerzliche Tätigkeit der Wanzen und läßt sich auch nicht durch die tröstenden Worte des Chorführers beruhigen (716), sondern schließt ein weiteres Lamento an (717-722).[20] Vergleichbar mit Strepsiades' Klage ist etwa Hippolytos' anapästische Arie (1347-1369), in der er die Schmerzen, die er erleidet, beklagt. Die Komik von Strepsiades' Wehklagen entsteht natürlich aus der Diskrepanz zwischen der Vortragsart, dem tragischen Lamento, und der Sprache sowie dem Anlaß des Liedes, den Wanzenstichen. Vor allem durch die rhetorische Struktur der Verse mit ihren Anaphern und Polysyndeta kommt die komische Übersteigerung richtig zur Geltung,[21] wobei vielleicht die Vortragsweise, ein Herunterleiern der Qualen (Polysyndeton), bestimmt aber die Gestik des Leidenden das Ihre dazu beigetragen haben mögen.

---

15) Vgl. Denniston, Lyric iambics 138.
16) Vgl. Gelzer, Agon 78f.
17) Vgl. Dover, Clouds 188.
18) In der Tragödie nur bei Soph.Phil.743.790.
19) Aus diesem Grund setzt setzt es Aristophanes ohne parodische Absicht in Thesm.1143f ein; siehe oben S.104 mit Parallelen aus der Tragödie.
20) Vgl. Rau 190; Dover, Clouds 189.
21) Zur Technik der 'Übertreibung' vgl. Karrer 92f.

Ein gescheitertes Amoibaion
Wespen (725-759)

Bdelykleon hat sich im Antepirrhema des Agons (650-724) mit seinen Argumenten als klarer Sieger erwiesen, was der Chorführer in der Sphragis[1] auch unumwunden zugibt (725-727: 4 an ∧). Darauf wendet er sich an Philokleon (728: ἀλλ'). Mitten im Satz fällt plötzlich der Gesamtchor ein und versucht, Philokleon zum Einlenken zu bewegen (729-735).[2] Bdelykleon unterstützt die lyrische Parainesis des Chores mit allen möglichen Versprechungen (736-740); doch sein Vater verharrt in Schweigen (741f). Der Chor sieht in Philokleons beharrlichem Schweigen im Gegensatz zu Bdelykleon keinen Grund zur Besorgnis (743-749), da sein alter Freund still seine Fehler (745) erwäge und dann wohl zur Einsicht kommen (748) und seinen Charakter ändern werde (748f). Doch der Chor täuscht sich, und Bdelykleon erhält die Bestätigung seines Verdachtes in der Klage, in die sein Vater unvermittelt ausbricht (750-759) und in der er sich an den Ort seiner früheren Richtertätigkeit zurückwünscht (753: κεῖθι γενοίμαν).[3] Weder die Niederlage in der Debatte noch der Sinneswandel seiner alten Freunde, weder ihre beschwörenden Worte noch die Versprechungen seines Sohnes haben es erreicht, seine alte Richternatur auszutreiben. So kommt seinem Sohn der Gedanke, Philokleon einen privaten Gerichtshof zu Hause einzurichten (760-859), um ihn mit dieser Therapie von der Gerichtswut zu heilen (1003-1008). Erst nachdem Bdelykleon durch eine List seinen Vater dazu gebracht hat, den 'Angeklagten' freizusprechen, geht der Alte auf das Angebot seines Sohnes ein, ein Leben in τρυφή zu führen (999-1002.1008), was er nach dem Agon noch strikt abgelehnt hatte (752).

Der kurze Überblick auf das an das Amoibaion anschließende Geschehen kann bei einer Bestimmung der Aufgabe des Wechselgesangs im Handlungsablauf weiterhelfen: Einerseits retardiert er

---

1) *Vgl. Gelzer, Agon 120-123.*

2) *Vgl. MacDowell, Wasps 232. Zu* πιθοῦ *vgl. Soph.O.R.649f.*

3) *Zum Typ des 'escape-prayer' siehe oben S.207f.*

die Handlung, andrerseits verklammert er den Agon mit der anschließenden Trimeterszene, der Darstellung von Philokleons Hausgericht.[4] Durch die Sphragis des Agons (725-727)[5] wird beim Zuschauer zunächst die Erwartung geweckt, daß die Sache nunmehr, da der Chor Bdelykleon zum Sieger erklärt hat, entschieden ist. Die alten Richter drücken diese Erwartung in der Antode, an Bdelykleon gewendet, aus (747-749) und werden dann durch Philokleons unvermittelte Klage überrascht, die zum Ausdruck bringt, daß der Alte durch die Worte seines Sohnes zwar bis in Innerste getroffen ist, aber dennoch nicht vom Richten lassen kann. Die retardierende Funktion ist klar zu erkennen: Dadurch, daß Philokleon trotz des Agons seine φιλοδικία nicht aufgeben will, kann die Gerichtsthematik beibehalten und gleichsam als Kompromiß in den häuslichen Bereich verlagert werden. Philokleons Klage, die Bdelykleon zu dem Vorschlag des Hausgerichts veranlaßt, bildet somit die Brücke zu der anschließenden Sprechverspartie.[6]

Bdelykleons Therapie seines Vaters erfolgt demnach in zwei Schritten: Im epirrhematischen Agon erschüttert er das ungebrochene Selbstgefühl Philokleons, Herrscher über alle zu sein (518), indem er die Abhängigkeit der Richter von den Demagogen, ihre δουλεία (515-517) aufzeigt. Den zweiten Schritt stellt der Hundeprozeß dar, durch den Philokleon schließlich geheilt wird - allerdings nur, um seine neue Lebensform wieder recht exzessiv zu betreiben. So stellt also keineswegs der Agon die Wende des Stücks dar,[7] sondern der Wendepunkt ist erreicht, als Philokleon den Freispruch gegen seinen Willen verfügt.[8]

Der Chor, der als Sympathisant von Philokleon schon während der Agon-Oden lebhaften Anteil am Geschehen genommen hat,[9] bleibt auch in der Sphragis und dem anschließenden Amoibaion an der Handlung beteiligt, indem er versucht, seinen alten Freund zusammen mit Bdelykleon umzustimmen.

----

4) Vgl. Newiger, Metapher 127-130; Lenz 24 Anm.39.

5) Gegen Gelzer (Agon 121) rechne ich nur die VV.725-727 als Sphragis; mit ἀλλ' (728) wird das Amoibaion eingeleitet. Vgl. Denniston, Particles 13f.

6) Vgl. Lenz 37.

7) So E.R. Schwinge: Kritik und Komik. Gedanken zu Aristophanes' Wespen. In: Dialogus. Festschrift H. Patzer. Wiesbaden 1975,35-47, vor allem 40.

8) Landfester (134) übersieht die Beziehungen, die die VV.729-754 zum Rest des Stückes haben, wenn er schreibt: "Die Szene ist ohne weiteres entbehrlich und erhält als Tragödienparodie eine große Eigenständigkeit."

9) Siehe oben S.169-173. Gegen MacDowell (Wasps 202) beziehe ich τούτοισί γ' (521) auf den Chor, nicht auf die Zuschauer. Vgl. Gelzer, Agon 20f.

P. Raus Interpretation (152-155), die aufzeigt, daß man in dieser Szene die Parodie des vor allem bei Sophokles und Euripides[10] häufigen Motivs des unheimlichen Schweigens des bis ins Innerste getroffenen Helden greifen kann, ist nun durch O. Taplins Untersuchung gesichert:[11] Das ausführliche Eingehen auf das Schweigen, die Befürchtungen und Fehldeutungen, die es auslöst, und der plötzliche Ausbruch des Helden in eine Klage sind typisch für dieses Motiv. Unterstrichen wird der paratragodische Charakter durch das Metrum: Das Chorlied ist in Iamben und Dochmien gehalten, Philokleons Klage ist in Klageanapästen komponiert.[12] Dochmien drücken in der Tragödie zumeist höchste Erregung aus. Ihre Verwendung in diesem Chorlied soll einerseits den Worten der Alten den nötigen Nachdruck verleihen, andrerseits rufen sie eine komische Wirkung durch die ganz und gar untragische Situation hervor, in der sie angesiedelt sind.[13] Den Gesang muß man sich wohl bewußt komisch - appassionato - vorstellen.[14]

Metrische Erklärung: Der Übergang von dem rezitierten katalektischen anapästischen Tetrameter des Chorführers (728), mit dem er sich an Philokleon wendet, zum Chorlied ist abrupt. "The song begins in mid sentence" (MacDowell, Wasps 232). Dadurch, daß der Chor in V.729 unvermittelt dem Chorführer ins Wort fällt, wird seine Anteilnahme an der Handlung deutlich, unterstrichen durch das seine Betroffenheit heraushebende dochmische Metrum. Ode und Antode stehen in genauer Responsion und lassen sich in zwei Perioden untergliedern:

P1 (729-732=743-746): 3 ia 2 do 3 ia 3 ia sync (ia cr ia)‖

P2 (733-735=747-749): 2 cr do 2 ia ($\breve{\cup}$ in 748) 2 ia do‖

In 734=748 ziehe ich Coulons Kolometrie (2 ia 2 ia) der von Prato (108f) und MacDowell (Wasps 232) in 4 ia vor. Die Dochmien sind einfach gebaut (No.2 und No.10 Conomis). Die Verbindung von Kretikern (733=747) mit Dochmien läßt sich leicht aus der Affinität der beiden Metren erklären: — ⏑ — stimmt mit dem Ende des Dochmius überein, so daß die Übergänge fließend sind (vgl. Ran.1342f).[15] Ebenfalls in den Bereich tragischer Metrik verweist die Verbindung ia lec in 732=746 (vgl. Ach.1195f.1205f).

Philokleon, der wohl die Worte des Chores und seines Sohnes, in sich versunken, in tragischer Pose angehört hat,[16] eröffnet seine Klage mit dem

---

10) Bei Rau fehlt ein Hinweis auf Euripides; vgl. Taplin, Silences 95f.

11) Silences, passim. Vgl. dagegen MacDowell, Wasps 234.

12) Vgl. MacDowell, Wasps 232f.

13) Richtig Rau (152) gegen Pucci (334f).

14) Vgl. Dale, Lyric metres 114; Wilamowitz, Wespen 304f; unverständlich MacDowells Skepsis (Wasps 232).

15) Vgl. Dale, Lyric metres 110; Prato 109.

16) Vgl. Denniston, Lyric iambics 124-126; Rau 143; Spatz, Strophic construction 137.

typischen tragischen Klageruf Ἰώ μοί μοι (750),[17] der extra metrum steht. Sein Sohn fragt nach dem Grund der Klage in einem anapästischen Monometron (751).[18] Durch den prosaischen Ton seiner Frage (Οὗτος, τί βοᾷς;) entsteht ein komischer Gegensatz zu Philokleons Klage.[19] Darauf läßt Philokleon sein paratragodisches Lamento folgen, ein Cento[20] "tragischer Floskeln verschiedener Herkunft", die sein "pathetisiertes Bekenntnis zu seiner heliastischen Passion"[21] ausdrücken. Da Aristophanes mit Philokleons Trauerausbruch ein tragisches Motiv, einen θρῆνος des tragischen Helden, parodiert, muß man davon ausgehen, daß Philokleon seine Anapäste gesungen hat. Es ist demnach verfehlt, wenn man wie Pretagostini (198) die Anapäste als rezitiert ansieht, indem man sie in approximative Responsion zu Bdelykleons rezitierten Anapästen setzt. Denn die Oden des Chores und Bdelykleons Anapäste bilden eine Einheit, wobei die Anapäste sozusagen das Epirrhema bilden. Die Klage des Alten erfolgt unerwartet und steht außerhalb des epirrhematischen Systems.

---

17) Rau 153.
18) Unverständlich Prato (111), der V.751 extra metrum nimmt.
19) Rau 153.
20) Vgl. Karrer 75.
21) Rau 153.

Gebetsparodie

Wespen (860-890), *Vögel* (851-858=895-902)

Nachdem Bdelykleon die Vorbereitungen für das häusliche Gericht getroffen hat (760-859), will er, bevor die Gerichtsverhandlung eröffnet wird, den Göttern ein Opfer darbringen (860-862). In anapästischen Dimetern nimmt der Chorführer[1] zustimmend[2] Bdelykleons Wunsch auf und kündigt an, daß der Chor, da sich Vater und Sohn endlich versöhnt haben, ein frommes Gebet zu ihrem Wohle sprechen will (863-867). Auf Bdelykleons εὐφημία-Ruf stimmt der Koryphaios einen Apollo-Anruf an (869: 3 ia), in den der Gesamtchor mit lyrischen Maßen einfällt (870-874). Auf die Ode folgt Bdelykleons Gebet an Apollo Agieus in katalektischen anapästischen Tetrametern (875-880), die in Dimeter übergehen (881-884). Der Chorführer greift Bdelykleons Gebet auf (885f: 3 ia), und der Chor stimmt die Antode an (887-890).
Die Funktion der Opferszene im Handlungsablauf besteht vor allem in einer Untergliederung der Hausgerichtsthematik: Sie schließt die Vorbereitungen ab und leitet den folgenden Hundeprozeß ein. Wie MacDowell[3] herausstellt, ist über ein Opfer an dieser Stelle im attischen Gerichtsverfahren nichts bekannt, so daß man annehmen muß, daß Aristophanes die lange Szene zwischen Agon und Parabase durch ein lyrisches Intermezzo, einen musikalischen Ruhepunkt auflockern wollte. Außerdem wird dadurch der Chor wieder in die Handlung miteinbezogen. Der Witz der Opferhandlung, die in sich keine Inkongruenzen aufweist, muß im komischen Kontrast zur Umgebung, in der sie stattfindet, gelegen haben: dem heimischen Gerichtshof mit den Utensilien Nachttopf als Wasseruhr und Schweinepferch als Gerichtsschranke sowie den angeklagten Hunden.[4]

Metrische Erklärung: Die Struktur der VV.868-890 hat gewisse Ähnlichkeit mit dem vorangegangenen Amoibaion: Ein anapästisches Epirrhema Bdelykleons wird von den Oden des Chores umrahmt, ebenso fällt der Chor dem Chorführer ins Wort (728f.869f).
Eröffnet wird die Opferhandlung durch rezitierte anapästische Dimeter des

---

1) *Vgl. Kaimio 175.*
2) *Zu* καὶ μήν vgl. Denniston, Particles 353.
3) Wasps 245f.
4) Vgl. Kleinknecht, Gebetsparodie 52; Newiger, Metapher 127-130.

Chorführers (863-867, mit einem Monometron als Eröffnung), die das Prokerygma zu den folgenden Gebeten darstellen (siehe oben S.89). Es folgen zwei gesprochene iambische Trimeter (869f=886f): Auf Bdelykleons εὐφημία-Gebot (868) antwortet der Chorführer zunächst auch in gesprochener Rede, in die der Chor mit seinem Lied einfällt.[5] Die metrische Form der beiden kleinen Oden ist äußerst einfach:

P1 (870=887): In der Ode singt der Chor mit dem katalektischen iambischen Dimeter den Klauselvers zu dem Apollo-Anruf des Chorführers. Periodenende wird durch Hiat angezeigt. In der Antode setzt der Chor mit dem katalektischen iambischen Dimeter neu ein, da die beiden Trimeter des Koryphaios in sich abgeschlossen sind.[6]

P2 (871-873=888-890): Auf je zwei 2 ia folgt als Klauselvers ein Dochmius der Form — ∪∪ — ∪ — (No.10 Conomis; vgl. Nub.1162-1164). Mit diesem Klauselvers klingt das parodische Thema der VV.729ff wieder an. Somit läßt sich auch metrisch die parodische Tendenz der Opferszene nachvollziehen: Die Intensivierung des Gebets durch die metrische Form und der ernste Ton stehen in komischem Kontrast zum Anlaß und zur Umgebung.

In vergleichbarem Zusammenhang stehen die kurzen Liedchen, die der Vogelchor beim Gründungsopfer für die neue Stadt singt (851-858=895-902): Die Oden stellen zwar keine Amoibaia dar, doch ist die ganze Szene dialogisch angelegt, so daß man sie berechtigterweise in diesem Zusammenhang behandeln kann: Nachdem Peisetairos Euelpides aufgetragen hat, beim Mauerbau mitanzupacken und Herolde zu Menschen und Göttern zu entsenden (837-845), geht er daran, den neuen Göttern zu opfern.[7] Begeistert nimmt der Chor in der Ode Peisetairos' Vorschlag auf (851-858). Nachdem der komische Held unwirsch den Raben, der mit Mißtönen wie Chairis[8] zum Opfer aufspielen will, unterbrochen hat (861), waltet der Priester seines Amtes: In feierlicher, kunstvoll gegliederter Prosa beginnt er ein Gebet, in dem "an die Stelle der alten Götter durchweg die neuen Vogelgötter getreten sind, wobei diese allerdings mit den alten Göttern jeweils in eine sinnvoll witzige Beziehung gesetzt sind".[9] Peisetairos unterbricht den Vogelpriester immer wieder, um den neuen Vogelgöttern seine Ehrerbietung zu erweisen. Schließlich dauert

---

5) Vgl. MacDowell, Wasps 247. Gegen Dindorfs Zuweisung von 868 an den Chor, der auch Coulon folgt, gibt MacDowell zu Recht den Vers Bdelykleon. Der Andachtsruf ist nur sinnvoll aus dem Mund des Opfernden. Vgl. Kleinknecht, Gebetsparodie 53.

6) Vgl. Spatz, Strophic construction 138.

7) Vgl. Newiger, Vögel 270.

8) Vgl. Pax 950ff.

9) Kleinknecht, Gebetsparodie 28.

Peisetairos die Litanei des Priesters doch zu lange. So jagt er ihn zum Teufel (889) und will das Opfer nun selbst darbringen (893f). Der Chor stimmt ein Opferlied an (895-902). Doch das Opfer kann immer noch nicht stattfinden, da plötzlich unerwartete Störenfriede, die von der Stadtgründung profitieren wollen, erscheinen und die Opferhandlung stören.[10]
Die beiden kurzen Liedchen des Chores stellen eine Handlungsunterbrechung dar und untergliedern die Opferszene: Die Ode bildet die Einleitung zu der Litanei des Vogelpriesters (864-888), die Antode eröffnet Peisetairos' Opfer. Durch den überfeierlichen Stil, dessen sich der Chor befleissigt und der in der Ode durch persönlichen Spott, in der Antode durch einen Scherz über das magere Opfertier durchbrochen wird, wirken die Lieder aus dem Mund der Vögel - vor allem wegen der musikalischen Begleitung durch den Raben - komisch.

Die *metrische Gestaltung*[11] unterstreicht die parodische Absicht: 2 ia sync (ia cr) lec in den Eröffnungsversen (851f=895f) ist in der Tragödie - vor allem bei Aischylos - gebräuchlich (vgl. auch Ran.209ff). Ebenso ist das Schlußkolon ba ith (858=902) tragisch.[12] Im Mittelteil (853-855=897-900) dagegen geben die Vögel ihre würdevolle Haltung auf und geraten bei der Schilderung, wie sie das Opfer zu gestalten gedenken, in höchste Aufregung, die sich in den zahlreichen Auflösungen der Iamben niederschlägt. In dem regelmäßigen iambischen Trimeter (857=901) fassen sie sich wieder, bevor sie im Schlußvers würdevoll tragisch singen. Man kann sich vorstellen, daß eine entsprechende Choreographie diese Unterschiede in der Haltung der Vögel tänzerisch zum Ausdruck brachte.

Thesmophoriazusen (699-725)

Das Amoibaion (707-725) stellt den dramatischen Höhepunkt der *Telephos*-Parodie der *Thesmophoriazusen* dar: Der Chor, von dem Weichling Kleisthenes darüber in Kenntnis gesetzt, daß sich ein Mann in seine Versammlung eingeschlichen habe, entdeckt Euripides' Verwandten schließlich in einer derb-komischen Szene (634-654). Anschließend geht er daran, in einer Suchszene nach weiteren Eindringlingen zu fahnden (655-688). Wäh-

---

10) Vgl, Pax 922-1126. Zum gestörten Opfer vgl. Newiger, Vögel 270f.
11) Vgl. die Analyse bei Prato 180f.
12) Vgl. Prato (181) mit Parallelen.

renddessen kommt der Verwandte jedoch auf ein echt Euripideisches Rettungsstrategem: Er raubt einer der Frauen ihr Kind (690f) - einen Weinschlauch, wie sich später herausstellt -, flüchtet sich an den Altar und droht, das 'Kind' abzuschlachten, falls man ihm in die Nähe komme (692-695).[1] Die arme Mutter ruft verzweifelt den Chor zu Hilfe (695-698). In einem dochmischen Einsprengsel drückt der Chor sein Entsetzen über die Freveltat aus:

699 Ἔα ἔα· — extra metrum
700 Ὦ πότνιαι Μοῖραι, τί τόδε δέρκομαι — 2 do (No.18 und 2 Conomis)
701 νεοχμὸν αὖ τέρας; || — do (No.2 Conomis)

In trochäischen Tetrametern (702f) nimmt die Chorführerin die Entsetzensschreie des Chores auf und prangert Mnesilochos' scheußliche Tat an. Dessen freche Antwort (704) fordert die Chorführerin und die Mutter zu einem erneuten Ausdruck ihres Abscheus auf (705f). An diesem Punkt geht die Auseinandersetzung in lyrische Maße über, ohne daß die Handlung in dem Amoibaion weiter gebracht wird. Die gegnerischen Positionen prallen noch einmal - nun in lyrischer Form - aufeinander, aber eine Einigung kommt nicht zustande.

707 Χο. Τί ἂν οὖν εἴποι πρὸς ταῦτά τις, ὅτε — 2 an
708 τοιαῦτα ποιῶν ὅδ' ἀναισχυντεῖ; — 2 an
709 Κη. Κοὔπω μέντοι γε πέπαυμαι. || Hiat — 2 an ∧
710 Χο. Ἀλλ' οὖν ἥκεις γ' ὅθεν ἥκεις, — 2 an ∧
711 φαύλως δ' ἀποδρὰς οὐ λέξεις — 2 an ∧
712 οἷον δράσας διέδυς ἔργον, — 2 an
713 λήψει δὲ κακόν. || — an
714 Κη. Τοῦτο μέντοι μὴ γένοιτο μηδαμῶς, ἀπεύχομαι. || — 4 tr ∧
715 Χο. Τίς ἄν σοι, τίς ἂν σύμμαχος ἐκ θεῶν — 2 do
716 ἀθανάτων ἔλθοι ξὺν ἀδίκοις ἔργοις; || — 2 do

---

1) Eine gelungene Darstellung dieser Szene findet sich auf einem Glockenkrater aus Apulien (ca. 370 v. Chr.) in Würzburg. Abbildung bei E. Simon: Das antike Theater. Freiburg - Würzburg ²1981, Tafel 15. Vgl. auch A. Kossatz-Deissmann: Telephus travestitus. In: Tainia. Festschrift Hampe. Herausgegeben von A. Cahn und E. Simon. Würzburg 1978,281-290.

717	Κη.	Μάτην λαλεῖτε· τήνδ' ἐγὼ οὐκ ἀφήσω.|| Hiat	3 ia∧
718	Χο.	Ἀλλ' οὐ μὰ τὼ θεὼ τάχ' οὐ	2 ia
719		χαίρων ἴσως ἐνυβριεῖς	2 ia
720		λόγους τε λέξεις ἀνοσίους.	2 ia
721		Ἀθέοις γὰρ ἔργοις ἀνταμει-	2 ia
722		ψόμεσθά σ', ὥσπερ εἰκός, ἀντὶ τῶνδε.||	3 ia∧
723/4		Τάχα δὲ μεταβαλοῦσ' ἐπὶ κακὸν ἑτερότρο-	2 do
725		πος ἐπέχει τύχη.|||	do

Abweichungen von Coulons Text:

710 ἥκεις RS: ἥκων Willems

711 δ' Blaydes praeeunte Bentleio: τ' R γ' S

721 ἀθέοις γὰρ ἔργοις Voss: ἀθέοις ἔργοις γὰρ R

723 τάχα R: ταχὺ Coulon

Bemerkungen zum Text: In V.710 halte ich die handschriftliche Überlieferung mit Bentleys Erklärung: "unde quidem veneris, nescio. Non tamen dices te facinus tale ausum facile effugisse." Als Folge davon muß man in V.711 δ' anstelle von τ' in den Text nehmen.[2] Hinweis von C. Austin.

In V.721 muß man mit J. Voss (Anmerkungen und Randglossen zu Griechen und Römern. Leipzig 1838) aus metrischen Gründen γὰρ umstellen (so auch Prato 259). Die Stellung ἀθέοις γὰρ ἔργοις ist auch sprachlich natürlicher.[3] Man erhält somit einen iambischen Dimeter mit anapästischem Auftakt (vgl. Ach. 1040, Nub.812, Pax 948). Hinweis auf Voss (S.115) von C. Austin.

Zu V.723 vgl. Chantraine, Rev.Phil.3[3], 1928, 418.

Metrische Erklärung: Die erste Periode (707-709), die mit der ersten Periode des vorangehenden Chorliedes (668-686) genau respondiert - selbst in der Auflösung des Endlongums in 668=707 -, besteht aus zwei anapästischen Dimetern des Chores, zu denen Mnesilochos den Klauselvers singt. Der genauen metrischen Responsion in der Eröffnungsperiode mit der des Chorlieds entspricht auch eine ähnliche Thematik: Hybris und Unverschämtheit stehen im Mittelpunkt.

In der zweiten Periode (710-713) nimmt der Chor zunächst den Klauselvers der ersten Periode zweimal wieder auf. Er 'äfft' damit metrisch Mnesilochos' freche Bemerkung (709) in drohendem Ton nach. Stichisch verwendete Paroemiaci sind typisch für gesungene Anapäste.[4] Der Klauseleffekt katalektischer Verse verschwindet bei mehrmaliger Wiederholung, da der Kontrast zu akatalektischen Versen fehlt.[5] Abgeschlossen wird die zweite Periode durch 2 an,

----

2) Zu ἀλλ' οὖν ... γε vgl. Denniston, Particles 442: "Well, anyhow ...".
3) Vgl. Denniston, Particles 95f.
4) Vgl. Dale, Lyric metres 51; vgl. auch Exkurs II.
5) Vgl. Parker, Catalexis 25.

gefolgt von einem anapästischen Monometron. Der akatalektische Periodenschluß ist ungewöhnlich (vgl. Ran.377=381).[6] Durch die Stellung im Monometron erhält die Drohung λήψει δὲ κακόν rhetorisch besonderen Nachdruck, indem metrische und rhetorische Einheit zusammenfallen (vgl. Lys.483=548).

Nach Mnesilochos' mesodischem Tetrameter (714) mit der flehentlichen Bitte, die Drohung nicht wahr zu machen, folgen als dritte Periode (715f) zwei dochmische Dimeter des Chores. Die Form in 716 (No.26 Conomis) ist typisch für Euripides.

Es schließt ein katalektischer iambischer Trimeter des Verwandten an (717, vgl. Ach.1201, Eq.1273=1299, Ran.397-399=404f=409f; Eur.Alc.222=234, Ion 1459.1463f.1492f, Tro.1303, Hel.632f.636f).

Der Chor nimmt in seiner vierten Periode (718-722) den iambischen Rhythmus auf und läßt ein lyrisches Pnigos von vier iambischen Dimetern folgen, das durch einen katalektischen iambischen Trimeter als Klausel abgeschlossen wird.

Die Abschlußperiode des Chores (723f) enthält noch einmal eine metrische und damit auch tänzerische und musikalische Steigerung durch drei in Synaphie stehende Dochmien, wobei sich die Erregung in den Auflösungen deutlich ausdrückt (VV.723f: No.5 und 6 Conomis, V.724: No.2 Conomis).

Die metrische Form - Anapäste, Iamben und Dochmien - stellt eine deutliche Parodie einer für Euripides typischen Bauweise von in höchster Erregung gesungenen Amoibaia dar (etwa Ion 1437-1509, Tro.235-291, Hel.625-697). P. Rau (48) nimmt deshalb zu Recht an, daß die "Geiselszene im 'Telephos' von ähnlichem Kolorit, vermutlich auch von ähnlicher, vor allem metrischer, Form" war. Damit richtet sich die Parodie des Geiselstrategems à la Telephos nicht nur wie in den *Acharnern* auf den Inhalt der Vorlage, sondern auch auf deren Form, Metrik und Sprache, wobei die komische Wirkung auch hier durch den Kontrast zwischen der hochdramatischen, pathetischen Geiselszene und der tatsächlichen Situation mit ihrer lächerlichen Auflösung zustande kommt.

Chor und Chorführer

Ich halte bei dem Amoibaion wie schon bei den Dochmien (700f) Vortrag durch den Gesamtchor trotz des häufigen Sprecherwechsels für wahrscheinlich.[7] Das Amoibaion steht ja, besonders in der Eröffnungsperiode, in teilweiser Responsion mit dem Chorlied 668-686, so daß man annehmen kann, daß auch im Amoibaion der Gesamtchor singt. Die an das Amoibaion anschließenden katalektischen trochäischen Tetrameter (726f, auch schon 702f.705) werden vom Chorführer rezitiert.

---

6) Vgl. Wilamowitz, Verskunst 367 Anm.2: "Besondere Absicht ist fast immer zu erkennen."
7) Zu den Kriterien vgl. Kaimio 229.

Lysistrate (954-979)

Nachdem Kinesias, der es ohne seine Frau nicht mehr aushalten konnte, vergeblich versucht hat, Myrrhine dazu zu bewegen, ihn in seiner Pein zu erhören (845-948), bricht er düpiert in ein tragisches Lamento (954-979) aus, in dem er den 'Spannungen', unter denen er zu leiden hat, einen verzweifelten Ausdruck verleiht. Die Diktion ist, von wenigen Ausnahmen abgesehen,[1] umgangssprachlich derb[2] und steht somit in Kontrast zur Vortragsart, gesungenen Klageanapästen, in die der Chor voller Mitleid[3] einfällt. Ihren Höhepunkt erreicht die Klage in den Schlußversen (973-979) in einer komischen Verwünschung, die mit einer positiven Wendung, einem derben Wunsch, überrascht.[4]

Zur Personenverteilung:[5] Nach Kinesias' klagendem Ausruf in 967 verweist der Chor der alten Männer darauf, daß an diesem Unglück allein seine Frau Schuld trage, das abscheuliche Weib (968f). Kinesias verzehrt sich jedoch in Sehnsucht nach ihr und kann die Beschimpfung seiner Gattin nicht auf sich beruhen lassen:

970 Κι. Μὰ Δί', ἀλλὰ φίλη καὶ παγγλυκέρα.

Spöttisch nehmen die Alten angesichts Kinesias' Lage παγγλυκέρα auf:

971 Χο. Ποία γλυκερά;

Und zustimmend ändert Kinesias wieder seine Meinung:

972 Κι. Μιαρὰ μιαρὰ δῆτ', ὦ Ζεῦ.

Darauf läßt er seine Verwünschungen und seinen Wunsch folgen (973-979).[6]
Die vorgeschlagene Personenverteilung hat gegenüber Coulons Text den Vorteil, daß der Inhalt der Verse mit der Rolle der Vortragenden übereinstimmt. Verwünschung und Wunsch passen nur zu Kinesias, ebenso die Sprunghaftigkeit in der Bewertung seiner Frau, die durch seine äußerste Erregtheit zu erklären ist, während die correctio in 971 dem Chor der alten Männer angemessen ist. Als sprachliches Argument läßt sich die Verwendung von δῆτα in V.972 anführen: Kinesias nimmt zustimmend[7] die Charakterisierung seiner Frau durch die Alten auf, die er zuvor noch abgelehnt hatte.
Auch metrisch ist die vorgeschlagene Personenverteilung schlüssiger: Ein Monometron vor abschließendem Paroemiacus (971f) ist gebräuchlicher als Coulons anapästischer Trimeter.

Metrische Erklärung: Die metrische Form weist die Anapäste eindeutig als Klage-, d.h. gesungene Anapäste aus. Außerdem läßt der paratragodische Kontext, die Parodie eines tragischen Threnos, den Schluß zu, daß das Amoibaion gesungen war (reine Spondeiazontes in 955.958.961.963f.966f.973.975.

---

1) Stellen bei Rau 200.

2) Die Satzstruktur, die wiederholte Frage mit ποῖος, *evoziert allerdings tragische Vorbilder; vgl. Pucci 333, etwa Eur.Hec.159ff.*

3) Vgl. Rau 200: "Mitleid ist eine der Komödie wesentlich fremde Regung." In der Tragödie vgl. etwa Soph.El.121-128, Phil.169-174, O.C.254f. Vgl. auch Mazon 119 n.2.

4) Vgl. Vesp.323-333; Rau 152.200.

5) Vgl. Henderson, Coniecturarum repertorium 111.

6) Vgl. Rau 200; Pucci 333.

7) Vgl. Denniston, Particles 276f.

978).[8]

Das paratragodische Amoibaion stellt den komischen Höhepunkt der Szene dar, in der, vertreten durch Kinesias, die Auswirkungen des Liebesentzugs auf die Männer vorgeführt wird. Der Chor der Männer, der wegen seines Alters nicht mehr unter Liebesqualen zu leiden hat, nimmt wie ein tragischer Chor voller Mitleid Anteil am 'Leid des Helden'.

Die Handlung entwickelt sich während des Amoibaions nicht weiter (*handlungsunterbrechende Funktion*). Die Kompositionsform ist wie in der Tragödie dazu eingesetzt, die Verzweiflung des Helden in ein passendes lyrisches Gewand zu kleiden und in Kontrast zu dem eher unbetroffenen Chor zu setzen.[9]

Chor und Chorführer

In den VV.959-966 nehme ich Vortrag durch den Gesamtchor an. Im Dialog (967-971) wird man wohl den Koryphaios als Vortragenden einsetzen müssen.

---

8) Vgl. dazu unten Exkurs II; Pretagostini 193f.

9) Vgl. Rau 200; Pucci 332f.

9. Anhang

Frieden (346-360 ≃ 385-399 ≃ 582-600)

Die drei Chorlieder, von denen jedenfalls das zweite durch den mesodischen Tetrameter von Trygaios (388) den Charakter eines Amoibaions trägt, stehen in dem langen Szenengefüge, das an die Parodos des Stückes anschließt. Das erste Chorlied (346-360) stellt die Überleitung von der Parodos dar. Durch den Wunsch im Eröffnungsvers reagiert der Chor auf Trygaios' Pnigos, in dem alle Genüsse, die der Frieden bringt, ausgemalt werden. Im Mittelteil des Liedes beschäftigt sich der Chor mit sich selbst (347-356): Er verspricht Besserung seines mürrischen Wesens als Richter.[1] Die letzten an Trygaios gerichteten Verse (357-360) leiten zur folgenden Szene über, in der allerdings das Wegräumen der Steine vor Eirenes Höhle durch Hermes' Dazwischentreten gestört wird (362).[2] Im zweiten Lied (385-399) nimmt der Chor Trygaios' Aufforderung (383f), Hermes zu erweichen, auf. An die Beschwörung des ersten Teils (385-394) fügt er am Schluß das Versprechen hinzu, Hermes in Zukunft mit prachtvollen Opfern und Prozessionen zu ehren (396-399). Damit ist die Bestechung des Gottes durch den komischen Helden in der folgenden Szene vorbereitet (400-425). Die Bergung Eirenes wird jedoch noch einmal wider Erwarten verzögert: Auf Trygaios' Befehl, ans Werk zu gehen (426f), und die zustimmenden Antwort des Chorführers (428-430) folgt zunächst ein Trankopfer (431-457), bevor endlich mit dem Herausziehen der Friedensgöttin begonnen werden kann (458-519).[3] Nach der überschwenglichen Begrüßung der Göttin durch Trygaios (520-526) und der Beschreibung des wiedererlangten Glücks (535-549) fordert der komische Held auf Hermes' Geheiß die Bauern auf (550), aufs Land zurückzukehren (551f: 3 ia, 553-555: 4 tr∧).[4] Voller Freude nimmt der Chor den Befehl auf (556 bis 559: 4 tr∧). Doch vor dem Auszug soll noch ein Gebet an die

----

1) Auch Philokleon wird in seiner Eigenschaft als Richter δύσκολος genannt (Vesp.349a).

2) Man trifft also auch hier wie bei den Opferszenen des 'Friedens' und der 'Vögel' auf die Bauform 'unterbrochene Handlung'.

3) Zu den Arbeitsliedern siehe oben S. 209-213.

4) Zum Chor vgl. unten Exkurs I.

Göttin gesprochen werden (560-563), und Trygaios fordert den Chor in einem trochäischen Pnigos (571-578) auf, sich an die alte, angestammte Lebnsart zu erinnern, und zählt alle mit dem Landleben verbundenen Genüsse auf. Begeistert stimmt der Chor die Begrüßung der Friedensgöttin an (582). Das letzte der drei Lieder ist ganz von der Thematik εἰς ἀγρὸν ἀνερπύσαι (585) bestimmt: Der Chor stellt wie in der Ode (347-349a) noch einmal die Leidensjahre der Kriegszeit dem jetzigen Zustand gegenüber. Die freudige Begrüßung Eirenes durch den Chor bildet somit den Abschluß der Bergungsszene; mit der Rückkehr auf das Land wird das Motiv in den Vordergrund gerückt, das den restlichen Ablauf des Stückes bis zur Exodos bestimmt.[5] Der Katakeleusmos des Chorführers in 601f schließlich leitet zu dem verkürzten 'Darlegungsagon'[6] über, in dem Hermes die Ursachen für Eirenes Verschwinden erklärt.

Im Handlungsablauf stellen die drei Oden eine lyrische Auflokkerung der langen Szenenfolge dar, die an die Parodos anschließt. Die Einheit der Szene, die die mit Schwierigkeiten verbundene Bergung Eirenes zum Inhalt hat, wird durch die drei in approximativer Responsion stehenden Oden unterstrichen.[7] Dadurch, daß der Chor auf das Geschehen in der ersten und dritten Ode reagiert und es in der zweiten zu beeinflussen versucht, wird deutlich, wie sehr ihm an der Bergung der Friedensgöttin liegt. Der Chor ist demnach in der Szenenfolge, vor allem während der Arbeitslieder, ganz in die Handlung integriert.

Ode I:

346	Χο.	Εἰ γὰρ ἐκγένοιτ᾽ ἰδεῖν ταύτην με τὴν ἡμέραν·‖	2 tr 2 cr
347		Πολλὰ γὰρ ἀνεσχόμην	p cr
348		πράγματά τε καὶ στιβάδας	2 p
349 a		ἃς ἔλαχε Φορμίων.‖	p cr
349 b		Κοὐκέτ᾽ ἄν μ᾽ εὕροις δικαστὴν δριμὺν οὐδὲ δύσκολον‖	4 tr∧
349 c		οὐδὲ τοὺς τρόπους γε δήπου σκληρὸν ὥσπερ καὶ πρὸ τοῦ,‖	Hiat

---

5) *Siehe dazu oben S. 179-188.*

6) *Gelzer, Agon 169-172.*

7) *Vgl. Händel 148.*

350		ἀλλ᾽ ἁπαλὸν ἄν μ᾽ ἴδοις	p cr
351		καὶ πολὺ νεώτερον ἀπ-	2 p
352		αλλαγέντα πραγμάτων. ||	lec
353		Καὶ γὰρ ἱκανὸν χρόνον ἀπ-	2 p
354		ολλύμεθα καὶ κατατε-	2 p
355		τρίμμεθα πλανώμενοι ||[Hiat]	p cr
356		εἰς Λύκειον κἀκ Λυκείου ξὺν δορὶ ξὺν ἀσπίδι. ||[Hiat]	4 tr∧
357		Ἀλλ᾽ ὅτι μάλιστα χαρι-	2 p
358		ούμεθα ποιοῦντες, ἄγε,	2 p
359		φράζε· σὲ γὰρ αὐτοκράτορ᾽	2 p
360		εἵλετ᾽ ἀγαθή τις ἡμῖν τύχη. |||	p 2 cr

Ode II:

385	Χο.	Μηδαμῶς, ὦ δέσποθ᾽ Ἑρμῆ, μηδαμῶς, μηδαμῶς, ||	2 tr 2 cr
386		εἴ τι κεχαρισμένον	p cr
387		χοιρίδιον οἶσθα παρ᾽ ἐ-	2 p
388		μοῦ ⟨γε⟩ κατεδηδοκώς, ||	p cr
389a		τοῦτο μὴ φαῦλον νόμιζ᾽ ἐν τῷδε τῷ πράγματι. ||[Hiat]	2 tr 2 cr
389b	Τρ.	Οὐκ ἀκούεις οἷα θωπεύουσί σ᾽, ὦναξ δέσποτα; ||	4 tr∧
389c 390	Χο.	Μὴ γένῃ παλίγκοτος ἀντιβολοῦσιν ἡμῖν,	e ∪ decasyllabus
391		ὥστε τήνδε μὴ λαβεῖν· ||	lec
392		ἀλλὰ χάρισ᾽, ὦ φιλαν-	p cr
393		θρωπότατε καὶ μεγαλο-	2 p
394		δωρότατε δαιμόνων, ||	p cr
395		εἴ τι Πεισάνδρου βδελύττει τοὺς λόφους καὶ τὰς ὀφρῦς. ||	4 tr∧
396		Καί σε θυσίαισιν ἱε-	2 p
397		ραῖσι προσόδοις τε μεγά-	2 p
398		λαισι διὰ παντός, ὦ	p cr
399		δέσποτ᾽, ἀγαλοῦμεν ἡμεῖς ἀεί. |||	p 2 cr

Ode III:

582 Χαῖρε, χαῖρ' ὡς ἀσμένοισιν ἦλθες, ὦ φιλτάτη.|| 2 tr 2 cr

583 Σῷ γὰρ ἐδάμην πόθῳ p cr

584 δαιμόνια βουλόμενος 2 p

585 εἰς ἀγρὸν ἀνερπύσαι.|| Hiat p cr

586/7 Ἦσθα γὰρ μέγιστον ἡμῖν κέρδος, ὦ ποθουμένη,|| 4 tr∧

588 πᾶσιν, ὁπόσοι γεωργι- p tr

589 κὸν βίον ἐτρίβομεν· μό- p tr

590 νη γὰρ ἡμᾶς ὠφέλεις.|| lec

591 Πολλὰ γὰρ ἐπάσχομεν, p cr

592 πρίν ποτ' ἐπὶ σοῦ γλυκέα 2 p

593 κἀδάπανα καὶ φίλα.|| p cr

594/5 Τοῖς ἀγροίκοισιν γὰρ ἦσθα χῖδρα καὶ σωτηρία.|| Hiat 4 tr∧

596 Ὥστε σὲ τά τ' ἀμπέλια 2 p

597 καὶ τὰ νέα συκίδια 2 p

598 τἄλλα θ' ὁπόσ' ἐστὶ φυτὰ 2 p

599/600 προσγελάσεται λαβόντ' ἄσμενα.||| p 2 cr

Abweichungen von Coulons Text:

349c continuerunt choro RV: Tryg. dederunt Paley et Conradt

356 ξὺν bis RVΓ in Vesp.1081 S: σὺν bis RVS || δορὶ RVS: δόρει Choeroboscus

Bemerkungen zum Text: Die VV.349b/c gehören inhaltlich eng zusammen, so daß es nicht sinnvoll ist, 349c als eine Bemerkung a parte Trygaios zu geben.[8)]

Zu 356 vgl. die Diskussion von MacDowell, Wasps 272 (zu V.1081).

Zu Platnauers Cruces in 389b, 390 und 590 siehe unten in der metrischen Erklärung.

Metrische Erklärung: P1 (346=385=582) besteht aus einem synkopierten trochäischen Tetrameter (2 tr 2 cr). Der erste Vers der drei Chorlieder ist in der vorliegenden metrischen Form nur in V.385 erhalten. Bergk, dem die meisten Herausgeber und Kommentatoren folgen, glich die beiden anderen Eröffnungsverse (346.582) V.385 an, um genaue Responsion herzustellen.[9)] Die

---

8) *Vgl. Denniston, Particles 156, zu* οὐδέ ... γε. *auch Wilamowitz, Verskunst 278.*
9) *Vgl. Wilamowitz, Verskunst 277f.*

trochäisch-kretische Wiederherstellung hat neben anderen Gründen[10] den Vorteil, daß damit das metrische 'Thema' der Oden bereits im ersten Vers angeschlagen wird. So nimmt der Chor zunächst das Metrum der vorangehenden Verse (2 tr bzw. 4 tr∧) lyrisch variiert auf. Wie in den Parodoi der *Acharner* und der *Lysistrate* drückt der Wechsel von den rezitierten zu den gesungenen Versen eine Stufe höherer Erregung aus.

P2 (347-349a=386-388=583-585) respondiert in allen drei Oden exakt. Das im Eröffnungsvers angeklungene kretische Thema wird weitergeführt in einem kurzen kretisch-päonischen Pnigos. Periodenende wird deutlich durch kretischen Schluß und Hiat (585) angezeigt.

P3/4 (349b349c ≃ 389a-389b ≃ 586-587): Es folgen in der ersten Ode zwei katalektische trochäische Tetrameter des Chores, denen in der zweiten ein synkopierter trochäischer Tetrameter sowie ein von Trygaios rezitierter Tetrameter entsprechen. In der dritten Ode fehlt ein Tetrameter. Diese Responsionsdurchbrechungen sind jedoch erklärbar, ohne daß man wie Platnauer vor V.586 Lücke ansetzen muß, um genaue Responsion herzustellen. Denn erstens ist der Abstand zwischen dem zweiten und dritten Lied so groß, daß genaue Responsion nicht nötig erscheint; sodann ist der Tetrameterteil auch darin freier gebaut, daß in der zweiten Ode Trygaios das Lied mit seinen Worten unterbricht. Die Responsion eines synkopierten mit einem unsykopierten Vers braucht nicht weiter zu stören.[11]

P5 (350-352 ≃ 389c-391 ≃ 588-590) weist starke Unregelmäßigkeiten auf, wobei der Unterschied zwischen der ersten und dritten Ode noch am geringsten ist: p cr (350) entspricht p tr (588), 2 p in V.351 p tr in 589. Die Responsion von Kretikern und Päonen mit Trochäen ist bei dem kretisch-päonischen Charakter des Liedes nicht außergewöhnlich.[12] Bothes adjektivisches γεωρ-/γὸν (588f) ist demnach überflüssig, vor allem wird dadurch die Kolometrie der folgenden Verse durcheinandergebracht (deshalb auch die Cruces bei Platnauer!). Aus dieser approximativen Responsion fällt die zweite Ode heraus (abgesehen von dem abschließenden Lekythion in 391). Platnauer setzt aus diesem Grund Cruces, während Wilamowitz (Verskunst 278) die außergewöhnliche Responsion, zumal der Sinn einwandfrei ist, hinnimmt. Wilamowitz analysiert die Verse als lec | ch ba (aristoph) lec || , wobei man nach dem ersten lec wegen brevis in longo Pause ansetzen muß.[13] Aber gerade dies zerstört den Fluß der Bitte. Eine rhetorische Pause ist in den beiden ersten Versen zu vermeiden, während vor dem abschließenden lec, das einen Konsekutivsatz, also eine rhetorische Einheit, umfaßt, Pause nicht stört. Nun scheint mir im Gegensatz zu Wilamowitz' Analyse eine andere Lösung möglich, die, ohne den Text zu ändern, die störende Pause vermeidet und dem sprachlichen Charakter der VV.389c-390 gerecht wird: In dem vorangehenden Dialog zwischen Trygaios und Hermes fällt der Gott am Ende (380f) in epische Diktion, die der komische Held aufnimmt (382-384).[14] Der Chor, von Trygaios aufgefordert, Hermes anzuflehen, läßt eine inständige Bitte folgen, dann - nach Trygaios' Zwischenbemerkung - begibt er sich kurzfristig auf ein höheres Sprachniveau: παλίγκοτος (389c) ist ein äußerst seltenes, hochpoetisches Wort (vgl. Pindar O.2,20; N.4,96; Aesch.Suppl.376, Ag.571.863.874) und dem Attischen wohl fremd.[15] Die sprachlichen Anklänge an hohe Dichtung werden

---

10) Vgl. die Diskussion bei Platnauer (100).

11) Vgl. Prato 133; Dale, Lyric metres 207 n.1.

12) Vgl. Dale, Lyric metres 207 n.1; Korzeniewski 112.

13) Vgl. Stinton, Pause and period 37f.

14) Vgl. Rau 194.

15) Vgl. Fraenkel, Agamemnon II 394.

durch die metrische Erklärung, die ich vorschlage, unterstrichen: Der alkäische Zehnsilbler in Verbindung mit dem Element e x findet sich auch in der Tragödie (vgl. Soph.Ant.585; Eur.Rhes.536f=555f).[16] Im *Frieden* leitet das epitritische Element von den vorangehenden Trochäen über (e x = tr), während die daktylischen Bestandteile des Zehnsilblers der Sprache die passende würdige Form geben. Das abschließende lec knüpft wieder an den kretisch-päonischen Rhythmus an. Der Übergang wird durch die Nähe des lec zu epitritischen Verbindungen fließend gestaltet (lec = e x e = E).

P6 (353-355=392-394=591-593) stimmt in den drei Oden überein: Ein kurzes kretisch-päonisches Pnigos, das auf Creticus (brevis in longo in 593; Hiat in 355) endet.

Als siebte Periode (356=395=594f) folgt ein katalektischer trochäischer Tetrameter, der inhaltlich den Abschluß der vorigen Periode bildet.

Abgeschlossen wird das Chorlied durch ein päonisches Pnigos (P8: 357-360=396-399=596-600), das mit doppeltem Creticus endet.

Der Chor bleibt demnach in den drei Oden bei demselben Metrum, wodurch die lange Szene auch metrisch und musikalisch als Einheit erkennbar ist.

---

16) Vgl. Dale, Lyric metres 181f.

10. Zusammenfassung

Nach den Einzelinterpretationen der Chor-Schauspieler-Amoibaia soll nun zusammenfassend erörtert werden, wie Aristophanes diese Kompositionsform im Ablauf der Handlung einsetzt und welche Aufgabe er dem Chor in ihr zuteilt.

Im Handlungsablauf kann durch ein Chor-Schauspieler-Amoibaion die Handlung entweder weitergetrieben oder unterbrochen werden *(handlungstragende bzw. handlungsunterbrechende Funktion der Amoibaia)*. Der Chor kann in der Kompositionsform 'Amoibaion' in verschiedener Weise eingesetzt werden: In den *handlungstragenden* Amoibaia kann er entweder durch seine aktive *Teilnahme* am Geschehen den Ablauf der Handlung beeinflussen - d.h. das Geschehen wird durch ihn vorangetrieben und würde sich ohne seine Beteiligung nicht weiterentwickeln -, oder er kann an einer Handlung *Anteil* nehmen, Interesse an ihr zeigen und sie durch seine Worte begleiten, wobei jedoch das, was gerade stattfindet, ohne unmittelbare Einwirkung des Chores unabhängig von ihm abläuft. Im ersten Fall ist der Chor selbst als ein *Handlungsträger* bzw. *handlungstragend* eingesetzt, im zweiten lediglich *handlungsbegleitend*.[1] Auch in den *handlungsunterbrechenden* Amoibaia lassen sich zwei Arten der Chorbeteiligung feststellen: Entweder deutet der Chor das Geschehen bzw. den Charakter einer Bühnenperson *(handlungsdeutende Chorrolle)*, oder er fordert in den parainetischen Amoibaia zu einer Handlung auf, d.h. er bereitet, während der Handlungsablauf unterbrochen ist, durch seine Worte die folgenden Aktionen vor *(handlungsvorbereitende Chorrolle)*. Die Grenzen zwischen der *handlungsdeutenden* und *handlungsvorbereitenden* Chorrolle verschwimmen oft, da der Chor, bevor er zu einer Aktion auffordert, sich Gedanken über das vorangehende Geschehen und die Folgen der anstehenden Handlung machen kann.[2]

---

1) Ich fasse 'Handlung' dabei ohne alle theoretischen Implikationen auf; zur Handlungstheorie im Drama vgl. Pfister 265-273

2) Vgl. etwa Nub.700ff. Siehe oben S. 219-223.

Die unterschiedliche Rolle, die der Chor in den Amoibaia bekleiden kann, schlägt sich auch in verschiedenen Kompositionsformen nieder: Als *Handlungsträger* wird er in den epirrhematischen Langversszenen nach der Parodos eingesetzt, *handlungsdeutend* oder *-begleitend* äußert er sich in den Liedern nach der Parabase, die teils als iambische Syzygien,[3] teils als antistrophische Lieder gebaut sind. Zunächst einige Worte zu den Unterschieden zwischen epirrhematischen und iambischen Syzygien: Zielinski (5) entdeckte eine der epirrhematischen Syzygie gleichende Bauform, in der "auf die Strophe eines Liedes unmittelbar eine bestimmte Anzahl gesprochener Verse folgt, und dieselbe Anzahl der Antistrophe angehängt ist, so daß der ganze Abschnitt in zwei gleiche Teile zerfällt", auch im zweiten, 'epeisodischen' Teil der Komödien, in dem Ode und Antode eines Liedes durch eine Dialogpartie in Sprechversen getrennt sein können (193f). Bei dieser rein formalen Betrachtung[4] geht allerdings die inhaltliche Verschiedenheit der beiden epirrhematischen Kompositionsformen verloren: Der Hauptunterschied besteht darin, daß in den epirrhematischen Syzygien nach der Parodos, den Streitszenen, der Chor auch nach den Oden in den in Langversen gehaltenen Epirrhemen am Dialog teilnimmt und die Handlung vorantreibt, während er in den iambischen Syzygien nach seinem Lied zurücktritt und Gespräch und Handlung sich unter den Bühnenpersonen ohne seine Einwirkung abspielen. Bezeichnend für die Bedeutung, die dem Chor in den epirrhematischen Syzygien zukommt, ist der Katakeleusmos.[5] Mit diesen zwei[6] Langversen wendet sich der Chor von der lyrischen Form der Oden, in denen er eher seinen Gefühlen Ausdruck verleiht, einer Handlung oder Debatte zu. Der Anstoß zu

---

3) Um terminologisch die beiden Kompositionsformen unterscheiden zu können, folge ich Gelzer (Agon 159.216f), der die epirrhematische Bauform, deren Epirrheme in iambischen Trimetern gehalten sind, als 'iambische Syzygien' bezeichnet, während ich für die epirrhematischen Langversszenen den Begriff 'epirrhematische Syzygie' beibehalte.

4) Vgl. auch Popp, Diss.4-8 (= Amoibaion 222f.230-232).

5) Vgl. Gelzer, Agon 80-84; Händel 57-64.

6) Außer in Av.336-338 (2 1/2 Verse). Siehe dazu oben S.84.

dem anschließenden Geschehen geht demnach vom Chor, vertreten durch den Chorführer, aus.[7)]
Während der Chor in den Streitszenen auch nach dem Katakeleusmos in die Handlung verstrickt bleibt, beschränkt sich seine Aufgabe in den epirrhematischen Agonen auf die Einleitung der Diskussion,[8)] die Initiative geht danach auf die Schauspieler über, während der Chor einen parteiischen oder neutralen, jedenfalls interessierten Zuschauer darstellt.[9)]
Die metrische Gestaltung der lyrischen Teile der Streitszenen unterstreicht die Bedeutung des Chores: Der kretisch-päonische Rhythmus der Oden verleiht dem Tatendrang oder der Aggressivität des Chores ein passendes musikalisches Gewand. Die metrische Form ist ganz in die Handlung eingebettet und durch sie bestimmt.

In keiner der iambischen Syzygien ist der Chor Träger der Handlung; er begleitet sie höchstens mit seinen Worten oder deutet sie. Der Katakeleusmos, mit dem sich der Chor der Bühne öffnet und mit dem er zu Aktionen oder Reden auffordert, fehlt. Die in iambischen Trimetern gehaltenen 'Epirrheme' gehören den Schauspielern, die Handlung entwickelt sich ohne unmittelbaren Einfluß des Chores.[10)] Der Chor agiert in diesen Amoibaia mehr als Betrachter, wobei seine *Anteilnahme* am Geschehen je nach seiner Stellung zum komischen Helden von Neid und Bewunderung bis zu begeistertem Mitgehen mit der Handlung und Anfeuerungsrufen reichen kann.

----

7) In Vesp.403-414 ≃ 463-470 fehlt ein Katakeleusmos. Dies hat inhaltliche Gründe: Einerseits trägt die ganze Ode durchaus den Charakter eines Katakeleusmos (405.408), andrerseits kann man annehmen, daß Bdelykleon dem Chor ins Wort fällt, bevor der Chorführer zur Attacke auffordern kann, und sich so sofort eine Auseinandersetzung entwickelt.
8) Außer im Agon der 'Vögel'; vgl. Gelzer, Agon 126f.
9) Dieser inhaltliche und durch die Chorrolle begründete Unterschied zwischen Streitszene und epirrhematischem Agon äußert sich auch in der unterschiedlichen Verwendung der Katakeleusmoi (vgl. auch Newiger, Rez. Gelzer 39): In den Katakeleusmoi der epirrhematischen Agone fordert der Chorführer den Schauspieler zum Reden auf, während in den Katakeleusmoi der Streitszenen zu Handlungen aufgefordert wird und das einleitende ἀλλά z.T. adversativ (Av.336.352) und an den Chor gerichtet erscheint. Gerade dieses ἀλλά, mit dem sich der Chor selbst ermuntert, ist typisch für Parodoi (vgl. Ach. 234, Lys.266.286, Eccl.483.489.501; Kaimio 130).
10) Vgl. Gelzer, RE Sp.1521.

Im Ablauf der Komödien sind diese Amoibaia als Szenentrenner an Stellen eingesetzt, an denen keine starke Zäsur eintreten soll.[11)]

Die metrische Form dieser Oden entspricht der Rolle des Chores und dem Inhalt der Lieder: Es herrschen die eingängigen Melodien äolischen und iambischen Metrums vor, die nicht mit einer bestimmten Chorrolle oder Haltung des Chores, sondern eher mit dem jeweiligen Inhalt der Lieder, Preis oder Spott, und bestimmten Liedtypen (Makarismoi, Hymenäen) verbunden sind und ihre Wurzeln wohl in volkstümlichen Liedern haben.[12)]

So kann man bei einem Vergleich der metrischen Gestaltung der Lieder, in denen der Chor als Handelnder singt, mit denen, in denen er nicht mehr aktiv in das Geschehen eingreift, zwei unterschiedliche Verwendungsarten bestimmter metrischer Formen feststellen: Solange der Chor noch *Handlungsträger* ist, dient das Metrum seiner Charakterisierung und der der Handlung; sobald er als Handelnder zurücktritt, wird die metrische Form dazu eingesetzt, um einen bestimmten, wohl traditionellen Liedtyp zu evozieren. Dieser Unterschied läßt sich auch bei einer Betrachtung der verwendeten Versmaße nachvollziehen: Trochäen und die mit ihnen verwandten Kretiker und Päone, ebenso iambische Langverse und lyrische Iamben werden in der Parodos zur Charakterisierung der Vortragenden und der Handlung eingesetzt. Bei der Interpretation der Parodos der *Wespen* konnte auch auf die charakterisierende Wirkung der Ioniker hingewiesen werden (siehe oben S.102). Einfache äolische Maße und einfache iambische Verse findet man nach der Parabase in den Enkomien, wobei Iamben in Spottliedern und in kultischem Rahmen erscheinen können.[13)] Ebenso können Anapäste mit rituellen Handlungen verbunden sein (siehe oben S.184).

----

11) Vgl. Händel 118-120.

12) Fränkel, Lyrische Daktylen 219, spricht in diesem Zusammenhang von "Volksliedkola".

13) Vgl. das Phaleslied (Ach.263-279).

Ein Überblick über die Stellung des Chores in den einzelnen Amoibaia soll nun die unterschiedliche Bedeutung beleuchten, die dem Chor in den einzelnen Komödien und in verschiedenen Abschnitten der jeweiligen Stücke zukommt. Da in den Chor-Schauspieler-Amoibaia Bühnenpersonen und Chor im Dialog miteinander in Berührung kommen, eignet sich diese Kompositionsform besonders für einen derartigen Überblick:

Acharner: Die starke Feindschaft, die der Chor der Köhler von Acharnai bei seinem Auftritt gegen den komischen Helden hegt, findet ihren Ausdruck in einer Streitszene (284-346), in der der Chor als einziger Gegner des Schauspielers ganz *handlungstragend* eingesetzt ist. Die Bedeutung des Chores als Handelnder schwindet, sobald er einmal von Dikaiopolis überzeugt ist (626f). Nach der Parabase (625-718) verliert er seinen Charakter als Köhler von Acharnai und Erzfeind der Spartaner und nimmt nun eher die Rolle eines interessierten Zuschauers ein - einer Vermittlerperson zwischen dem Bühnengeschehen und dem Publikum, wobei er sich in den Stasima deutend und kommentierend mehr an die Zuschauer wendet (836-859.971-999), in den Amoibaia dagegen sich der Bühne öffnet (929-939=940-951.1008-1017=1037 bis 1046). Bezeichnend für die geringere Bedeutung, die dem Chor der *Acharner* nach der Parabase zukommt, ist das enkomiastische Amoibaion (1008-1017=1037-1046), in dem nur in der Ode ein kurzer Dialog mit Dikaiopolis zustande kommt, während in der Antode der Chor nur noch bewundernd und beinahe schon voller Neid (vgl. 1044-1046) die Handlungen des komischen Helden mit seinem Lied *begleitet*. Für sich allein hat Dikaiopolis den Friedenszustand errichtet und gedenkt, keinem etwas davon abzugeben (1037-1039). Die Genüsse, die der komische Held auf der Bühne vorbereitet, sind demnach für den Chor und die Zuschauer unerreichbar.

Auffällig ist dagegen die Begeisterung, mit der der Chor an der 'Abfertigung' des Sykophanten Nikarchos in einem antistrophisch gebauten Amoibaion *Anteil* nimmt (929-939=940-951). In diesem Fall ergeht es einem mißliebigen Stand übel, an dessen 'Verpackung' und 'Export' jedermann mit ausgrenzendem Lachen teilnehmen kann.

Ritter: In den *Rittern* spielt sich der Konflikt, der den Ablauf der Komödie bestimmt, auf Schauspielerebene ab: der Chor wird als Verstärkung gegen den Paphlagonier von der einen Partei zu Hilfe gerufen. Nach seinem Auftritt und ersten Zusammentreffen mit dem Paphlagonier (247-277) agiert der Chor nicht mehr als Handlungsträger und greift nicht mehr direkt in den Ablauf der Handlung ein, sondern bildet eher den Kleon feindlich gesinnten Hintergrund,[14] vor dem sich der Kampf des Wursthändlers und seines Gegners abspielt. Das Zurücktreten des Chores als Handlungsträger wird besonders dadurch deutlich, daß in den formal zur Parodos gehörenden Versen 278-302 es zu einem Vorgeplänkel der beiden Kontrahenten kommt, die die Handlungsinitiative geradezu an sich reißen.[15] Die Streitszene, an der in den anderen Komödien immer der Chor als Handelnder teilnimmt, gehört in den *Rittern* den Schauspielern. Ihren Niederschlag findet diese verminderte Bedeutung des Chores in nur einem Amoibaion in der Komödie (1111-1150), dem 'Makarismos mit Vorbehalten' auf den Herrn Demos, in dem der Chor eine *handlungsdeutende* Funktion ausübt, wobei sich sein Eindruck von dem Verhalten des Herrn Demos allerdings als Fehlurteil herausstellt.

Wolken: Unter den frühen Stücken nimmt der Chor der *Wolken* eine Ausnahmestellung ein: Er stellt nicht das handelnde oder betroffene Kollektiv dar, "sondern die Wolken schweben gleichsam, ihrem Wesen entsprechend, über der Handlung".[16] Allerdings übt der Chor, wie seine enthüllenden Worte (1454f.1458 bis 1461) zeigen, eine entscheidende Rolle im Ablauf des Stükkes aus. Die Wolken erweisen sich letzten Endes geradezu als

---

14) Vgl. vor allem Eq.973-996. In ähnlicher Weise bildet auch der Chor der 'Thesmophoriazusen' und 'Ekklesiazusen' den Hintergrund, vor dem sich das Geschehen abspielt; siehe oben S.26-28.120-123.
15) Dies äußert sich auch darin, daß der Chor seine Agon-Oden nicht zu Ende singen kann, sondern die beiden Kampfhähne ihm jeweils ins Wort fallen und sich ein Vorgeplänkel liefern; siehe oben S.11-13.
16) Newiger, Komödie 206; vgl. auch ders., Metapher 58.

Aischyleische Gottheiten, die, da sie die üblen Absichten des 'Helden' durchschaut haben (1459), 'mitanpacken' und Strepsiades zunächst in seinem schlechten Handeln bestärken, bis sie ihn schließlich zur schmerzlichen Erkenntnis führen (1462).

Dieser Einfluß des Chores auf den Handlungsablauf läßt sich besonders an den beiden Amoibaia (457-477.700-722 ~ 804-813) aufzeigen: Im ersten Amoibaion, dem 'futurischen Makarismos' auf Strepsiades, bestärkt er den Alten darin, auf seiner schlechten Bahn weiterzugehen, indem er ihm das beneidenswerteste Leben in Aussicht stellt. In dem parainetischen Lied, das durch Strepsiades' paratragodisches Lamento unterbrochen wird (700-722), treibt er ihn dazu an, in seinen Bemühungen nicht nachzulassen. Als der Unterricht von Sokrates bei dem Alten jedoch überhaupt keinen Erfolg zeigt, kommt der entscheidende Rat auf Strepsiades' verzweifelte Frage von den Wolken, die ihn dazu auffordern, nunmehr seinen Sohn zu Sokrates zu schicken (794-796), um ihn damit noch mehr ins Unglück zu stoßen.
So treibt der Chor der Wolken zwar nicht durch direktes Eingreifen in die Handlung das Geschehen voran; aber er gibt durch seine Ratschläge Anstöße, die für den Handlungsablauf von Bedeutung sind.

Wespen: Die wichtige Rolle, die der Chor der *Wespen* spielt, findet ihren Ausdruck in den zahlreichen Amoibaia, die diese Komödie enthält. Nachdem der Chor in der breit angelegten Parodos in das Stück eingeführt und durch Philokleons Monodie (317-333) in Kenntnis über Bdelykleons 'antidemokratische' Machenschaften gesetzt worden ist, bleibt er bis zur Parabase (1009-1121) in die Handlung verwickelt. Zunächst (334-402) hat er sich mit dem Problem auseinanderzusetzen, Philokleon zur Flucht aus dem Haus zu helfen. Die Oden dieser Szene widmen sich diesem Versuch, sind demnach ganz in die Handlung eingebettet *(handlungstragende Funktion)*, ebenso ist der Chor aktiv Handelnder *(handlungstragende Rolle des Chores)*. Von Bdelykleon, der gerade rechtzeitig erwacht, wird allerdings der Fluchtversuch des Alten vereitelt (403-414): Er will, wie er es in der Antode der ersten Syzygie versprochen hatte, Bdelykleon in die Schranken weisen. Es entwickelt sich eine regelrechte Streitszene (403-525), die zum epirrhematischen Agon überleitet. Während in dem gesamten Parodoskomplex (230-525) der Chor als Handlungsträger eingesetzt ist, tritt er während des epirrhematischen Agons in den Hintergrund, da die Diskussion auf Schauspielerebene erfolgt. Seine starke Anteilnahme an der Handlung und seine Betroffenheit durch die Diskussion drückt sich in den Agon-Oden aus, die dadurch, daß sie als Amoibaia gestaltet sind, in die Handlung miteinbezogen sind und ihren Charakter als eher topische Agon-Einleitung verlieren (526-545≃631-647).

Diese Einbeziehung des Chores in die Handlung läßt sich auch in den beiden Amoibaia, die auf den Agon folgen, aufzeigen (725-759.860-890). Im ersten Amoibaion (725-759) versuchen die Alten zusammen mit ihrem einstigen Gegner Bdelykleon ihren Kollegen zum Nachgeben zu bewegen. Beim Opfer, das zur Eröffnung des Hausgerichts dargebracht wird, singen sie zusammen mit Bdelykleon die Gebete (860-890). Nach der Parabase (1009 bis 1121) tritt der Chor in den Hintergrund. Außer der Nebenparabase (1265-1291) hat er vor der Exodos (1516-1537) nur noch ein Enkomion (1450-1473) zu singen; er verliert demnach seine Rolle als *Handlungsträger* und nimmt nun am Geschehen eher als interessierter Zuschauer teil.

Die *Wespen* eignen sich besonders dazu, um aufzuzeigen, wie sich die Chorrolle im Verlauf eines Stückes ändern kann: Zunächst ist der Chor im Parodoskomplex (230-525) *Handlungsträger;* er greift in das Geschehen ein und treibt es tatkräftig voran. Sobald jedoch die Abmachungen getroffen sind, den Streit durch Argumente beizulegen (515-525), verlagert sich die Handlungsinitiative: Die Diskussion im epirrhematischen Agon findet unter den Bühnenpersonen statt, der Chor greift nun nicht mehr in die Handlung ein, wohl aber nimmt er starken Anteil an ihr und versucht, sie durch seine Worte zu beeinflussen (Agon-Oden). Nach der Parabase verläuft das Geschehen, ohne daß der

Chor auf es einwirken will und an ihm beteiligt ist. Man kann also einen Wandel von einer *handlungstragenden* über eine *handlungsbegleitende* zu einer *handlungsdeutenden* Chorrolle feststellen.

Frieden: Wie der Chor der *Ritter* wird auch der des *Friedens* von einem Schauspieler zu Hilfe gerufen, um bei der Bergung der Friedensgöttin mitanzupacken. Die Wiederherstellung des Friedenszustandes liegt im Gegensatz zu den *Acharnern* auch im Interesse des Chores, so daß er zunächst zusammen mit Trygaios Hermes zu erweichen versucht, danach tatkräftig mithilft und schließlich auch die Göttin ans Licht zieht. Der Chor ist in der langen Szenenfolge, die an die Parodos anschließt (346 bis 600), ganz als *Handlungsträger* eingesetzt, ohne sein Mitwirken könnte der von Trygaios gewünschte Friedenszustand nicht eingerichtet werden. Diese Einbeziehung des Chores in die Handlung äußert sich in dieser Szenenfolge (346-600) in einer Mischung von iambischen Trimetern, dem Sprechvers der Bühnenpersonen, und katalektischen trochäischen Tetrametern, in denen die Schauspieler mit dem Chor reden.[17] Zusammengehalten und untergliedert wird der Abschnitt durch die drei in approximativer Responsion stehenden Oden (346-360≃385-399≃582 bis 600) des Chores, die wie die Arbeitslieder (459-472≃486 bis 499.512-519) ganz *handlungstragend* sind. Gerade in dieser Szenenfolge zwischen Parodos und Parabase (346-729) läßt sich aufzeigen, wie frei Aristophanes in der Komposition seiner Komödien war, wie er ohne weiteres die überkommenen Formen der Situation, in der die Komödie aufgeführt wurde, anpaßte und dem Handlungsablauf unterordnete.[18] Nicht die starre, traditionelle Form bestimmt die Komposition eines Stückes, sondern die 'Bauteile' der Alten Komödie werden an sinnvoller

---

17) Vgl. Gelzer, RE Sp.1460.1521. V.361 (3 ia) ist nicht direkt an den Chor gerichtet, sondern Trygaios sagt zu sich selbst: "Gut, ich will sehen, wie wir die Steine wegräumen" (πῇ Boissonade: ποῖ codd.).

18) Vgl. vor allem den verkürzten Agon 601-656; vgl. Gelzer, Agon 169 bis 172.

Stelle im Drama den Gegebenheiten des jeweiligen Stückes angepaßt.[19)]

Nach der Parabase (729-818) wird der Chor in den zwei Amoibaionpaaren (856-869=910-922.939-955≃1023-1038) *handlungsbegleitend* in das Geschehen miteinbezogen, während er in der Exodos wieder als *Handlungsträger* agiert. Die Begeisterung, mit der er Trygaios preist, und das Interesse, das er an den Opfervorbereitungen an den Tag legt, zeigen ihn auch nach der Parabase unmittelbar durch die Handlung betroffen. Auch verliert der Chor des *Friedens* nach der Parabase nicht seinen Charakter, sondern in der Exodos trägt er als Bauern die Handlung. Dadurch unterscheidet er sich von den Chören der *Acharner*, *Ritter* und *Wespen*, die, wenn sie auch vor der Parabase in hohem Maße Handlungsträger waren, nach der Parabase ihre Bedeutung verlieren und in den Hintergrund treten.

Vögel: Ähnlich wie mit dem Chor des *Friedens* verhält es sich mit dem der *Vögel*. Auch er behält nach der Parabase seinen Charakter und nimmt in dem strophisch gebauten Amoibaion 1313bis 1323=1325-1334 lebhaften Anteil an der Handlung *(handlungsbegleitende Chorrolle)* und versucht, sie durch seine Befehle zu beeinflussen. Ebenso wird er in der Exodos noch einmal als *Handlungsträger* eingesetzt, wobei die Möglichkeiten, die die Chorrolle bietet, dramatisch voll ausgenutzt werden (vgl. 1721.1727.1755.-1757).

Lysistrate: In dieser Komödie kann man das Fehlen von Chor-Schauspieler-Amoibaia[20)] aus der Konzeption des Stückes erklären: Dadurch, daß der Dichter dem Chor der alten Männer einen Chor alter Frauen als Gegner gegenüberstellt, bindet er den Streit und die Auseinandersetzung, die vom Einzug der Männer

---

19) Vgl. dazu auch Taplin, Stagecraft 56, zur Kompositionsfreiheit in der Tragödie: "There is no a priori reason to suppose that there should be some rigid structural form to Greek tragedy [..]", vor allem Stagecraft 407: "[..] a playwright who is tyrannized by theatrical mechanics is a poor one - the good one uses the mechanics for his own ends."

20) Abgesehen von dem parodischen Amoibaion 954-979, siehe oben S.234f.

auszugehen drohte, in der Orchestra. Er läßt also neben der Streithandlung auf der Bühne einen zweiten Konflikt in der Orchestra zwischen den beiden Halbchören ablaufen.[21)]

Thesmophoriazusen: Einen interessanten Fall stellt der Chor der *Thesmophoriazusen* dar: Einerseits bilden die Frauen den Rahmen des Festes, andererseits stellen sie den Gegner von Euripides und Mnesilochos dar und bringen durch ihre Versammlung die Handlung erst ins Rollen. Trotz dieser Bedeutung für den Handlungsablauf tritt der Chor als Gruppe nicht als *Handlungsträger* auf, sondern er wird durch einzelne Frauen vertreten, die in seinem Namen reden und handeln.[22)] Darin läßt sich eine Vorstufe der Art und Weise fassen, wie der Chor in den *Ekklesiazusen* eingesetzt ist, in denen die komische Heldin stellvertretend für den Chor handelt. Man kann in den beiden Stücken die Tendenz greifen, den Chor als Gruppe aufzulösen, indem einzelne Choreuten aus ihm heraustreten. Der Gegensatz Chor-Schauspieler, der die früheren Stücke beherrscht, löst sich zugunsten einer größeren Bedeutung der Bühnenpersonen auf; der Chor als *Handlungsträger* wird zurückgedrängt. Dies äußert sich in den *Thesmophoriazusen* auch darin, daß der Chor nur ein einziges Amoibaion (707-725), in dem die Handlung nicht weitergebracht wird, zu singen hat.

Frösche: Bezeichnend für die schwindende Rolle des Chores ist das Streitamoibaion der *Frösche* (209-268): Es trägt im Gegensatz zu den Streitamoibaia der früheren Stücke nichts zur Entwicklung der Handlung bei, sondern stellt ein musikalisches Intermezzo auf der Unterweltsreise von Dionysos dar, hat also eher retardierende Funktion. Vor allem wird es nicht vom eigentlichen Chor des Stückes vorgetragen, sondern von einem Nebenchor, der vielleicht sogar unsichtbar war. Die Mysten, die den Chor der Komödie bilden, treten an keinem Punkt als Hand-

----

21) *Vgl. Händel 24f.47. Siehe oben S.120-123.*
22) *Vgl. dazu Dover, Comedy 165-168; Austin 319.*

lungsträger auf, sondern betrachten "zuerst mit Genuß, was zwischen Dionysos und Xanthias geschieht und was die Wirtinnen mit dem vermeintlichen Herakles zu verhandeln haben", dann sind sie "voll amüsierter Erwartung angesichts des Dichterstreits."[23)]

Das Endstadium der abnehmenden Bedeutung des Chores für den Ablauf der Komödie ist mit den *Ekklesiazusen* und dem *Plutos* erreicht: So steht im *Plutos* das an den Choreinzug anschließende Amoibaion ganz außerhalb der Handlung und stellt nur noch eine musikalische Auflockerung des Stückes dar.

An dieser Stelle soll noch ein kurzer Blick auf die Chor-Schauspieler-Amoibaia der Tragödie geworfen werden, wobei besonders auf die Aufgabe der Kompositionsform 'Amoibaion' im Handlungsablauf und auf die Rolle, die der Chor in dieser Form ausübt, geachtet werden soll:
Nur in den erhaltenen Tragödien des Aischylos finden sich zwei Stücke, in denen der Chor in einem der Komödie des Aristophanes vergleichbaren Maß als Handlungsträger eingesetzt ist: die *Eumeniden* und *Hiketiden*.
In den *Eumeniden* sind die Erinyen die Gegner des Orestes. Im Prozeß in Athen vertreten sie sich selbst. Sie stellen eine Gefährdung für den Verfolgten, aber auch für die ganze Stadt dar, mit deren Vernichtung sie drohen (711f.719f.723f.). "The chorus of *Eum* is an active participant, more so even than in *Hik* where the chorus is more a passive than active centre of drama."[24)] Die Bedeutung des Chores für das Stück wird vor allem in den beiden auf den Freispruch des Orest folgenden epirrhematischen Blöcken deutlich (778-891.916-1020): In zwei iambisch-dochmischen Odenpaaren verleihen die Erinyen ihrem maßlosen Schmerz einen passenden Ausdruck, wobei dadurch, daß die Antode jeweils den Inhalt der Ode wiederholt, ihre Unnachgiebigkeit, ihre Verstocktheit gegen Athenas Worte, aus-

---

23) Händel 116.
24) Taplin, Stagecraft 409.

gedrückt wird.[25] Die lyrischen Maße, vor allem die Dochmien, stehen in betontem Gegensatz zu Athenas beruhigender Rede im iambischen Trimeter. Nachdem zuletzt nicht Drohungen, sondern das Versprechen zukünftiger Ehren (881-891) die erzürnten Göttinnen besänftigt haben, folgt die zweite epirrhematische Komposition (916-1020). Der Chor nimmt Athenas Angebot an, in Athen eine geehrte Heimstatt zu finden, und singt seine Segenswünsche für die Stadt. Dem rituellen Rahmen angemessen, fällt Athena in den Epirrhemen in rezitierte anapästische Dimeter.[26) Aischylos setzt die epirrhematische Bauweise in den *Eumeniden* dazu ein, um dem Chor als Gruppe eine seiner Erregung angemessene Ausdrucksart zu verleihen, während in dem argumentativ verlaufenden Prozeß der Chor durch den Chorführer vertreten wird. Im Mittelpunkt der *Hiketiden* steht der Chor der schutzflehenden Danaostöchter, der nicht wie der Chor der *Eumeniden* selbst verfolgt, sondern Verfolgter ist,[27] seine Sache vor Pelasgos jedoch selbst vertritt (234ff.).[28] In der langen Hikesie-Szene spricht zunächst die Chorführerin im Namen des Chores. Erst als die Einzelsprecherin als Vertreterin der gemeinsamen Sache nicht mehr auszureichen scheint, setzt, mit Nachdruck bittend,[29] der Gesamtchor ein und bestürmt den schwankenden König (347ff). Die epirrhematische Kompositionsform bot sich dazu an, den Gegensatz zwischen dem leidenschaftlich bittenden Chor, der sich in lyrischen Maßen äußerst, und dem abwägenden, zögernden Pelasgos, der im iambischen Trimeter bleibt, zu gestalten.[30] In dem epirrhematisch gebauten Amoibaion 734-763 wird die Reaktion auf Danaos' Meldung von der Ankunft der Aigyptos-Söhne gestaltet: Der Ausdruck höchster Angst und höchsten Entsetzens findet in lyrischen Maßen seinen Ausdruck, die

---

25) Vgl. Lesky 131; Kraus 112f; Taplin, Stagecraft 409f.

26) Vgl. Brown, passim. Siehe oben S.185.

27) Vgl. Taplin, Stagecraft 409.

28) Vg. Taplin, Stagecraft 208f; zum Chor vgl. Nestle, Struktur des Eingangs 16; Garvie 106; Kranz, Stasimon 167.

29) In Dochmien; vgl. Kraus 44.

30) Vgl. Händel 44 mit Anm.1 und 2.

beruhigenden Worte des Vaters stehen im iambischen Trimeter.[31] Furcht prägt auch das folgenden akttrennende Stasimon (776-824),[32] das ganz in die Handlung eingebettet ist.[33] Es schließt ein heftiges Streitamoibaion zwischen dem Chor und (wahrscheinlich)[34] dem Herold der Aigyptos-Söhne an, das zunächst rein lyrisch ist, wodurch die Erregung beider Seiten deutlich wird.[35] In der folgenden epirrhematischen Szene (872-902) versucht der Herold - nun im Sprechvers -, unter Androhung von Gewalt die in lyrischen Maßen laut klagenden Mädchen abzuführen. Die lyrischen Formen sind in diesen Szenen ganz *handlungstragend*.

In den *Persern* tritt der Chor nirgends in dieser Weise als Handlungsträger auf. Er ist eingesetzt, um den 'persischen' Hintergrund des Stückes zu bilden[36] und um dem Publikum den lebhaften Eindruck der Auswirkungen der Niederlage der Perser zu vermitteln.[37] Lediglich im Kommos (908ff), einem "Furioso des Jammers",[38] ist der Chor ebenbürtiger Partner des Schauspielers. Dies mag allerdings seinen Grund in der rituellen Form der ekstatischen Klageweise haben.[39] Indem der Dichter durch die Trauerprozession das Stück beschließt, integriert er in der Exodos, die somit ganz *handlungstragend* ist, den Chor in das Geschehen.[40]

Der Chor der *Sieben* verleiht in seiner ganz in die Handlung eingebauten Parodos (78-180) in dochmischen Versen[41] seiner

----

31) Vgl. Kraus 47; auch Taplin, Stagecraft 215f.
32) Vgl. Taplin, Stagecraft 216.
33) Vgl. Kraus 48 Anm.1.
34) Vgl. dazu Taplin, Stagecraft 216-218; Garvie 193; W. Nestle, DLZ 52, 1931,2271.
35) Vgl. Kraus 48f.
36) Vgl. dazu auch oben zum Chor der 'Thesmophoriazusen' S.120-123.
37) Vgl. Broadhead XXV.
38) Lesky 84
39) Vgl. Kannicht, Amoibaion 173f; Alexiou 84f; Garvie 42-45.119.
40) Vgl. Taplin, Stagecraft 127f; auch Nestle, Rez. Kranz 412f.
41) Vgl. Kraus 58f; Lesky 90; Kranz, Stasimon 168.

Angst den angemessenen Ausdruck.[42] In der auf Eteokles' Tadel folgenden epirrhematischen Komposition (203-244), die in Stichomythie übergeht (245-263), prallen Eteokles' beruhigende Worte in Sprechversen auf die erregten lyrischen Maße des Chores.[43] In der Parodos und der anschließenden Szene stellt somit der Chor den eigentlichen Gegner des tragischen Helden dar.[44] Während er im Mittelteil der Tragödie, der durch die sieben Redenpaare beherrscht wird (375-676), in den Hintergrund tritt, steht er in der anschließenden epirrhematischen Komposition (686-712) Eteokles wieder gegenüber[45] und bestürmt ihn, von dem unseligen Vorhaben abzulassen.[46] Der Chor der *Sieben* ist demnach in mehreren Szenen als Gegner des tragischen Helden eingesetzt.

Im *Agamemnon* tritt der Chor als Handelnder erst nach Agamemnons Ermordung (1343-1345) in Erscheinung, als die Choreuten sich in Distichomythie (1348-1371) über ihr Vorgehen beraten.[47] Klytaimestras Auftritt (1372), ihr unverbrämtes Geständnis der Tat (1384-1392) und ihre unverfrorene Aufforderung an den Chor, sich über Agamemnons Tod zu freuen (1394), leiten zu einer epirrhematisch gebauten Streitszene über (1407-1576), wobei wieder die erregten dochmischen Verse des Chores in Gegensatz zu den kühlen iambischen Trimetern Klytaimestras stehen.[48] Der Chor ist demnach in dieser Szene, aber auch in der anschließenden Auseinandersetzung mit Aigisth (1577ff), die mit steigender Erregung zu katalektischen trochäischen Tetrametern übergeht (1649-1673), wobei nur Kly-

---

42) Wegen der astrophischen Eröffnung (78-108; zu 109ff vgl. app. crit. der Edition von Page) kann man wohl annehmen, daß der Chor σποράδην *in die Orchestra stürmte; vgl. Pollux 4,109; Vita Aesch. § 9; Taplin, Stagecraft 141f.*

43) Vgl. Kraus 63.

44) Vgl. Lesky 91.

45) Vgl. Kraus 66.

46) Vgl. Lesky 92f.

47) Vgl. ähnliche Chorreaktionen in Eur.Med. 1271-1278, Hipp.776-789, Hel. 1033-1043, H.F.749-762, Or.1296-1301; vgl. auch Taplin, Stagecraft 323f.

48) Der Kontrast bleibt auch bestehen, nachdem Klytaimestra zu rezitierten Anapästen übergegangen ist (146ff); vgl. Dale, Lyric metres 52; Maas § 76; vgl. auch Kraus 94.

taimestras schlichtende Worte Handgreiflichkeiten verhindern (1654-1661), ganz als Handlungsträger eingesetzt.[49)]

Auch in den *Choephoren* wird Aischylos' Bemühen, den Chor in die Handlung einzubetten, deutlich: Der Chor der Sklavinnen ist Mitwisser der geplanten Intrige und steht auf Seiten der Geschwister (783-837). In der Kilissa-Szene (730-782) greift er sogar, vertreten durch den Chorführer, aktiv in das Geschehen ein, indem er der Alten aufträgt, Aigisth zu melden, er solle ohne Leibgarde erscheinen (770-773).

Der geraffte Überblick konnte wohl aufzeigen, daß in der Aischyleischen Tragödie auch in den Stücken, in denen der Chor nicht wie in den *Eumeniden* und *Hiketiden* im Mittelpunkt steht, das Bestreben vorherrscht, ihn in den Handlungsablauf zu integrieren und ihn aktiv am Geschehen teilnehmen zu lassen.[50)] Die Einbeziehung des Chores in die Handlung wird bei Aischylos durch zwei Kompositionsformen geleistet: In den rein lyrischen Kommoi[51)] nimmt der Chor als aktiver Partner an der Klage teil. Die epirrhematischen Syzygien zeigen ihn im lyrischen Dialog mit der Bühne, wobei er häufig als Gegner des Schauspielers auftritt.[52)] Das unterschiedliche Ethos zwischen lyrischen und gesprochenen bzw. rezitierten Versen ist dabei bezeichnend: Der Chor als der singende Teilnehmer am Dialog befindet sich in erregterem Zustand als die Schauspieler.[53)]

----

49) Gegen Kranz, Stasimon 169f: "Nur noch begleitendes Instrument ist der Chor der Alten im Agamemnon, unfähig zur Handlung".

50) Vgl. auch Nestle, Rez. Kranz 414.

51) Vgl. Aesch.Pers.908ff, Sept.822ff, Cho.306ff.

52) Nestle, Rez. Kranz 413, bezeichnet die epirrhematische Kompositionsform als "Gefäß agonaler Kräfte, nicht aber der Mitteilung, welcher Rede und Stichomythie dienen".

53) Dochmien und iambisch-dochmische Verse sind so auch das vorherrschende Versmaß. Die Kassandra-Szene ist bezeichnend (Ag.1072ff): Zunächst ist nur Kassandra singender Teilnehmer, der Chorführer bleibt - ohne Verständnis für Kassandras Vision - im iambischen Trimeter (1074-1113). Erst als den Chor Angst aufgrund der Worte der Seherin erfaßt, fällt er in lyrische Maße (1119ff).

Weder bei Sophokles noch bei Euripides findet sich, geht man von den Amoibaia aus, ein Chor, der in ähnlicher Weise wie bei Aischylos in die Handlung verstrickt ist und als Gegner einer Bühnenperson auftritt. Aristoteles (Poetik 1456a25-27) gibt eine treffende Charakterisierung der Verwendung des Chores bei den beiden Tragikern: Καὶ τὸν χορὸν δὲ ἕνα δεῖ ὑπολαμβάνειν τῶν ὑποκριτῶν, καὶ μόριον εἶναι τοῦ ὅλου καὶ συναγωνίζεσθαι μὴ ὥσπερ Εὐριπίδῃ, ἀλλ' ὥσπερ Σοφοκλεῖ.

Wirft man einen Blick auf die Amoibaia der Sophokleischen Tragödien, findet man Aristoteles' Sicht bestätigt:[54] Vor allem in den 'Aktionsamoibaia'[55] tritt die Bedeutung des Chores als Mithandelnder klar zu Tage.[56] In diesen lyrischen Dialogen zwischen dem Chor und einem oder mehreren Schauspielern wird die Handlung, an der der Chor als festumrissene dramatische Person teilnimmt, vorangetrieben, ohne daß sie allerdings entscheidende Anstöße durch den Chor erhält. Auffallend ist, daß in der frühesten (*Aias*) und der letzten (*Oidipus auf Kolonos*) der erhaltenen Tragödien der Chor am meisten 'mitspielt', ja, im *Oidipus auf Kolonos* steht er gar bis zu Theseus' Auftritt (551) Oidipus allein gegenüber und stellt somit eine gewisse Zeit den Antagonisten der Bühnenpersonen dar.[57]

Eine weitere Aufgabe sowohl des Sophokleischen als auch des Euripideischen Chores besteht darin, den Durchschnittsmenschen im Gegensatz zum tragischen Helden darzustellen. Dies wird vor allem in den 'Pathos-Amoibaia'[58] deutlich, in denen der Handlungsfluß unterbrochen ist und der tragische Held sich in lyrischen Maßen seinem Leid hingibt, während der Chor bzw. Chorführer als nüchterne Person, die den Ausbruch miterlebt, im prosaischen Sprechvers bleibt.

----

54) Vgl. dazu vor allem Müller, Chor und Handlung; siehe auch oben S.1 mit Anm.1 und 2.

55) Begriff nach Popp, Diss.90-93 (= Amoibaion 253-255).

56) Vgl. Soph.Ai.879-914, O.R.649-706, El.1398-1441, Phil.135-219, O.C. 117-253.833-843=876-886.

57) Dies mag seinen Grund in der archaisierenden Tendenz des Stückes haben.

58) Begriff nach Popp, Diss.93-97 (= Amoibaion 255-260).

Diese Entwicklung führt in der Euripideischen Tragödie zu den zahlreichen 'monodischen Amoibaia', in denen dem Chor beinahe nur noch gliedernde Funktion zukommt.[59] Das Zurücktreten des Chores als handelnde Person wird vor allem bei einem Vergleich der Aischyleischen mit den Euripideischen Hiketiden deutlich.[60] In beiden Tragödien wird der Chor aus Schutzflehenden gebildet. Bei Aischylos verficht der Chor jedoch sein Anliegen selbst, Danaos wird in den Hintergrund gedrängt, während bei Euripides die Sache des Chores zunächst durch Aithra, dann durch Theseus vertreten wird, der Chor somit eigentlich nur noch den Anlaß der Aktionen darstellt, die zwischen den Bühnenpersonen stattfinden.[61] Selbst in den ihrer Tendenz nach archaisierenden *Bakchen*[62] bildet der Chor der Bakchantinnen eher den dionysischen Hintergrund, vor dem sich das Geschehen abspielt, als eine aktiv mithandelnde Gruppe.
Verallgemeinernd könnte man sagen, daß die *Anteilnahme* des Euripideischen Chores am Geschehen, die oft in Sympathie für den tragischen Helden besteht, daß seine Betroffenheit durch das, was sich um ihn herum und teilweise sogar seinetwegen abspielt, sich selten in einer unmittelbaren *Teilnahme* am Geschehen, die man bei Sophokles noch finden kann, ausdrückt.

Der geraffte Überblick über die Bedeutung des Chores als Handelnder bei den drei Tragikern genügt wohl, um zu erkennen, daß unter diesem Gesichtspunkt sich der Aischyleische und Aristophanische Chor am meisten gleichen. Besonders die bei beiden Dichtern häufig auftauchende epirrhematische Kompositionsform, in der der Chor sich - zumeist in feindlicher Ab-

---

59) Vgl. den Extremfall der Phrygier-Arie im 'Orestes' des Euripides.
60) Durch den Titel bezieht sich Euripides bestimmt auf die Aischyleische Tragödie; zur Funktion von Titeln im Drama vgl. Pfister 70-72.
61) Vgl. dazu auch Taplin, Stagecraft 205f.
62) Vgl. H. Diller: Die Bakchen und ihre Stellung im Spätwerk des Euripides. In: Kleine Schriften zur antiken Literatur. Herausgegeben von H.-J. Newiger und H. Seyffert. München 1971,369-387.

sicht - mit einer Bühnenperson auseinandersetzt,[63] zeigt den Chor als Träger von Handlung, als Antagonisten der Schauspieler,[64] der ganz und gar in das Geschehen verwickelt ist.[65]

Diese Berührungspunkte zwischen der Tragödie des Aischylos und der Komödie des Aristophanes mögen ihre Ursache in dem 'konservativen Grundzug' der Gattung Komödie haben.[66] Es scheint so, daß die Komödie, da sie erst später einen offiziellen Agon erhielt,[67] die Entwicklungsschritte, die die Tragödie in der Behandlung des Chores durchlaufen hatte, einige Jahre später durchmachte. Es läuft allerdings auf eine völlige Fehleinschätzung der Aristophanischen Komödie hinaus, wenn man, wie Kaimio (248), daraus folgert, daß sich Aristophanes bei der Komposition seiner Komödien stur an die traditionellen Formen gehalten habe.
Wenn die vorliegende Arbeit zeigen konnte, wie frei Aristophanes mit den althergebrachten Formen schaltete, wie er die Erwartungen des Publikums, die eben durch die Tradition der Alten Komödie geprägt waren, in eine bestimmte Richtung lenkte und dann überraschend einlöste oder enttäuschte, wenn die metrischen und sprachlichen Interpretationen darlegen konnten, wie eng Sprache und musikalische Gestaltung mit der Handlung des jeweiligen Stückes, mit dem Charakter der Vortragenden und mit der Situation, in der die lyrische Partie vorgetragen wird, verbunden sind, wenn schließlich die Rolle des Cho-

---

63) Vgl. auch Kaimio (152) zur Verwendung der ersten Person Plural in diesen Szenen: "[...] it emphasizes the collective of the chorus, presenting them as a certain group with certain well-defined characteristics."
64) Zur Ähnlichkeit des Aischyleischen und Aristophanischen Chores in dieser Hinsicht vgl. Kaimio 240-248, besonders 247: "In the light of the use of the number, the comic chorus of Aristophanes most resembles Aeschylus' chorus."
65) Interessant ist in diesem Zusammenhang auch die Tatsache, daß sowohl Aischylos als auch Aristophanes vor allem in rituellen Handlungen, in Gebeten und Götteranrufen, die erste Person Plural verwenden. Damit wendet sich der Chor als Kollektiv an eine Gottheit, der Chor wird als bestimmte Gruppe gesehen, die mit der dramatischen Handlung verbunden ist. Bei Sophokles dagegen fehlt jede Betonung des Chores als Gruppe; in Hymnen herrscht Singular vor, wenn der Chor von sich redet. Dies mag seinen Grund in der Rolle des Sophokleischen Chores als individueller Mitspieler (vgl. Arist.Poetik 1456a25f) haben.
66) Vgl. dazu Gelzer, Tradition und Neuschöpfung.
67) Vgl. dazu Arist.Poetik 1449a32-1449b5; Pickard-Cambridge, Dithyramb[1] 225-253 ([2]132-162).

res in den einzelnen Komödien und im Gesamtwerk des Aristophanes deutlich gemacht werden konnte, hofft der Verfasser, damit wenigstens teilweise die in der Einleitung angesprochene Lücke der Aristophanesforschung geschlossen und einen kleinen Beitrag zum Verständnis des genialen Dichters geleistet zu haben.

EXKURS I

Der Chor des *Friedens*

Reichliche Beachtung in der Sekundärliteratur hat der Charakter des Chores des *Friedens* gefunden, der durch seine Vielgestaltigkeit Schwierigkeiten bei der Interpretation schafft:
Nachdem Trygaios in V.292 allgemein die Griechen angeredet hat (ὦνδρες Ἕλληνες), ruft er anschließend mehrere Gruppen zu Hilfe (296-298), die er selbst mit ὦ πάντες λεῴ (298) zusammenfaßt. Der Chor selbst bezeichnet sich bei seinem Einzug als Πανέλληνες (302). In der Bergungsszene (458ff) werden von Trygaios mehrere Gruppen dieser Panhellenen hervorgehoben: οἱ Βοιωτοί (466), οἱ Λάκωνες (478), οἱ Μεγαρῆς (481.500), τοῖς Ἀθηναίοισι (503). Schließlich redet der Chor sich selbst als Bauern an (508): Ἄγ' ὦνδρες αὐτοὶ δὴ μόνοι λαβώμεθ' οἱ γεωργοί (vgl. auch V.511).

Platnauer (XIV) weist auf mehrere Möglichkeiten des Verständnisses hin:
1) Der Chor bestehe aus zwölf Panhellenen, einschließlich der Bürger der erwähnten Städte, und zwölf attischen Bauern.
2) Der Chore werde von 24 Bauern gebildet, alle anderen erwähnten Gruppen seien ein Parachoregema (so auch Händel 145).
3) Eine weitere, von Sharpley (28f) ins Spiel gebrachte Möglichkeit wäre, daß Aristophanes zu Beginn den Chor als Panhellenen charakterisiert, im Verlauf des Stückes aber diese Idee zurücktreten läßt und den Chor als attische Bauern darstellt.
4) Platnauer selbst, der die erste und zweite Möglichkeit für zu verfeinert für Aristophanes hält, geht von einem Chor aus 24 attischen Bauern aus; alle anderen erwähnten Gruppen und Personen seien "mere creatures of the imagination".

Händel (144f) macht die interessante Beobachtung, daß Trygaios zum Chor teils in iambischen Trimetern, teils in trochäischen Tetrametern redet. Die Erklärung dafür liege darin, daß der eigentliche Chor aus attischen Bauern bestehe (296-298.361.473f.500-507), mit denen Trygaios in Langversen rede. Alle anderen seien κωφὰ πρόσωπα, die in iambischen Trimetern angesprochen würden. Die Schwierigkeit, daß der Chor sich plötzlich nach Trygaios' Hilferuf im Himmel versammelt, beseitigt Händel (217f) dadurch, daß er in dem Aufruf eine Illusionsdurchbrechung, eine Einbeziehung des Publikums sieht, in dem zur Zeit der Großen Dionysien alle angesprochenen Gruppen wohl versammelt waren.

Landfester (167) gibt in seiner Erklärung des Panhellenenchores V.508 Trygaios. Doch der Vers, der auch handschriftlich eindeutig dem Chor zugewiesen wird, kann eigentlich nur vom Chorführer gesprochen werden.[1] Eine Inkongruenz sieht Landfester (168) darin, daß der Chor in der Parodos "berufsständisch und unter dem Aspekt der Bevölkerungsgliederung erfaßt" sei; dem-

---

1) *Vgl. seine Argumentation auf S.296f; vgl. dazu aber auch Kaimio 174f.*

gegenüber sei er während der Bergung "national - also nach Poleis - organisiert. Unter diesem Aspekt müssen die Panhellenen nun nicht einig sein in der Frage des Friedens, da die 'nationalen' Interessen keineswegs identisch mit den Interessen der Bevölkerungsgruppen sein müssen" (168f). Damit ist allerdings die eigentliche Inkongruenz - der Chor als Panhellenen und Bauern - nicht beseitigt.

Dover (Comedy 137-139) weist ebenfalls darauf hin, daß der Chor der Panhellenen sich zu einem Chor der attischen Bauern wandle. Das bedeute aber nicht, daß der Chor in der Parodos aus mehr als 24 Choreuten bestanden habe und allmählich - durch das Wegschicken der Querköpfe - auf seine Normalzahl reduziert worden sei, sondern in der Bergungsszene habe man sich den Chor, der während des Herausziehens Eirenes aus der Höhle dem Publikum den Rücken zuwandte, als Vorhut und Repräsentant einer großen Menge von Friedenswilligen vorzustellen.[2] Der Tadel, der bei der Bergungsaktion von Trygaios gegen bestimmte Individuen oder Gruppen geäußert werde, "can be addressed in various directions, some of them over our heads as if into the distance, and when the chorus-leader at last calls on the farmers alone to pull he can gesture in a manner which suggests the separation of an élite from the rest of us" (138).

Für die Klärung der Frage dürfte es wohl am nützlichsten sein, eine das dramatische Geschehen berücksichtigende Interpretation der Stellen vorzunehmen, wo der Chor vor V.508 von sich selbst redet bzw. von ihm die Rede ist:

Auf Trygaios' Aufruf hin, der alle Griechen umfaßt (292, vgl. schon 93f), die dann untergliedert werden in typische Friedensberufe (296f), athenische Untertanen (297f) und schließlich noch einmal zusammengefaßt werden mit ὦ πάντες λεῴ (298), erscheint der Chor mit den Worten Δεῦρο πᾶς χωρεῖ προθύμως εὐθὺ τῆς σωτηρίας/ ὦ Πανέλληνες, βοηθήσωμεν, εἴπερ πώποτε (301f). Damit reagiert er deutlich auf Trygaios' Hilferuf (292). Für den Zuschauer muß durch die Einzugsworte sowie den Ruf des komischen Helden die Identität des Chores klar sein: Ausgelassen, voller Freude über die greifbare Nähe des Friedens, durch Tanz und Geschrei ihrem Überschwang Ausdruck verleihend (318.324f), erscheinen all die von Trygaios angerufenen Gruppen. Dabei kann man durchaus das jeu de scène annehmen, von dem Händel (217f) ausgeht: Das Publikum kann sich durch Trygaios' Ruf sowie die Worte des einmarschierenden Chores in die Interessengemeinschaft Trygaios - Chor miteinbezogen fühlen, zumal sich der komische Held schon zuvor an die Zuschauer wandte (244.263f.276-279.286),

---

2) Vgl. auch Sifakis, Parabasis 99.

so daß der Chor schon in der Parodos quasi Repräsentant der Zuschauer ist, die bei den Großen Dionysien, zumal kurz vor Abschluß des Nikias-Friedens, wohl als 'panhellenisch' bezeichnet werden konnten. Schon im ersten Chorlied nimmt Aristophanes eine Einengung der Chorcharakterisierung vor: Durch die Erwähnung von Phormion (349a), des Gerichtswesens (349b) und der militärischen Übungen im Lykeion (356) trägt der Chor nun typisch athenische Züge (auch in den VV.385-399).
Nach Hermes' Überredung geht er, in mehrere Gruppen aufgeteilt, daran, die Friedensgöttin aus der Höhle zu ziehen (458f). Dabei ergeben sich unvermutet neue Schwierigkeiten: Es ziehen nicht alle am gleichen Strang (485f).[3] Zuerst ziehen die Boioter in die falsche Richtung (465f), dann steht Lamachos im Wege (473), die Argiver tun überhaupt nichts (475.493), die Megarer sind zu ausgehungert, um mitanzupacken (481-483), auch die Athener müssen sich einen Rüffel gefallen lassen (503-505), lediglich die Spartaner sind eifrig bei der Sache (478). Diese Zurechtweisungen stellen eine humorvolle Kommentierung der griechischen Politik vor Abschluß des Friedens dar: die zwischen beiden Seiten lavierenden Argiver (Thuc.V 28f), die Spartaner, die wegen der Gefangenen von Sphakteria auf Frieden drängen (Thuc.V 17-20), Lamachos - wie in den *Acharnern* - als Vertreter des sturen athenischen Militärs, die durch das Embargo ausgehungerten Megarer und die Boioter, die mit einem alle zehn Tage zu erneuernden Waffenstillstand ihre eigene Politik verfolgten (Thuc.V 26,2). Diese Kommentare werden von Trygaios und Hermes - vielleicht wie Dover[4] annimmt, ins Publikum - mit den entsprechenden Handbewegungen gesprochen. Dabei muß keine bestimmte Gruppe des Chores als Megarer, Argiver etc. auftreten. Es genügt, wenn die Rügen des Trygaios von entsprechenden Bewegungen der Choreuten begleitet sind, der Chor also Trygaios' Worte mimetisch untermalt. Als die Bergung keinen Fortschritt machen will, greift der Chorführer ein (508) mit den Worten "Αγ' ὦνδρες αὐτοὶ δὴ μόνοι λαβώμεθ' οἱ γεωργοί. Nun ziehen alle an demselben Strang, der Chor besteht nur noch aus Bauern. Damit findet er die Rolle,

---

3) Vgl. dazu Newiger, Metapher 115.
4) Comedy 138.

die im ersten Chorlied schon anklang: Die Gruppe in der Bevölkerung, die am meisten unter dem Krieg wegen ihrer Vertreibung vom Land litt, bringt letztlich die Friedensgöttin ans Licht. Dem Publikum dürfte die Inkongruenz in der Charakterisierung des Chores nicht so stark aufgefallen sein wie uns, die wir die Komödie lesen und nicht als buntes Geschehen vor uns ablaufen sehen. Inkongruenzen dieser Art findet man häufiger in den Komödien des Aristophanes:[5] Verschmilzt doch auch Dikaiopolis in seiner Rede (Ach.367ff) mit dem Dichter, ja, redet sogar in seinem Namen (377-382). Genausowenig darf man bei den Chören mit einer konsequent durchgeführten Rolle rechnen: "In none of the comedies does the chorus have a consistent and unalterable dramatic character. The boundaries of its character are flexible and, from scene to scene, from moment to moment, can be enlarged, or become narrower, and so its point of view may change."[6]

---

5) Vgl. Süß, passim.
6) Sifakis, Parabasis 32.

EXKURS II

Melische und rezitative Anapäste

A.M. Dale[1] weist in ihrer Darstellung der lyrischen Anapäste des griechischen Dramas auf die Schwierigkeiten hin, in jedem Einzelfall klare Unterscheidungskriterien zwischen rezitierten und melischen Anapästen zu haben, da die Hauptunterscheidungsmerkmale melischer Anapäste nicht immer vorherrschen. Als entscheidendes Kriterium für die Interpretation von Anapästen als melisch kann man ihre Verwendung in einem Polymetrum ansehen[2] sowie in der Tragödie die dorische Vokalisation, die für die Komödie als Indiz ausscheidet, es sei denn, es liegt Paratragodie vor.[3] Wie ein Durchgang durch die Pnige der Parabasen und Agone der Aristophanischen Komödien zeigt, herrscht auch bei rezitierten anapästischen Dimetern große Freiheit vor: Spondeen sind recht häufig (etwa Nub.440-442.444.446, Vesp.721), Doppelkürze vor der Mitteldihärese oder am Versende findet sich in Vesp.1054 und Thesm.819,[4] vier 'Daktylen' liegen in Av.404 und Eccl.690 vor. So bietet sich, da die dorische Vokalisation in der Komödie als Kriterium ausscheidet, als Entscheidungshilfe zwischen embaterischen und melischen Anapästen oft nur der Kontext an.[5]

Durch eine Untersuchung, in welchen Äußerungsarten die Dichter von Tragödie und Komödie Anapäste bevorzugen, könnte man zu einer Typologie dieses Metrums kommen, was wiederum der metrischen Analyse zu Gute kommen kann: In der Tragödie muß man zwischen embaterischen Anapästen, Klageanapästen und Anapästen in Polymetra unterscheiden. Dabei ist die letzte Gruppe aufgrund ihrer Umgebung eindeutig als lyrisch anzusehen. Klageanapäste unterscheiden sich durch ihre Sprache und größere Freiheit in der Bildung von den embaterischen, gehören demnach zu der Grup-

----

1) *Lyric metres 51; vgl. auch West, Metre 121-124.*

2) *Vgl. z.B. Av.255-257.328-332.344-348.1058-1064.1067f.1088-1094.1097f. 1313.1316.1320f.1325.1328.1332f.*

3) *Vgl. z.B. Vesp.753.*

4) *In der Tragödie nur Aesch.Suppl.5.33, Ag.92, Eum.307; Soph.El.201; Eur. Ion 105.107f; vgl. Korzeniewski 89.*

5) *Vgl. dazu White § 283; Pretagostini, passim.*

pe der melischen Anapäste. Deshalb müssen auch anapästische Partien der Komödie, in denen θρῆνοι der Tragödie parodiert werden, wenn sie formal auch Marschanapästen gleichen, als gesungen angesehen werden.[6)]

Während man bei den melischen Anapästen in Polymetra und den Klageanapästen von gesungenem Vortrag ausgehen kann, herrscht über die Vortragsart der Marschanapäste, wirft man einen Blick in die einschlägigen Kommentare zu Stücken, in denen Passagen in diesem Metrum zu finden sind, bei weitem keine Einstimmigkeit. Broadhead (37) schreibt zur Parodos der *Perser*: " [...] while the chorus is filing in and circling round the orchestra [...] its song, in anapaestic measures".[7)] Fraenkel[8)] merkt zur Parodos des *Agamemnon* an: "The chorus march in, singing (or reciting) anapaests". In der Tat dürfte der Unterschied zwischen den eigentlich melischen und den embaterischen Anapästen nicht besonders groß gewesen sein, wurden doch auch Marschanapäste von dem Aulos begleitet. Lediglich die Art des Vortrags mußte verschieden gewesen sein: Die eintönigen Marschanapäste sind dazu geeignet, das Einmarschieren des Chors in die Orchestra durch den Rhythmus im Takt zu halten, während die freieren, melischen Anapäste vor allem Monodien und chorischen Darbietungen nach dem Einzug in die Orchestra angemessen sind. Diese rhythmische Funktion der Anapäste wird deutlich, wirft man einen Blick auf ihren eigentlichen Anwendungsbereich, das Militär: Thukydides (V 70) berichtet, daß das spartanische Heer in der Schlacht von Mantinea durch Flötenbegleitung im Tritt gehalten wurde (Λακεδαιμόνιοι δὲ βραδέως καὶ ὑπὸ αὐλητῶν πολλῶν ὁμοῦ ἐγκαθεστώτων, ἵνα ὁμαλῶς μετὰ ῥυθμοῦ βαίνοντες κτλ.). Aus dem Scholion zu V 69 zu μετὰ πολεμικῶν νόμων - allerdings eine Fehlinterpretation von νόμος an dieser Stelle, aber doch hilfreich für unsere Fragestellung - kann man entnehmen, daß diese wohl anapästischen Embateria[9)] gesungen waren: νόμους πο-

---

6) Vgl. z.B. Vesp.324-332.750-759 (Rau 192), Av.209-222. Die Verwendung von Anapästen in der Tragödie zeigt außerdem, daß beide Arten, melische und rezitierte Anapäste, oft ineinander übergreifen und teilweise sogar miteinander verschwimmen. Vgl. Wilamowitz, Verskunst 368; Brown 49 n.3.

7) Vgl. auch Broadhead 38 n.1; Taplin, Stagecraft 61.

8) Agamemnon II 27; vgl. auch Taplin, Stagecraft 278-280.

9) Vgl. etwa Tyrtaios Fr.856 PMG; Dale, Lyric metres 55; Snell 30f; West, Metre 53.

λεμικοὺς λέγει τὰ ᾄσματα ἅπερ ᾖδον οἱ Λακεδαιμόνιοι μέλλοντες μάχεσθαι· ἦν δὲ προτρεπτικά, ἐκάλουν δὲ ἐμβατήρια. Daraus wird man folgern können, daß auch die embaterischen Anapäste der Tragödie gesungen waren. Es bleibt noch, in diesem Zusammenhang auf die katalektischen anapästischen Tetrameter zu verweisen, die in der Komödie im Agon und der Parabase zu finden sind. Man wird wohl davon ausgehen können, daß diese Langverse rezitiert wurden. Denn erstens können so lange Partien kaum gesungen worden sein, und zweitens zeigt die Parodos der *Wespen*, daß zwischen den Euripideen und dem anschließenden Wecklied ein Unterschied in der Vortragsart bestanden haben muß. Der Chorführer setzt die Vortragsart der Langverse deutlich von dem folgenden Lied ab (270-272), d.h. rezitierte Verse werden nicht als μέλος und ihre Vortragsart nicht mit μελῳδεῖν beschrieben.

Register

1. Stellenregister

Aeschylus

allg.: *60.149.260.*

Metrik: *99.101.157.230.*

Ag.: *256f.*
62: *207.*
92: *266 A.4.*
83-103: *218 A.2.*
355ff: *89 A.98.*
540: *91.*
571: *240.*
863.874: *240.*
1072ff: *257 A.53.*
1140-5: *73.*
1144: *192 A.25.*

Cho.: *257.*
306ff: *257 A.51.*
640: *119.*
719ff: *89 A.98.*
790-3: *103 A.57.*

Eum.: *36.253.257.*
130f: *38 A.28.*
231.244: *25 A.68.137 A.14.*
307ff: *89 A.98.266 A.4.*
778-891: *253f.*
911: *159.*
916-1020: *253f.*
991: *91.*

Pers.: *99.255.*
532ff.623ff: *89.*
852-903: *199 A.17.*
704: *73.*
906: *66.*
908ff: *255.257 A.51.*
940: *115 A.11.*

P.V.:
201: *73.*
589: *116.*
681: *116.*

Sept.: *255f.*
295-300=312-7: *172 A.18.*
626ff: *89 A.98.*
822ff: *257 A.51.*

Suppl.: *99.253.254f.257.259.*
5.33: *266 A.4.*
376: *240.*
410f: *118.*
418-37: *37.*
573: *116.*
625ff: *89 A.98.*
734-63: *254.*
776-824: *255.*

Fragmente:
Dict.: *209 A.1.*
19-22: *12 A.15.30 A.3.82.*

Circe: *60.*

Alcman
Fr.39.89 PMG: *80.*

Alexis
Fr.237 K.: *62.*

Archilochus
Fr.122 W.: *42 A.3.*

Aristides: *37.*

Aristophanes
Ach.: *17.27.30.43.49.202.*
1-203: *9f.*
45: *121 A.47.*
179-83: *34.*
204-346: *10f.30.34-41.53-6.63.82f.141.240.*
208: *35.*
208-10.223-5: *36-8.*
218.222.227.231: *35.*
234-6.238-40: *56.146 A.11.244 A.9.*
241-79: *38.*
263-79: *10.38.59.130 A.51.131 A.58.177.245 A.13.*
280-3: *38.63 A.1.84 A.79.190.*
284-346: *10f.30.39-41.*
284-302=335-46: *39-41.144.153f.246.*
285=336: *41.86.129.155 A.1.*
294: *39.*
295: *155 A.1.*
300-2: *40.*
318f: *39.*
367ff: *265.*
392: *169 A.6.*
393-489: *97.*
408f: *165.*
470: *35.*
481: *169 A.6.*
492f: *182.*
500: *125 A.15.230 A.43.*

557-71: *152 A.6.*
628ff: *130 A.43.*
639f: *69.*
645.655-8: *125 A.15.*
665-72=692-702: *38.*
667: *34 A.1.*
676ff: *36 A.13.*
698: *34 A.2.*
713-6: *36 A.13.*
804: *109 A.89.*
836ff: *133.174 A.4.175.182.185. 214f.216.246.*
971ff=988ff: *38.174 A.4.175.182. 198.214-7.246.*
1008-17=1037-46: *59.175-7.181f. 198.215.246.*
1011: *183.198 A.11.*
1040: *114 A.9.223.232.*
1143-73: *214 A.1.*
1195f: *91 A.108.118.226.*
1201: *233.*
1205f: *91 A.108.226.*
1216f: *211.*
1226-31: *186 A.6.*

Av.: *8.27.30.121.*
1-208: *18f.*
44: *207.*
144: *171 A.11.*
209-450: *32.70-92.142f.*
209-22: *19.32.71-4.104.166f. 267.*
227-62: *32.74-82.114f.166f.*
233: *157 A.9.159.*
235: *157 A.12.159.*
240f: *58.*
253f: *114.*
268: *19f.82.139.142.166.*
327-99: *11 A.8.20.32.84-9.106. 142.146 A.11.153.*
328-30: *155 A.1.*
328.330.344.346: *129 A.34.145.*
336-8: *146 A.11.243 A.6.244 A.9.*
351: *106.*
352: *244 A.9.*
396: *109 A.90.*
400-5: *89f.*
404: *266.*
406-33: *32.90-2.218.*
412-5: *195.207.*
540: *42 A.5.*
545: *180.189.*
676: *73.*
677-9: *192.195.*
742: *73.*
777f: *80.*

851-8=895-902: *229f*
904ff: *60.194 A.34.207.*
923: *171.*
926: *98 A.30.*
927: *207.*
930: *177 A.9.*
942f: *207.*
994: *90.*
1058-1117: *214 A.1.*
1123: *189.*
1265: *195.*
1282: *59.*
1313-1334: *184.204-8.251.*
1316f.1318f: *91.*
1372ff: *60.81.*
1470-93: *214 A.2.*
1553-64: *214 A.2.*
1683: *211.*
1694-1705: *214 A.2.*
1706-65: *189-96.251.*
1720: *38 A.28.*
1723f: *187 A.10.*
1728-30: *89 A.98.187 A.10.*
1731ff: *136 A.4.203.*
1734: *137 A.8.*

Eccl.: *8f.43.247.252f.*
1-310: *24f.33.136f.*
9.15: *129 A.40.*
82: *211.*
128ff: *121 A.47.*
289-310: *133.136f.184.203.*
292: *192 A.27.*
311-477: *26.*
478-570: *26f.33.59.137-40.*
483.489.501: *146 A.11.*
517-9: *29 A.78.62.138.*
520-70: *27.139.*
571-80: *26.138 A.20.*
574f: *183.*
579f: *169 A.7.*
690: *89.266.*
728: *40 A.32.*
889: *222.*
958-68: *130 A.50.*
960-75: *100 A.41.*
973: *115.*
1147-50: *214 A.3.*
1151-83: *138 A.20.*

Eq.: *17f.21.65.169.*
1-241: *11.*
225: *40.*
242-6: *12.28.31.57.63.74.*
242-7: *30.*
247ff: *12f.38 A.28.57.63.83.84 A.79. 141f.190.247.*

261-5: *58.*
277: *13.*
284-302: *12.163.*
284: *111 A.95.*
303-13: *12.173 A.24.*
314-21: *13.*
334: *198 A.14.*
387: *169 A.8.*
391-6: *13.*
406: *109 A.90.*
551-64: *104 A.63.*
581-94: *104 A.63.*
713: *40 A.32.*
756: *171.198 A.14.*
763-6: *65 A.2.*
836f: *169 A.3.*
973ff: *136.203.214.247 A.14.*
1111-50: *136 A.4.184.200-3.247.*
1132: *198 A.10.*
1226: *40 A.32.*
1264-1315: *214 A.1.*
1273=1299: *178.233.*
1330: *202.*
1387: *188.*
1388:

Lys.: *58.152 A.6.169.188.251f.*
1-253: *21f.26f.*
248-51: *42.*
254-386: *22.30.42-56.93.141.240.*
254f: *42.56.63.93 A.3. 94f.136 A.2.*
256-65.271-80: *44-7.94f.137.*
262f=277f: *42.45f.52.*
266: *96.146 A.11.244 A.9.*
279: *59.*
286-95.296-305: *47-9.*
286: *146 A.11.244 A.9.*
319-49: *22.30.*
319f: *49.63.222.*
321-49: *49-53.217 A.10.222.*
324=337: *190 A.14.*
331.333.345.347: *172.*
338: *52.*
341-9: *194 A.35.*
350-86: *22.30.53.153 A.1.*
386: *53 A.50.*
476-83=541-7: *41.88 A.91.*
479f: *87.129 A.34.*
482: *76.129 A.34.*
483=548: *233.*
624=646: *159.*
664: *211.*
711.716: *223.*
781ff: *86.*
954-79: *234f.251 A.20.*
1043-71: *214 A.2 u.3.*
1189-1215: *214 A.2.*
1262: *115.*
1280: *160 A.28.*
1289-94: *207.*
1307.1309.1311: *212.*
1316-21: *186 A.6.*

Nub.: *8.123.126 A.18.162.*
1-262: *13f.*
263-456: *32.65-9.128.142.247f.*
263-6.269-74: *14f.65.147.*
264f: *65.*
275-90=298-313: *14f.32.65f.72.77.157.*
275=298: *162 A.39.*
276f=299f: *66f.*
280: *73.*
285-7: *178.*
289f=312f: *114.*
308-10: *178.*
314-456: *14.32.146 A.11.*
341-4: *166.*
368ff: *218.*
439-56: *14.*
457-77: *177-9.248.*
510-626: *219.222.*
563-74: *119.*
563-6: *118.*
586f: *202.*
595: *157 A.11.*
700-6.804-13: *169 A.2.217 A.10.219-23.242 A.2.248.*
718f: *35.*
812: *177 A.11.232.*
813: *178 A.4.*
949-58.1024-33: *222.*
949: *198 A.14.*
971: *78.*
1032: *169 A.7.*
1162-4: *229.*
1206-11: *204.*
1277: *40 A.32.*
1303-20: *174 A.4.*
1303f: *133.*
1311.1320: *217 A.10.*
1312: *206.*
1458-61: *68.178.247.*

Pax: *21.65.82.202.262-5.*
1-295: *17f.*
115f: *67 A.15.*
127: *90.*

177: *171 A.11.*
197: *35.*
296-300: *18.28.30f.57.63.74.95. 250.262.*
301-45: *18.30.57.63.83.141f.263.*
324ff: *28f.263.*
339-45: *18.*
346-60: *18.236-41.250.264.*
385-99: *236-41.*
459-72.486-99: *209-13.250.262.*
508: *209.262.*
512-9: *209-213.250.*
551-5: *236.*
582-600: *236-41.*
601-56: *250 A.18.*
729-818: *251.*
774: *66.*
775=798: *178.*
785-7=806-8: *172 A.18.*
834-7: *189.*
856-67=910-21: *179-84.203.251.*
859: *175 A.11.198 A.11.*
860: *137 A.8. 192 A.27.*
863.916: *175 A.11.198 A.11.*
939-55.1023-38: *175 A.9.179 bis 182.184f.204.251.*
947: *207 A.14.*
948: *177 A.11.223.232.*
956ff: *120 A.41.*
974-1015: *65 A.2.*
1028f: *198 A.10.*
1030: *207 A.14.*
1305-59: *185-8.*
1329ff: *136 A.4.180.182.185.192.*
1351: *137 A.8.212.*
1353: *183.*
1354: *192 A.27.*

Plut.: *6.43.253.*
1-252: *28.*
253ff: *28f.30.57 A.3.59-63.93. 95.141f.*
259ff: *218.*
288f: *28.*
297: *59.*
290-321: *29.58f.167f.*
322-7: *62.*
326f: *29.129 A.41.138.*
483.489.501: *244 A.9.*
665-7: *118.*

Ran.: *9 A.14.68.152 A.6.*
1-315: *23.*
162f: *133.*
205-7: *158.165.*
209-68: *155-68.198.230.252.*
230.245.249: *196 A.2.*
316-459: *23f.31f.99.123-36.143f. 188.193.198.*
323-36.340-353: *102.126-8.*
342: *189 A.7.*
352: *195.*
353: *190 A.10.*
354-71: *124f.*
372-81: *128f.212.*
382: *193.*
374=379: *190.*
377=381: *233.*
383f: *190 A.15.*
384-93: *59.129f.*
394-6: *190 A.15.*
395: *193.*
397-413: *114 A.9.130f.233.*
410: *171.*
416-30: *59.131f.185.*
431-9: *132f.218.*
440-7: *23f.*
448-59: *133.136 A.3.184.203.*
534-48.590-604: *169 A.2.196-200.*
659: *115.*
674: *66.*
686f: *135.*
785: *169 A.6.*
814-29: *66.67 A.13.178.*
867.873: *169 A.6.*
875-84: *67 A.13.*
878: *169 A.8.*
883: *169 A.6.*
885: *211.*
1107: *169 A.7.*
1264ff: *60.67.*
1285ff: *60.*
1297: *210 A.6.*
1309ff: *60.*
1323: *222.*
1342f: *226.*
1344: *67.*
1346: *103.223.*
1353: *177 A.9.*
1482-90: *174 A.4.*

Thesm.: *8.9.27 A.74.32 A.5.152 A.6. 247 A.14.252.*
1-278: *22f.*
53: *78.*
96: *165.*
99: *71.206.*
101ff: *102.*
105.111f.114-6.123: *99.*
107.117f.123: *128.*

120-5: *116.*
279-371: *31f.112-23.125 A.9.143f. 188.193.*
295.311: *23.*
312-30: *113-6.147.*
312: *190 A.17.*
315: *72.*
318: *177.*
320-2: *67.77.*
327: *159 A.26.*
328: *156.*
331-51: *23.*
352-71: *117-20.136 A.4.147.*
370: *129 A.41.*
436.438: *109 A.90.*
440-2: *107.*
462-5: *107.109 A.90.155 A.1.*
526: *115 A.1.*
528-30: *107.*
655-88: *122.137 A.14.230.*
668-70: *119 A.31.232.*
678f: *114 A.9.*
691: *35.*
699-725: *230-3.*
707-25: *252.*
707-9: *119 A.31.*
717: *114 A.9.*
721: *155 A.1.177 A.11.223.*
766: *90.*
776ff: *60.*
819: *266.*
947: *88 A.98.*
947-1000: *123.*
953: *138.*
955: *159.*
962-5: *214 A.3.*
969: *159.*
1009: *180 A.8.*
1015: *105 A.68.119.*
1018f: *103.223.*
1029: *119.*
1034f: *119.*
1040: *74.*
1050f: *105 A.71.*
1143f: *103.223 A.19.*
1155: *222.*
1160-71: *123.*

Vesp.: *27.30.43.49.*
1-229: *15.*
197: *15.*
214-27: *93.96.99.*
225-27: *166.*
230-525: *15-17.31f.93-112.128. 143f.*
230: *42 A.2.*
230-47: *93f.137.*
234: *42 A.2.*
240: *43 A.9.*
244f: *43 A.9.*
248-72: *45 A.11.95-7.130 A.46. 152 A.6.*
273-89: *15.97-100.147.*
290: *100.*
291-316: *16.100-3.*
317-33: *16.32.96.103-5.248.*
317a: *223.*
323: *66.*
323-33: *234 A.4.267 A.6.*
334-402: *16.32.85.144f.146 A.11.248.*
334-45.365-78: *106f.153f.*
334-41: *218.*
336f: *64.*
343a: *212.*
346.379: *146 A.11.*
349a: *236 A.1.*
403-525: *16f.33.108-11.144f.244.249.*
406f: *155 A.1.*
467: *155 A.1.*
521: *225 A.9.*
526-45.631-47: *169-73.208 A.22.*
526: *155 A.1.198 A.14.*
644f: *169 A.8.*
646f: *42 A.5.*
725-59: *169 A.2.224-7.229.249.*
750-9: *267.*
753: *266.*
860-90: *228f.249.*
863-7: *89 A.98.*
1009-1121: *248.*
1054: *89.266.*
1064=1095: *159.*
1073: *90.*
1081: *239.*
1265-91: *214 A.1.*
1450ff: *249.*
1532: *115.*

Fragmente:
Fr.58 Austin: *14 A.22.66.*
Fr.24 K.: *160 A.30.*
Fr.506 K.: *89 A.91.*

Aristoteles

allg.: *7f.28.*

E.N.
1123a23f: *7.*

Poet.:
1448a15: *80.*
49a22f: *37.*
49a32-65: *260 A.67.*
49b8: *132.*
52b15-27: *7.150.*
56a25-27: *258.260 A.67.*
59b37ff: *37.*
61b31: *80.*

Pol.:
1342b32ff: *37.*
42b18-22: *168 A.3.*

Probl.:
918b13ff: *80.*

Resp.Ath.:
43,4-6: *121 A.47.*

Rhet.:
1408b36ff: *37.*

Anth.Pal.
9,406: *159 A.24.*

Athenaeus
618d.619b: *210 A.6.*
622b-d: *130 A.51.*

Bacchylides
Fr.19,23: *69.*
Fr.20,1: *191.*

Carm.pop.:
848 PMG: *136 A.6.*
871 PMG: *125 A.13.*

Cinesias: *81.*

Cratinus
allg.: *125.*
Fr.72 PCG: *157 A.12.*
Fr.151 PCG: *129 A.33.*
Fr.171 PCG (= 73 Austin): *66.*
Fr.256/7 PCG: *184.207.*
Fr.273 PCG: *217.*
Fr.342 PCG: *81.*

Dionysius
De comp. verb. c.17: *65 A.2.*

Eubulus
Fr.3.8 K.: *62.*

Euripides
allg.: *50.60.91.120.219.226.231.259.*
Metrik: *45f.90f.99.103f.233.*

Alc.:
77f: *218 A.2.*
92: *120 A.43.*
112: *91 A.109.*
222=234: *233.*
568-605: *199 A.17.*
570: *159.*
614ff: *122 A.50.*
746.861: *25 A.68.*
908: *206.*
915-25: *188 A.20.*
970=980: *104.*

Andr.:
278: *91 A.108.*
862: *208 A.21.*
951: *42.*

Ba.: *99.128.131 A.52.149.259.*
72-5: *190 A.10.*
100.138: *125 A.13.*
112.115: *222.*
375-8=391-4: *101 A.44.*
389.395f.405.414: *207.*
402-15: *207 A.19.*
530.549: *127 A.27.*
725: *130 A.47.*
1229: *116.*

Cycl.:
77: *120 A.43.*

El.:
143: *115 A.11.*
432: *191.*
439=449: *222.*
459.471: *45.*
699-725: *116.*
700: *191.*
710=723: *104.*
879: *157 A.8.*
1187f: *91.*

Hec.:
159ff: *234 A.2.*
205: *116.*
575: *42.*
681-720: *219 A.2.*
692: *206.*
1099-1101: *208 A.21.*

H.F.:
9-12: *188 A.20.*

242: *42.*
353: *119.*
378: *115.*
749-62: *256 A.47.*
913=922: *104.*
1157f: *208.*

Hel.:
167-9: *82.*
170: *91 A.108.*
174: *107 A.75.*
179ff: *218.*
185: *73.*
191-252: *89 A.95.*
335: *119.*
370: *206.*
385: *25 A.68.*
473: *92 A.113.*
515: *25 A.58.*
520: *114 A.8.*
557f: *92 A.113.*
625-97: *233.*
632f.636f: *233.*
1033-43: *256 A.47.*
1107-21: *73f.*
1120f=1135f: *184.207.*
1301: *191.*
1305-52: *116.*
1340f: *114 A.8.*
1478-94: *207 A.19.208 A.21.*
1584f: *114 A.9.*
1601: *42.*

Heracl.: *92.*
69f: *30 A.3.*
73ff: *218 A.3.*
134ff: *122 A.50.*
354=363: *104.*
361=370: *104.*
380: *104.*
911-13=920-2: *104.*

Hipp.:
121-30: *218 A.2.*
525-34: *191f.*
569-600: *219 A.2.223.*
585: *115 A.11.*
732-51: *207 A.19.*
776-89: *256 A.47.*
811-84: *219 A.2.*
846.875: *91.*
862: *116.*
936ff: *122 A.50.*
1282: *92 A.111.*
1290-3: *208 A.21.*
1347-69: *223.*

I.A.:
582: *73.*
704: *80.*
755=766: *104.*
793: *194.*
1036-97: *191.*
1039: *115 A.11.*
1098ff: *122 A.50.*
1306f.1313: *107 A.75.*
1403: *184 A.24.*
1522: *194 A.34.*
1570: *115.*

Ion: *219 A.4.*
105.107f: *266 A.4.*
184ff: *104.*
219: *92 A.111.*
219-36: *218 A.2.*
458=478: *206.*
499: *115 A.11.*
509: *206.*
796-9: *207 A.19.208 A.21.*
896: *206.*
905.909: *206.*
1077.1093: *45.*
1437-1509: *233.*
1459: *233.*
1463f: *233.*
1465: *104.*
1492f: *233.*

I.T.:
146.179: *73.*
180: *115 A.11.*
238ff: *92 A.113.*
839f: *91.*
848f: *184.*
880ff: *184.*
1236f: *116.*
1281: *207.*

Med.:
96-213: *219 A.2.*
131: *218 A.2.*
149: *115 A.11.*
271: *92 A.111.*
420=430: *178.*
1271-8: *276 A.47.*

Or.: *135.149.*
491ff: *122 A.50.*
729f: *37 A.22.*
834: *114 A.8.*
991: *80.*
1296-1301: *256 A.47.*
1309-1502: *219 A.4.*

1353: *89 A.95.*
1369ff: *78.259 A.59.*
1379: *119.*
1398ff: *184.*
1415: *184.*
1437-9: *104.*
1443: *119.*
1447: *206.*
1458: *119.*
1465ff: *107 A.75.*
1473: *119.*

Phoen.: *149.*
164: *120 A.42.*
196f: *134.*
296.310: *89 A.95.*
312f: *114 A.7.119.*
651f: *114 A.9.*
1040: *120 A.43.*
1202: *184 A.24.*
1290: *104.*
1301: *155 A.11.*
1514-8: *73.*

Rhes.:
536f=555f: *241.*
564: *25 A.68.*
674ff: *25 A.68.37 A.22.38 A.28.*

Suppl.: *259.*
73-5: *91 A.108.*
365-80: *199 A.17.*
279: *67 A.15.*
542: *50.*
781=789: *206.*
900=1012: *104.*
1002=1025: *104.*

Tro.:
1f: *114 A.10.*
143: *82.*
153f: *218.*
311f: *190 A.10.*
235-91: *233.*
319: *118f.*
321: *104.*
335: *118f.*
511: *157 A.11.*
512: *157 A.8.*
560-4: *118f.*
587f: *104.*
595f: *67 A.15.*
1303: *233.*

Fragmente:
Telephus: *41.122.230.233.*
Danae: *100 A.40.*

Phaethon
71 Diggle: *116.*
270-3 Diggle: *208 A.21.*

Heliodorus: *184.*

Hephaestion: *99 A.35.*

Herodotus: *50.*

Hesiodus
Theog.950-5: *189 A.7.*

Homerus
Il.:
5,91: *160 A.29.*
8,192: *179.*
11,493: *160 A.29.*
18,490-6: *188 A.20.*
20,467: *207.*
21,351: *160 A.30.*

Od.:
1,170: *91f.*
4,603: *160 A.30.*
6,318: *35.*
12,187: *157 A.9.*
19,518-22: *73.*

Hymni:
2,14: *80.*
19,1.22,1.33,1: *157 A.11.*

Batrachom.: *158 A.19.*

Horatius
Serm.1,5,14f: *158 A.19.163 A.47.*
1,5,55-69: *210 A.6.*
1,7,29-31: *210 A.6.*

Menander
Aspis:
245-8: *6 A.4.62 A.24.*
Dysc.:
230-2: *6 A.4.62 A.24.*
880-958: *186.*
Epitr.:
167-171: *6 A.4.62 A.24.*
Peric.:
261f: *6 A.4.62 A.24.*

Ovidius
Met.6,376: *158 A.19.*

Pherecrates
Fr.127 K.: *160 A.30.*
Fr.145 K.: *78.*

Philoxenus: *59f.168.*

Phrynichus com.: *161 A.35.167.*

Phrynichus trag.: *15.99f.147.*

Pindarus: *68f.99.*
I.6,5f: *114 A.10.*
N.1,71f: *189 A.7.*
4,6: *248.*
O.2,20: *240.*
4,16: *206.*
5,17: *180 A.8.*
11,11: *179.*
P.1,1: *116.*
1,6f: *73.*
4,176: *159.*
8,1: *206.*
Fr.76: *69.*
86: *157 A.14.*
105: *207 A.17.*
109: *207.*
189: *182f.*

Plato
Legg.669d5ff: *80.*
Phaedr.249c: *125 A.14.*
Resp.397a2-7: *80.*

Plutarchus: *159 A.24.*

Pratinas
Fr.708 PMG: *38 A.28.*

Semonides
Fr.7 W.: *42 A.3.43.*

Sophocles

allg.: *91.219.226.258.*

Metrik: *206.*

Ai.: *258.*
71.89: *92.*
141-53: *218 A.2.*
348-429: *219 A.2.*
401f: *212.*
579: *42.*
628-34: *73.*
814.866: *25 A.68.*
866ff: *137 A.14.*
879-914: *258 A.56.*
931: *35.*
1217-22: *207 A.19.*
1228: *92 A.111.*

Ant.:
450ff: *122 A.50.*
585: *241.*
639ff: *122 A.50.*
643f: *91.*
781-801: *191f.*
806-82: *219 A.2.*
810-6: *188 A.20.*
1115ff: *128.130 A.47.*
1127: *50.*

El.:
5: *116.*
86-250: *219 A.2.*
121-8: *218 A.2.243 A.3.*
145-92: *73.*
148: *73.*
201: *266 A.4.*
302: *132.*
600: *73.*
1058-97: *199 A.17.*
1075-7: *73.*
1398-1441: *258 A.56.*
1445: *92 A.111.*

O.C.: *92.258.*
77-9: *30 A.3.*
117-253: *258 A.56.*
208-53: *218 A.3.*
254f: *234 A.3.*
257: *91.*
340: *73.*
668ff: *69.73.*
833-43=876-86: *256 A.57.*
1081-4: *207 A.19.208 A.21.*
1108: *115.*

O.R.:
144f: *30 A.3.*
386: *110 A.93.*
649-706: *258 A.56.*
649f: *224 A.2.*
1186-8: *192.*
1297-1366: *219 A.2.*

Phil.: *135.*
135ff: *218.258 A.56.*
169-74: *234 A.3.*
219f: *92.*
220-38: *92 A.113.*
790: *223.*
1081-96: *219 A.2.*
1137: *35.*
1277: *91.*

Trach.:
141f: *218 A.2.*

218: *118.*
825.835: *45.*

Fragmente:
Ichn.33ff: *12 A.15.*
Fr.476 P.: *208 A.21.*

Terpander
Fr.697 PMG: *157 A.12.*
Fr.698 PMG: *129 A.33.*

Theocritus
3,24: *100 A.41.*
5: *163.168.*
18: *191.*

Thucydides
1,108: *137 A.10.*
143,3-5: *34 A.4.*
2,14.19f: *34 A.5.*
93f: *215 A.5.*
5,17ff: *264.267.*
8,53: *120 A.45.*

Timotheus
Fr.791 PMG: *59.78.114 A.8.115f.119.*

Tyrtaeus
Fr.856 PMG: *267 A.9.*

Xenophon
Anab.5,7,21.28: *38 A.28.*

2. Metrisches Register

Akatalektisch: *78.110.222.232.*

Alkäischer Zehnsilbler: *241.*

Ambivalente Metren: *114f.138.158f.178.241.*

Anaklasis: *52.*

Anapäst: *7.245.266-8.*
2 an: *89.107.186.190.192.228.254.*
4 an ∧ : *14.32.65.68.112.186.224.226.228.268.*
3 an: *83.190.*
an (κατὰ πόδα): *41.86f.129.190.*
lyrische an: *71f.76.86f.104.184f.206f.211f.223.226.232f.234f.266-8.*
Spondeiazontes: *77.128f.190.212.234f.*

Äolische Maße: *103f.114.133.184.196.203.245.*

Aristophaneus: *172.223.*

Baccheus: *103-5.223.*

Choriambus: *43.120.190.221.*

Creticus (u. Päon): *36f.41.76.87f 90f.106.115.154.211f.226.239f.244f.*

Cyrenaicus: *184.207.*

Dactylus: *45f.52.*
lyrische dact: *66f.76f.114f.147.194f.*

Daktyloepitriten: *97-100.140.156f.178f.*

Dochmius: *76f.90f.99 A.39.226.228f.*
231.233.253-6.257 A.53.

Euripideus: *94f.130.133.136f.184.*
195.268.

Glyconeus: *104.120.172.203.222.*

Hemiepes: *66f.76.*

Hypodochmius: *212.*

Iambelegus: *76.*

Iambisch-choriambisches Metrum:
50-3.114.172f.221f.

Iambo-Trochäen: *47.*

Iambus: *43.146.*
3 ia: *31.57.139.223.228.244.250.*
254f.256.257 A.53.262.
4 ia∧ : *31.43.53.58.63.93.136.*
139.183f.207.212.
lyrische ia: *43-6.47-9.58f.76.*
90f.114.119f.129-33.138.156-60.
176f.183f.195.206f.212.226.228f.
230.233.245.253.

Ioniker: *77f.96.97-102.115.120.*
126-8.147.245.

Ithyphallicus: *178.*

Lekythion: *48f.158-60.195.200.241.*

Palimbaccheus: *107 A.75.212.*

Paroemiacus: *67.77 A.32.89f.114f.*
232.

Polymetrum: *74-8.113-6.147.266.*

Reizianum: *133.136.182f.185.187f.*
192.203.206.

Responsionsfreiheit: *37.45.52.86.*
101f.106f.111.172f.185.220.222f.240.

Rhythmenwechsel: *77f.114-6.*

Telesilleion: *76.133.136.183f.185.*
187f.192.203.

Trochäus:
2 tr: *38.*
4 tr∧ : *31.34f.41.57.63.82.105.112.*
231.236.240.250.256.262.
lyrische tr: *47-9.76f.106-10.154.*
158-60.190.200.239f.

3. Schlagwortregister

Agon: *6.12f.16f.21.26f.32.41.55.85.92.105.121f.140.146.154.169.173.198.224.237.244 A.9.*

Amoibaion: *passim.*
Definition: *150-2.*
in Handlung integriert: *154.210.216.242f.*
handlungsunterbrechend: *235.242f.*
handlungsbegleitend: *175.242f.*
handlungsdeutend: *203.242f.*

Chor: *passim.*
als Handelnder: *1.29f.53-6.122.148.174.178.242.249-52.260.*
als Reflektierender: *53-6.*
als Bedrohung: *68.*
als Zuschauer: *67.134.144.155.174.181.242.244.249.*
Ruf nach dem Chor: *12.14f.18f.21.28.30f.32.65f.70.74.82.141-3.147.*
Charakterisierung: *33f.36.38.42f.49.53.57.61.65f.95.133.166.*
Chor und Chorführer: *56.63f.94.135.152 A.6.154f.167.173.185.208.212f.217.233.235.*
Chorteilung: *137.*

Chorführer: *23.27 A.74.38.43.52.54f.56.63.89f.93.121.128f.130f.133.136.189-91.193.195.223.226.228.233.237.257.*

Chorlied
handlungstragend: *191.*
handlungsunterbrechend: *29.191.*

Choreographie: *37.45 A.18.64.78.83.89.140.146.148.219.*

correptio: *67.*

Dionysoskult: *6.99.102.124.128.*

Dithyrambos: *59.72.74.78f.115f.119f.157.159.161.164.168.179.*

Erwartung des Publikums: *6.15.33.55.69f.82.95.167.199.225.260f.*

Epiparodos: *26.137.139.*

Epirrhematische Komposition: *1.34 A.6.39.43.49.53-6.66.108.138.144-6.210f.243f.253f.255f.257.259f.*

Flöte(nmusik): *19.23.70-2.80 A.61.123.126.267.*

Gephyrismos: *131f.*

Hilferuf: *12 A.15.15.18.28.30.57.63.65.74.77.141-3.147.250.262.*

Imitation (der Tragödie): *36.147.209 A.1.*

Intrigentragödie: *122.*

Ironie: *46.61.*

Katakeleusmos: *43.49.52.54.63.93.130.133.141 A.11.213.237.243f.*

Kithara: *60.*

Komisches Thema: *9f.15 A.26.17 A.36.29f.32f.134.*

Kommos: *150.257.*

Komödie
Mittlere: *60-3.135.*
Neue: *6.60-3.134f.216.*

Lauscherszene: *10.38.131.134.*

Manierismus: *60.161.164.*

Metrik: *2.4f u. passim.*
charakterisierende Wirkung: *43.50.53-6.57.63.66.88.91.93.99.107.111.133.141.146.245.257.*
Parodie: *91.104f.114f.119f.143.223.232f.*

Monodie: *16f.19.21.32.38 A.27.74.80-2.104f.150.152.219.*

Musik: *60.146.159.*
Neue Musik: *74.78f.114f.119f.128.157.159.161.219.*

Nostalgie: *22.34.37f.42.54.94.99.106.*

oligarchischer Umsturz: *120.*

Parabase: *6.24.38.121.125.140.162. 251.266.*

Parachoregema: *20.23f.*

Paratragodie: *41.60.86f.92.96. 103-5.219-35.266.*

Parodie: *29.32.36.41.50.60.72.81. 91f.102.105.113.116f.143.161.164. 168.189.219-35.*

Parodos: *passim.*
Abgrenzung: *7-33.*
als Handlungsabschnitt: *7-9.13. 29f.*
Typologie: *29-33.56.108.141-9.*

Pnigos: *12.14.18.53.84f.181.186.190. 236.266.*
lyrisches Pnigos: *37.41.59.67. 104.106.120.160.179f.207.217.241.*

Proagon: *13.92.*

Prokerygma: *89.229.*

Prolog: *7.21.24.26.31f.63.71.139.*

Refrain: *130.*

Satyrspiel: *36.147.*

Stasimon: *7.175.*

Steinigung: *38f.*

Streitszene: *11.17f.21f.27-30.31f. 38f.41.53.55f.63 A.1.68.84.108f. 121.133.141-6.153f.155.246f.256.*

Volkslied: *130f.136.184.198.192-6. 210.245.*

ὕμνος κλητικός: *14.32.66f.73f. 77.82.113-6.142.162.*

4. Verzeichnis der textkritisch behandelten Verse

Ach.:
231: *37.*
294: *39.*
300-2: *40.*
939: *217.*
949: *217.*

Av.:
240: *75.*
267: *76.*
310: *83.*
314f: *83.*
334b: *87f.*
346: *86f.*
386f: *85.*
404f: *89f.*
1313: *205f.*
1315=1327: *205f.*
1322: *205f.*
1325: *205f.*
1724: *190.*
1733: *191 A.19.*
1743-7: *192-4.*
1752: *194.*
1755: *195.*
1755-8: *195.*
1757: *195.*
1763: *195.*

Eccl.:
487: *138.*

Eq.:
261-5: *58.*
271f: *58.*
274f: *58.*

Lys.:
263: *42.44.*
264=279: *46.*
277f: *45f.*
279: *59.*
289: *48.*
338: *52.*
970-2: *234.*

Pax:
349c: *239.*
356: *239.*
361: *250 A.17.*
389f: *240.*
469: *211.*
491: *211.*
496: *211.*
508: *262f.*
586: *240.*
588f: *240.*
860: *182.*
865: *182.*
916: *183.*
920b: *183.*
939: *184.*
946: *184 A.29.*
1023: *184.*
1035f: *185.*
1329ff: *186f.*

Plut.:
297: *59.*

Ran.:
216: *157 A.10.*
217: *156.*
219: *156.*
264-7: *160.*
335: *127.*
340: *127.*
358: *125 A.12.*
592: *200.*

Thesm.:
326: *114.*
352f: *118.*
354: *118.*
366: *118f.*
710f: *232.*
721: *232.*
723: *232.*

Vesp.:
266-89: *95-7.*
281a: *98.*
339: *106.*
370: *106.*
403f: *109.*
406f: *109.*
410-4: *110f.*
461f: *109.*
463-5: *110.*
526: *171.*
530f: *171.*
536: *172.*
536f: *172 A.13.*
868: *229 A.5.*

LITERATURVERZEICHNIS

1. Gesamtausgaben von Aristophanes:

F.H.M. Blaydes: Aristophanis comoediae. Annotatione critica, commentario exegetico, et scholiis Graecis instruxit F.H.M. Blaydes. 12 Bände. Halle 1880-1893.

F.H. Bothe: Aristophanis comoediae. 4 Bände. Leipzig 1828 bis 1830 ([2]1845).

R. Cantarella: Aristofane, le commedie. 5 Bände. Milano 1949 bis 1964.

V. Coulon: Aristophane. 5 Bände. Paris 1923-1930 (wiederholt nachgedruckt bzw. neu aufgelegt). *Nach Coulons Ausgabe wird, wenn nicht anders angegeben, zitiert.*

F.W. Hall & W.M. Geldart: Aristophanis comoediae. 2 Bände. Oxford [2]1906.1907 (wiederholt nachgedruckt).

J. van Leeuwen: Aristophanis Acharnenses, Equites etc. 11 Bände. Leiden 1893-1906 (auch nachgedruckt).

B.B. Rogers: The Acharnians, Knights, etc. of Aristophanes. 11 Bände. London 1902-1926 (auch nachgedruckt bzw. neu aufgelegt).

A.H. Sommerstein: The comedies of Aristophanes. (Bisher erschienen Vol.I-IV(Acharnians - Wasps). Warminster 1980-1983.

2. Fragmentsammlungen:

C. Austin: Comicorum Graecorum fragmenta in papyris reperta. Berlin - New York 1973 *(Austin)*.

R. Kassel - C. Austin: Poetae Comici Graeci. Vol.IV (Aristophon - Crobylus). Berlin - New York 1983 *(PCG)*.

Th. Kock: Comicorum Atticorum fragmenta. 3 Bände. Leipzig 1880.1884.1888 *(K)*.

H.J. Mette: Supplementum Aeschyleum. Berlin 1959 *(Mette)*.

A. Nauck: Tragicorum Graecorum Fragmenta. Leipzig ²1889 *(N)*.

B. Snell: Tragicorum Graecorum Fragmenta. Vol.1. Göttingen 1971 *(TrGF)*.

3. Textausgaben häufig herangezogener antiker Autoren:

Aeschyli septem quae supersunt tragoedias edidit D.L. Page. Oxford 1972.

Aristotelis de arte poetica liber. Recognovit brevique adnotatione critica instruxit R. Kassel. Oxford 1965.

Bacchylides, Carmina et fragmenta. Post B. Snell edidit H. Maehler. Leipzig ¹⁰1970.

Bucolici Graeci. Recensuit A.S.F. Gow. Oxford 1952.

Euripidis fabulae. Recognovit brevique adnotatione critica instruxit G. Murray. 3 Bände. Oxford 1902. 1904 (³1913). 1909 (²1913).

Menandri reliquiae selectae. Recensuit F.H. Sandbach. Oxford 1972.

Pindarus. Pars I: Epinicia, Pars II: Fragmenta. Post B. Snell edidit H. Maehler. Leipzig ⁵1971. ⁴1975.

Poetae melici Graeci. Edidit D.L. Page. Oxford 1967 *(PMG)*.

Sophoclis fabulae. Recognovit brevique adnotatione critica instruxit A.C. Pearson. Oxford 1924.

4. Kommentare zu Einzelausgaben, Sekundärliteratur, Hilfsmittel

H. Abert: Die Lehre vom Ethos in der griechischen Musik. Leipzig 1899.

M. Alexiou: The ritual lament in Greek tradition. Cambridge 1974.

G. Amsel: De vi atque indole rhythmorum quid veteres iudicaverint. Diss. Breslau 1887 (Breslauer philologische Abhandlungen I 3).

R. Arnoldt: Die Chorpartien bei Aristophanes szenisch erläutert. Leipzig 1873.

C. Austin: Le rôle de la coryphée dans les Thesmophories. Dioniso 45, 1971-1974, 316-325.

B. Asmuth: Klang - Metrum - Rhythmus. In: Grundzüge der Literatur- und Sprachwissenschaft. Bd.1 Literaturwissenschaft. Herausgegeben von H.L. Arnold und V. Sinemus. München 1973,208-227.

W. Barner: Die Monodie. In: Die Bauformen der griechischen Tragödie. Herausgegeben von W. Jens. München 1971,277-320.

W.S. Barrett: Euripides, Hippolytos. Oxford 1964.

H.-D. Blume: Einführung in das antike Theaterwesen. Darmstadt 1978.

E.K. Borthwick: Notes on Plutarch, De musica and the Cheiron of Pherecrates. Hermes 98,1968,60-73.

H.D. Broadhead: The Persae of Aeschylus. Cambridge 1960.

S.G. Brown: A contextual analysis of tragic metre. The anapaest. In: Ancient and modern. Essays in honor of G.F. Else. Herausgeben von J.H. D'Arms und J.W. Eadie. Ann Arbor 1977,45-77.

W. Burkert: Griechische Religion der archaischen und klassischen Epoche. Stuttgart - Berlin - Köln - Mainz 1977.

J. Carrière: Aux enfers avec Aristophane. Le passage du lac dans les Grenouilles. Dioniso 41,1967,137-143.

N.G. Conomis: The dochmiacs of Greek drama. Hermes 92,1964, 23-50.

V. Coulon: Essai sur la méthode de la critique conjecturale appliquée au texte d'Aristophane. Strasbourg 1933.

A.M. Dale: The lyric metres of Greek drama. Cambridge ^{2}1968.

Diess.: Collected papers. Cambridge 1969.

C.W. Dearden: The stage of Aristophanes. London 1976.

J. Defradas: Le chant des grenouilles. Aristophane critique musical. REA 71,1969,23-37.

J.D. Denniston: Lyric iambics in Greek drama. In: Greek poetry and life. Essays presented to G. Murray on his 70th birthday. Oxford 1936,121-144.

Ders.: The Greek particles. Oxford ^{2}1954.

L. Deubner: Attische Feste. Darmstadt ^{2}1966.

E.R. Dodds: Euripides, Bacchae. Oxford ^{2}1960.

H. Dohm: Mageiros. Die Rolle des Kochs in der griechisch-römischen Komödie. München 1964.

E. Domingo: La responsión estrofica en Aristófanes. Acta Salmanticensia Filos. y Letras 87 (1975).

K.J. Dover: Aristophanes 1938-1955. Lustrum 2,1957,52-112.

Ders.: Notes on Aristophanes' Acharnians. Maia 15, 1963,6-25.

Ders.: The skene in Aristophanes (1966). In: H.J. Newiger (Hrsg.): Aristophanes und die Alte Komödie. Darmstadt 1975,99-123.

Ders.: Aristophanes, Clouds. Oxford 1968.

Ders.: Aristophanic comedy. London 1972.

A. Dunbar: A complete concordance for the comedies and fragments of Aristophanes. Nachdruck der Ausgabe Oxford 1883, neu überprüft und verbessert sowie mit einem Anhang versehen von B. Marzullo. Hildesheim 1970.

H. Erbse: Rez. L. Radermacher: Aristophanes' Frösche. 2.Auflage besorgt von W. Kraus. Gnomon 28, 1956,272-278.

H. Flashar: Zur Eigenart des Aristophanischen Spätwerks. In: H.-J. Newiger (Hrsg.): Aristophanes und die Alte Komödie. Darmstadt 1975,405-434.

E. Fraenkel: Lyrische Daktylen (1917/18). In: Kleine Beiträge zur Klassischen Philologie. Band 1. Roma 1964,165-233.

Ders.: Some notes on the Hoopoe's song (1950). In: H.-J. Newiger (Hrsg.): Aristophanes und die Alte Komödie. Darmstadt 1975,256-265.

Ders.: Aeschylus, Agamemnon. 3 Bände. Oxford 1950 (^{2}1962).

Ders.: Zum Text der Vögel des Aristophanes (1959). In: Kleine Beiträge zur Klassischen Philologie. Band 1. Roma 1964,427-451.

Ders.: Beobachtungen zu Aristophanes. Roma 1962.

G. François: L'encodage stylistique dans les Cavaliers d'Aristophane. LEC 45,1977,3-30.

A.F. Garvie: Aeschylus' Supplices: Play and trilogy. Cambridge 1969.

Th. Gelzer: Tradition und Neuschöpfung in der Dramaturgie des Aristophanes (1959). In: H.-J. Newiger (Hrsg.): Aristophanes und die Alte Komödie. Darmstadt 1975,283-316.

Ders.: Der epirrhematische Agon bei Aristophanes. Untersuchungen zur Struktur der attischen Alten Komödie. München 1960.

Ders.: Zur Versreihe der 'Heroes' aus der Alten Komödie. ZPE 4,1969,123-133.

Ders.: Aristophanes der Komiker. RE Suppl.-Bd.12,1971, Sp.1391-1570 *(zitiert als Gelzer, RE)*.

Ders.: Alte Komödie und hohe Lyrik. MH 29,1972, 141-152.

Ders.: Some aspects of Aristophanes' dramatic art in the Birds. BICS 23,1976,1-14 *(zitiert als Gelzer, Dramatic art)*.

Ders.: Aristophanes. In: Das griechische Drama. Herausgegeben von G.A. Seeck. Darmstadt 1979, 258-306.

A.W. Gomme - A. Andrewes - K.J. Dover: A historical commentary on Thucydides. Vol.IV, V. Oxford 1970.1981.

A.W. Gomme - F.H. Sandbach: Menander, a commentary. Oxford 1973.

J.A. Haldane: A scene in the Thesmophoriazusae. Philologus 99, 1965,39-46.

P. Händel: Formen und Darstellungsweisen in der aristophanischen Komödie. Heidelberg 1963.

E.W. Handley: XOPOY in the Plutus. CQ n.s.3,1953,55-61.

Ders.: The Dyskolos of Menander. London 1965.

W. Helg: Das Chorlied der griechischen Tragödie in seinem Verhältnis zur Handlung. Diss. Zürich 1950.

J. Henderson: The maculate muse. Obscene language in Attic comedy. New Haven - London 1975.

Ders.: Coniecturarum in Aristophanis Lysistratam repertorium. HSCP 82,1978,87-119.

H. Hofmann: Mythos und Komödie. Hildesheim 1976.

H.A. Holden: Onomasticon Aristophaneum. Cambridge [2]1902 (Hildesheim 1970).

D. Holwerda: De Heliodori commentario metrico in Aristophanem. Mnemosyne 20, 1967,247-272.

K. Holzinger: Kritisch-exegetischer Kommentar zu Aristophanes' Plutos. SAWW 218,3. Wien 1940.

W. Horn: Gebet und Gebetsparodie in den Komödien des Aristophanes. Nürnberg 1970.

R.L. Hunter: The comic chorus in the fourth century. ZPE 36,1976,23-38.

K. Itsumi: The 'choriambic dimeter' of Euripides. CQ n.s. 32,1982,59-74.

J. Jackson: Marginalia scaenica. Oxford 1955.

H.R. Jauß: Ästhetische Erfahrung und literarische Hermeneutik I. München 1977.

F. Kaehler: De Aristophanis Ecclesiazuson tempore et choro quaestiones epicriticae. Jena 1889.

M. Kaimio: The chorus of Greek drama within the light of person and number used. Helsinki 1970.

Ph.I. Kakridis: ΑΡΙΣΤΟΦΑΝΟΥΣ ΟΡΝΙΘΕΣ. ΑΘΗΝΑ 1974.

R. Kannicht: Untersuchungen zur Form und Funktion der Amoibaia in der attischen Tragödie. Diss. (masch.) Heidelberg 1957.

Ders.: Euripides, Helena. 2 Bände. Heidelberg 1969.

Ders.: Rez. D. Korzeniewski: Griechische Metrik. Gnomon 35,1973,113-134.

W. Karrer: Parodie, Travestie, Pastiche. München 1977.

W. Kassies. Aristophanes' traditionalism. Diss. Amsterdam 1963.

H. Kleinknecht: Die Gebetsparodie in der Antike. Stuttgart - Berlin 1937.

Ders.: Zur Parodie des Gottmenschentums bei Aristophanes. ARW 34,1937,294-313.

Ders.: Die Epiphanie des Demos in Aristophanes' Rittern (1939). In: H.-J. Newiger (Hrsg.): Aristophanes und die Alte Komödie. Darmstadt 1975, 144-153.

K.D. Koch: Kritische Idee und komisches Thema. Untersuchungen zur Dramaturgie und zum Ethos der Aristophanischen Komödie. Bremen ^{2}1968.

Th. Kock: Ausgewählte Komödien des Aristophanes. 4.Bd.: Die Vögel. Leipzig ^{3}1895.

A. Köhnken: Der Wolkenchor des Aristophanes. Hermes 108, 1980,154 -169.

A. Körte: Komödie (griechische). RE 11,1. 1921. Sp.1207-1275.

D. Korzeniewski: Griechische Metrik. Darmstadt 1968.

W. Kranz: Parodos. RE 18,4.1949. Sp.1684-1694.

Ders.: Stasimon: Untersuchungen zu Form und Gehalt der griechischen Tragödie. Berlin 1933.

W. Kraus: Strophengestaltung in der griechischen Tragödie I: Aischylos und Sophokles. SAWW 231,4. Wien 1957.

R. Kühner - B. Gerth: Grammatik der griechischen Sprache. Zweiter Teil, Band 1 und 2. Hannover 1976.

M. Landfester: Handlungsverlauf und Komik in den frühen Komödien des Aristophanes. Berlin - New York 1977.

L. Lenz: Komik und Kritik in Aristophanes' 'Wespen'. Hermes 108,1980,15-44.

A. Lesky: Die tragische Dichtung der Hellenen. Göttingen ^{3}1972.

H.G. Liddell - R. Scott - H.St. Jones: A Greek-English Lexicon. Oxford ^{9}1940 (mehrfach nachgedruckt) *(zitiert als L.-Sc.-J.)*.

T. Long: The parodos of Aristophanes' Wasps. ICS 1,1976, 15-21.

J.C.B. Lowe: Manuscript evidence for changes of speaker in Aristophanes. BICS 9,1962,27-42.

D.W. Lucas: Aristotle, Poetics. Oxford 1968 (^{2}1972).

P. Maas: Greek metre (translated by H. Lloyd-Jones). Oxford 1962.

D.M. MacDowell: Aristophanes, Wasps. Oxford 1971.

Ders.: The Frogs' chorus. CR 22,1972,3-5.

C.W. Macleod: The comic encomium and Aristophanes' Clouds 1201-1211. Phoenix 35,1981,142-144.

P. Mazon: Essai sur la composition des comédies d'Aristophane. Paris 1904.

T. McEvilley: Development in the lyrics of Aristophanes. AJPh 91,1970,257-276.

R. Merkelbach: ΒΟΥΚΟΛΙΑΣΤΑΙ (Der Wettgesang der Hirten). RhM 99,1956,97-135.

C. Moulton: Aristophanic poetry. Göttingen 1981.

G. Müller: Chor und Handlung bei den griechischen Tragikern. In: H. Diller (Hrsg.): Sophokles. Darmstadt 1967,212-238.

R. Muth: Hymenaios und Epithalamium. WS 67,1954,5-45.

R.A. Neil: The Knights of Aristophanes. Cambridge 1901 (Hildesheim 1966).

Wal. Nestle: Zur Struktur des Eingangs in der griechischen Tragödie. Stuttgart - Berlin 1930.

Ders.: Rez. W. Kranz: Stasimon. Gnomon 10,1934, 404-415.

A.J. Neubecker: Altgriechische Musik. Darmstadt 1977.

H.-J. Newiger: Metapher und Allegorie. Studien zu Aristophanes. München 1957.

Ders.: Rez. W.B. Stanford: Aristophanes, The Frogs. Gnomon 32,1960,750-754.

Ders.: Rez. Th. Gelzer: Der epirrhematische Agon bei Aristophanes. GGA 217,1965,36-46.

Ders.: Retraktationen zu Aristophanes' 'Frieden' (1965). In: H.-J. Newiger (Hrsg.): Aristophanes und die Alte Komödie. Darmstadt 1975, 225-255.

Ders.: Die 'Vögel' und ihre Stellung im Gesamtwerk des Aristophanes (1970). In: H.-J. Newiger (Hrsg.): Aristophanes und die Alte Komödie. Darmstadt 1975,266-282.

Ders.: Krieg und Frieden in der Komödie des Aristophanes. In: ΔΩΡΗΜΑ Hans Diller zum 70. Geburtstag. Athen 1975,175-194 (= War and peace in the comedy of Aristophanes. In: J. Henderson (Hrsg.): Aristophanes: Essays in interpretation. Yale Classical Studies 26,1980,219-237).

Ders.: Drama und Theater. In: Das griechische Drama. Herausgegeben von G.A. Seeck. Darmstadt 1979, 434-503.

Ders.: Die griechische Komödie. In: Neues Handbuch der Literaturwissenschaft. Band 2: Griechische Literatur. Herausgegeben von E. Vogt. Wiesbaden 1981,187-230.

E. Norden: Agnostos Theos. Untersuchungen zur Formengeschichte religiöser Rede. Darmstadt [4]1956.

L.P.E. Parker: Some observations on the incidence of word-end in anapaestic paroemiacs and its application to textual questions. CQ n.s.8,1958,82-89.

Diess.: Porson's law extended. CQ n.s.16,1966,1-26.

Diess.: Split resolution in the Greek dramatic lyric. CQ n.s.18, 1968,242-269.

Diess.: Greek metric 1957-1970. Lustrum 15,1970,37-98.

Diess.: Catalexis. CQ n.s.26,1976,14-28.

F. Perusino: Il tetrametro giambico catalettico nella commedia Greca. Roma 1968.

M. Pfister: Das Drama.München 1977.

A. Pickard-Cambridge: Dithyramb, tragedy, comedy. Oxford 1927.

Ders.: Dithyramb, tragedy, comedy. Revised by T.B.L. Webster. London [2]1962.

Ders.: The dramatic festivals of Athens. Revised by J. Gould and D.M. Lewis. London [2]1968.

M. Platnauer: Aristophanes, Peace. Oxford 1964.

E. Pöhlmann: Griechische Musikfragmente. Nürnberg 1960.

Ders.: Der Überlieferungswert der ΧΟΡΟΥ-Vermerke in Papyri und Handschriften. WJA N.F.3,1977, 69-81.

H. Popp: Amoibaion. Zur Geschichte einer Dialogform der griechischen Tragödie. Diss. Tübingen 1968 *(zitiert als Popp, Diss.)*.

Ders.: Das Amoibaion. In: Die Bauformen der griechischen Tragödie. Herausgegeben von W. Jens. München 1971, 221-276.

C. Prato: I canti di Aristofane. Roma 1962.

R. Pretagostini: Dizione e canto nei dimetri anapestici di Aristofane. SCO 25,1976,183-212.

P. Pucci: Aristofane ed Euripide. Ricerche metriche e stilistiche. Atti dell' Academia Nationale dei Lincei 10,1961,227-421.

L. Radermacher: Aristophanes' Frösche. Einleitung, Text und Kommentar. 2. Auflage besorgt von W. Kraus. Wien 1954 (^{3}1967).

P. Rau: Paratragodia. Untersuchungen zu einer komischen Form des Aristophanes. München 1967.

K. Reinhardt: Aristophanes und Athen (1938). In: H.-J. Newiger (Hrsg.): Aristophanes und die Alte Komödie. Darmstadt 1975,55-74.

C.F. Russo: Aristofane, autore di teatro. Firenze 1962.

Ders.: Die 'Wespen' 'im Umbruch' und ein Modul von 18 x 2 Tetrametern (1968). In: H.-J. Newiger (Hrsg.): Aristophanes und die Alte Komödie. Darmstadt 1975,212-224.

W. Schmid: Geschichte der griechischen Literatur. 1. Teil, 4. Band. München 1946.

O. Schroeder: Aristophanis cantica. Leipzig 1909.

Ders.: Ausgewählte Komödien des Aristophanes. 4.Bd. Die Vögel. 4. Auflage, neu bearbeitet von O.S. Berlin 1927.

Ch. Segal: Aristophanes' Cloud-chorus (1969). In: H.-J. Newiger: Aristophanes und die Alte Komödie. Darmstadt 1975,174-197.

B. Seidensticker: Das Satyrspiel. In: Das griechische Drama. Herausgegeben von G.A. Seeck. Darmstadt 1979, 204-257.

H. Sharpley: The Peace of Aristophanes. Edinburgh - London 1905.

G.M. Sifakis: Parabasis and animal choruses. London 1971.

Ders.: Aristotle, E.N., IV, 2, 1123a19-24, and the comic chorus in the fourth century. AJPh 92, 1971,410-432.

M. Silk: Aristophanes as a lyric poet. In: J. Henderson (Hrsg.): Aristophanes: Essays in interpretation. Yale Classical Studies 16,1980,99-151.

B. Snell: Griechische Metrik. Göttingen [4]1982.

A.H. Sommerstein: Notes on Aristophanes' Wasps. CQ n.s.27,1977, 261-277.

Ders.: Notes on Aristophanes' Acharnians. CQ n.s.28, 1978, 383-395.

Ders.: Notes on Aristophanes' Knights. CQ n.s.30, 1980,46-56.

L.S. Spatz: Strophic construction in Aristophanic lyric. Diss. Indiana University 1968.

Diess.: Metrical motifs in Aristophanes' Clouds. QUCC 13,1972,62-82.

E.S. Spyropoulos: L'accumulation verbale chez Aristophane. Thessaloniki 1974.

St. Srebrny: Aristophanea. Eos 50,1959/60,43-51.

W.B. Stanford: Aristophanes. The Frogs. London [2]1963.

W.J.M. Starkie: The Wasps of Aristophanes. London 1897 (Amsterdam 1968).

Ders.: The Acharnians of Aristophanes. London 1909 (Amsterdam 1968).

Ders.: The Clouds of Aristophanes. London 1911. (Amsterdam 1966).

V. Steffen: Der Hilferuf in den Netzfischern des Aischylos und sein Fortleben im griechischen Drama. Eos 55,1965,38-43.

H. Steurer: De Aristophanis carminibus lyricis. Straßburg 1896.

T.C.W. Stinton: Two rare verse forms. CR n.s.15,1965,142-146.

Ders.: More rare verse forms. BICS 22,1975,84-108.

Ders.: Pause and period in the lyrics of Greek tragedy. CQ n.s.27,1977,27-66.

F. Stoessl: Parodos. In: Der Kleine Pauly. Bd.4. München 1979,Sp.522f.

W. Süß: Scheinbare und wirkliche Inkongruenzen bei Aristophanes. RhM 92,1954,115-159.229-254. 289-316.

D.F. Sutton: The Greek satyr play. Meisenheim 1980.

O. Taplin: Aeschylean silences and silences in Aeschylus. HSCP 76,1972,57-97.

Ders.: The stagecraft of Aeschylus. Oxford 1977.

O.J. Todd: Index Aristophaneus. Cambridge (Mass.) 1932 (Hildesheim 1962).

W. Trachta: Die Responsionsfreiheiten bei Aristophanes. Diss. Wien 1968.

R.G. Ussher: Aristophanes, Ecclesiazusae. Oxford 1973.

D. Ward: On the poets and poetry of the Indo-Europeans. Journal of Indo-European Studies 1,1973, 127-144.

R. Warning: Elemente einer Pragmasemiotik der Komödie. In: Das Komische. Herausgegeben von W. Preisendanz und R. Warning. Poetik und Hermeneutik VII. München 1976,279-334.

A. Wartelle: Analyse metrique de l'appel de la huppe. BAGB 1966,440-449.

T.B.L. Webster: Preparation and motivation in Greek tragedy. CR 47,1933,117-123.

Ders.: The Greek chorus. London 1970.

M.L. West: Greek metre. Oxford 1982.

Ders.: Three topics in Greek metre. CQ n.s.32,1982, 281-297.

J.W. White: The verse of Greek comedy. London 1912 (Hildesheim 1969).

U. v. Wilamowitz-Moellendorff: Isyllos von Epidauros. Berlin 1886.

Ders.: Timotheos. Die Perser. Leipzig 1903.

Ders.: Über die Wespen des Aristophanes (1911). Kleine Schriften Bd.1. Berlin 1935,284-346.

Ders.: Griechische Verskunst. Berlin 1921 (Darmstadt 1958).

Ders.: Der Chor der Wolken des Aristophanes (1921). In: H.-J. Newiger (Hrsg.): Aristophanes und die Alte Komödie. Darmstadt 1975, 170-173.

Ders.: Lysistrate. Berlin 1927.

G. Wills: Why are the frogs in the Frogs. Hermes 97, 1969,306-317.

A.M. Wilson: The individualized chorus in old comedy. CQ n.s.27,1977,278-283.

E. Wölfle: Plutos - eine literar-kritische Untersuchung der letzten erhaltenen Komödie des Aristophanes. Diss. Freiburg 1981.

E. Wüst: Skolion und Γεφυρισμός in der alten Komödie. Philol. 77,1921,26-45.

Th. Zielinski: Die Gliederung der altattischen Komödie. Leipzig 1885.

B. Zimmermann: Utopisches und Utopie in den Komödien des Aristophanes. WJA N.F.9,1983,57-77.